本书出版得到
广东省东方历史研究基金会
　　资　助

东方历史学术文库

晚清协饷制度研究

吴昌稳 ◇ 著

社会科学文献出版社
SOCIAL SCIENCES ACADEMIC PRESS (CHINA)

《东方历史学术文库》
学术委员会

主　任　章百家

副主任　牛大勇（常务）　徐思彦

委　员　（以姓氏笔画为序）
　　　　　牛　军　　牛大勇　　王奇生　　王海光
　　　　　邓小南　　仲伟民　　张　丽　　张盛发
　　　　　李丹慧　　李剑鸣　　杨奎松　　汪朝光
　　　　　沈志华　　陈东林　　徐　蓝　　徐秀丽
　　　　　徐思彦　　章百家　　彭　卫　　韩　钢

《东方历史学术文库》
改版弁言

从1998年起，文库改由社会科学文献出版社出版。

设立文库的初衷，"出版前言"都讲了，这是历史记录，改版后仍保留，这也表明改版并不改变初衷，而且要不断改进，做得更好。

1994年，面对学术著作出书难，由于中国社会科学出版社的毅然支持，文库得以顺利面世，迄1997年，已出版专著25部。1998年，当资助文库的东方历史研究出版基金面临调息困难时，社会科学文献出版社又慨然接过接力棒，并于当年又出了改版后专著6部。5年草创，文库在史学园地立了起来，应征书稿逐年增多，质量总体在提高，读者面日益扩大，听到了肯定的声音，这些得来不易，是要诚挚感谢大家的；而需要格外关注的是，我们的工作还有许多缺点、不足和遗憾，必须认真不断加以改进。

如何改进？把这几年想的集中到一点，就是要全力以赴出精品。

文库创立伊始就定下资助出版的专著，无例外要作者提供完成的书稿，由专家推荐，采取匿名审稿，经编委初审、评委终审并无记名投票通过，从制度上保证选优原则；评委们对专家推荐的书稿，是既充分尊重又认真评选，主张"宁肯少些，但要好些"；前后两家出版社也都希望出的是一套好书。这些证明，从主观上大家都要求出精品。从客观来说，有限的资助只能用在刀刃上；而读者对文库的要求更是在不断提高，这些也要求非出精品不可。总之，只有出精品才能永葆文库的活力。

出精品，作者提供好书稿是基础。如"出版前言"所指出的，开辟研究的新领域、采用科学的研究新方法、提出新的学术见解，持之有故，言之成理，达到或基本达到这些条件的，都是好书。当然，取法乎上，希望"上不封顶"；自然，也要合格有"底"，初步设想相当于经过进一步研究、修改的优秀博士论文的水平，是合格的"底"。有了好书稿、合格的书稿，还需推荐专家和评委的慧眼，推荐和评审都要出以推进学术的公心，以公平竞争为准则。最后，还要精心做好编辑、校对、设计、印装等每一道工序，不然也会功亏一篑。

5周岁，在文库成长路上，还只是起步阶段，前面的路还长，需要的是有足够耐力的远行者。

《东方历史学术文库》编辑委员会
1998年9月

《东方历史学术文库》
出版前言

在当前改革大潮中，我国经济发展迅猛，人民生活有较大提高，思想观念随之逐步改变，全国热气腾腾，呈现出一派勃勃生机，举国公认，世界瞩目。社会主义市场经济在发展而尚待完善的过程中，不可避免地也会产生一定的负面效应，那就是在社会各个角落弥漫着"利之所在，虽千仞之山，无所不上；深渊之下，无所不入"的浊流。出版界也难遗世而独立、不受影响，突出表现为迎合市民心理的读物汗牛充栋，而高品位的学术著作，由于印数少、赔本多，则寥若晨星。尚无一定知名度的中青年学者，往往求出书而无门，感受尤深。这种情况虽然不会永远如此，但已使莘莘学子扼腕叹息。

历史科学的责任，是研究过去，总结经验，探索规律，指导现实。我国历来有重视历史的传统，中华民族立于世界之林数千年者，与此关系匪浅。中国是东方大国，探索东方社会本身的发展规律，能更加直接为当前建设有中国特色的社会主义所借鉴。

新中国成立以来，国家对历史学科十分关心，但限于财力尚未充裕，资助项目难以面面俱到。我们是一群有志于东方史研究的中青年学人，有鉴于此，几年前自筹资金设立了一个民间研究机构，现为中国史学会东方历史研究中心。创业伊始，主要是切磋研究。但感到自己研究能力毕竟有限，于是决定利用自筹资金设立"东方历史研究出版基金"，资助有关东方历史的优秀研究成果出版。凡入选的著作，均以《东方历史学术文库》作为丛书的总名。

我们这一举措，得到了老一辈史学家的鼓励、中青年同行的关注。胡绳同志为基金题词，在京的多位著名史学专家慨然应邀组成学术评审委员会，复蒙中国社会科学出版社允承出版，全国不少中青年学者纷纷应征，投赐稿件。来稿不乏佳作——或是开辟了新的研究领域；或在深度和广度上超过同类著作；或采用了新的研究方法；或提出了新的学术见解，皆持之有故，言之成理。百花齐放，绚丽多彩。这些给了我们巨大的鼓舞，也增强了我们办好此事的信心。

资助出版每年评选一次。凡提出申请的著作，首先需专家书面推荐，再经编辑委员会初审筛选，最后由学术评审委员会评审论证，投票通过。但由于基金为数有限，目前每年仅能资助若干种著作的出版，致使有些佳著不能入选，这是一大遗憾，也是我们歉疚的。

大厦之成，非一木能擎。史学的繁荣，出版的困难，远非我们这点绵薄之力能解决其万一。我们此举，意在抛砖引玉，期望海内外企业界，或给予我们财务支持，使我们得以扩大资助的数量；或另创学术著作基金，为共同繁荣历史学而努力。

《东方历史学术文库》编辑委员会
1994 年 9 月

目 录

绪 论 ··· 1

第一章 酌盈剂虚：清代协饷制度的创建 ························· 20
- 第一节 协饷制度渊源述略 ·· 20
- 第二节 清初军需协济与养兵之议 ···································· 29
- 第三节 协饷制度的构建 ··· 42

第二章 饷者向也：协饷制度与战争及统治秩序 ················ 64
- 第一节 咸丰以前的协饷制度及其运作 ······························ 65
- 第二节 顾此失彼：太平军初起与清廷协饷运筹 ·················· 69
- 第三节 先清腹地：太平天国运动与协饷调整 ····················· 83

第三章 再顾边陲：协饷供应与边疆统治秩序 ··················· 151
- 第一节 贵州：以邻省之力解本省之困 ······························ 151
- 第二节 云南：以抚为主 惨淡经营 ··································· 168
- 第三节 陕甘新疆地区：竭天下之力以供西饷 ····················· 185
- 第四节 协饷制度与统治秩序 ·· 219

第四章 收束与通融：同光时期协饷制度的调适 ················ 227
- 第一节 "兵勇不可两存，库储不堪并耗" ························· 227

第二节　协饷构成与解送方式的变化 …………………… 248
　　第三节　协饷指拨关系的调整 ……………………………… 262

第五章　困厄与衰落：清季协饷制度的走向 ……………… 288
　　第一节　赔款与协饷 ………………………………………… 289
　　第二节　练兵与协饷 ………………………………………… 305
　　第三节　新政财政窘境与协饷困局 ………………………… 324

结　语 …………………………………………………………… 360

征引文献 ………………………………………………………… 365

后　记 …………………………………………………………… 385

绪　论

兵马未动，粮草先行，可见军需供应对军队和战事的巨大影响。清代疆域辽阔，为维护国家统一与安全，统治者从王朝统治的整体着眼，将军队分布于全国，其数量多寡悬殊，尤以边远省份和近畿为多，形成了"居重驭轻"的驻防体制和防御格局。军需供应原则上以所在省份为来源，即所谓"以本地之所输，供本地之所用"。① 然而军需浩繁，各省经济情况参差不齐，边远省份驻兵多而赋税收入少，财力不敷供支。因此，清代借鉴了前朝军需协拨的经验，主要依赖起运存留制度，将富余省份的财用转输不足省份，建立了一套平衡行省收支、保障军队给养的协饷制度。② 曾任职于户部的吴暻

---

① 《皇清奏议》卷3，《续修四库全书》第473册，上海古籍出版社，2002，第41页。
② 协饷，又称协济兵饷。"清制，每年直隶、福建、陕西、甘肃、四川、广西、云南、贵州等省所需兵饷不敷，报经户部核明，由邻近之省协拨。凡协饷有定项和临时之分，上述省分［份］每年之协饷，规定由某省协拨若干，此定项拨协，按定例限期四月份必解拨过半，九月内全解。亦有临时之协饷，其款数、解期酌定。"参见李鹏年、刘子扬、陈锵仪编著《清代六部成语词典》，天津人民出版社，1990，第88页。该书以清代编纂的《满汉六部成语》为蓝本，参考清代官修史籍和档案史料而成。李鹏年等人对协饷定义来源于雍正朝《大清会典》（允禄等监修《大清会典》卷55，沈云龙主编《近代中国史料丛刊三编》第769册，文海出版社，第3403～3406页）和嘉庆朝《大清会典事例》（托津等奉敕纂《钦定大清会典事例》卷142，沈云龙主编《近代中国史料丛刊三编》第652册，第6402～6403页）。

称，国家兵饷"按天下所报官兵粮饷数目分拨支给，其有本省不足者以近省补之曰协饷"，①而围绕协饷所建立的相关规制与相互关系，则为协饷制度的具体内容。当然，以上所述为承平之时协饷制度运作的一般情形。王朝统治过程中还会出现战争这一特殊情况，随之而来的是饷需开支的激增和军需供应的紧张，清政府也会通过协饷制度来运筹军饷，维持战时饷需供应。简言之，协饷制度的要义在于承平之时的酌盈剂虚和战时的解危济困。

"国家之政，财用为先。"②传统社会中，最急之务和最大支项非军费莫属，因此统筹财赋，稳定军需，是维持王朝统治的关键因素。清代是我国统治制度集大成时期。军需协济从经验层面的运筹到程序严谨的规范，集中反映了王朝统治思想的成熟——通过调剂之法来达到全国财用分配的平衡和效率。

鸦片战争以来，清政府面临数千年未有之大变局，外患与内忧并峙。道咸同光四朝历经战乱与变故，而咸同时期更是时人与今人公认的清代历史转折点。有论者认为，咸同以后清廷与行省（督抚）之间存在激烈的利益争夺，导致"中央"权力受到削弱，特别是军权和财权下移，形成了"督抚专政"或"督抚集权"的政治格局，协饷制度也因为"中央"和行省权力的此消彼长而衰落，甚至"毫无实效"，以至于瓦解。持论者似乎忽略了清廷与行省之间内外相维的密切联系和维护王朝统治的共同诉求，而且时人的忠君观念亦十分浓厚，康熙平定三藩后，终清之世未见督抚有割据叛逆之实事。更为重要的是，清政府仍牢牢掌控各省督抚的人事任免权力，因此先行研究的论断似乎需要重新审视。

协饷制度恰是重新审视上述论断的上佳取径：咸同时期，各省军务繁兴，军需供应十分紧急，旨在酌盈剂虚的协饷制度因而成为

---

① 吴暻：《左司笔记》，《四库全书存目丛书》史部第276种，齐鲁书社，1996，第311~312页。
② 张扩：《东窗集》，《景印文渊阁四库全书》第1129册，台湾商务印书馆，第44页。

各方争相使用的筹集军饷的工具。另外，此间清廷大力拓展协济关系，协饷指拨规模与实际协济数额皆远超承平之时，清廷下放给督抚将领的"就地筹饷"之权与协饷运作之间的联系十分紧密。因此，协饷的落实情况可直接反映出清廷权力的贯彻效果和督抚势力的实在情形，爬梳相关史实对于了解直省与清廷的真实关系大有助益。

概而言之，将协饷制度放在晚清大变局中进行审视，有以下几重意义。

第一，以晚清协饷制度为中心，追溯其源流及衍变，有助于廓清协饷制度的用意、渊源、形成过程、发展及走向。

第二，通过协饷制度的运作，深入了解和认识晚清人事、政局与统治秩序之间的关系。咸同以来，危局与变局不断，协饷制度的变动与调整深受时局影响，因此透过协饷制度变动与调整的幅度，及其运作过程中的曲折，可以看出晚清时局变迁，以及人事、政局和统治秩序调整的关系及深层原因。

第三，近代军事制度变化巨大，从经制军队到制兵、勇营、练军、防营共存，再到清末新军的建立，协饷制度随着供应对象的增多而变得内容丰富，其真实面相仍须探讨，军制与协饷制度之间的联系也有待深入。

第四，协饷制度与清代赋税结构变迁的关系有待厘清。清前期赋税结构相对清简，协饷以田赋为主，通过起运存留制度来酌盈剂虚。咸同以后，新辟财源增多，协饷来源因之丰富。上述财源在保障协饷运作的同时，并未被纳入起运存留制度之中，亦未通过新制度来进行分配与安排，导致协饷制度运作的不稳定性大大增加。这些情况亟须梳理与解读。

第五，了解与把握清季财政改制与协饷制度最终走向。清季十年，赔款、练兵和新政所费甚巨，以至于国家和直省财政十分困厄，协饷制度运作维艰。光宣之际，清廷有意通过清理财政来掌握各省财力，划分国家税与地方税，重新建立直省财政运转体系。由于利益纠葛与时局纷乱，改革没有取得预期效果。然而，此间协饷制度的运作环境到底发生了怎样的变化,清廷试图对其做出何种安排,都是迫切需要厘清的问题。

因此,选择协饷制度作为研究对象,既可了解其历时性变迁和共时性特征,也可借此观察清代制度创设和变动的一般过程。尤其是,将协饷制度置于风云际会的晚清来考察,更可以看出其在面对战时之需与承平之制时所作出的不同因应,管窥影响协饷运作的人事、政局、军事与经济等问题,从而把握其在王朝体制中应有的地位和作用。此外,协饷制度在清季的运作状况,还可为我们了解我国传统财政制度向近代西方财政体系转型的动因、困惑与过程,并为以资源调配为目的的当代转移支付制度提供历史经验。

协饷作为财政收支当中的要项,相关研究对其概念的探讨注意较早。1911 年周棠编辑的《中国财政论纲》中就曾对此进行了尝试。该书将协饷置于中央财政收入的杂款项下,对协饷的概念有所界定,认为:"协饷者,自有余省分支给于不足省分之补助金也,相沿既久,名与实殊。今则概归户部,此款从前谓之筹边军需。光绪十三年(1887)改称协饷,江苏、浙江于此项中,江苏每月二万两,浙江每月九千两,解送海军衙门。迨海军衙门废撤,遂以为海防专款,而解送户部。二十二年(1896)又改为黑龙江镇边军饷。光绪二十九年(1903)此款之解送户部者,仅江苏之二十一万两而已。"[①] 此番表述已抓住协饷制度以有余补不足的用意,对本书颇有启发,惜未见梳理协饷的渊源流变,且将一时一地的协饷等同于全国整个协饷制度体系,曲解之处颇多,似与历史事实相差甚远。

1917 年贾士毅的《民国财政史》也对清代协饷这一史实有所论及,并对民国财政中设置"中央协款"进行了研究和统计,[②] 对理解清末民初财政体系的转型颇有意义。

1922 年李权时在哥伦比亚大学完成博士论文 Central and Local

---

① 周棠编辑《中国财政论纲》,晴天片云室,1911,第 59 页。
② 贾士毅:《民国财政史》,商务印书馆,1917,第 70 页。

Finance in China。文中对协饷的性质进行了讨论，认为"协饷实在不过是一种间接的中央解款"，作者统计了广东1907~1909年的协济对象和数额，并对承协省份与受协省份的角色进行甄别。① 李氏的研究已经初步触及协饷的特点，即协饷属于清廷起运项下支出，在视野和分析方面都有所推进。

协饷同时是军需供应的重要来源。1933年凌惕安的《咸同贵州军事史》一书大量利用督抚文集、年谱、族谱方志、诗文集来揭示咸同年间贵州苗民起义情形，研究较为全面。该书第十三章"军费之来源"中，指出贵州军务开支的主要来源有协饷、捐输、厘金和零星挪移等，并根据曾璧光的奏稿统计了同治十年（1871）贵州受协数额。② 此虽就贵州的局部经验而言，但点出了协饷与地方军事进程之间的关系，对本书有直接启示。

罗尔纲在20世纪三四十年代的一系列研究与本论题关系颇为密切。1937年《清季兵为将有的起源》一文指出："清代自道光末太平天国起事后，清廷命将，分途四出，将帅以绿营不可用，都各募'勇营'以作战。一省所募动辄数万而东南七省所招募者更多，常不下数下［十］万众。其中以曾国藩创立的湘军与源自湘军的淮军为最著名。他们的军队，都是自招自练，不属于兵部。兵部所辖惟旧日的绿营。故中央兵权已下移于将帅。而为将帅者，复多膺任疆寄，他们除了手握兵权饷权外，复有民事之责。到了大乱既平，此势不改。于是地方权重，渐渐地势倾中央。"③ 该文对太平天国运动以来中央与直省（督抚）权势的判断影响深远。1938年《湘军新志》对湘军饷源进行了研究，依据曾国藩奏稿内容，勾勒咸丰四年（1854）

---

① Chuanshih Li, *Central and Local Finance in China*. New York，1922. 此书之后翻译成中文在国内出版，名为《国地财政划分问题》（1925年），曾在《东方杂志》连载，后收入沈云龙主编《近代中国史料丛刊三编》第905册。
② 凌惕安：《咸同贵州军事史》，沈云龙主编《近代中国史料丛刊》第124册，文海出版社，1966，第198页。
③ 罗尔纲：《清季兵为将有的起源》，包遵彭、李定一等编《中国近代史论丛·政治》第2辑第5册，正中书局，1963，第85页。

至同治三年（1864）湘军的受协饷额。① 1945年《绿营兵志》从制度的层面研究了乾嘉以前的军队俸饷协拨制度，利用乾嘉两朝的会典，描述了协饷的指拨程序，提醒应注意各省布政司与户部的关系，认为布政司是户部的地方代表机构，通过布政司"饷权遂全归于中央"。② 概言之，《清季兵为将有的起源》中提出的"地方权重，渐渐地势倾中央"的观点几乎奠定了清季中央与直省权力竞争的基调，长期为学界所因袭，直到20世纪六七十年代才逐渐改观（详后）；后两项研究对清代军需供应都进行了深入探讨，对协饷的把握也较之前研究更为具体和充分。

厘金是咸丰年间新开辟的财源，旨在筹集军饷，故而对协饷供应影响很大。1936年罗玉东在讨论厘金用途时，列出"各省协款"一项，指出"所谓各省协款或协饷，即由户部补助各省之款，惟款不由户部拨发，而由户部指定某省或某数省拨款若干直接解与受协之省分，期限亦由户部规定，有时仅协助一二年，或数年，而有的边远省分则须年年受协助。此项协款虽似一省或数省辅助某一省，与中央无关系，其实则此项由某省直接解协款与受协省分的办法，不过是节省一道转拨的手续而已，无户部的奏咨，各省是不能互相授受协饷的，故此项开除应列入国用范围内。大凡付协款的省分都是财政比较丰富的省分，而受协款的省分，则多为边远贫瘠的省分"。③ 此番论述基本上抓住了协饷的主要特征，惜未注意到"协款"与"协饷"的区分，认识稍显不准确。罗玉东还将解款省份和受协省份列表，认识到协款有经常与临时之别，亦是一大推进。

1947年彭雨新的《清末中央与各省财政关系》是这一时期的重

---

① 罗尔纲：《湘军新志》，商务印书馆，1938，第118~133页。
② 罗尔纲：《绿营兵志》，中华书局，1984，第374页。
③ 罗玉东：《中国厘金史》，商务印书馆，1936，第208~209页。另外，吴廷燮《论光绪朝之财政》（《文献论丛》，故宫博物院，1936）也注意到协饷这一史实，惜未见申论。

要成果。作者除了征引《户部则例》《大清会典》《大清会典事例》《清文献通考》《清续文献通考》等清代典章制度类书外，还充分利用清末各省财政说明书，梳理了解协款制度的内容。在分析"解协款制度变质之原因"时，认为"财政行政系统"和"财政收支系统"受到晚清以降战争和赔款的巨大影响，原有的财政体系大受冲击，而名目繁多的筹款影响了解协款制度的正常运行，并进一步探讨了清末的财政调整。此文从财政制度史的角度宏观把握了清代财政制度的变迁，是理解晚清解协款制度较为翔实的研究论著。① 彭文的启发在于：一是从财政制度的角度探讨协饷制度因革损益，重视外部因素对协饷制度的影响。二是材料上注意典章制度类书，并且利用清末财政说明书，拓展了此课题研究的资料范围，对于协饷制度的研究至今仍有指导意义。与这期间的著述相比，彭文基本代表了这一阶段的研究水平。

需要指出的是，《清末中央与各省财政关系》一文中将"解款"等同于"京饷"，"协款"等同于"协饷"，因此总结出"解协款制度"，并将其等同于京协饷制度。然而，仔细分析"协饷"与"协款"，"京饷"与"解款"，我们可以看出它们之间并非一一对应关系，出现先后也有不同，因此将"解协款制度"等同于京协饷制度似可商榷。"协款"一词出现晚于"协饷"。咸同时期及之前，"协款"极少使用，绝大多数情况下与"协饷"意义相同，如在曾国藩、左宗棠、胡林翼和李鸿章等人的奏折中"协款"皆指"协饷"。② 晚近以来，随着洋务运动的开展，省际各项经费的协济力度加大，其用途也不仅局限于兵饷。"协款"因而成为对所有具有协济性质经费

---

① 彭雨新：《清末中央与各省财政关系》，《社会科学杂志》第 9 卷第 1 期，1947 年。
② 详见《曾国藩全集·奏稿一》，岳麓书社，1994，第 35 页；《左宗棠全集·奏稿一》，岳麓书社，1987，第 583 页；《胡林翼集·奏疏》，岳麓书社，1999，第 834 页；顾廷龙、戴逸主编《李鸿章全集·奏议一》，安徽教育出版社，2008，第 31～32 页；等等。

的统称。也就是说,"协款"与"协饷"并不是始终对应的,"协饷"逐渐成为"协款"项下的组成部分。至于"解款",起初不过是各种起解款项的统称,并不是有特定含义的专有名词。清初以来,"解款"即包括京饷、协饷和其他经费的起解,似为动词。可见,"解款"与"京饷"也不对应,其内涵囊括了"京饷"的解送。更为重要的是,清代各朝会典以及户部则例都对京饷和协饷进行了详细的制度设计与安排,却未见到有关"解款"和"协款"的规章制度,可见其并不具备制度成立的要件。到了光宣之际,"解款"和"协款"因清政府实行财政清理才逐渐具有特定意义,作为财政调查项下统计出入之款的两大门类。前者是指各种解京款项,后者是指省际的协济款项。直到此时,"解协款"才开始同时出现,然而仍没有专门的制度对其进行规范和限定。由于彭文影响极大,其上述研究基本上奠定了此后"京饷"和"协饷"研究的思路,"解协款制度"几乎成为财政研究中的共识,为后续研究者所因袭。

综观这一时期的研究,学界虽未出现协饷及协饷制度的专题研究,但已有一些研究者注意及此。此间协饷和协饷制度研究的进展可以归结为以下几个方面:一是资料利用逐渐增加。各相关论题在探讨协饷时,典章制度类书和督抚文集利用较多,并开始对清末各省财政说明书进行利用。二是研究深度有所推进。上述相关研究已经涉及协饷的概念、数额、指拨过程以及协饷制度的用意、作用和影响等。这些都是协饷制度研究中的重要内容。当然,相关研究往往囿于主题与时段,对协饷或协饷制度的探讨还留下诸多空间,其结论似与文献资料展示的情形还有若干差距,但筚路蓝缕,上述相关研究对后来研究仍具有重要的提示意义。

20世纪五六十年代,本论题的研究未能引起学者重视,成果阙如。及至70年代,中国台湾地区和美国一些研究对协饷进行了探讨。1973年叶龙彦的《湘军饷源及其运用》研究了湘军军费的来源,利用咸同时期督抚和湘军将领的奏折、日记和书信以及谕折,对湘军军费进行了统计,对军饷使用进行了考证,在研究深度和方法方面均有推进。① 同一年,王宏志的《左宗棠平西北回乱粮饷之筹划与转运研究》所用资料大都为左氏文集以及朝廷谕旨,除细致研究粮饷的转运外,还将西征协饷与举借外债联系起来,注意到了外债对协饷制度的影响。② 1976 年约瑟芬·周(Josephine Nailene Chou)的《1759~1911 年新疆的边疆研究及行政变动》是关于清代以来新疆行政建置变革的专题研究,在第六、七两章探讨了新疆建省的过程及其管理问题,论述了左宗棠对新疆建省与协饷减额的思考,认为新疆建省可以减少对外来援助的依赖。③

20 世纪 80 年代以后,协饷和协饷制度研究出现了较为丰富的成果,具体进展体现在以下不同方面:

一是区域史研究。

区域史研究主要以协饷主体为研究对象,涉及受协省份与承协省份,又以受协省份为侧重,意在探讨区域范围内协饷关系的建立,协饷的运作、作用和影响。

齐清顺的《清代新疆的协饷和专饷》、《清代新疆饷银的来源、使用和欠额》和《清代新疆的协饷供应和财政危机》三篇文章,④以《清实录》、方略和文集等资料为基础,对新疆协饷历史的爬梳属于开创性的工作,尤其从维护国家统一的高度,将清代新疆各个时期协饷制度与新疆社会发展联系起来,面向较为丰富。当然,新疆协饷前后变化很大,可探讨的问题还很多。

1998 年厉声的《乾隆年间新疆协饷拨解及相关问题》,虽然史料并未出新,但与齐清顺的研究相比,更为细致地探析了乾隆年间

---

① 叶龙彦:《湘军饷源及其运用》,嘉新水泥公司文化基金会,1973。
② 王宏志:《左宗棠平西北回乱粮饷之筹划与转运研究》,正中书局,1973。
③ Josephine Nailene Chou, Frontier Studies and Changing Frontier Administration in Late Ch'ing China: the Case of Sinkiang, 1759 – 1911. Ph. D. dissertation, University of Washington, 1976.
④ 齐清顺:《清代新疆的协饷和专饷》,《新疆历史研究》1985 年第 1 期;《清代新疆饷银的来源、使用和欠额》,《新疆历史研究》1985 年第 3 期;《清代新疆的协饷供应和财政危机》,《新疆社会科学》1987 年第 3 期。

新疆协饷制度建立的过程，协饷的额度与用途，并具体分析了制度调适和政策设置的原因。①

同时期，薛晖的《清道光咸丰时期新疆协饷正常调拨秩序崩溃探析》②认为道咸时期战争经费的支出导致各省对新疆协饷的减少，尤其是咸丰年间"由于中央财政日绌，地方财政也困难重重，各省的拨解任务常常完不成，清中央对此也无能为力"。上述观点注意到咸丰时期新疆协饷秩序的变动，指出了协饷减少的原因，惜未对同光时期新疆协饷加以考察。其实同治五年（1866）以后，左宗棠主政西北，新疆协饷供应大幅攀升，较诸此前有过之而无不及，因此仅凭咸丰时期协饷供应的下降而认定协饷秩序的崩溃，似嫌以偏概全。

学界在对新疆协饷进行探讨的同时，也对其他省份给予了一定的关注。1987年蒋德学的《论清代贵州的协款》利用《贵州通志》和《清实录》对全清贵州的协款进行总体研究，考察了黔省受协饷银数额、承协省份和用途等，勾勒了贵州协饷的基本脉络。③作者同样未对"协饷"和"协款"进行区分，统计数字也只约略言及。

1995年邓孔昭的《台湾建省初期的福建协饷》通过刘铭传的奏稿，研究1885年至1890年的福建对台协饷的数额和用途，从财政收支的角度，肯定了福建协饷对于台湾财政平衡的重要性。④值得指出的是，此次协饷指拨使台湾开始以行省身份加入到协饷体系中去。

1999年金容基的硕士论文《以协饷为中心论咸丰朝四川与中央的财政关系》通过协饷的运作状况来观察中央与四川的财政关系，利用欠饷问题来显示中央与直省之间的财政紧张关系。此文以《清

---

① 厉声：《乾隆年间新疆协饷拨解及相关问题》，《清史研究》1998年第2期。
② 收入方晓华编《学苑采芳——庆祝新疆师范大学建校二十周年论文选》，新疆人民出版社，1998。
③ 蒋德学：《论清代贵州的协款》，《贵州社会科学》1987年第8期。
④ 邓孔昭：《台湾建省初期的福建协饷》，《台湾研究集刊》1994年第4期。

文宗实录》为中心材料，兼及《清政府镇压太平天国档案史料》，①资料似嫌单一，且过多地胪列史料而弱于分析。不过，该文视野独特，抓住了协饷制度中颇为关键的清廷与直省关系作为论述对象，对本书写作思路多有裨益。

2009年刘超建的《晚清新疆协饷枯竭原因探析》② 在重复前人研究的同时，并未能用新出史料细致分析清朝末年新疆协饷供应的实际情况，所讨论时间段也甚少触及晚清，所作研究结论颇有可议。

二是军事研究。

1983年杜经国的《左宗棠与新疆》一书将左宗棠收复新疆过程中的军需筹划置于晚清海防与边防争论的大背景下，从维护统一的多民族国家立场出发，用进步与落后的观念审视当时的协饷供应，具有鲜明的时代烙印。文中对于西征粮饷的筹划和运输着墨颇多。③

1988年蒋致洁的《左宗棠收复新疆战役军饷问题探讨》分析了军需供应与军事进展之间的关系，对左宗棠收复新疆过程中的"西征协饷"的数额、军饷收支和筹措方法有具体的统计和订正，研究结果显示"协饷几乎占收入总数的一半，在军饷入款中占有举足轻重的地位"。④ 该文对左宗棠收复新疆的军饷统计相当详细，惜未对新疆饷需供应的变化过程，以及左宗棠运筹军需，特别是变通协饷的做法作进一步探讨。

1992年陈锋的《清代军费研究》是一部研究清代前期军费的专著，探讨了鸦片战争前八旗和绿营军的军需供应机制，利用第一历史档案馆藏档和中国科学院经济所钞档对乾隆二年（1737）和九年

---

① 金容基：《以协饷为中心咸丰朝四川与中央的财政关系》，硕士学位论文，北京大学，1999。
② 刘超建：《晚清新疆协饷枯竭原因探析》，《昌吉学院学报》2009年第1期。
③ 杜经国：《左宗棠与新疆》，新疆人民出版社，1983。相关研究还有秦翰才的《左文襄公在西北》（商务印书馆，1947），此书文学色彩浓厚，与一般学术著作迥然不同，立论多未注明出处。
④ 蒋致洁：《左宗棠收复新疆战役军饷问题探讨》，《中国社会经济史研究》1988年第2期。

(1744) 的协饷作了统计，展示军饷协拨的数量与关系，认为协饷是"将财力有余省分的钱粮拨协财力不足省分的一种保证军需供支平衡的手段"。① 该书资料丰赡，档案利用尤多，给后续研究提供了信息，对本书研究亦有方法上的启示。由于作者着意于鸦片战争之前的军费研究，对于晚清军费较少涉及，为本专题研究提示了深入的方向。

1997 年马陵合的《试析左宗棠西征借款与协饷的关系》从外债史的角度分析了左宗棠的"西征借款"及其与协饷制度的关系，认为西征借款对于解决协饷拖欠的作用是积极的。② 此文在探讨左宗棠西征借款与协饷的关系时，利用金融学的观点来进行分析，注重对协饷抵借外债意义的发掘，而未能将其与西北军务进程结合起来考察。

三是财政经济研究。

1983 年彭泽益的《十九世纪后半期的中国财政与经济》一书择取清代后期影响财政和经济的若干方面进行探讨。③ 该书对晚清战争和军需供应、财政恶化等方面用力颇深，资料翔实，分析透彻，对晚清财政与经济的研究推进较大，书中对军需用款的统计对本书很有帮助。

1987 年郭太风的《解协饷制度演化对清朝统治机制的影响》用马克思主义史观对解协饷制度的演化进行了批判分析，④ 在资料使用、研究深度与研究范围上并未超出彭雨新 40 年代的研究。

1990 年张朋园的《落后地区的资本形成——云贵的协饷与鸦片》利用近代化理论考察协饷对云贵地区经济发展的影响，并以台湾为比照对象，认为"云贵领导阶层的懈怠心理"是阻碍云贵走向

---

① 陈锋：《清代军费研究》，武汉大学出版社，1992。
② 马陵合：《试析左宗棠西征借款与协饷的关系》，《历史档案》1997 年第 1 期。作者在《左宗棠外债观探析》中重申了上述观点，详见《安徽史学》2004 年第 4 期。
③ 彭泽益：《十九世纪后半期的中国财政与经济》，人民出版社，1983。
④ 郭太风：《迈向现代化的沉重步履：军政改革·商会变异·思潮激荡》，学林出版社，2004，第 13～26 页。原文成于 1987 年 3 月。

近代化的主要原因。①

　　1992年彭雨新的《清代田赋起运存留制度的演进——读梁方仲先生〈田赋史上起运存留的划分与道路远近的关系〉一文书后》②是探讨清代田赋起运存留制度演进的力作。彭文利用中国社科院经济研究所所藏档案，分析了起运存留制度与清代前期的军费统筹，通过对协拨关系和数量的统计、分析，指出协饷制度的复杂性，推进了其40年代的研究，也被陈桦的研究引用和吸收。③

　　2000年周育民的《晚清财政与社会变迁》从财政管理的角度评价了"解协饷制度"在财政运行中的重要性，认为"解协饷制度是清代整个财政体系运作的中心环节"④，极具启发意义。上述判断在研究方法与路径上对本书有两点重要提示：一是须将"解协饷制度"置于清代的财政运行过程之中，应注意协饷运作环境与左牵右涉的关系；二是"解协饷制度"作为财政运行的中心环节，反映了清代以来的财政变化，影响并制约了近代以来的财政走向。

　　2005年刘增合的《鸦片税收与清末新政》已关注到户部与各省对鸦片税收的依赖，该书在分析鸦片禁政的影响时，注意到户部对鸦片主产区的边远省份的财政抵补，对于理解协饷与鸦片税收之间的关系颇有启发。另外，作者对清末军队建设与鸦片禁政之间关系的阐述对本研究亦有提示作用。⑤ 2008年刘增合发表的《光绪前期户部整顿财政中的规复旧制及其限度》⑥一文，有专门内容探讨

---

① 张朋园：《落后地区的资本形成——云贵的协饷与鸦片》，《贵州文史丛刊》1990年第2期。
② 彭雨新：《清代田赋起运存留制度的演进——读梁方仲先生〈田赋史上起运存留的划分与道路远近的关系〉一文书后》，《中国经济史研究》1992年第4期。梁方仲的相关研究对本书亦有不少启发，参见刘志伟编《梁方仲文集》，中山大学出版社，2004。
③ 陈桦：《18世纪的中国与世界·经济卷》，辽海出版社，1999，第295~300页。
④ 周育民：《晚清财政与社会变迁》，上海人民出版社，2000，第26页。
⑤ 刘增合：《鸦片税收与清末新政》，生活·读书·新知三联书店，2005。
⑥ 刘增合：《光绪前期户部整顿财政中的规复旧制及其限度》，《中央研究院历史语言研究所集刊》第79本第2分，2008。

"解协饷制度"的危机，对协饷在光绪年间运作逐渐式微的分析较为翔实。

之后，2011年郭芳芳的《晚清协饷与票号》① 在探讨协饷与票号关系方面，所用史料范围较窄。实际上，晚清票号的运营和协饷之间的关系颇为复杂，不同阶段的情况也差异显著。

2016年王海龙、杨建飞的《清朝解协饷制度中的现代财政思想研究》② 一文用现代财政思想考察清代协饷制度，指出协饷制度"体现了财政对资源配置的整体性思想、均等化思想、转移支付思想、规范化思想以及分权思想"，不过清代并无"解协饷制度"，作者不察，以讹传讹，实际应为"京协饷制度"。

在相关研究方面，20世纪60年代以来，一些学人开始对晚清督抚权力进行重新检讨。1967年王尔敏的《淮军志》通过对淮军的研究，认为晚清"勇营"的崛起以及督抚将领"政治地位的取得"并未导致"地方主义"或"地方分权"的出现。王氏还考察了李鸿章直督任上权力之来源，指出："其施行权力，在符合中央的愿望，并非与中央对立，也非分权行为。"③ 换言之，咸同以来，督抚将领的权力与"中央"权力并非此消彼长的，所发生的变动是为了更好地维护王朝统治。

1974年刘广京的《晚清督抚权力问题商榷》一文对罗尔纲等人力持的太平天国运动以后军权和财权下移导致"地方权重""外重内轻"等观点进行了全面的反思。刘文立足于史实，通过详细分析，指出"清廷不但能调节督抚之军权，对各省之财权，事实上亦能控制"④。该文对于学界深入探讨太平天国运动以来清廷与督抚权势之

---

① 郭芳芳：《晚清协饷与票号》，《黑龙江史志》2011年第17期。
② 王海龙、杨建飞：《清朝解协饷制度中的现代财政思想研究》，《广西社会科学》2016年第7期。
③ 王尔敏：《淮军志》，中研院近代史研究所专刊第22种，1967，第373~389页。
④ 刘广京：《晚清督抚权力问题商榷》，《清华学报》新10卷第2期，1974，第176~223页。

变动及其意涵很有启发意义。

何汉威对刘广京等人的上述观点颇为赞同,发表了《从清末刚毅、铁良南巡看中央和地方的财政关系》和《清季中央与各省财政关系的反思》,从财政角度证明,即便是在清末,"中央政府仍保有政治及行政权力"。何氏进而指出,太平天国运动以后,"中央政府"和督抚权势并非此消彼长的"零和游戏","一方权力的增加并不意味另一方的权力受损"。其中,"中央政府"和督抚财权往往被州县一级所蚕食和把持。[①]

2003 年刘伟的《晚清督抚政治——中央与地方关系研究》,对晚清督抚权力变化进行了考察。与刘广京等人观点不同,该文认为太平天国运动以后,"地方督抚逐渐取得了相对独立的财政、军事等权力……造成了中央统治力量的下降","督抚成为权重一方的地方主义势力"。这些论断似嫌过于强调清廷与直省(督抚)之间竞争的一面;而忽略了直省作为清朝统治体系之下的组成部分,在维护和贯彻王朝统治方面的诉求。不过,作者也承认:"晚清以来,还没有发生督抚挟权力以与中央抗衡的事件,中央在相当程度上仍能有效地控制督抚。"[②]

另外,咸丰末年,票号开始承揽协饷汇兑业务,因此一些关于票号研究的论著对协饷汇兑有所探讨,涉及协饷的汇费、借垫、官商关系等,探讨了票号汇兑协饷的前后变化和双方相互依赖的原因,[③] 对拓展和深化协饷制度研究是有益的。

---

① 何汉威:《从清末刚毅、铁良南巡看中央和地方的财政关系》,《中央研究院历史语言研究所集刊》第 68 本第 1 分,1997,第 55 ~ 115 页;《清季中央与各省财政关系的反思》,《中央研究院历史语言研究所集刊》第 72 本第 3 分,2001,第597 ~ 698 页。
② 刘伟:《晚清督抚政治——中央与地方关系研究》,湖北教育出版社,2003。
③ 李永福:《山西票号研究》,博士学位论文,华东师范大学,2004。其他论著还有陈其田《山西票庄考略》,商务印书馆,1937;张国辉《晚清钱庄和票号研究》,中华书局,1989;史若民《票商兴衰史》,中国经济出版社,1992;黄鉴晖《山西票号史》,山西经济出版社,2002;中国人民银行山西省分行、山西财经学院编《山西票号史料》,山西经济出版社,2002。

要言之，既有研究已分别从区域史、军事史和财政经济史的角度对协饷及协饷制度进行了研究，揭示了协饷运作的局部经验，但因研究方法和侧重各不相同，制度运作与人物活动和晚清社会变化的联系难以凸显；此外，囿于视野和时限，某些先行研究对协饷制度的历时性变化和共时性特征鲜有关注，导致在涉及协饷制度时的部分结论容易偏颇。更为重要的是，先行研究主要以官方文书和督抚文集为主，在文献资料利用方面还有待深入。特别是，近年来文献资料大量出版，日记、年谱和报纸杂志刊布甚夥，皆需加以利用。而一些研究者对前人研究及相关成果的关注和利用不足，也在一定程度上影响了本专题研究水平的提升。

迄今为止，学界尚未有整体探讨晚清协饷制度的专题著述，但先行相关或专题研究对协饷制度的探讨已为本研究奠定了重要基础。本书拟在研究时限、范围、内容三方面拓展与深入，力图把握晚清大变局下的协饷制度的历时性变化和共时性特征中的丰富面相。

充分利用现有史料，重视解读新出史料是本书进行研究的重要基石。前有述及，清代相关典章制度类书载有协饷制度的条文规定，官方记述和私人记载则增加了研究协饷制度的史料来源。先行研究在材料使用方面渐趋广泛，但作为专题和相关研究，所用资料毕竟有限。本研究不仅需要尽力涵盖上述研究已出现的资料，还需要根据各种线索，扩大资料收集范围，拓展资料种类。总体而言，本书的研究资料主要有以下几种类型：

第一，官方文献。一是典章制度类书，如《大清会典》《大清会典事例》《户部则例》《军需则例》《清文献通考》《清续文献通考》等。二是谕旨奏折类，如《清实录》《东华录》《东华续录》《谕折汇存》《朱批奏折》《上谕档》《邸抄》等。

第二，督抚文集，官员日记、书信和年谱等。由于饷需协拨受户部监督，在直省之间运行，督抚和布政使直接参与其事，清代严格的考成制度使协饷的奏请、起运与考核留下许多记录，在奏折和公牍里反映较多。当然，奏折和公牍受制于体例，不免抹杀了制度运作的丰富面相，而通过日记、书信和年谱等资料往往可以化解这一难题，为我们提供生动的制度运作信息。

第三，已刊未刊档案。近年来档案资料不断整理出版，为研究提供了方便。此外未刊档案数量更大，根据第一历史档案馆编辑的《中国第一历史档案馆藏朱批奏折财政类目录》显示，除已整理出版的光绪朝朱批奏折外，还有大量未刊档案。第一历史档案馆馆藏的军机处、户部-度支部、兵部-陆军部、军谘府、北洋督练处、清理财政处、禁烟总局等档案对本书研究颇为重要，需极力搜集。

第四，资料汇编。代表性的大型史料汇编有清末编纂的各省财政说明书，其中包含了不少统计资料，对于本研究十分重要。台湾文海出版社推出的《近代中国史料丛刊》三编，中国史学会编辑的《中国近代史资料丛刊》，社会科学文献出版社的《清政府镇压太平天国档案史料》，近年来全国图书馆文献缩微复制中心出版的大量的稀有文献，都为本研究提供了丰富的资料。

第五，地方志。地方志对地方情况的记载较为具体、直接，提供了协饷制度运行的一些细节，也是本研究的重要史料来源。《续修四库全书》和《中国地方志集成》所收录的方志及零星出版的地方志都需尽量利用。

第六，报纸杂志。晚清报纸杂志信息量大，官报和民间报纸杂志对于社会报道较为动态，可以提供相对多样的历史面貌。报纸杂志对晚清社会情势的记载，与其他资料互相比勘，往往可以反映出协饷制度中各种关系间离合冲突的隐情。

随着近代西方分科体系的引进和中国学术分科的细化，[①] 历史学科内各种专门史研究虽说不是畛域自分，似乎也有专门化的定见。协饷制度既与军事相关，又与财政相连，还与政局变动、人事纷更密不可分，所以不能通过孤立片面地归类而人为割裂历史本身的联

---

① 桑兵：《盲人摸象与成竹在胸：分科治学下学术的细碎化与整体性》，《文史哲》2008年第1期。

系，将其划入政治史、制度史、财政史、军事史或经济史的范畴之内。这给本研究带来如下的机遇与挑战：就机遇而言，本研究具有广阔的发挥空间，在既有研究基础上，综合利用相关研究方法来推进和加深对协饷制度的了解与认识是可能的；就挑战而言，由于知识结构单一，驾驭论题的能力有限，因此在把握问题时可能会有疏漏及片面之嫌。如何恰如其分地写出题中应有之义而不是穿凿附会地理解"制度"之外的意涵需要学术积淀，同时也需要借鉴学者的研究心得。

近年来，制度研究颇能开拓创新，除注意典章制度和条文本身的信息外，对制度渊源的追根究底、制度运作的见微知著、人事纠葛的抽丝剥茧以及制度流变的潜移默化等方面都有不少论著出现，①大大丰富了该领域研究的思维和视野。上述做法虽然是制度研究的法门，但是贯彻于研究之中实属不易。就本书而言，本着"取法乎上"的想法，竭能尽智，以期有所领悟和实践。桑兵教授在讲课时多次强调清代制度研究的机括："集大成、应变局。"这一总结对于理解清代制度具有相当大的提示作用，提高了本书文本解读的敏感性，扩展和提升了本研究的思路。

至于研究方法，与本研究的内容密不可分。首先，在具体问题具体分析的基础上，利用本学科和相关学科的知识理解史料，多角度、多层次地考察协饷制度的渊源与实际运作。其次，本研究量的考察不可或缺，通过数量统计直观展示协饷运作相关信息，不仅有助于明了晚清协饷的制度变迁与运作模式，还可以从中看出近代财

---

① 这一方面的推进可参看关晓红教授的一系列研究：《晚清学部研究》，广东教育出版社，2000；《清末州县考绩制度的演变》，《清史研究》2005年第3期；《晚清督抚衙门房科结构管窥》，《中山大学学报（社会科学版）》2006年第3期；《清季督抚文案与文案处考略》，《近代史研究》2006年第3期；《从幕府到职官——清季外官制改革中的幕职分科治事》，《历史研究》2006年第5期；《独断与合议——清末直省会议厅的设置及运作》，《历史研究》2007年第6期；《种瓜得豆——清季外官改制的舆论及方案选择》，《近代史研究》2007年第6期；《晚清议改科举新探》，《史学月刊》2007年第10期。

政、军事和经济变动的动因和过程。再次，注重整体和把握联系。协饷制度作为清代王朝统治整体下的重要组成部分，须从整体出发，注意历史现象间的联系，深入探讨晚清变局中协饷制度与人事、政情、军务和统治秩序之间的关系。

就研究范围来看，本书拟通过历时性的考察，将协饷制度置于时代变迁的背景下，分析其在面对制度内外压力时所作出的各种因应，从而动态把握事物发展的过程，借以倾听时代声音。与此同时，协饷制度在历史进程中的共时性特征与宏观及微观方面的变化也不可忽视。

只有恰当把握已有研究成果的进展与不足，竭力搜求和拓展研究资料，才能明确本书研究的空间与方向。简而言之，本研究将着力从以下几个方面来展开，以推进协饷制度的研究。

一、厘清协饷制度的渊源流变。先行研究对于这个问题似未见观照，一些讨论涉及协饷制度时不免隔靴搔痒，难中肯綮。殊不知，不追本溯源根本无法认识该项制度的立意，更无法准确把握其演进过程。

二、力图把握协饷制度历时性变迁。突破军事或财政研究的藩篱，将协饷制度置于清代社会变动的整体之下，探索协饷制度在不同时期尤其是晚清的变化特点及原因。

三、具体分析协饷和协饷制度在不同省份、不同阶段的共性与特点，展现协饷制度不同的面相。

四、注意影响协饷制度运作的诸多因素，关注协饷制度与其他制度、人事、政情之间的相互关系，呈现协饷制度的位置与影响。换言之，本研究拟将协饷置于晚清社会的常情变态之下考察，厘清协饷制度与军需供应、军事进程、王朝统治秩序、近代军制变迁、清季财政改革和清末新政等诸多方面的联系，从而加深对晚清社会与时事政情的整体认识。

第一章
酌盈剂虚：清代协饷制度的创建

清代肇建，疆域渐广，兵戈迭兴，随之而来的是军费的巨额支出。如何在开疆拓土的同时，驾驭和控制全局，维护和巩固王朝统治是摆在统治者面前的主要任务。兵马未动，粮草先行。军需供应机制对军务活动起着事前筹划、事中保障和事后完善的作用。协饷制度正是在这种背景下建立起来的。协饷制度的出现为当时的军需供应提供了有力的保障，对清代国家疆域的形成起到了积极作用。随着清代王朝统治秩序的建立，国家进入恢复和发展阶段。清政府按照居重驭轻的思路将军队分布于全国，同时对清前期战时协饷制度进行了规范和调适，建立与驻防体系和防御格局相适应的承平之时的军需供应机制。

第一节 协饷制度渊源述略

协饷制度是清王朝利用统一政权的优势对全国财用进行再分配的一种方法。作为一项制度，虽定制于清代，然而"事不孤起，必有其邻"。它是在借鉴和吸收此前王朝，特别是明代的军需保障经验，结合清代驻防体制和军需供应状况而构建的。换言之，协饷制度本身渊源有自，厘清其本源对我们认识清代协饷制度的形成有着十分重要的意义。梁方仲认为，各朝代养兵之法同兵制和国用体系是密切配合的。① 因此，追溯协饷制度的渊源要从我国军制和军饷供应的变迁开始。

一 军制变迁与军需供应

我国传统治术崇尚"官省事简"，主张减少政事，以便人民能安居乐业而不被骚扰。即便如此，各个王朝依然不会放松整军修武，捍卫统治。清代及之前历朝历代，军费大都为岁出主体，为国家财用的沉重负担。然而，军队给养并非一开始就落在国家身上的。从历史上看，我国军制和军需供应多有变动。

我国养兵之费的担负主体经历了两个阶段的变化，变动的核心在于军制的变迁。第一阶段，各王朝实行普遍兵役制，寓兵于农，平时耕作，战时出征。国家平时无养兵之费，战时则征收军赋来给养。第二阶段，兵民分化，军队实行招募制，士兵向职业化转变，养兵之费开始出现并由国家负担。② 两个阶段的划分据说以"三代"为限，"三代之时，兵与农合，有事则萃之戎行，无事则散归畎亩。既鲜征籍之烦，又无糜饷之费，寓兵于农，法至善矣。三代以下，时势不同，以兵卫民，旋计兵给饷，兵与民分，而治兵筹饷遂为经国一大政"。③ 这一概括指出了我国军制及军队供养模式的变迁过程：从寓兵于农到军队职业化的转变导致军队供应由自给自足到仰食于人。

秦汉时，虽然推行普遍兵役制，但由于长期征战，出征民夫渐成常备军，国家通过统收统支的方式来支配国用，补给军需。隋朝以及唐代中期以前，实行府兵制。④ 府兵制也是一种普遍兵役制，寓兵于农。府兵自备参战武器和马匹，国家平时无养兵之费。然而，

---

① 梁方仲：《中国社会经济史论》，中华书局，2008，第282页。
② 陈傅良：《历代兵制》，《丛书集成新编》第32册，新文丰出版公司，2008，第527页。
③ 翁同爵：《皇朝兵制考略》，《续修四库全书》第858册，第647页。
④ 陈寅恪：《隋唐制度渊源略论稿》，生活·读书·新知三联书店，1954，第124页。

事久弊生。由于兵役繁重、均田制的破坏和府兵地位下降等原因，唐朝中期开始，府兵制为募兵制所取代，① 养兵之责因之成为国家财用支出的主要任务。开元以后，募兵制成为藩镇专擅军权的利器。藩镇手握兵权，增加了其在财用分派上的话语权，国用多被其借故截留。财权和军权的旁落导致唐廷无法有效支配各藩镇，军需供给也因藩镇割据而各自为政。②

北宋吸取唐代的经验教训，实行强干弱枝的政策，采取募兵制，建立强大的"京师兵"，将军队控制权牢牢掌握在国家手中。③ 宋代还将财权收归中央，设官转运赋税。④ 这两项措施成功分解了各州权力。募兵制推行后，常备军脱离生产，依赖国家赋税给养。由于北宋一直面临着北方民族南下的侵扰，因此军队数量庞大，军需开支浩繁。为了解决饷需供应问题，大量驻兵地区在倚赖本地供应的同时，其不足部分由宋廷直接补助，⑤ 以民养兵的方式已然成为当时常态。军需供应由国家筹给，设立转运使调剂各地军需。

需要特别说明的是，北宋出现了以有余补不足的"支移法"。梁方仲称，北宋"赋税之输，皆有常处；然因天时人事的关系，或值饥馑，或遇军兴，则以此处之有余，补他处之不足——或移此输彼，或移近输远，或移丰输歉，都叫作'支移'。此法初时止用于沿边各地，以便军饷；后内地间亦行之"。⑥ 如是观之，宋代通过改变赋税

---

① 马端临：《文献通考》卷151《兵考三》，中华书局，1986。
② 汪圣铎：《两宋财政史》（上），中华书局，2011，第396页。
③ 吴曕：《左司笔记》，《四库全书存目丛书》史部第276册，第308页。
④ 陈邦瞻：《宋史纪事本末》卷2，中华书局，1977，第10～11页。
⑤ 马端临：《文献通考》卷152《兵考四》。宋仁宗时，三司使程琳上疏称："兵在精不在众，河北、陕西军储数匮，而招募不已，且住营一兵之费可给屯驻三兵。昔养万兵者今三万兵矣。河北岁费刍粮千二十万，其赋入支十之三，陕西岁费千五百万，其赋入支十之五，自余悉仰给京师。自咸平逮今，二边所增马步军指挥百六十，计骑兵一指挥所给，岁约费缗钱四万三千，步兵所给岁约费缗钱三万二千，他给赐不预，合新旧兵所费不啻千万缗。"
⑥ 梁方仲：《田赋史上起运存留的划分与道路远近的关系》，刘志伟编《梁方仲文集》，中山大学出版社，2004，第448页。

交纳地点的方式令民间将所纳赋税转输至军需所在，解决军饷供应问题，范围从沿边各地推及内地之间。这是宋廷有意识地调转各地财赋来保障军需供应的做法，其用意与清代协饷制度十分相似，都是在异地之间转输财赋来供应军需。所不同的就是，"支移法"中民间承担赋税转输任务，直接将赋税输送到规定地点，官府仅作为监督者；而协饷的起解则由官府负责，人民只需交纳赋税即可。这种不同生动说明了制度由雏形到定制的变化过程。

"支移法"的出现是我国军需供应中的巨大变革，一方面意味着北宋在推行各种强干弱枝的措施后，加强了对路以下政府财用的控制，可以通过政令的方式操控全国岁入来供应军需，一改唐代藩镇割据对国家统筹全国财用的抵制与消解；另一方面它避免将赋税由各路上解至中央、再由中央转解其他地区的重复与虚耗，直接建立路与路之间的调拨关系，大大提高了军需供应效率。北宋以后，王朝统治者注重通过集权的方式来落实对全国的控制，给中央在运转财赋时提供了权力基础。

及至南宋，军需消耗更大，"天下财赋，十分之八耗于养兵"，[1]因此有人建议调剂各路之间的财赋，"淮东则以江东路财用给之。淮西则以江西路财用给之。荆襄则（以）湖北路财用给之"。[2] 与北宋相比，南宋调剂军需供应的做法更加明确，已经有意逐步确定路与路之间的转输关系。这也是"支移法"的进一步发展。由此可见，随着军需供应的增加、时代的变迁和统治经验的不断丰富，军需供应由国家主导，在各地之间流动已经越来越普遍。[3]

元朝代宋以后，创建了行中书省制度。行省掌管所辖区域内的钱粮、兵甲、屯种和漕运等事宜。[4] 在军制方面，元朝实行军户制，也是一种世兵制形态的军制：国家设立军籍，称为军户，以军户之

---

[1] 李心传：《建炎以来系年要录》卷187，中华书局，1988，第3131页。
[2] 李心传：《建炎以来系年要录》卷87，第1453页。
[3] 包伟民：《宋代地方财政史研究》，上海古籍出版社，2001，第31页。
[4] 《大元圣政国朝典章》典章3，中国广播电视出版社，1998，第63页。

丁服兵役。军户制将养兵费用转嫁给军户，国家在维持数额庞大的军队同时，负担却不致过重。不仅如此，元代还大兴屯田以满足养兵之费："海内既一，于是内而各卫，外而行省，皆立屯田，以资军饷。"① 元代屯田规模巨大，有军屯、民屯和军民合屯等形式。② 此外，为了弥补屯田收入与军需支出之间的差额，元代以"市籴粮"和"盐折草"的方法作为补充。前者通过货币（钞）或实物（盐）方式来购买或兑换粮食，运往边疆地区供给军食；后者以盐易草，用于保障京畿养马的饲料："每年以河间盐，令有司于五月预给京畿郡县之民，至秋成，各验盐数输草，以给京师秣马之用。每盐二斤，折草一束。"③ 上述两种方式作为军需供应的补充，亦有转输财用之意，尤其是元代将盐作为重要的物资来交换粮食或草料，对明代盐法开中制的形成影响颇大。元武宗至大元年（1308），中书省称"天下屯田百二十余所，由所用者非其人，以致废弛"。④ 随着屯田的废弛，军屯所产粮食不足以抵作军饷，其所产生的缺额需要由国家负担，一些大量驻军地区直接从元廷获得军需补助。⑤

由上述可知，军制的变化影响着军队供养方式，从寓兵于农到常备军的建立，从普遍兵役制到募兵制的转变，军队向职业化演进，军队给养遂成为国家财用支出的主要方面。尽管不少王朝打算规复寓兵于农的旧制，减少财用负担，但总的来看，养兵费用由国家负担已是主流和发展方向。随着我国中央集权的王朝统治经验的不断成熟，财权集中于国家是大势所趋。赵宋政权通过"支移法"来转输赋税，供应军需，已具备军需协济的主要特征，提高了财赋的利用效率。元代军需供应以屯田为主，并辅以"市籴粮"和"盐折草"，虽然未能将"支移法"继续发展和完善，但仍含有转输财赋之

---

① 宋濂等：《元史》卷100，中华书局，1976，第2558页。
② 梁方仲：《梁方仲经济史论文集集遗》，广东人民出版社，1990，第122页。
③ 宋濂等：《元史》卷96，第2469~2470页。
④ 宋濂等：《元史》卷22，第505页。
⑤ 李干：《元代屯田的发展和演变》，《中南民族学院学报》1984年第1期。

意。此外，元代通过行省制度强化了国家对财用的控制，① 为明清统治者根据实际情况来调转财赋、供应军需提供了宝贵经验。

二 明代军制与军需供应

清承明制，探析明代军制和军需供应状况对厘清清代协饷制度的来龙去脉至关重要。明代财用体系较为成熟，形成了起运存留制度。"维正之供，于百姓为有常之赋，则起运、存留两端耳。起运，如内库上用及京边军需是已；存留，如官生俸廪及地方经费是已。"② 简言之，起运就是运到户部或直省（布政使司）的府、州、县，或各边、镇、都司、卫所等军事区域的部分。存留就是留供本地开销的部分。③ 田赋征收"皆有定数，每岁会计存留、起运，以供军国之需"。④ 可见，起运存留制度本身即包含对军需供应的考量，也证明军需是王朝财用体系服务的主要对象。

明朝兵制经历了两次变化，前期实行世兵制，后期则是募兵制。在军队供应方面，明初大力推行军屯，希望军队能自给自足而不侵及民财，据称"明初养兵百万不费一钱"。⑤ 尽管这种判断并不完全符合实际情况，⑥ 但是随着明代前期军屯的广泛推行，军队在"兵农兼务"的情况下，大大减轻了国家度支压力。

军屯不足部分的军需由户部权衡各地情况来调剂，具体方式有民运、京运、开中制、漕粮等形式。⑦ 其中，开中制就是令商贾将军需运送至边疆的军队驻地，按照价值多少，领取盐引，然后凭引到

---

① 李治安：《元代政治制度研究》，人民出版社，2003，第547~549页。
② 陈应芳：《敬止集》卷1，《景印文渊阁四库全书》第577册，第22页。
③ 刘志伟编《梁方仲文集》，第450页。
④ 徐溥等撰、李东阳等重修《明会典》卷23，《景印文渊阁四库全书》第617册，第262页。
⑤ 刘锦藻：《清朝续文献通考》卷15，浙江古籍出版社，1988。
⑥ 黄仁宇：《十六世纪明代中国之财政与税收》，阿风等译，生活·读书·新知三联书店，2001，第75页。
⑦ 李东阳等撰、申时行等重修《大明会典》卷28，广陵书社影印，2007，第533页。

指定的产盐区支领食盐，并在指定区域内鬻卖，作为商贾运输军需的回报。此举可省去政府组织军需转运的烦冗，通过利权置换，把盐课收益直接转化为边防军队所需的粮饷和草乌，将东南沿海和内地的资源转移至边疆地区。① 综合来看，军屯、民运、京运、开中制和漕粮，除军屯属于自给自足外，京运系属明廷直接转移财赋以供给军需，而民运、开中制和漕粮都包含着协济的意思，特别是民运，即令民间将起运项下钱粮直接运送到边疆地区来供应军食，已经是事实上的军需协拨举措。

需要重点说明的是，明代为维护北方边疆安全，设立边镇，派驻大军，特立"边饷"来供应军需："凡各镇兵饷有屯粮，有民运，有盐引，有京运，有主兵年例，有客兵年例。屯粮者，明初各镇皆有屯田，一军之田，足赡一军之用，卫所官吏俸粮皆取给焉。民运者，屯粮不足，加以民粮。麦、米、豆、草、布、钞、花绒运给戍卒，故谓之民运，后多议折银。盐引者，召商入粟开中，商屯出粮，与军屯相表里。其后纳银运司，名存而实亡。京运始自正统中。后屯粮、盐粮多废，而京运日益矣。主兵有常数，客兵无常数。初，各镇主兵足守其地，后渐不足，增以募兵，募兵不足，增以客兵。兵愈多，坐食愈众，而年例亦日增。"② 其实，边镇军需供应并非如上面所描述的那么有层次。《大明会典》对边饷曾有过统计，从中可以看出，明初军队供养已形成屯粮、开中、民运、京运以及漕粮等项供应结构，军需协济已成为军费供应的重要组成部分。

随着时间的推移，军费开支数额不断增加，与之相对的是，屯粮所占比率呈下降态势。究其原因，军屯式微导致屯粮供应下降，而土地兼并、屯丁逃亡等因素加速了军屯的衰落。民运、开中制、京运、漕粮等军需供应数额因之增加。此外，明代中后期，军屯衰

---

① 王雄：《明朝的盐法开中制度》，《中华文史论丛》第71辑，上海古籍出版社，2003。
② 张廷玉等：《明史》卷82，中华书局，1974，第2005页。

落和士卒大量逃亡对军队的数量和军队战斗力都产生了极大影响。对此，明廷开始改革军制，军队从世兵制向募兵制转化，招募的士兵逐渐在数量上占据优势并渐成军事主力。

由于军屯的衰落和军制的变化，全国军需供应对赋税的依赖性大大增加。明廷不得不转移各省财用来酌盈剂虚。除了北方边镇的军需供应越来越多地依赖民赋外，西南的云贵等省因经济相对落后，自明初以来就是军需协济的重要地区，此时对军需协济的依赖性也大大增加。① 需要指出的是，明后期"一条鞭法"实施以后，赋税征收多用白银，各省解送实银愈加普遍，这一点为清代协饷制度所继承。

不仅屯政衰败，开中制也逐渐废弛。由于食盐专卖蕴藏巨大利益，使得皇室、贵族和官员介入其中，抢占盐引，然后转售商人。这种与商争利的做法大大挫伤了商人的积极性，加上明朝政府拖欠商人中盐，导致越来越多的商人退出开中制的运行序列。②

北方边镇因为养兵最多，军屯和开中制的破坏对其影响更大。万历后期，屡开边衅，征蒙、抗倭、抗金、镇压农民起义等，士兵人数不断增加，粮饷支出随之增加，每年竟需2000余万两。③ 如此巨额的军需，单凭北方供应是不可能的，需明廷大幅转移财赋予以协济。④ 尤其是，明后期对后金（清）用兵，军费迅速增加，导致原本的边饷供应系统无法满足辽东战事所需，明朝统治者在无可奈何之下，通过加派田赋、盐课、关税和杂税的形式，征收"辽饷"来作为对后金的军费。⑤ 明廷从万历四十六年九月开始摊派"辽

---

① 分别参见《明世宗实录》卷162，嘉靖十三年四月丁巳；毕自严：《度支奏议》卷21《新饷司》，《续修四库全书》第485册，第601页。
② 黄仁宇：《十六世纪明代中国之财政与税收》，第266~267页。
③ 《明熹宗实录》卷14，天启元年九月戊午。
④ 毕自严：《饷抚疏草》，《四库禁毁书丛刊》史部第75册，北京出版社，1997，第150~151页。
⑤ 参见林美玲《晚明辽饷研究》，福建人民出版社，2007。

饷",几乎所有行省都被包括其中,为北方战时供应军需。①

明廷在摊派"辽饷"时声称事停即止,但事与愿违,后金(清)在与明廷对抗中不断发展壮大。因此,"辽饷"摊派一而再,再而三。在明廷不断搜刮之下,各省财力不堪重负,对"辽饷"的供支也出现了下降和拖欠等情况。此外,明廷还要处理此起彼伏的农民起义,更加使得明后期国用体系雪上加霜,难以运转。明朝统治也在战争洪流的冲击下走向覆亡。

总的来说,明代起运存留制度与军需供应关系密切,京运、民运和漕粮都属于起运项下,也是明廷转输国家收入的主要工具,而民运、开中制和漕粮已是转输财赋、供应军需的举措。可见,明代军需供应已有多种保障措施。上述供应方式无论是战时还是平时都服务于军需大局,进而维护明王朝的统治。简言之,明代军需供应机制已经具有协饷制度的诸多意蕴。所不同的是,明代军需协济的手段较多,头绪纷繁,基本上还停留在经验层面,未见制度规范,因此还有发展和提升的空间。

综上所述,军制形式的变化决定了饷需供应模式的转变。唐代由府兵制转向募兵制,开启了军队供养的巨大转折,国家需要通过赋税来供养军队。及至北宋,频繁的军事行动导致边疆地区军需供应更加依赖国家统筹,并出现了"支移法"这种财赋调转方式。军制变化与军饷供应方式的变迁是社会经济发展的产物,它促使历代统治者不断根据实际情况调整因应,逐步完善军队供养制度。从府兵制到募兵制,军队供养主体发生了转移,这是清代协饷制度的本源。北宋的"支移法"则是协饷制度的早期形态。元代通过盐法调节军需供应的方式为明代所承袭和改良,形成了开中制,进一步扩大了军需协济的内涵。这种王朝统治经验的传承是我国王朝统治逐渐走向成熟的思想来源。明代军事供应的做法对清代协饷制度影响最为直接,这些举措的核心思想在于以有

---

① 《明神宗实录》卷574,万历四十六年九月辛亥。

余补不足。以军需供应为中心,将全国紧密地结合在一起,相互支援,这是明代王朝统治经验在军需供应上的具体体现。明代通过屯田、京运、开中制、民运、漕粮等方式有效地解决了军队的供养问题,其中后三种方式都包含协济的意思。不过,自宋迄明,军队供养虽存在协济调拨的做法,却未形成一套运作规整、考成有据的制度。王朝统治者一般根据各地军需情况,随时权宜,军需协济停留在经验层面,随意性较强。不过,正是这种转输军需的做法启发了清代统治者,形成了协饷制度,成为有清一代军需供应的重要组成部分。

第二节 清初军需协济与养兵之议

清人入关后便加入到政权争夺之中。随着战场扩大,清朝军队数量大增,军需支出是之前僻居一隅时所无法企及的。在这种情况下,清朝统治者必须寻找军需供应的解决之道,转输财赋因之成为军费的主要来源。清朝统治逐渐稳固之后,军队供应方式成为朝野关注的焦点。各方纷纷建言献策,其中就有建立协济方式的思考。为适应清代的军队驻防体系,统治者创建了协饷制度,酌盈剂虚,对大量驻兵的边远省份给予经费补助,从而为维护大一统的王朝统治奠定了坚实的物质基础。上述军需供应的实际运作与各方建议对清廷建立协饷制度影响颇大。

一 清初的军需协济

顺治改元后,清廷大举征伐,开疆拓土,统治范围不断扩展。清廷平定富庶的东南各省后,为军务活动奠定了良好的经济基础,使其有较为充裕的财力来运筹饷需,供给战费。清前期在安排军费时,军需协济的做法已被广泛运用到战争和已经稳定的北方边疆地区的军饷供应之中,为清朝拓展疆土和巩固统治起到极大的作用。

顺治二年(1645),罗绣锦被任命为湖广四川总督。此时,清军与明军在该地区争夺激烈，赋税收入难以稽征。甫一任命，罗绣锦即以楚蜀总督系属新设为由，要求户部预筹兵饷，予以协济。① 同年十二月，湖南兵事正在紧急关头，总兵张应祥因担心军心动摇，奏请清廷指拨协饷。② 两位前线大员的题奏和战争现实令清政府不得不统筹军饷。户部决定在"楚省并邻近省分，查有见〔现〕在钱粮，尽数动支"。③ 可见，为保障军需供应，清廷已有意识地从邻省指拨军需。

其实，邻省之间辅车相依，休戚与共，因此相互支持有利于共济时艰。招抚江西兵部尚书孙之獬就曾奏请在江西设立督抚官制，积极经营，使之成为接济四川和湖广战事的大后方。④ 不过，江西局势还未大定，恢复与发展尚需时日，仍需向清廷请求饷需支援。⑤ 总的看来，尽管此时尚在顺治初年，协饷制度还未建立，但协济方式运用到清军军需供应之中已是事实。

当时，南方各省开发尚属有限，加以战火绵延，收入更少，本地之财不足以供本地之用。湖南将军沈永忠称，"楚省钱粮有数，兵马有数，计王师暨贵爵之饷，岁支共八十一万，经制官兵约七十一万。楚省民赋各项仅五十四万，是三分缺其二"，因此要求清廷在淮扬盐课当中指拨协饷20万两、钱粮项下指拨10万两，其余则"听部议，于有银地方拨足"。⑥ 沈氏的奏议为我们展现了清初协饷指拨的若干信息：一是湖南军饷缺额很大，需要外来援助。二是当时清廷的财源为东南各省，也是财政调剂体系的核心。三是协饷的主要来源是钱粮和盐课。四是承协省份并非局限于一省，还需要在其他"有银地方拨足"。

---

① 张伟仁主编《明清档案》第3册 A3-125，联经出版事业公司，1987，总第1333页。
② 张伟仁主编《明清档案》第3册 A3-204，总第1541页。
③ 张伟仁主编《明清档案》第3册 A3-221，总第1576页。
④ 张伟仁主编《明清档案》第3册 A3-205，总第1543页。
⑤ 张伟仁主编《明清档案》第4册 A4-6，总第1623~1624页。
⑥ 张伟仁主编《明清档案》第13册 A13-45，总第7072~7073页。

第一章　酌盈剂虚：清代协饷制度的创建　31

这期间，湖广军饷特别依赖外来支援。湖广四川总督祖泽远也证实，楚省战乱之后，民穷财尽，远不足以供支军需，因此需要从浙江、江南、江西等地获得饷银和粮米支援。不过，上述额饷和协饷均解不足数，积欠甚多。① 换言之，楚省协饷虽然指拨有定且内容丰富，但解送情况似并不太理想。此中原因与当时清政府统治不稳定，东南各地局势还不稳定有关。

随着清政府统治区域的拓展，军需协济的范围不断扩大。顺治十年（1653），闽浙总督刘清泰因福建赋税入不敷出，奏请协济："全闽之额饷有限，属郡之运济甚艰，倘束手坐食，以俟诸项完备之日，将不知其所终矣……漳南需用甚急，闽中措办实难。"② 因此要求朝廷指拨毗连省份协济粮饷等项，以保障军需。

北方地区因秩序恢复较早，军需供应逐渐步入正轨。顺治三年（1646），甘州总兵刘有实因驻守官兵缺饷严重，请求清廷指拨的款，支付军饷。当时甘州经制军队20650人，共需月饷和官俸20667.5两。③ 清廷根据刘有实的奏报，责令西安府库协济此项军费。从刘有实的奏报和清廷的处置来看，甘州军需协济的做法已经驾轻就熟，协饷已然成为西北军需供应的主要来源。

实际上，协饷随着战争的进行和清朝统治区域的扩大而持续发挥作用，并成为顺治初年军需供应的主要组成部分。从各方奏报来看，军需指拨的做法业已被督抚和将领们所掌握。究其原因，主要是由于各省军务倥偬，饷需支出浩大，不得不通过财赋调剂的形式来保障军行，而军需协济正好可以移缓救急。上述事例只是清初军需协济当中的掠影。下面将以洪承畴平定南方为中心，深入观察顺治时期军需协济的具体运作，以及制度、人事与政情之间的关系，把握协饷制度的用意与作用。

---

① 张伟仁主编《明清档案》第16册 A16-4，总第8663~8664页。
② 张伟仁主编《明清档案》第17册 A17-60，总第9417页。
③ 张伟仁主编《明清档案》第4册 A4-3，总第1617页。

清朝统治者注意笼络前朝名将来帮助自己打天下，洪承畴便是其中极其重要的一员。① 顺治中期，南明退据云贵，苟延残喘，湖广、四川、两广等地反清起事也所在不少。为此，清廷令洪承畴经略湖广、广东、广西、云南、贵州五省，统领军务和粮饷等一应事宜，平定南方。洪承畴此次南下，清廷所给权势甚大，地位与王公平行。总督行事须先向其咨请，方可施行。五省文武各官听其择取任用，升转补调亦均从其所奏。"应用钱粮，即与解给，户部不得稽迟，如紧急军需，拨解未到，即与就近藩司、榷关行文取用，具疏奏闻。"② 清廷几乎将五省军权、财权和用人权全部付诸洪承畴，事权之隆，世所罕匹，亦可概见清廷对洪氏的倚重与期望。这些权力给洪承畴运筹军务留下了极大的空间。

南下之前，洪承畴深知湖广位置重要，对此行军务活动有重要影响。藩司执掌财权，必须安置心腹之人。他推荐拟调往广东任右布政使的李长春为湖广左布政使："即可就近赴任，则兵饷、民生，两有攸赖。"③ 洪承畴将湖广视为南下军事行动的大后方，此番人事安排可以为其一意驰驱提供稳固的后援。

之后，洪氏挥军南下。顺治十年（1653）十一月，洪承畴在武昌接到广西提督线国安的塘报称，广西军情紧急。④ 其时，李定国在修荔屯扎，与桂林相距不远，威胁清廷在广西的统治。清政府则仅控制桂林一府与灵川、兴安和全州三县，因此钱粮征收相当有限，需要清廷指拨协饷。为了应急，洪氏遂将南下时从江南布政司和两淮盐运司两处各获得的协饷5万两，发赴广西应用。

---

① 洪承畴（1593—1665），福建南安人，自彦演，号亨九。明末重臣，崇祯十五年降清。洪氏降清后，不仅帮助清廷创设相关制度，还被清廷派往南方各省招讨，勋劳颇大。《清史列传》卷78，明文书局，1985，第567~572页。
② 《清世祖实录》卷76，顺治十年六月戊辰。洪氏赴任途中，朝命将广东改为江西。
③ 吴世拱辑《洪承畴章奏文册汇辑》，《明清史料汇编》第3集第10册，文海出版社，1968，第5332页。
④ 张伟仁主编《明清档案》第18册A18-48，总第9945页。

随着大军不断南下，军需供应不断增长，对协饷解送的依赖性也随之加强。据洪承畴所奏，顺治十年（1653）广西军饷指拨江南顺治九年（1652）漕折银10万两，规定分别在苏州、松江和常州三府漕粮内提拨，但因协饷不在考成之列，导致协饷迟迟未能起解。洪承畴要求江南巡抚周国佐在半个月内完成催解任务，并续拨正赋银20万两解赴大营支用。① 由是观之，当时军饷协拨虽然已经开始，但制度似较松散，并未被纳入考成范围内，以致承协省份在落实拨饷时不甚积极。洪承畴在要求续拨协饷时已转向正赋银，意在提升协饷来源的地位，防止承协省份借词延宕。

如前所述，洪承畴将湖广视为南下征伐的大后方，并通过左布政使李长春掌控该省财权，为其提供军需保障。不过，当时湖广物产不丰，难以供支大兵军需，对洪承畴的支持有限。② 这也使得洪承畴更加依赖协饷，希望各省起解所派饷需时能够按时足额，源源而来。然而，情况并非如此。据洪承畴称，截至顺治十三年（1656）九月，江南协济广西饷银15万两，只解到4万两；承协洪承畴所部军饷10万两，仅解到2.6万两；十二年（1655）白粮改折协济洪承畴所部饷银5.88万两则分文未解。数月以来，仅靠两淮及江西协饷勉强支持。洪承畴特地对比协饷起解情形，称十二年江南承协饷银解送如期完解，而十三年所拨饷需，催之愈急，应之愈迟。

究其原因，主要是藩司人事变动所致：江南左布政使刘汉祚与洪承畴皆为福建人，在协济洪承畴军饷时尽心尽力。十三年江南左布政使刘汉祚赴京陛见，右布政使冯如京署理左布政使，此间冯如京仅补解十二年饷银2万两，而应协广西十二年饷银3.5万两则未补解。至于十三年所拨广西协饷，五月内仅解送1万两；而应协洪承畴所部饷银也仅起解2.1万两。刘汉祚回任后，多方筹措，续解

---

① 吴世拱辑《洪承畴章奏文册汇辑》，《明清史料汇编》第3集第10册，第5367~5368页。
② 张伟仁主编《明清档案》第28册A28-132，总第16091~16092页。

10万两。恰在此时，刘汉祚升任福建巡抚，前后任交代，遂又导致协饷停解。陈培祯继任江南左布政使后，所拨协饷解送大不如前。洪承畴坚决要求江南将积欠军饷及各项协饷共26.78万两迅速解往大营。此奏得到清廷的重视。江南也陆续解到协济粤西各项饷银。① 不难看出，广西和洪承畴所部协饷解送受江南藩司人事变动的影响很大，藩司对饷需解送具有很强的话语权，反映了制度运作与人事之间的重要关系。广西所用协饷数额，洪承畴曾具折汇题（表1-1）。

表1-1 顺治十年至十三年广西收过协饷

单位：两

顺治十年	226013
顺治十一年	300000
顺治十二年	309310
顺治十三年	664149
合　计	1499472

资料来源：张伟仁主编《明清档案》第33册A33-81，总第18678页。

就数额来看，洪承畴所收饷额有逐步增加的趋势，为整个南下军事行动提供了动力，特别是十三年协饷在洪承畴的一再督促下，解送情况较为理想。十四年（1657）十一月，洪氏征讨贵州，并制定了进取西南的策略。② 洪氏深知粮运为三军命脉，如挥兵南下初期一样，他奏请任命一批重要官员，如以湖广督粮道赵廷臣为贵州巡抚，陈正中接任湖广督粮道，并将湖南和贵州的一些道员要缺掌握手中，进而掌控各种资源。③ 洪承畴进攻云南时，则推荐前湖广巡抚林天擎为云南巡抚，通过上述人事安排将湖广和云贵命运紧密联系在一起，保障军事行动。

---

① 张伟仁主编《明清档案》第31册A31-23，总第17341~17343页。
② 张伟仁主编《明清档案》第31册A31-141，总第17779页。
③ 张伟仁主编《明清档案》第32册A32-74，总第18095页。

进军云贵期间，战事吃紧，"兼之协饷又断，大兵粮米及马匹料草十分艰难"。① 湖广总督李荫祖因负责督理和转运洪承畴所部粮饷，多次接到洪氏催饷咨文。李荫祖称，户部指拨江南、浙江、江西、山东、河南及两淮、两浙盐课共308.6万余两，仅两淮解过20万两，其余各省协饷"时将春尽，杳无一至"。② 李荫祖要求户部饬令各承协省份赶紧起解欠饷，以免云贵军事行动因军饷而耽延。好在此后清军在战场上势如破竹，战争进度大大加快，云贵军务渐定。③ 洪承畴为帮助云贵办理善后，将十七年（1660）云贵协饷奏定，仍令湖广总督就近督催，转解云贵督臣处，分发两省支用。④ 云贵军务告一段落。云贵自此成为受协省份，直到清亡。

综观洪承畴整个南下军事进程，一是协饷供应深受人事关系影响。这是因为，制度构建初期，规章较为松散，人为因素往往能够决定协饷的实际效率。以洪承畴地位之优隆，仍然需要通过人事安排来为行军作铺垫，足以证明人事对于协饷制度运作的重要影响。二是协饷是此间军需供应的主要来源。由于广西、云贵等地物产有限，大兵云集之际，对协饷供应尤为依赖。协饷供应对战争进程有着极大影响。三是协饷制度还不成熟，规制也不健全，运作方式大多沿袭明朝经验，需要继续完善。不过，协饷制度运作的内容大致已经显现：协济关系的主体是承协省份和受协省份，受协省份根据军需向户部奏请协饷及数额，户部负责统筹安排协济关系并确定实际数额，承协省份巡抚转饬藩司落实，藩司负责根据本省财政状况来决定协济与否与数额。在解饷过程中，承协省份可能会拖欠、截留协饷。受协省份面对上述情况时，大多通过奏折形式催解。清廷接到催饷奏折后，或通过谕旨直接责令承协省份起解；或令户部具奏，寻找应对之策。

---

① 吴世拱辑《洪承畴章奏文册汇辑》，《明清史料汇编》第3集第10册，第5601页。
② 张伟仁主编《明清档案》第34册A34-11，总第19003页。
③ 张伟仁主编《明清档案》第34册A34-102，总第19367页。
④ 张伟仁主编《明清档案》第34册A34-111，总第19403~19404页。

二 清初的养兵之议

如前所述，军队给养一直是王朝统治的重点和难点。清人入关后，军事倥偬，军费开支陡增。此时，清政府统治还不很稳定，加上连年战乱，社会经济受到极大破坏，赋税征收因之减色。在这种情况下，军需供应压力更大。随着战争的进行和统治疆域的扩大，军队人数不断增加，军需供应在国家岁入中所占比率极高："司农计一岁之入，半以饷军，识者尝以为病。"① 鉴此，顺治初年以来，不少人提出了改良养兵方式的建议，以缓解国家度支压力，维护王朝统治的长治久安。

一是减兵节饷。通常来说，减兵节饷是战后的善后措施之一。顺治九年（1652）时，南方军事正殷，户部左侍郎王永吉建议在北方推广减兵节饷。在裁减额度方面，他建议以裁二留八为原则。据称，当时北方六省十五镇经制兵马岁支饷银735万两，米68.6万石，豆12.3万石，草771万束，总共折银850余万两，裁减之后共可减省银170余万两。如将这些裁省之银移济于南方的对明战争，则可以集中财力取得胜利，而"营伍少一糜饷之兵，则朝廷少一养兵之饷，枢部减得一分军需，则有司宽得一分鞭扑，兵清则饷自裕，赋减则民自安，计不出此"。②

如果说王永吉减兵节饷的目的在于为南方军事行动提供军饷的话，那么顺治十二年（1655）兵部员外郎叶丹提出清理兵额饷数的建议则着眼于解决军额虚冒问题："冗兵不裁则糜饷，冒占不去则耗兵，今镇将以下各营之兵多者千余，少者亦不下数百，岂人人尽皆劲卒，足供腾骧之用乎。"他重申王永吉减兵节饷的主张，认为各省官兵虽已安扎各处，但缺额不仅虚糜国用，更危害国家安全。当时

---

① 盛康辑《皇朝经世文编续编》卷75，沈云龙主编《近代中国史料丛刊》第843册，第1483页。
② 王永吉：《详陈核饷清兵疏》，《皇清奏议》卷4，《续修四库全书》第473册，第53页。

国家虽然有兵数季报制度，但奉行不力，仅查核额外之兵而不及虚冒之数，因此叶丹建议清廷饬令各省督抚彻查营伍积弊，使营无弱兵，兵无虚饷，财归实用。①

上述建议因清廷统治未稳，无法落实。顺治十七年（1660），清廷因协饷运作困难，打算在全国范围内推行裁兵节饷之举，具体操作由议政王大臣会议和户部拟定。当时云南刚平定不久，每年兵饷以千万计，是军需协济的主要地区，也因此成为清廷减兵节饷的重点。② 王大臣经过合议之后，认为在滇八旗兵一时难以撤回。为解决云南协饷困境，王大臣会议决定停招绿营兵，并令平西王吴三桂等注意利用省内资源，而月饷仍然由各省协拨，其他省份兵额则按照经制数额进行裁减。③ 当然，清前期减兵节饷的主张虽然屡被提及，但囿于战守形势，上述裁兵节饷的建议不仅无法落实，反而导致增兵加饷。

二是兴办屯田。屯田向来被视为不耗民财而可养兵的上佳取径。元、明两朝办理屯政皆卓有成效，加上清廷刚从部落社会走来，其寓兵于农的经验还历历在目，这些因素对时人思维产生了重要影响。顺治九年，礼科给事中刘余谟提出屯垦，意在仿效古法，减轻国家财用压力。刘余谟指出，国家每年岁入1485.9万余两，岁出1573.4万余两，其中各省兵饷约1300余万两，各项经费200余万两，"国家赋财大半尽于用兵，即使天时无警，正供不亏，而军士嗷嗷待哺，民力已竭矣"。他建议在湖南、四川和两广等新附之地举办屯田，以疲兵弱卒经营屯田，让精壮者专事营伍。这样一来，大量闲田旷土得到垦殖，军需供应压力自可下降。即便仍有不足，再通过协饷来解决，度支压力也可以大大减轻。④

---

① 叶丹：《敬抒管见五条》，《皇清奏议》卷9，《续修四库全书》，第473册，第95~96页。
② 季振宜：《筹久远以固根本疏》，《皇清奏议》卷15，《续修四库全书》第473册，第147~148页。
③ 王先谦：《东华录》顺治卷34，《续修四库全书》第369册，第467页。
④ 刘余谟：《敬陈开垦方略疏》，《皇清奏议》卷4，《续修四库全书》第473册，第53~54页。

刘余谟意在以兵养兵，降低军队对国用的依赖性，减轻国家养兵负担。持相似看法的还有左都御史魏裔介。他将屯田列为"天下第一大务"，认为不推行屯田，则财用终无足用之时。他建议各直省推广兵屯，由官府准备畜力、粮种，免予课税，所收粮食比照市价折算为兵饷，由将领督促实施。据他估计，此举一年可以为直省士兵提供数百万石粮食，为国家节省数百万两饷银。① 魏裔介希望用屯田的方式来解决军需供应问题，其建议较刘余谟更为理想化，这在军队职业化的趋势下，落实的可能性不大。

康熙六年（1667），御史萧震鉴于军费开支浩大，在国家财用支出中占八成之多，加以西南平定，三藩养兵费用骤增，因此建议在上述地方推行屯田，"就地生财，借田养兵"。在具体操作方法上，萧震认为四川地区经制4万余人，如能够就地屯种，每年可以节省兵饷120余万两，其中协饷100余万两。不仅如此，荒地拓殖以后，人烟渐增，商贸辐辏，既可达到节省军饷的目标，又可推进边疆开发，对国家安全也有裨益。至于贵州驻兵2万余人，马3500匹，同样支出不赀，而贵州荒田约有80余万顷，如果实行屯田，则每年60余万两的协饷可以节省下来。在萧震看来，承平之时协济尚可维持，如果遇到大面积灾荒，则转运无常，不免匮乏之忧。为避免这种情况的产生，降低对协饷的依赖是十分必要的。萧震指出，通过举办屯田，"以本地之田，供本地之兵，不烦东南之协济，无事人民之输挽，内以资度支于常数之外，外以节军赋于常用之余，所以权国用而裕军实者"。② 康熙十一年（1672），御史艾元徵上奏，其核心思想与萧震的主张相若。在艾元徵看来，如果各受协省份能够实心举办屯田，既可有效开发地利，也可摆脱各省对协饷的依赖，还有利

---

① 魏裔介：《敬陈军屯大政》，《皇清奏议》卷10，《续修四库全书》第473册，第114页。
② 《清代（未刊）上谕奏疏公牍电文汇编》第2册，全国图书馆文献缩微复制中心，2005，第717~722页。

于巩固边防。①

　　与以上诸人的建议相似，康熙十二年（1673）福建总督范承谟奏请举办军屯，以补救协饷制度运作的不足。他打算将屯田作为一项预防机制来缓解福建对协饷的过度依赖。范承谟称，福建为受协省份，以前拨解协饷往往迟延，催解和改拨均不是长久之计。范承谟举例称，十一年时，作为承协省份的浙江因灾害无法起解闽饷，遂题请改支盐课银，其间辗转需时，严重影响了军饷的供应；十二年时，福建军饷指拨江浙两省及福建地丁钱粮等项，因地丁钱粮征收不足，导致军饷延欠。为了改变这一状况，范承谟打算办理兵屯，认为兵屯有"五便"：一是节省兵费，国用恒足；二是减轻民间负担，与民休息；三是"防卒变为土著，坚门户，固藩篱"；四是有事则战，无事则耕，进退裕如；五是士饱马腾，军心整齐。② 可惜，不久三藩乱起，范承谟被杀，屯政未见施行。上述建议指出了军需供应当中极其重要的一个方面，即如何保障饷需供应的稳定。关于这一点，屯田如果能够有效推行的话，无疑是最佳选择。

　　实际上，希图立足本地、挖掘自身潜力的例子不在少数。康熙二十一年（1682）云贵总督蔡毓荣在《筹滇十疏》第四疏中曾对云南作为受协省份提出自己的看法。蔡毓荣称，云南岁课无多，仰赖各省协济，户部筹划为难。尤其是，云南地处偏远，驿站转输苦累，一旦稍有延误，于大局影响颇大。因此，他建议"因滇之利养滇之兵，斯挽运不烦而缓急足恃"。蔡氏认为滇省能够自食其力，利用云南铜铅储量丰富这一优势开局铸钱，获取余利，同时挖掘铜矿，举办屯垦。既可以开拓利源，又可助益军饷，边疆也可以得此富强之基。③ 当然，设想总嫌过于乐观。《滇南经费略》显示，乾嘉时云南

---

① 《清代（未刊）上谕奏疏公牍电文汇编》第2册，第771~781页。
② 范承谟撰、刘可书编《忠贞集》卷3，《景印文渊阁四库全书》第1314册，第56~58页。
③ 蔡毓荣：《筹滇十疏》，方国瑜主编《云南史料丛刊》第8卷，云南大学出版社，2001，第428~431页。

财政收支仍未好转，云南每年各项正杂赋税收入约87.3万余两，支给省内各项出款仍然不敷甚多，需要由户部指拨二三十万两协饷。[①] 以上诸人在建议推行屯田制度时，虽然立场与出发点各异，但借兴办屯田保障军需的目的则是相同的。设想虽不无可取之处，然而由于时代变迁和军制变化，希望通过屯田制度来供应军需，减小财政负担的可能性愈来愈小。

三是建立协拨机制。由于明代军需调拨的实践与经验已较为成熟，而且顺治初年战争中协饷也被频繁应用，因此建立军需协拨制度不仅有经验可以借鉴，而且对维护王朝统治、保障军食都有积极意义。顺治六年（1649）南赣巡抚刘武元认为，军队是国家长治久安的基石，国家安危之所系，因此要重视军队。在军队供养方面，他也有自己的看法："设部官以司兵饷，盖兵以饷为主，无饷是无兵也。今各省经制已定，而粮饷必需，不过以本地之所输供本地之所用，而京运其可尽留乎？宜设部官一员经画钱粮商税等项，稽查缺伍侵冒等弊，按数扣除，随宜区处，再有不足，仰给于朝廷拨补于别省，相继发给，使赋有常额，兵有常食，庶将士得免于借口，而粮饷不至于冒滥，此经久之道。"仔细体会刘武元对军需协济的设想，我们不难发现，其立足点在于保障军需供应的正常运转。应该承认，刘氏的思考较为成熟。这种军需设计是对前朝军需调拨的理解与重构，却实实在在有利于当时南方的军事行动。刘氏时为南赣巡抚，直接领兵作战，对于军需供应相当敏感，他此时正驱兵进驻赣南与南明王朝军队相颉抗，"正议发兵进剿，东征西援，左支右吾，方苦粮饷之不断，实刻刻引领仰望于江南之接济者，不啻迫切"。[②] 正是因为有这种切身体会，才会对军饷调拨寄予极大的关注和期望。

---

① 贺长龄辑《皇朝经世文编》，沈云龙主编《近代中国史料丛刊》第731册，第972页。
② 刘武元：《谨陈安攘十计》，《皇清奏议》卷3，《续修四库全书》第473册，第41、43页。

顺治九年（1652），陕西巡抚何承都从起运存留制度着手，对直省军需供应提出改良建议："度一府之中现兵若干，应本色饷若干，折色饷若干，文武俸薪、站价、公用经费若干，度一府中现征本色几何，折色几何，商税、盐课、地亩、草价、节裁杂项几何，应给本府用者即存留支领，其余者起解布政司，其不足者，布政司于某府应解者，拨定支领，不许临时挪移，则本处支销定矣。"他以陕西为例，认为省内"一应兵饷俱解布政司，远者数千里，近或数百里，俱到布政司关领、出纳、起耗，十费其一，兵将经过关领盘费，十又其一，经过州县驿站供应借名科索十费二三，往来转手络绎疲困，其甚者钱车一事，巩昌至省千有余里，自巩运铜到省鼓铸，自省运钱到巩支饷，钱重车疲，一车不过数十贯，数十贯之钱为饷无几，而千余里内，经过州县雇车之费，已浮于所领之钱矣。又甚者将领夹带货物，兵丁鞭笞车夫，站困民苦，咸因存留起解之无定式也，存留起解定则销算简省，而挪移之患亡矣，且不独此也"。① 此议目的在于增加起运存留制度的弹性，根据一省之内各地之间的供需情况做出相应调整，当一府存留不敷支用时通过布政使指拨某府协济。这种操作方式也反映出酌盈剂虚思想的根深蒂固，可见统筹安排军需是如何深入人心。

上述裁兵节饷、兴办屯田和建立军需协拨制度的主张大致可以涵盖时人对军队供应的主要见解。各人立论依据不同，角度各异。减兵节饷虽然不失为减轻财用压力的好出路，然而清朝统治范围十分宽广，兵力太少会影响战守与防御，尤其当时还处于冷兵器时代，军队数量优势与军事优势具有一定的正向关系，过于夸大减兵节饷的作用，对维护国家安全和统一是不利的。至于主张举办屯田来解决军饷供应问题也是一个经久不衰的话题，前代也有过成功经验，但时移世易，军队职业化后，此举注定无法成为军需供应的主流。

---

① 何承都：《画一赋政疏》，《皇清奏议》卷5，《续修四库全书》第473册，第59~60页。

在这种情况下，军队数量难以裁减，屯田制度无法落实，军需供应仍需运筹财用予以支持。关键是，清代疆域辽阔，省与省之间经济发展不平衡，军队多分布在经济相对落后的边疆地区，需要清廷转输财赋来保障军需。协饷制度遂走向前台，担负起军饷调拨的重任。

以上对清初军需协济和养兵之议的探讨为我们认识早期军需供应提供了大致的轮廓和印象：一是清初军事行动频繁，协饷是影响军务进程的重要因素。二是人事对协饷运作具有十分重要的影响。三是清初军费开支浩大，在国家财用中占有绝对主体地位。四是协饷已经成为军需供应的重要组成部分。由于屯田和裁减兵数的可行性受到统治疆域和清初统治秩序的制约而难以实施，因此通过酌盈剂虚来供应军费，从而缓解缺饷省份的收支压力成为清政府构建协饷制度的决定性因素。

第三节　协饷制度的构建

协饷制度的建立是我国王朝统治经验集大成的体现。清代以前各个王朝在运筹军需时，其操作办法多停留在经验层面，缺乏制度约束与规范。随着王朝统治的发展，各种经验日渐完善和成熟，为制度的建立提供了条件。清朝统治者在总结和归纳前代军需运作经验的基础上，结合本朝军队驻防特点和军需供应情况，建立了协饷制度。清代协饷制度的形成受到众多因素的影响，而它的构建过程和内容则相对复杂，体现了制度发展的渐进性和时代性。从总体上来看，它的发展与清朝王朝统治的完善是步调一致的。

一　驻防体系与各省岁入

"大一统"是历朝历代统治者所追求的目标。为此，各代统治者积极从各方面来进行完善，军事方面是重要内容之一。清人入主中原后，随着战争逐渐结束，清政府重新分布军事力量："国朝经制之兵，本属有限，而腹里尤少；其重兵所在，非番回错杂之区，则形势要害之地也。"① 不难看出，清廷在布防时有意加强边疆地区的军力，这种居重驭轻的安排对于维护国家安全来说十分必要，与历代边境驻守重兵的传统相一致，旨在保障"大一统"的王朝体制。

然而，各行省间经济发展不平衡客观上制约了清代军队驻防体制的落实，解决之道一是减少驻兵，二是自给自足，三是转移财赋，予以接济。前二者已如前述，要么不利于维护国家安全和巩固统一，要么推行困难，因此只能采取第三种办法。清代幅员广阔，而边疆地区历来是管理的重点和难点，② 因此，清代沿袭元以来的行省制度，结合将军、都统等分防体制对边疆地区进行管理。③ 据李治安研究，元代行省制度的本意之一即在于中转军需，代表朝廷分驭地方，通过层层递解的形式将各地财赋集中于行省，以便中央操控。④ 清代承袭元明的行省制度，进一步加强了中央集权，也为调拨各省赋税提供了便利。至于将军、都统等分防体制主要应用于边疆地区和内地冲要之处。就清代边疆地区的统治形式而言，包括行省制度和将军、都统分防体制两种。

边疆士兵的供养受限于赋税收入，不得不依靠清廷转输财富来保证给养。这是建立协饷制度最直接的现实因素。具体分析清初军队数量及其驻扎地区可以了解建立协饷制度的现实考虑。清代以八旗军起家，在战争过程中又吸收了汉人入伍，形成八旗与绿营军并存的军制。⑤ 八旗制是一种兵民结合的军事制度。入关以前，八旗平时例不支饷，征战时发给"行粮"。入关以后，清政府对作为"朝廷根本"的八旗生计进行调整，一面分给八旗土地，俾其耕种；另外还支给饷米，待遇优渥。八旗军分为禁旅八旗和驻防八旗，前者主

---

① 中国社会科学院历史研究所清史室、资料室编《清中期五省白莲教起义资料》第 5 册，江苏人民出版社，1981，第 178 页。
② 成崇德：《18 世纪的中国与世界·边疆民族卷》，辽海出版社，1999，绪言。
③ 张德泽：《清代国家机关考略》，学苑出版社，2001，第 247 页。
④ 李治安：《行省制度研究》，南开大学出版社，2000，第 80、511 页。
⑤ 参见罗尔纲的《绿营兵制》及定宜庄的《清代八旗驻防研究》（辽宁民族出版社，2003）。

要驻防于京畿周围，后者则扼要驻守京外冲要之区，以收纲举目张之效。绿营兵被安置在各地，负责地方防务。八旗和绿营之间形成了互相拱卫的局面："有八旗兵拱卫、驻防，复有绿旗兵分守汛地，量地势之险易，酌兵数之多寡，分隶于将领，而统辖于督抚提镇。"①作为经制军队的八旗和绿营，"因地定制，列兵置帅，内而劲旅，居中以御乎外，外而镇戍，环布以共乎内，其制之尽美尽善，亦非汉唐以来所可几及也。纪其大都，先京师，尊宸极也。次盛京，皇家所发祥也。次山西、陕西、四川、云南、贵州、广西，次湖广、广东、江南、浙江、江西、福建、山东、河南，边腹之异也"。②在安排国防时，先边疆后腹地，外重内轻，这是主政者维护国家安全和大一统王朝的共识，军队分布情形即对上述精神的贯彻。

清代早期的军队数量可以从康熙二十八年（1689）编纂的《大清会典》中得其大概。康熙会典虽然没有载录禁旅八旗的具体数字，但根据罗尔纲和陈锋的研究，笔者估计清初京师禁旅八旗人数当在8万到10万名。③驻防八旗的数字则相对清楚，会典中记载的兵数为36575名。④禁旅八旗和驻防八旗人数为12万～14万人，康熙二十四年（1685）全国绿营兵数为538503人，加上八旗兵，为60多万人。⑤

---

① 伊桑阿等纂修《大清会典》（康熙朝）卷94，沈云龙主编《近代中国史料丛刊三编》第722册，第4771页。
② 伊桑阿等纂修《大清会典》（康熙朝）卷95，沈云龙主编《近代中国史料丛刊三编》第722册，第4801～4802页。
③ 罗尔纲推算八旗兵数为186600人，此数据系由佐领数推算而来，可能高于实际数额。陈锋引用沈起元《拟时务策》中所称顺治时"定甲八万"，认为此8万系指京城禁旅。乾隆二年（1737）舒赫德在《敬筹八旗生计疏》中指出："八旗之额兵将及十万，复有成丁闲散数万。"经过上百年的繁衍生息，咸丰三年（1853）时，上谕曾明确指出京师八旗官兵"十四万九千有奇"（王先谦：《东华续录》咸丰卷20，《续修四库全书》第376册，第360页）。由此推断，清前期京师禁旅八旗人数在8万到10万。
④ 根据伊桑阿等纂修《大清会典》（康熙朝）卷82，沈云龙主编《近代中国史料丛刊三编》第721册，第4102～4110页数据整理。
⑤ 伊桑阿等纂修《大清会典》（康熙朝）卷94，沈云龙主编《近代中国史料丛刊三编》第722册，第4771～4793页。

以清前期统治较为稳固的乾隆朝为例,当时军队具体分布见表1-2。

表1-2 乾隆四十七年兵额

单位:名

	兵数		兵数
八旗满洲兵	59530	福建	63119
八旗蒙古兵	16843	浙江	40037
八旗汉军兵	24052	湖北	17794
京城巡捕营	10000	湖南	23604
直隶	39402	四川	32112
山东	17504	陕西	84496
山西	25752	广东	68094
河南	11874	广西	23588
江南	48747	云南	41353
江西	13929	贵州	37769
合计			675547

资料来源:刘锦藻撰《清朝续文献通考》卷179。

由表1-2可见,清代军队分布的重点在于京畿与边疆省份,如直隶、陕西、云南、贵州、四川,以及沿海省份,如江南、福建、浙江、广东;内陆地区如河南、山东、江西、山西等省份分布较少,印证了《大清会典》中所谓"边腹之异"的说法。这是清朝统治者在创制协饷制度时的现实考量。

总的来说,康雍乾嘉时期,士兵的数额较为稳定。清代军队人数大致维持在六七十万,每年养兵支出约为一两千万两。清初之时,国家岁入在二三千万两之间,[1]因此养兵之费是国家财用支出的绝对主体。曾经任职于兵部和户部的吴暻在《左司笔记》里对康熙年间

---

[1] 贺长龄辑《皇朝经世文编》,沈云龙主编《近代中国史料丛刊》第731册,第958页。

的兵额钱粮进行过统计，由于作者身处兵部和户部，易于获取兵额钱粮实情，因此较为可信。吴暻收集的兵额钱粮数见表 1-3。

表 1-3　康熙时全国兵额钱粮数

	兵数(名)	马数(匹)	钱粮数
京师八旗	—	—	银 4486400 两,米 210 万石
京师巡捕营	3500	1300	银 56988 两,米 53711 石
盛京等地	18708	—	银 865900 两,粟米 5541 石,黑豆 2768 石
直隶	36468	8721	银 986186 两,米 22046 石,豆 4925 石,草 9 万束
山东	19261	4452	银 377194 两,米 80495 石,豆 8272 石,草 546807 束
河南	9763	3328	银 199100 两,米 37646 石
山西	31616	15737	银 873560 两,米 127736 石,豆 39709 石,草 1758600 束
陕西	34522	38908	银 1851516 两
甘肃	58270	22076	银 1611521 两
江苏	35367	10829	银 785311 两,米豆 187598 石
安徽	18312	15153	银 556268 两,米豆 178423 石
江西	14462	1928	银 265440 两,米 54172 石
浙江	45842	16178	银 1048101 两,米 297822 石
湖北	24462	15822	银 669376 两,米 205380 石
湖南	19816	2676	银 361100 两,米 76206 石
四川	31003	7269	银 735935 两
福建	81974	12938	银 1442025 两,米 164189 石
广东	70834	17816	银 1519854 两,米 552171 石
广西	11535	1626	银 361990 两,米 73390 石
云南	41970	6774	银 874212 两,米 163008 石
贵州	20073	3138	银 406104 两,米 69994 石
合计	627758	206669	银 20334081 两,米豆 4448020 石,草 2395407 束

注：统计数字大都为康熙三十九年（1700）情况，吴暻于康熙四十五年（1706）去世，因此数字至迟不晚于 1706 年。

资料来源：吴暻撰《左司笔记》，《四库全书存目丛书》史部第 276 册，第 304～305 页。

通过表 1-3，我们可以看出康熙时军费支出的绝对数额是十分巨大的，那么如何保证军需供应呢？前有提及，明代军需除了本地供应外，还有开中制、民运、京运、漕粮等项，后三项皆属起运的内容。可以说，起运存留制度对明代军需供应具有决定性的作用。清承明制，起运存留制度也是清代赋税运行的主要内容，但内容更为简明，起运部分除了运送至京师外，其余存储于各省藩库，听候清廷指拨，协饷即出于其中；存留部分则与明代大致相似，支给本地经费。需要说明的是，赋税收入充裕省份即在存留项下支给本省用项，其中包括军饷；而赋税收入不敷支放省份则依靠别省起运部分来获取协饷。此外，起运存留制度是对田赋而言，清中前期以前，岁入以田赋为主，因此该制度基本上掌握了国家的主要财源，也是军需供应的主要来源。以康熙二十四年（1685）全国地丁钱粮收数为例，可以得到当时国家和各地区之间赋税分配的总体情况，具体数额见表1-4。

表1-4 康熙二十四年地丁钱粮起运存留数

单位：两

	起运数	存留数
直隶	1890514.451	571684.3766
金吾六卫	4650.7212	0
奉天锦州	4755.203	9184.1666
江苏	2836593.224	1101922.66
安徽	1153291.159	434918.434
浙江	2188575.4638	732054.296
江西	1525637.664	434918.0434
湖北	831753.7	213072.68
湖南	487419.45	150575.33
福建	866447.8026	203405.1639
山东	2504208.869	687206.4829
山西	2678779.295	338510.0956
河南	2268601.81	440554.75
陕西	1277095.5828	298655.9709
巩昌	105969.4714	105122.9909
四川	12460.5652	29535.5428
广东	1006376.767	139717.5428

续表

	起运数	存留数
广西	203211.29	89310.515
云南	—	174818.1578
贵州	61691.53	1523.5
合计	21938627.8	6289155.3

资料来源：伊桑阿等纂修《大清会典》（康熙朝）卷 24，沈云龙主编《近代中国史料丛刊三编》第 713 册，第 1089~1099 页。

对比表 1-2、1-3 和 1-4，我们知道直隶、陕西、四川、云南、广东、福建、江南和浙江等省兵额较多，这些省份都属于边疆或海疆，是清廷驻扎重兵之地。清初这些省份除了江浙地区经济发达外，其余各省皆出产有限，赋税无多，因此在军需供应上依赖他省支持：贵州、云南、广西、福建、四川、甘肃、广东等省都入不敷出。按照协饷制度的原则来看，它们都应是受协省份。这一点也被御史艾元徵的奏折所印证："云南则需协银岁常一百七十余万，贵州则需协银岁常五十余万，四川则需协银岁常八十余万，福建则需协银岁常一百六十余万，广东则需协银岁常一百二十余万，广西则需协银岁常十七八万。"据称，当时邻近边疆的省份，有兼协两省及三四省者；那些距离边疆较远省份协济距离达数千里，甚至万余里。① 从艾元徵奏折可以看出，协饷制度在康熙年间已经形成了稳定的运作机制。

由此可见，清代军队分布和经济发展不平衡情况使"以本地之所输，供本地之所用"的理想状态无法实现。面对这种情况，清政府通过强有力的中央集权统治来转移调剂直省财用，以保障军需供应。

二 协饷制度的逐步完善

协饷制度意在平衡全国财政收支，对入不敷出地区的驻军给予

---

① 《清代（未刊）上谕奏疏公牍电文汇编》第 2 册，第 771~781 页。

保障。协饷制度的形成过程充分反映了制度创制过程中的变迁和清代制度建设的丰富面相。协饷制度的中心思想在于通过直省间的财政调拨达到"以有余补不足"的目的。协饷运作虽然发生在省际，然而饷银却是来自起运项下，属于中央收入的一部分。事情的复杂性就在于，协饷虽然属于中央收入，但存储于各省，运作过程牵涉朝廷、户部、承协省份和受协省份四方关系，在具体落实过程中牵涉面更广。因此，规章制度的建立有利于明晰各方权责，保障军需供应的效率。

　　清前期，较早关于军饷供应的规定出现于顺治五年（1648）。当时上谕对各省兵饷的指拨程序予以明确说明："各督抚于题请兵饷疏内，明列该省额征钱粮，见［现］征实数，及兵马岁需饷乾数，以便部拨。"① 也就是说，各督抚汇题军饷时，应将本省岁入钱粮的额征及实征数量报明，户部比核之后，根据实际情况确定兵饷。如果本省岁入足够支付本省兵饷，则由户部指拨本省收入若干作为军饷应用，如果本省岁入不敷本省兵饷，则由户部指拨邻近省协济，以补足缺额部分。前引南赣巡抚刘武元的奏折中所谓"再有不足，仰给于朝廷，拨补于别省"②，即落实军需协济的具体做法。这也是清廷在协饷制度初创伊始对运作机制进行规范的开始。

　　通过康熙朝《大清会典》中对"兵饷"的表述来看，此时兵饷供应机制应该较为成熟："岁需俸饷银米草料，或支本色，或召买，或折乾，俱由户部酌定，题请拨给。至在外戍守兵饷，有本省派拨者，有他省协拨者。其收支有法，操赏有额，优给出征，运粮脚费，扣除建旷，俱有定例。"③ 此时距离顺治初年已有三十多年，王朝制度建设稳步推进，凭借着已有运作经验，协饷制度建设亦逐步完善，

---

① 伊桑阿等纂修《大清会典》（康熙朝）卷37，沈云龙主编《近代中国史料丛刊三编》第715册，第1794页。
② 《皇清奏议》卷3，《续修四库全书》第473册，第41页。
③ 伊桑阿等纂修《大清会典》（康熙朝）卷37，沈云龙主编《近代中国史料丛刊三编》第715册，第1777页。

因此较之顺治五年，除了"以便部拨"，还"俱有定例"可循。可见，协饷制度的运作已经积累了相当的经验，操作上章制已经明确。以下我们将从当时规章制度的厘定与调整来了解协饷制度创制和发展的过程。

（一）协饷运解与考成

康熙年间，吴暻称："国家兵饷支给之法，曰春拨，曰秋拨，曰冬拨（即曰大拨饷）。每岁至冬十一月，户部十四司会前一岁地丁、盐关、杂税所余之数曰存剩，稽逃故兵丁截留之数曰截旷，小月扣存之数曰小建，并后一岁征收之数总而计之，乃按天下所报官兵粮饷数目分拨支给，其有本省不足者以近省补之曰协饷，如山东、河南二省及河东运司之协济甘肃，浙江之协济福建，江苏、安徽之协济广东，陕西、山西之协济四川，江西、安徽、江苏之协济云南，江苏、江西之协济贵州是也。其每年拨数之多寡盖随时酌定焉。至直隶、山东、山西、甘肃、安徽、江苏、浙江、福建、广东九省折给粮料草束俱令巡抚查访时价采买，而各直省之本色兵米则以本省征收存贮数内给之，盖定制也。"①吴暻对当时兵饷指拨的描述为我们把握当时协饷的主要面貌很有帮助。如是观之，康熙时期，协饷指拨程序、关系、数目等细节皆已成为"定制"。

乾隆四十六年（1781）《户部则例》规定："直省兵丁饷银，该督抚于本年将下年四季及再下一年春季应支数目预行确估，造具清册，汇同该省实存司库银两，并额征地丁、额征杂税清册各一本于十月内咨部酌拨。由部按数拨给，倘本省不敷，准于盈余邻省通融协济，岁底汇核具题，行文各省遵办。"可见，协饷指拨程序较为简便。协饷改拨，也有相关规定："留充协拨项下或有因灾蠲缓，或文未到前，另项支用，并已解部在途及重拨等项，准令该省督抚动支别项钱粮，先行按限协解，随将动支缘由声明题报，不得迟误缺饷，

---

① 吴暻：《左司笔记》，《四库全书存目丛书》史部276册，第311~312页。

违者参处。"①

一项制度的运转情况与考成密切相关,考成制度可以收到事前预防、事后考核的效果。顺治十二年（1655）清廷对每年各省兵马钱粮奏销设立了期限,其中直隶、山东、山西、河南和陕西五省限于次年二月底,江南、浙江、江西和湖广限于三月底,福建、四川、广东和广西则限于五月底,云南和贵州限于六月底报部。如果逾限,督抚将要受到参处。② 清廷通过设定明确的奏销时间来落实协拨关系,有利于朝廷及时掌握全国军需供应情形。

考成结果直接关系到官员的任免升迁。清廷各省在年终奏销时,详细题报起运、存留以及拨过兵饷数额,以此来实行陟罚臧否。③ 顺治十四年（1657）,南下征讨的洪承畴因两淮协济广西饷银如期足额征解,请旨叙录两淮巡盐白尚登和两淮盐运司方策,④ 虽属例行公事,却反映出清廷通过奖惩措施来督促协饷的落实。

有奖则有罚。清初,福建作为常年与台湾郑氏政权对垒的前线,驻兵众多,每年需要清廷指拨协饷约在 100 万两以上。顺治十四年六月,作为承协饷银的江南、浙江和江西三省皆未能起解如额,浙闽总督李率泰因闽省饷需供求紧张,请求户部催饷。其后,江南和浙江虽然未能全数解清,但仍不遗余力。而江西解饷则未见起色,以至于"守催""檄催"达七次之久,仅解送 10 万两,犹欠解 25 万两。⑤ 这令李率泰十分不满,愤而参劾江西布政司左布政使范登仕。此事的处理情况未见明文,然而从上述两件奖罚的事例来看,清廷已经通过考成制度来干预协饷解送。

---

① 故宫博物院编《钦定户部则例》卷 105,海南出版社,2000,第 136、137 页。
② 伊桑阿等纂修《大清会典》（康熙朝）卷 37,沈云龙主编《近代中国史料丛刊三编》第 715 册,第 1804 页。
③ 伊桑阿等纂修《大清会典》（康熙朝）卷 25,沈云龙主编《近代中国史料丛刊三编》第 715 册,第 1116 页。
④ 张伟仁主编《明清档案》第 30 册 A30 - 136,总第 17229 页。
⑤ 张伟仁主编《明清档案》第 31 册 A31 - 13,总第 17304～17305 页。雍正之前浙江福建总督简称"浙闽总督",乾隆以后始改为"闽浙总督"。

顺治十八年（1661），经过户部奏请，承协省份在起解协饷同时需由督抚将解送饷银数量、日期和解饷委员姓名开列上奏。受协省份在收到协饷以后，亦需要将收到饷银数量、日期和解饷委员姓名等一一题报，以便户部稽核。清廷设定了各省起解协饷的时间表："部拨各省协饷，于四月内完三分之二，六月内全完，如运解迟延，该督抚指名题参。"到了康熙四年（1665）清廷将考成规章进行了完善与调整："总督所辖官员任内有未完兵饷协饷，即令赴新任者，降一级留任。又议准各省协饷，限四月内完三分之二，八月内全完，如遇出征时，协济别省兵饷迟延，以迟误军需题参者，革职。"康熙六年（1667），清廷又一次调整了解清协饷的规定："各省兵饷协饷更定每年四月内征收一半，九月内全完，如不俟四九月分，十分全征者，经征官降二级调用，督催官降一级调用，督抚罚俸一年。"①这些期限的调整旨在确定合适的解饷周期，以便承协省份有足够的时间来落实。

清廷对拨饷规定十分严格。康熙五年（1666）议准，每年拨饷时，在各省当年地丁钱粮及上年存剩钱粮和截旷银内拨给。如果上述款项因灾荒蠲免或在拨文前已经另作他用，则由承协省份督抚一面动用其他款项，按限起解；一面将所动钱粮缘由题报。如果借端谎报或不动支抵解，导致协饷解送迟误者，该督抚降二级留任，布政使、都司降三级调用，经管各官革职。此外，承协各省督抚按照解饷期限题报起解数目，如果未起解而捏称已起解者革职，不按照期限题报者罚俸一年。受协省份督抚收到协饷后，将解到日期题报上奏。如果承协省份钱粮征足而解饷稽延导致受协省份"兵逃兵哗"，以及查报时受协省份将"逃哗情由朦隐不报，及报不以实者革职，若已经申报而督抚不纠参者降二级调用，其已经安辑者免议"。解饷委员押送协饷时，沿途耽搁日期者罚俸一年。②这些规定对承协

---

① 允禄等监修《大清会典》（雍正朝）卷33，沈云龙主编《近代中国史料丛刊三编》第769册，第3403~3406页。
② 伊桑阿等纂修《大清会典》（康熙朝）卷37，沈云龙主编《近代中国史料丛刊三编》第715册，第1799~1800页。

省份、受协省份，督抚、藩司、经管各官皆有详细限制，以确保协饷解送顺畅。

作为规章制度来说，处罚并不是目的，而是保证效果的手段。上述各项规定都旨在将协饷起解的时限调整到各方都能接受的范围之内，以保证协饷制度的正常运作。经过多次调整后，协饷起解期限也趋于稳定，成为相关方面必须遵守的共识。

雍正三年（1725），清廷对各省财力进行了分别，以此作为协饷指拨的基础，其中福建、广东和广西为"仅敷本省需用"省份，陕西、甘肃、四川、云南和贵州为"不敷本省需用"省份，其余各省为有余省份。在此基础之上，清廷对各省在协饷制度中的角色也有规划。这些有余省份于春秋两季将实存银数酌量存留本省以备协济邻省兵饷，其余银数全部解送户部交收。每年冬季，各省督抚将来年官兵俸饷预先"会计"，造册咨部，由户部在各省额征起运等项银内，按款照数拨给。例如，福建、广东、广西作为仅敷省份，偶尔需要协济，则于邻近省份拨给；陕、甘、四川、云南、贵州等省不敷省份也于邻省拨解，如山西、河南邻近陕甘，直隶、山东次近陕甘，江西、湖广邻近四川、云、贵，浙江次近四川、云、贵，如需协济则随时于邻省通融拨解，藩库银如不敷用则动用盐课，并随时奏闻。① 这些规定是对协饷秩序的集中阐述，形成了以距离远近作为指拨协饷的主要依据，同时在指拨程序上，先由藩库的正杂钱粮各项开始动支，不足才动用盐课。这与清初国家财政收入构成有关，当时国家财用大宗为地丁钱粮，次之为盐课，其余杂税收入甚少。

乾隆六十年（1795），清廷议准，因福建军饷历来由邻近省份协济，颇费周折，因此打算将闽海关盈余税银拨作闽省兵饷支用，其余各省如果有类似情形者，也可以仿照办理。② 需要说明的是，清前期，海关分为户部主管的户关和工部主管的工关，实行垂直管理，

---

① 《钦定大清会典事例》卷169，中华书局，1991，第1145页。
② 《钦定大清会典事例》卷257，第1030页。

海关收入直接上缴主管各部,所在省份难以沾润。如果将关税指拨他省或留于本省应用,一般也被视为协饷。此次调整关税分配,既是完善协饷制度,也在于提高军需供应的效率。

当然,协饷也有可能被各省当作借口来截留解部款项。雍正时,各省督抚每至拨饷时,即以"备公""协饷"之名存留本省,部员为了渔利,也将杂项税课尽数存留于各省司库,导致解部款项寥寥无几,而"官侵吏蚀,亏空累累"。[①] 这是因为协饷虽然被划为"起运"项下,但是并不上解中央,而是在户部的安排下在省与省之间流动,因此各省以协饷为名目,削减"起运"数目,从而达到少解饷银的目的。此事后经怡亲王允祥整顿,借口虚报的弊端才告解决。

嘉庆时,清廷对于协饷运解进行了详细规定。解送协饷时,承协省份要安排兵役进行护送,文武衙门在饷鞘起程时各派定防护兵弁。饷银1万两,派防护兵2名,役4名,数量如有增加,兵役也酌量加派。解官按名查点兵役后,沿途对其加以约束。饷鞘编定号数,自一至一百。所拨人夫需要开具姓名和住址,并编定号数,亦自一至一百,与饷鞘对号扛抬,同时开具清单,以备稽核。饷鞘起程前,应预先知会所经地方。到境后,地方官先查明挂号,再按照饷鞘数量安排车载或驮运,节节递送。如果遇到偏僻之地,一鞘两夫,仍派委防护官弁按站催赶运解,不许解官停留,同时将入境、出境日期及有无事故之处,具结申报督抚并报部。如果解饷官员不申请防护,或不经由大路而导致饷银疏失,则由解官负责赔偿全部损失;如果已经申请防护且经由大路运送仍导致饷银遗失者,事发地方文员分赔其半,解官分赔另外一半,武员只报参处,无须分赔。[②] 这些规定几乎巨细靡遗,显示出规章制度的完备,也可见清廷对协饷的重视程度。

---

① 《清世宗实录》,雍正八年九月丁丑。
② 托津等奉敕纂《大清会典》(嘉庆朝)卷12,沈云龙主编《近代中国史料丛刊三编》第632册,第627~628页。

清廷为了更好掌握各省起解协饷的信息，还将起解协饷的款项、人员进行了更为细致的规定："嗣后各省起解协饷之时，即将动用何款、何人领解，分起报部，该省暨该营收饷之日，亦将收到何省、何批，何人领解饷数，按月报部备查。"① 清政府通过上述严密的制度规定来保障协饷制度的正常运作，避免了各方因章制不清而导致推诿扯皮等情况的出现。

（二）选委解官

军需供应关系统治大局，"封疆重计首在足兵，而战守亟需，尤先足饷。概惟有饱腾之资而后可奏安攘之效"。解送饷银是落实协饷制度的重要环节，也是供应军需的主要机制。作为这项任务的承担者——解饷委员是协饷运转的关键环节，不可等闲视之。顺治十三年（1656）时，广东巡抚李栖凤在催解各省协饷时，据称解饷委员多次"挂欠"协饷。② 就奏折反映的情况来看，李栖凤并未严词谴责挂欠协饷的行为，而仅作为其催解协饷的原因。这是此后解饷中所未见的，反映出制度建设早期各种预防措施还不完善的情形。如果将这种情形置于其后的协饷制度中去，解官会受到相应的惩罚并勒限责令补交。

清廷对解官的身份规定较细。顺治十八年（1661）规定，起解协饷务必委任空闲佐杂押解。康熙九年（1670），对解饷委员又有进一步规定："该管司道府官，不委见［现］任佐二。滥委废员匪人者，罚俸一年。或钱粮中途失误者，原委之官降一级调用。如委见［现］任官中途失误者，原委之官罚俸六个月。如领解官侵欺潜逃者，原委之官降一级调用。如并未委官，批内填写委官，乃委不系职官者，均罚俸一年。"康熙十三年（1674）又规定，各省起解饷银，督抚应选择有才干的同知或通判押解，如果同知和通判另有委用，则选任州县廉干佐二官押解。十五年（1676）更定，凡是遵照

---

① 《钦定大清会典事例》卷169，第1147页。
② 张伟仁主编《明清档案》第27册A27-42，总第15138页。

惯例委任现任官员解送协饷而解官"侵欺潜逃者",原委官减轻处罚,改为降一级留任。① 如果解官称病推脱,不愿押解协饷者,以革职论处。乾隆二十七年(1762)议准,解饷委员中途遇有事故,事故所在地的督抚应该一面委员接收代解,一面迅速咨文原协省份赶紧派员接替。如果代解官员已将协饷解送至目的地,则将饷鞘寄存受协省份藩库,等原协省份继任解官到时,一同交纳,所需水脚、平余等项,由代解官员开具清册,连同批回,交与继任解官,申缴报销。② 清廷从多方面来细化解官的选任、处罚和替代等问题,就是为了保证协饷解送的安全。

嘉庆时,清廷对委任解官又做出了进一步的规定。根据嘉庆朝《大清会典》称,解官的委任要视银数多寡为断,银数在10万两以上者,委同知、通判;5万两以上者,委州同、州判;5万两以下者,委佐二、杂职官;如果同知、通判、州同、州判不敷差遣,则委知州、知县。③ 这也说明,饷银多寡与解官品级有着直接关系。

(三) 解饷夫马水脚

解送协饷需要耗费人力和物力。解饷夫马水脚即支付运送协饷的人力和物力的费用。雍正六年(1728)时题准,各省解送饷银时,大道采用车载骡驮的方式,遇到深山僻路则饬令所经地方官按照饷鞘数额每鞘拨给人夫2名护送,并且不可因此借口勒索。如果解官侵蚀人夫工价,则由督抚题参治罪。雍正朝《大清会典》称,当时水脚费用或系捐给,或系商人自备。其中,陕西、甘肃、云南、贵州、四川、广西等省因无解项无须开支,湖北、湖南和山西三省起解协饷每两水脚4厘;广东起解云南协饷每两给银1分5厘,协济

---

① 伊桑阿等纂修《大清会典》(康熙朝)卷24,沈云龙主编《近代中国史料丛刊三编》第715册,第1108~1110页。
② 托津等奉敕纂《钦定大清会典事例》(嘉庆朝)卷142,沈云龙主编《近代中国史料丛刊三编》第652册,第6419~6421页。
③ 托津等奉敕纂《大清会典》(嘉庆朝)卷12,沈云龙主编《近代中国史料丛刊三编》第632册,第626~628页。

贵州饷银每两1分2厘；协济福建饷银每两8厘；山东、河南起解协饷每两4厘。① 显然，雍正时期协饷解送费用的规定还不太完整，有一部分省份未被列入其中。

乾隆二年（1737），清廷对夫马费用作了进一步规定："各省解部及协济邻省饷银驮载夫马给予勘合管解之员，给予水脚及倾镕元宝，制备鞘箍等费。"除了福建、甘肃、四川、云南和贵州不用起解协饷外，山东起解西安、兰州和肃州协饷时，按例每千两给制备鞘箍银1钱3分；水脚费方面，解送西安协饷每站每万两给银3钱8分，解送兰州协饷每站每万两给银3钱5分，解送肃州协饷每站每万两给银3钱。河南起解西安协饷，每千两给制备鞘箍银3钱；水脚费方面，每站每万两给银3钱，冬春加增5分，如有顺带别省饷项，令委官酌带水脚，掣批回核明，按站给发。山西起解协饷，每千两给鞘箍银3钱；水脚费方面，5万两以下，每站每万两给银5钱，5万两以上，每站每万两给银4钱，10万两以上，每站每万两给银3钱，冬春加增5分。湖北起解协饷，如系元宝每千两给鞘箍银3钱，散碎者支给倾镕及鞘箍银6钱；水脚费方面，4万两以下，每站每万两给银3钱，4万两以上，每站每万两加给银4钱。湖南起解协饷，每千两给制备鞘箍银2钱3分；水脚费方面，每站每万两给银3钱，冬春加5分。江南安徽起解协饷，水脚费方面，5万两以下，每站每万两给银5钱，10万两以下每站每万两给银4钱，10万两以上每站每万两给银3钱，冬春加增5分。江苏起解协饷，倾镕元宝每千两给银3钱；制备鞘箍每千两给银3钱；水脚费方面，5万两以下，每站每万两给银5钱，10万两以下每站每万两给银4钱，10万两以上每站每万两给银3钱，冬春加增五5分。苏松粮道亦如之。浙江协济四川、福建和贵州协饷，倾镕元宝每千两给银3钱；制备鞘箍每千两给银3钱；水脚费方面，5万两以下，每站每万两给

---

① 允禄等监修《大清会典》（雍正朝）卷32，沈云龙主编《近代中国史料丛刊三编》第765册，第1674~1676页。

银 5 钱，10 万两以下每站每万两给银 4 钱，10 万两以上每站每万两给银 3 钱，冬春加增 5 分。江西起解协饷，倾镕元宝、制备鞘箍每千两给银 6 钱；水脚费方面，10 万两以下，每站每万两给银 5 钱 5 分，10 万两以上每站每万两给银 4 钱 5 分。广东起解协饷，倾镕元宝、制备鞘箍每千两给银六钱；水脚费方面，每站每万两给银 3 钱，冬春增给 5 分。广西起解协饷，倾镕元宝、鞘箍每千两给银 6 钱；水脚费方面，每站每万两给银 3 钱，冬春增 5 分。三十年（1765）时，因安徽藩司移驻安庆，其解饷水脚银两仍按站核给，起解江宁协饷，因系同省，只给鞘箍费用，不开销水脚。① 上述规定可谓面面俱到，目的就是将协饷运解费用明晰化，使各省起解协饷的费用支出有据可依，从而减少靡费。

  乾隆四十六年（1781）的《户部则例》对于解饷费用的规定较乾隆二年（1737）更为细致。该则例根据解饷距离、路况、数额、时令来制定相应的解饷费用标准及相关费用。以直隶为例：至陕西省西安府共 39 站，自陕西省西安府至甘肃省兰州府计 23 站，自兰州府至肃州计 24 站。所解饷银数在 5 万两以下者，每万两每站给水脚银 5 钱；数在 10 万两以下者，每万两每站给水脚银 4 钱；数在 10 万两以上者，每万两每站给水脚银 3 钱；春冬两季解饷时，每万两每站加给水脚银 5 分。此外，每千两给倾镕、鞘箍银 6 钱。再以山东为例：该省至陕西西安府计 30 站，至甘肃省兰州府计 52 站，至甘肃省肃州计 86 站。所解饷银至西安府，每万两每站给水脚银 3 钱 8 分；解赴兰州府，每万两每站给水脚银 3 钱 5 分；解赴肃州府，夏秋每万两每站给水脚银 3 钱，春冬每万两每站给水脚银 3 钱 5 分。每千两给鞘箍银 1 钱 3 分，不给倾镕之费。② 清廷对协饷制度规定得越具体，意味着该项制度的可操作性越强，制度本身也越完善。

---

① 托津等奉敕纂《钦定大清会典事例》（嘉庆朝）卷 142，沈云龙主编《近代中国史料丛刊三编》第 652 册，第 6411~6418 页。
② 《钦定户部则例》卷 20，第 165 页。

为了更具体直观地把握协饷费用，根据上述规定，以山东起解肃州 5 万两协饷为例，来测算一下解饷费用。山东至肃州共计 86 站，所需费用如下：（1）每万两每站给水脚银 3 钱，则共需水脚银 8.0625 两，春冬两季则加给 1.34375 两；（2）倾镕、鞘箍银每千两给银 6 钱，则共需 161.25 两。如是观之，协饷递送中的主要支出是倾镕、鞘箍等费用。需要说明的是，"水脚"乃是支付给兵役、人夫的薪水与脚价，解饷委员经费尚不在内；倾镕银是弥补白银熔铸过程中的火耗和折损的费用；鞘箍银系指置办装运银两的木鞘费用，按照规定每鞘装银 1000 两；所谓"站"乃驿站之意，协饷解送须按照驿站来节节递送，因此以驿站和解饷数量作为计算费用简单明了，易于操作。

（四）防护

由于协饷解送属于节节递送性质，其安全不仅与承协省份密切相关，经过省份也负有责任，清廷对此也有规定。顺治初年规定，解银如在途中被劫，解官与事发地方官分半赔偿。顺治四年（1647），清廷覆准，解官起解协饷时不事先申请防护，且贪图便利，不经由大道，导致饷银被劫，由解官全赔。顺治十七年（1660），清廷又规定，解饷途中被劫，"镇将、防将及护送官弁各令赔补十分之二，知县赔十分之三，领解官赔十分之一，务令照数赔足"。同时还规定，解饷委员经由州县驿站解银，当地将领应拨兵护送，其间如有疏失，主管官员赔一半，兼辖官员赔四分之一，防护者赔四分之一，罪不及解官。倘若解官坚持行走小路导致饷银发生疏失，由解官担负全部责任。顺治十八年（1661），清廷决定，起解协饷被劫，当地文武官员赔一半，州县官赔十分之三，道、府各赔十分之一。此外，清廷重申：如果解官不行大道，不挂旗帜，导致饷银疏失，则由解官负责，且永为定例。[①]

[①] 伊桑阿等纂修《大清会典》（康熙朝）卷 24，沈云龙主编《近代中国史料丛刊三编》第 715 册，第 1111~1112 页。

时移世易，解饷保护的规定处于不断完善之中。雍正二年（1724），清廷议准，此后起解饷银，本省主管官员将鞘数填入兵牌，挂号起程，所经各地地方官在将鞘数核对无误后，方准出境，如有虚报失鞘之事，当地道府官员未能查出，一并治罪。五年（1727），清廷又规定，饷银到汛时，守汛将弁如不按规定拨给兵丁护送，或者照数拨给而兵丁中途私自回汛，允许解官呈报该省督抚题参，该汛将弁照"少拨解役例"议处，并将私自回汛之兵丁革职。如果发生饷鞘被劫之事，所在地方文武官员均革职留任，同时限期一年缉拿犯事者。倘若在期限内将犯事者全部缉拿归案则准予开复；若期限内拿获犯事者的人数过半且匪首已落网，仍留任缉拿；若逾期拿获犯事者不足一半或虽拿获及半而未抓住匪首，革职，并将未尽事宜交与接任官继续办理；如饷银失事时，地方文武官员即能抓获大部分盗贼且匪首亦已落网，地方文武官员免予议处，所失饷银照定例分赔。

雍正七年（1729），雍正帝认为，各省解送饷银时大多差委杂职领解，这些人功名过小，可能捏报劫失等事，不够可靠，要求户部详议。嗣后，户部称，劫失饷银，令事发地方地方官分赔一半，承协省份大吏难辞差委不慎之咎，亦令分赔三分，解官分赔二分。倘若解官无力承担，责令承协省份大吏补齐，地方武弁免予赔补。此外，如果沿途护送官兵借护送之名，任意骚扰，应令各省督抚饬令沿途官弁劝谕，若仍不思悔改，则对其进行处理。[①]

上述规定大致涵盖了协饷护送中的主要事项，将各方责任予以明确界定，从而避免饷银解送中推诿情弊的发生。其后，清廷还对相关规定进行过微调，总体思路仍在于不断完善规章制度，提高协饷运作的效率和安全性。

（五）权量

权量问题直接关系到协饷的成色与数额。由于当时权量分歧，

[①] 托津等奉敕纂《钦定大清会典事例》（嘉庆朝）卷142，沈云龙主编《近代中国史料丛刊三编》第652册，第6421~6428页。

有库平、市平、关平、各省省平等，各不相同，因此确定权量的标准十分重要。顺治末年，清廷即已对此做出严格规定。① 雍正二年（1724）清廷规定，起解协饷时，承协省份布政司按照户部所颁布的砝码，同解官一道仔细称量。事毕后，布政司将该砝码封存并加盖布政司印记，交给解官带往受协省份。饷银抵达受协省份后，解官与受协省份布政司起验封印，确认无误后，再将所解饷银重新称量兑收。解官故意遗失饷鞘或中途私自开拆封印、更换砝码者，一旦被受协省份布政司验出，即将该解官严加议处，并将承协省份相关官员一并交部议处，从重治罪。② 清廷希望通过这种多次起验的办法，保证解送饷银安全，杜绝解官侵蚀的可能。

所解饷银按照规定应该以库平银作为解送标准，但承协省份有时未以库平银为起解，而是通过兑换比率来装鞘起解，因此会出现参差。乾隆二十四年（1759），四川拨解陕甘军需饷银中约有十分之三的银两成色严重不足。此事引起乾隆皇帝的关注。乾隆认为，各省银两俱由州县征自民间，不可能是成色不足的"青潮"银，因此认定是官员舞弊。乾隆帝在谕旨中责令刘统勋查办此案，并令各省督抚将藩库银两彻底清查，"秉公盘验，如平色亏缺，即着按数赔补"。③ 乾隆强调，各省之间解送协饷必须严肃纲纪，切不可互相通融，以次充好而贻误军国要需。

综上所述，清政府在建设协饷制度的过程中不断根据实际情况进行调整，以便完善该项制度，进而提高其运作效率。制度规定包含指拨、运解期限、考成、委派解官、运输方式、解饷费用、防护和权量等方方面面。从协饷指拨伊始到饷银递解至目的地交收的整个过程，各个环节都职有责成，户部、承协省份督抚藩司、解官、

---

① 托津等奉敕纂《钦定大清会典事例》（嘉庆朝）卷152，沈云龙主编《近代中国史料丛刊三编》第653册，第6835~6847页。
② 允禄等监修《大清会典》（雍正朝）卷32，沈云龙主编《近代中国史料丛刊三编》第765册，第1691~1692页。
③ 《清高宗实录》卷486，乾隆二十年四月戊申。

途中各地方主要文武官员、受协省份督抚藩司等，按照规章都有所应担负的责任。其自然是为了明晰程序，分任责成，形成惯例，便于操作。

简言之，清代协饷制度从维护王朝统治的整体出发，以实现大一统为目的，以供应军需和缓解行省间经济发展不平衡为对象，借助强有力的国家权力来调拨直省财富。顺治时期，协饷制度建设处于起始阶段，各项保障措施还不完备，因此人为因素对协饷供应影响很大。康熙年间，清政府着意厘定各项规章制度，极大地充实和规范了协饷制度的运作。雍正时，协饷制度建设更加注重细节和可行性。及至乾隆朝，协饷制度已经趋于稳定，经过甄选筛汰，制度运作有条不紊，保障着军需供应。由此可见，协饷制度的出现既是传统统治智慧的凝聚，也是清代在制度建设方面的创造。其主要目的就是建立起一整套运作规范，各种角色按照既定的要求平稳运作的军饷转运系统，从而避免因缺乏制度约束而造成的无序运作或高成本低效率的情况，体现出军需供应体系逐步走向简便与成熟。所谓简便就是将明朝用于军需协济的开中制、民运、京运等名目全部取消，纳入"起运"和"存留"制度中，将军需协济款项划归"起运"项下，由户部指拨协饷，并直接在省际进行调拨，思路清晰，易于操作。所谓成熟就是将协饷制度分为两种形式：经常性协饷与临时性协饷。前者是和平时期由缺饷省份督抚分春、秋两季将本省兵饷缺额汇题并由户部指拨的经常性军费；后者是战时由缺饷省份督抚或将领题请并由户部确认和指拨的临时性军费。以咸丰以前的协饷运作来看，协饷制度作为保障军需、维护王朝统治的重要工具，发挥着极其关键的作用。

以上从协饷制度的渊源着手，探究了军制变迁与军需供应之间的互动关系。从中不难看出，各朝各代因养兵之费十分巨大，都试图通过一些办法来应对和解决。随着世事变迁，军队自我供养能力下降，加上职业化的趋势，养兵之费遂成为王朝财用体系当中的主要支出内容。明代军需供应手段较多，兵饷协济已在其中担任重要角色。清人入关后,由于疆域辽阔,需要根据统治需要妥善地分布军队,因此出现了边疆地区驻兵多而收入少的矛盾状况。在这种情况下,清政府必须根据各地军需的实际情况来安排饷需,因此将明代军需协济的经验加以条理和规范,建立一种稳定的军需保障机制,不失为一种好的选择。由上述可知,协饷制度的建立是一个不断完善的过程,各项规制渐趋合理,协饷运作有条不紊。就清代前期的情况来看,协饷制度对建立、维护和巩固王朝统治秩序起着重要作用。

第二章
饷者向也：协饷制度与战争及统治秩序

咸同至光绪初年战事不断，时局变动剧烈。因为情况复杂，学界一直颇为注意。大多数研究聚焦反清阵营一方，并对清廷"腐朽、没落"进行猛烈批判，认为受战争的影响，清政府统治权力受到削弱，军权和财权下移，与之相对的是各省（督抚）势力的"坐大"。其实，清廷与各省之间的冲突不宜夸大。① 战争在冲击清廷统治秩序时并不总是起着破坏作用，统治阶级在面临丧失政权的危险时，内部能够产生向心力和凝聚力，激发潜能，形成共同诉求，挽救王朝统治。以当时情形来看，组织军队、筹划饷需为最急之务，而协饷制度因为居于军需调拨的核心位置，牵涉清廷、受协省份与承协省份三方关系，最能够体现此间清廷与行省之间权势的消长。以协饷制度为切入点，既可以了解其在清廷"拯饥军、救危局"当中的地

---

① 如前所述，学界对此已有反思。主要代表有王尔敏、刘广京、何汉威等。刘广京对咸同时期督抚权力进行了总体考察，反对"督抚集权"或"督抚专政"的成说；何汉威则从清季财政关系切入，探讨清廷与各省之间的财政角力，进一步支持和落实了刘广京的判断。详见王尔敏《淮军志》，中研院近代史研究所专刊第22种，1967；刘广京《晚清督抚权力问题商榷》，《中国近代现代史论集》第6编，台湾商务印书馆，1985，第341~386页；何汉威《从清末刚毅、铁良南巡看中央和地方的财政关系》，《中央研究院历史语言研究所集刊》第68本第1分，1997，第597~698页；何汉威《清季中央与各省财政关系的反思》，《中央研究院历史语言研究所集刊》第72本第3分，2001，第55~115页。

位和作用，还可以通过它的变动来揭示咸同年间清廷与直省之间权势竞合的真实状况。

第一节　咸丰以前的协饷制度及其运作

清代中前期，仅常额军费开支就占财政支出的 70% 左右，[①] 加上大量的战时经费，是国家财用支出最主要的部分。在这种过程中，协饷制度既担负着承平之时军需供应的重任，也是战争期间转运军需的主要组成部分。透过清代中前期协饷制度及其运作的考察，一方面可以为我们提供该项制度在清初运行的基本情况，另一方面也可以展现协饷制度对稳定清代王朝统治的重要作用。

顺康之时，三藩每年即需要 2000 余万两经费，"近省挽输不给，一切仰诸江南，绌则连章入告，既赢不复请稽核，天下财赋半耗于三藩"。[②] 可见，清廷在供应三藩时，指拨东南协济西南是当时常态。康熙平定三藩之乱时，曾广泛命令各省协济粮饷，浙江、陕西、湖北、湖南、四川、江西、江南、广东等省都在其中。[③] 据陈锋估计，三藩之役花费在 1 亿两至 1.5 亿两，[④] 来源包括协饷、户帑、捐输和各省存留银等。

迨至乾隆朝，乾隆皇帝号称"十全老人"，常以"十全武功"自炫。乾隆在位时发动了多次战争，军需消耗甚巨，根据估算达 16640 万两。[⑤] 在军费构成方面，捐输占据了很大一部分，魏源认为有 7000 余万两。[⑥] 此外，军费的另一主要来源是当时的赋税，其中很大一部分是协饷。即以大小金川之役为例，清廷为供应四川援兵

[①] 陈锋：《清代军费研究》，第 2 页。
[②] 魏源：《圣武记》，《魏源全集》第 3 册，岳麓书社，2004，第 60 页。
[③] 详见方略馆编《清代方略全书》第 2~4 册，北京图书馆出版社，2006。
[④] 陈锋：《清代军费研究》，第 248 页。
[⑤] 陈锋：《清代军费研究》，第 275 页。
[⑥] 魏源：《圣武记》，《魏源全集》第 3 册，第 493 页。

饷需，责令邻近的江西和湖北以及次近的广东等省筹拨军饷。① 乾隆三十八年（1773），清廷加派兵力前往四川，提拨户部库款及各省协饷共1000万两，作为军需之用。② 由此可见，协饷供应对乾隆朝军事活动的重要作用。

当然，上述各项军事活动多为维护国家统一与安全的必要之举，协饷制度在此过程中为清朝疆域的形成与巩固做出了重要贡献。清初历代皇帝注意恢复和发展生产，也使得国家经济蒸蒸日上。自康熙朝以来，国家岁入丰盈，收支相抵，积余渐增。到了乾隆中期，当时部库积储达8000余万两，较之乾隆初年，又已增加一倍有余。③ 国家岁入稳中有升也给协饷制度运作提供了良好的环境，各省军食因此能够得到有效保证，王朝统治得到加强。

嘉庆初年，白莲教在湖北起义，并蔓延至四川、陕西、河南和甘肃四省。清政府用了9年时间才将其镇压下去，约计消耗饷银2亿两，④ 平均每年达2000多万两，占岁入之泰半。这些饷银的来源除了内帑和捐输而外，不少是通过清廷转输调剂的协饷。⑤ 清政府指拨协饷的对象包括山西、湖南、广东、安徽、江西、山东、云南、浙江以及长芦、两淮、粤海关、九江关等。⑥ 上述对象主要为东南各财力雄厚省份。不过也有例外，云南例属受协省份，此时因清廷镇压白莲教起义而承担协饷，可能与当时军需支出过大，不得不移缓救急有关。

道光年间，岁出入起伏不大，库储则因河工等事务所余有限，较之嘉庆季年犹且不如。鸦片战争发生后，清政府调兵遣将，军需

---

① 《清高宗实录》卷292，乾隆十二年六月戊辰。
② 《清高宗实录》卷938，乾隆三十八年七月乙丑。
③ 《清高宗实录》卷900，乾隆三十七年正月辛亥。
④ 赵尔巽等：《清史稿》第13册《食货志6》，中华书局，1976，第3709页。魏源在《圣武记》中记载为1亿两，揆诸当时官方谕折，显然估计过低。
⑤ 《清中期五省白莲教起义资料》第2册，第307页。
⑥ 《清中期五省白莲教起义资料》第3册，第115~311页。

开支不断增加，以至于"征兵挽饷，殆无虚日"。①不过，鸦片战争发生的地方大都为富裕省份，饷需支出主要以本省岁入为主，间或截留京饷与协饷，军需协济在整个战争经费支出中所占份额不多，影响较为有限。

浙江是鸦片战争主战场之一，该省在鸦片战争中共消耗军需银761.285万两。② 这些军需用款由浙省藩、运、关库收入、部库拨款、协饷与京饷截留、捐纳、捐廉、商人报效等构成，其中截留协饷46.95万两，③对协饷供应影响不大。

江苏也是鸦片战争的主要区域。鸦片战争伊始，两江总督伊里布和江苏巡抚裕谦即在藩、运两库中提银应付。④此后，清廷还从江西、山东、山西以及河南等省指拨饷银予以协济。⑤根据奏报，共计部拨军需250万两，⑥其中各省协饷奏报并不完整，估计约在100万两以下。

其他受鸦片战争影响的省份军需来源各不相同。福建军需经费，据闽浙总督邓廷桢称，主要有部拨、存贮备公银、捐廉、藩库、协饷⑦等。山东则主要动支司库银来支给饷需。⑧广东军需，主要来源包括本省藩、关、运三库，以及江西协饷，其中截至二十一年（1841）十月，共用过本省藩、关、运三库82.4万两，江西协饷192.1万两，⑨协饷所占地位较为突出。直隶军需动用项目包括本省留储银、

---

① 陆宝千：《刘蓉年谱》，中研院近代史研究所专刊第40种，1979，第32页。
② 宁波市社会科学界联合会、中国第一历史档案馆编：《浙江鸦片战争史料》（下），宁波出版社，1997，第448页。
③ 《浙江鸦片战争史料》（上），第102、139、214、221、693页；《浙江鸦片战争史料》（下），第50页。
④ 中国第一历史档案馆编《鸦片战争档案史料》第2册，天津古籍出版社，1992，第164页。
⑤ 《鸦片战争档案史料》第6册，第177页。
⑥ 《鸦片战争档案史料》第7册，第414页。
⑦ 《鸦片战争档案史料》第3册，第2、502页。
⑧ 《鸦片战争档案史料》第2册，第255页。
⑨ 《鸦片战争档案史料》第4册，第426页。

藩库存银以及协饷。①

上述经费大体上涵盖了当时军费的主要来源。茅海建曾对先行研究中涉及鸦片战争军费的统计作过辨正，并利用档案等资料对鸦片战争军费进行估计，据称在 3000 万两左右。在已确认的 2871 万余两支出中，清政府财用支出约为 1921 万两，捐输 662 万两，摊廉 259 万两。② 换言之，上述 1921 万两支出由部库及直省负担，由部库存银、本省入款、京饷改拨、协饷和各省封储银组成。这些军费来源皆是此前清政府筹措战争经费的主要方式。协饷在其中所占比例并不很高。实际上，就鸦片战争规模与程度而言，它对清朝财用体系冲击有限，还不足以导致财用体系的变革，协饷制度仍然维持着原有运作模式。

实际上，鸦片战争主要发生在号称财赋之区的东南各省，持续时间不长，动员省份较多，因此对协饷制度影响有限。鸦片战争中消耗的 3000 余万两饷银虽然造成清廷国库空虚，但尚在清朝国用承受范围之内，这也是为什么各省督抚奏折中没有出现"待饷甚殷""需饷孔亟"之类的急迫用语。也就是说，协饷制度受鸦片战争的冲击并不显著。及至太平军兴，协饷制度才遭遇到严重挑战并发生了巨大变动。

要言之，随着清朝统治的确定和各项制度的日趋完备，朝廷对直省财力有着极强的驾驭能力，犹如以臂使指，有效地调配财用，酌盈剂虚。咸丰以前，协饷制度在保障常额协饷供应时作用明显。这期间，虽然发生过多次战争，军费开支十分惊人，但得益于清前期社会经济的发展，这些开支依然能够为社会所吸收和消化。特别是，康雍乾之时，国家实力蒸蒸日上，财用逐渐充足，为军事行动提供了有利条件。概而言之，咸丰以前，不论是战时还是平时，协饷作为军需运转的主要手段，对军需供应和战争进程有着极大的影响力。

---

① 《鸦片战争档案史料》第 4 册，第 455、477 页。
② 茅海建：《鸦片战争清朝军费考》，《近代史研究》1996 年第 6 期。

第二节　顾此失彼：太平军初起与清廷协饷运筹

道光年间，清政府统治能力有所下降，表现为外患内忧的相继发生。尤其是，太平军起义的发生，不仅严重冲击清朝统治秩序，还对晚清政治经济和社会发展产生重要影响。太平军起义从受协省份广西发难，引起清廷的重视。协饷制度本意在于保障各省尤其是边远省份的军需供应。然而，此间清廷在利用协饷制度筹集军饷时，明显存在轻重缓急之分。清政府积极为广西军务指拨协饷，希望迅速解决战斗，恢复局势。不过，事与愿违。清政府虽然为各战争省份筹措了充足的饷需，但仍未能有效地推进军事进程，导致太平军逸出广西，经由湖广进入两江地区。与之相对的是，清廷在筹集镇压太平军起义军需时是以牺牲边疆地区协饷为代价的。这是因为国家赋税收入岁有常经，此盈彼绌势所必然。此举导致清廷在边疆地区统治的削弱，以至于民变蜂起。需要说明的是，清廷此间通过协饷制度运筹全国财用的各种举措证明其对各省财力仍具备极强的操控能力。正因为如此，随着战争重心的转移，清廷关注的视野也随之改变，不同省份协饷供应出现盈绌互异的情形。以清廷在太平军初起阶段的协饷运筹为研究视角，可以发现协饷制度与军事进程、人事和统治秩序之间的关系。

一　挹注协饷以镇压太平军起义

清代广西因赋税收入有限，系受协省份，依靠协饷制度来补助境内军队给养。广西每年额征钱粮仅40万余两，而本省绿营兵饷即已42万余两，即便征收足额，还需邻省协拨。[①] 一遇战事，广西更是仰食于人，其承协省份主要是邻近的广东和湖南。[②]

[①] 太平天国历史博物馆编《太平天国史料丛编简辑》第2册，中华书局，1962，第5页。

[②] 《刘武慎公年谱》，《北京图书馆藏珍本年谱丛刊》第162册，北京图书馆出版社，1999，第200页。

道光末年广西农民起义的发生原因复杂：一是由于经济条件差，人民生活困苦，遂致人心浮动。二是鸦片战争期间广东大量招募乡勇，事后遣散之勇，衍成无业游民，流入广西，剽掠为生。① 据茅海建统计，广西仅道光二十九年（1849）就爆发了10余起规模较大的起义。②

道光三十年正月，道光帝旻宁逝世，皇四子奕詝继承大统。此时，广西农民起义愈演愈烈，巡抚郑祖琛遂将起义情况上奏，请求粤督徐广缙带兵赴广西会剿。然而，徐广缙因广东境内也有军务，无力兼顾。因此，清廷不得不调兵遣将，前往镇压。清廷任命署湖南提督向荣为广西提督，并从湖南、贵州和云南调集制兵共6000人赴援广西。不久，清廷又任命林则徐为钦差大臣，专办广西剿办事宜，令广东、湖南及户部共同筹拨40万两饷银作为应急之用；并承诺会陆续加拨。③ 由于林则徐中途病逝，清廷转令两江总督李星沅接任钦差大臣。清廷还将广西巡抚郑祖琛革职，以前漕运总督周天爵为署抚。④ 清廷上述安排旨在集中精兵强将，迅速收拾粤西大局。

太平军于道光三十年十二月初十日，在桂平金田村揭竿而起，并迅速成为清军的主要敌人，导致战争情况更加复杂，清方军需供应愈加紧张。据署理布政使吴鼎昌称，户部所拨饷银40万两及本省所筹饷银9.7万两，至李星沅上任时仅剩1000两。当时广西境内兵勇云集，经费倍增，李星沅遂奏请清廷拨给军饷30万两。⑤

清廷随后责令广东在粤海关税项内起解30万两协饷支援广西。徐广缙在提拨10万两后，以办理广东军务为由将其余20万两截留。即便上述10万两协饷，广东起解时也有拖沓之嫌："委员任意耽延，不知缓急。"⑥ 解饷委员的行止系听命于人，徐广缙态度消极才是其

---

① 《太平天国史料丛编简辑》第1册，中华书局，1961，第3页。
② 茅海建：《苦命天子：咸丰皇帝奕詝》，上海人民出版社，1995，第59页。
③ 《清代方略全书》第102册，第226页。
④ 《清文宗实录》卷15，道光三十年十月壬午。
⑤ 李概编《李文恭公（星沅）奏议》（6），沈云龙主编《近代中国史料丛刊续编》第312册，第3622页。
⑥ 李星沅：《李文恭公遗集》，《续修四库全书》第1525册，第297页。

中关键。究其缘由，固然与广东办理本省军务有关，更是由于当时广西起义尚未引起徐广缙的高度重视，导致其在落实协饷时不免有所保留。需要指出的是，此间太平军起义尚在一隅，对清朝统治的冲击还十分有限，清廷对各省的控制力并未减弱，因此"督抚专政"和"督抚集权"还未形成，不过作为两广总督的徐广缙延宕与截留广西协饷却是事实。① 其实，这也不难理解。总督与巡抚作为封疆大吏被赋予了广泛的权力，因此对清廷政令的落实有一定的决定权。也就是说，便宜行事之权本是督抚体制中的应有之义，不能因督抚在落实清廷政令时有所保留而将其纳入权势之争的范畴。上述情况对于理解此后各省督抚起解协饷的好坏具有启示意义。

李星沅久等协饷不到，于咸丰元年二月要求户部重新指拨80万两协饷，② 还要求清廷简派得力将帅来桂督剿。清廷鉴于广西军事情形，令广州副都统乌兰泰赴广西办理军务。③ 请饷方面，户部认为广西军需用度已不下百万，因此只准拨50万两，分别令江苏、江西、湖北和湖南四省协济。

不得已，李星沅将广东解送贵州常年协饷截留，并声称由户部在各省承协广西协饷内指令某省抵拨此项截留款项，径解贵州。④ 此举在于造成既定事实，将协饷拨解和饬催的压力转嫁别省。由此可见，战争期间受协省份之间的饷源竞争不可避免。重要的是，竞争必然有胜负之分，而受协省份的协饷皆系"计口授食"，对协饷供应都十分依赖。如此一来，原有协济关系和数额受到冲击，受协省份此盈彼绌，军需供应势必丰啬不同。这种情况严重影响了清朝统治的落实。

---

① 《太平天国史料丛编简辑》第1册，第10、12页。
② 中国第一历史档案馆编《清政府镇压太平天国档案史料》第1册，社会科学文献出版社，1992，第202页。
③ 《清文宗实录》卷28，咸丰元年二月己卯。
④ 李槩编《李文恭公（星沅）奏议》（6），沈云龙主编《近代中国史料丛刊续编》第312册，第3958页。

清廷除了任命乌兰泰帮办广西军务外，又令文华殿大学士、军机大臣、管理户部事务赛尚阿，以及都统巴清德和副都统达洪阿前往湘桂交界处督办防堵事宜。元年三月底，清廷以顺天府尹邹鸣鹤为广西巡抚，四月初又以赛尚阿取代李星沅。两年之间，人事因军事行动频繁变换。清廷希望起用重臣来统领广西全局，在军务和饷务方面收如臂使指之效，迅速戡定广西。

先行研究已注意到清廷对赛尚阿与众不同的眷顾：不仅加拨兵丁6000人，还为其准备了多达360万两的饷银。① 此举一方面显示清廷对赛尚阿镇压太平军起义寄予了很高的希望，另一方面也反映出个人对协饷制度的巨大影响力。赛尚阿之所以能够获得如此众多的资源，与其权势有关。一是赛尚阿为军机大臣，身任宰辅，有能力调动兵力；二是赛尚阿为管理户部大臣，对国家财用和户部家底颇为熟稔，能够迅速筹集巨饷。可见，人事与制度之间的密切关系，特别是在人治社会里，制度的运作深受人事影响。

赛尚阿抵达桂林后，与达洪阿和巴清德会合。清军受制于广西地形，难以发动大规模攻势，遂采取坚壁清野之计。然而，各路将领之间未能联络声气，成效很差，官军遭遇多次挫败。② 赛氏到广西尚不足三个月，即将上述360万两饷银开销无余，着实令人吃惊，而当时广西军需拨款已经达524.7万两。③ 赛尚阿又与邹鸣鹤联衔奏请户部再指拨协饷100万两。④

太平军的东奔西突令清军久战无功。闰八月初一日，太平军占领永安州城。咸丰皇帝大怒，摘去巴清德和向荣的顶戴花翎，令其戴罪立功。赛尚阿也被交部议处。即便如此，赛尚阿请饷之奏却不稍停，又要求加拨饷银200万两，据称，广西每月饷需达70万两，实在是骇人听闻。赛尚阿本人粥粥无能，致广西军务持续恶化，军

---

① 崔之清主编《太平天国战争全史》第1卷，南京大学出版社，2002，第188页。
② 《太平天国史料丛编简辑》第1册，第210页。
③ 《清政府镇压太平天国档案史料》第2册，第203页。
④ 《清代方略全书》第102册，第599页。

饷开支浩大。① 清廷骑虎难下，不得不允其所请，拨给内帑100万两；又指拨广东协饷30万两，山西30万两，河南20万两，两淮20万两，合共200万两。② 在半年之内，赛尚阿已经动用军需460万两，平均每个月开销75万两；加上此次请拨之200万两，共计达660万两，军需供应裕如。然而，军需供应只是影响战争进程的诸多要素之一，将领无能使得国用虚縻。随着战争的持续，国家财用负担加大，专注一地的协饷运筹必将影响其他省份的饷需供应。

咸丰二年正月，赛尚阿以围攻永安城为由奏请再拨军饷200万两。也就是说，前此所筹军需皆未能切实推进军务。户部决定由山东等省协济，考虑到解饷周期过长，遂将两淮协济云南协饷30万两，广东捐输银100万两，粤海关税银20万两，江苏海运节省银50万两，甘肃军需存剩银16万两，共计216万两饷银先期解赴广西。③ 这种安排显然不是普通督抚大员或将领能够达到的。上述筹饷有两点值得注意：一是令两淮将云南协饷转输广西；二是在甘肃军需项下提拨存剩银。云南和甘肃皆为瘠苦之区，军需供应极度依赖协饷。户部为指拨广西协饷已导致边疆协饷解数下降，此时再以此种挹注之法攘夺边疆省份协饷，大有置边疆省份军需于不顾之势。事实也证明，这种做法严重危及清廷在边疆地区的统治，导致民变蜂起。

至此，清廷已拨广西军需银1036万余两。清政府不惜一切代价保证广西军费供应，无非是想推动战争进程，迅速剿灭太平军。然而，清廷为广西军务拨付了巨额饷需，却未能换来军事胜利。二年二月十七日，太平军突围永安，邹鸣鹤咨请湖广总督在湖南与广西交界地方预筹防堵。这也意味着清政府将太平军起义消灭在广西境内的希望破灭。与此同时，邹氏又奏请军饷150万两。

---

① 谢兴尧：《论洪大全、赛尚阿、丁守存》，北京太平天国历史研究会编《太平天国学刊》第1辑，中华书局，1983，第252~253页。
② 《清代方略全书》第103册，第80~81页。
③ 《清代方略全书》第103册，第203~204页。

清军在广西境内镇压太平军时，其军需供应相当充足，① 然而充足的军需供应并未化作战争优势。太平军不仅发展壮大，而且还打破封锁，于四月二十一日进入湖南。究其原因，曾办理广西粮台的严正基一针见血地指出："前此郑梦翁抚粤，因国帑日绌，惮于奏拨，兵事初兴，为因循敷衍之计。李石翁亦不敢多有调拨，周敬翁入向提帅之言，多调外省兵丁，大请饷项，思为一举荡平之计。赛相来西视师，复添调外省兵丁，广募粤东壮勇，专注洪逆一股，源源请拨兵饷，急图歼除。此起凯撤回京，所用乌、向二帅，均属可倚立功。但惑于左右之言，驾驭乖宜，使乌、向同事不协，均不能尽其用，以致洪逆溃围而出，难以收拾。"② 可见，广西军务失败的关键因素不是军饷与兵额，而是主持军务者不能根据实际情况做出布置和同心协力，以致错失时机，令太平军逸出广西。

太平军进入湖南后，湘抚骆秉章十分紧张，奏请指拨协饷 50 万两作为办理防堵经费。③ 户部安排陕西与河南承协。革职留任的湖北巡抚龚裕也以预筹防堵为名，奏请拨给军饷 30 万两。户部认为，湖北此前办理防堵并协济广西致使财用支绌，遂指拨安徽、江宁和苏州三藩库承协，协饷未到前，可截留原拨广西协饷。④ 这也说明，户部在指拨战时协饷时以军务为中心，以缓急为断，前此广西屡次截留和改拨各省协饷，此时则成为他省截留之对象，反映出战时协饷因时势变化而不断调整的特征。

两湖的防堵未能有效遏制太平军的势头。四月廿五日，太平军攻占道州。⑤ 清军随后集结 15000 名兵勇，对道州进行包围，军事重心转移到湖南。广西军队尾随而至，于永州设立粮台，月需银 30 余

---

① 郦纯：《太平天国军事史概述 上编》第 1 册，中华书局，1982，第 61 页。
② 《太平天国史料丛编简辑》第 2 册，第 5～6 页。
③ 《清政府镇压太平天国档案史料》第 3 册，第 212 页。
④ 《清代方略全书》第 103 册，第 393 页。
⑤ 《太平天国史料丛编简辑》第 1 册，第 63 页。

万两,连同广西境内防堵经费每月30万两,共计需银60万余两。①如果再加上湖南省防堵经费每月40万两,对付太平军每月即需饷银100万两,可谓骇人听闻。此时广西已支销饷银1102.7万两。随着战事的蔓延,清廷财用支绌情形日益显现。姚莹称,清廷是筹数百万之饷,集数省之兵,讨一方之寇。②关键是,这种消耗大量人力物力的军事行动并未取得积极的效果。

两湖官员慑于太平军的战斗力,拼命请饷,办理防堵。湖广总督程裔采奏请户部饬催各省协饷,其中两淮25万两;四川36.6万两;陕西57.3778万两,捐输银1.8万两;长芦盐课银30万两;浙江民欠银6万两;淮关税银7万两,官捐银5.5万两,捐监银2.1万两;安徽官捐银4.6万两,司库清查银1.7548万两;两江总督陆建瀛捐银1万两;河南官捐银1.8万两,捐监银1.1万两;山东商课银1.8万两;江海关税银4.5万两;凤阳关税银1.4万两;山西地丁银20万两;安徽地丁银13万两;山西续收捐输银30万两,口外清查银2.6万两;安徽捐监银2.5万两;江海关洋税银4.9万两;共计266万两。③上述协饷不仅数额巨大且饷需来源范围大为扩展,既有地丁田赋,还有捐输银、盐课银、关税、杂税,突破了协饷一般只指拨地丁钱粮的惯例。这些饷项皆为有著之款,承协者多是常年供应边疆协饷的主力,户部一再指拨它们协济镇压太平军起义的各项经费,导致边疆省份协饷供应受到严重挤占。

其后,清廷任命两广总督徐广缙为钦差大臣赴湖南督剿,并拨给军饷200万两,先令江苏等省承协饷银100万两,其余陆续拨定。④时人在分析湖南防剿机宜时称,"贼初广西长发不过三千余名。程制军如不风闻退省,偕赛相亲驻永明,锁围道州,亦尚可剿。失

---

① 《清政府镇压太平天国档案史料》第3册,第383页。
② 姚莹:《中复堂遗稿·续编》,沈云龙主编《近代中国史料丛刊》第58册,第3990~3991页。
③ 《清政府镇压太平天国档案史料》第4册,第6~7页。
④ 《清代方略全书》第104册,第105页。

此不图,事机失矣。其后踞郴,裹胁人多。和春惮战,亦不尽力。及至长沙而上,四府土匪附洪者数万人。长沙九月十九日大败之后,相持一月,缘赛相亦经逮治,诸军借口待钦差。而所谓大臣者,八月十八日自梧州起身,十月初一日到衡州。衡离湘潭只二百里,十一日到湘潭扎住,又不到省。如使亲临督战,将河路亦加锁围,贼出扰则击,贼逃窜亦击,不及一月半饿死长沙,此又机会之大可惜者。自今以往,虽使堵剿严密,总属空谈。四提十四镇兵勇六万有余,每月需饷近百万,辜负皇上之恩,不惜生民之苦,此深山野人亦为之太息也"。[1] 可见,湖南督剿失利原因与广西相似,皆因朝臣战守不力。夏燮也认为,徐广缙、程矞采等人不正面迎击太平军,而是避其锋芒,意在将太平军引出各自辖境。[2] 此种纵敌之计加速战火蔓延,危害清廷统治大局。各省不断筹兵筹饷,军需消耗剧增,国用枯竭,协拨兵饷势必困难重重。

当时,太平军东下湖北的趋势很明显,岳州府则是湖南通向湖北的门户。十一月初三日,太平军伪装成向荣部属,智取岳州,两湖门户失守,城中军饷皆为太平军所有。[3] 四天后,太平军离开岳州,分水陆两路进军湖北,势如破竹。十二月初四日黎明,太平军攻陷武昌,湖北巡抚常大淳自缢而死。清廷遂任命徐广缙、向荣专办两湖军务;以陆建瀛为钦差大臣,巡防江皖;以琦善为钦差大臣,进防信阳、新野一带。[4]

咸丰三年正月初二日,太平军携带大量钱粮,离开武昌,顺江而下,过江西,破安徽,一路所向披靡。究其主要原因在于长江水师早已有名无实。[5] 二月初十日,太平军攻陷南京。太平军从西南一隅进入清廷心腹地区,仅用时十个月,发展速度与进攻效率令人惊

---

[1] 《太平天国史料丛编简辑》第1册,第66页。
[2] 罗尔纲、王庆成主编《中国近代史资料丛刊续编·太平天国》(4),广西师范大学出版社,2004,第131页。
[3] 《太平天国史料丛编简辑》第1册,第65页。
[4] 郭廷以:《太平天国史事日志》上册,商务印书馆,1946,第202页。
[5] 罗尔纲、王庆成主编《中国近代史资料丛刊续编·太平天国》(4),第137页。

叹。官军在消耗大量资财的情况下依然未能将太平军镇压下去。二十日,太平军改南京为天京,建都于此,成为与清政府对立的政权。

综上所述,自广西发生大规模农民起义以来,清廷为了维护统治,保障军需,仅调拨军饷即达1808万余两,连同各省支出总数则至3000万两。① 上述1808万余两之中,除了200万两来自内务府外,其余1600万余两皆由各省关承协,可见协饷在军需开支中的绝对地位,如将其平摊到三年时间内,每年高达500多万两。此间,战争省份的协饷供应大多能及时到位,推诿、截留和改拨等情况较少。然而,这并不代表清廷国用裕如,而是以挤占边远省份协饷为代价的。当时,清廷岁入构成仍以田赋为主,辅之以盐课、关税、杂税等,捐输在部分地区开始推行。也就是说,清廷赋税收入并未大幅增加,而支出则大幅上扬。岁入本有定数,此盈则彼绌。清廷在筹措镇压太平军军费时开始允许各省截留其他省份协饷,甚至提用受协省份军需存项,严重影响了边疆省份的军需供应。更为重要的是,清廷大量指拨协饷用于镇压太平军起义,挤占了各省对边远省份的协饷供应,导致其在边疆地区的统治被削弱。

二 边疆协饷供应下滑与清朝统治的削弱

协饷制度本在于动态调整清帝国内部省与省之间的财力,从而保障边疆地区的军需供应。太平军起义对协饷制度产生了巨大冲击,清廷将关注重心放在筹集镇压太平军起义的军需上,多次挪用边疆省份协饷。不仅如此,清廷还从边疆地区大量调集经制军队赴援战争省份。如此一来,边疆地区陷入了兵单饷绌的困境,王朝统治的落实大打折扣,民变四起,尤以贵州、云南和陕甘新疆地区为代表。探讨上述地区的协饷供应,可以看出协饷对维护国家安全与统一、

---

① 王庆云:《石渠馀纪》,北京古籍出版社,1985,第150页。如果将协饷和各省本省支出进行统计,从1850年到1853年7月,军需供给达3000万两,参见彭泽益《十九世纪后半期的中国财政与经济》,第139页。

保证统治秩序落实的重要作用。可以说，协饷供应及时与否的情况是检验清廷在边疆地区统治稳固与否非常重要的指标。

（一）贵州

贵州土地硗瘠，物产素绌。清代地丁额赋年仅10余万两，各项杂税为数有限。虽然岁入较少，但贵州战略地位重要，民族关系复杂，因此驻兵较多，在三四万人之间。道光三十年（1850）贵州兵额是36477人。① 以每人月饷一两计算，每月即需要36477两，加上官弁俸饷与马乾等项开支，远超贵州财力所能承受的范围。② 这样一来，贵州每年需要通过协饷制度来筹集七八十万两军饷，以保障军需供应。③

清代中前期，贵州军饷供应较为平稳。户部在确定承协与受协关系时大都保持稳定，即便有所调整，按规定也会预先告知相关省份。此外，户部规定贵州协饷需提前一季度起解，再加上一定数量的"分储备用银"④，可以在协饷供应出现问题时作为后备金使用，也为军需供应增加了一道保障。

咸丰元年（1851），受太平军起义的影响，广东协济贵州饷银曾被广西截留，拉开了贵州协饷供应下滑的序幕。此后，户部指拨的浙江盐课银38万余两，江西地丁银8万两；预拨咸丰二年春季兵饷

---

① 翁同爵：《皇朝兵制考略》，《续修四库全书》第858册，第651~654页。
② 清制，马兵月饷为2两，守兵月饷为1两。详见陈锋《清代军费研究》，第111页。
③ 《清代方略全书》第198册，第619~620页。
④ 清代设立分储备用银的出发点是为了应付地方急需、供应军饷。雍正五年，清廷"以各省经费外，或多需用，令督抚岁于春秋二拨时，酌留若干封贮司库，是为留贮，遇用豫期疏闻，擅动者论。直隶附近京师，无庸留贮。江苏、安徽、江西、浙江、湖南、甘肃、四川、广西、贵州均留贮银三十万两，福建三十万四百七十两有奇，云南二十万三千三百四十两有奇，山西、河南、湖北、西安、广东均二十万两，山东十万两"（《清朝文献通考》卷40《国用二》，又见《大清会典事例》卷171，第1176页）。各省具体储备银数可能有所变动。例如乾隆年间则为：盛京1000两，直隶31400两，山东25万两，山西39万两，河南35万两，江宁48万两，苏州48万两，安徽40万两，江西37万两，福建40万两，浙江30.6万两，湖北40万两，湖南32.3万两，陕西31万两，甘肃38万两，四川105万两，广东20万两，广西38.4万两，云南48.53万两，贵州45.9万两。可见，留贮银数与当时的经济情况密切相关。

江西地丁银30万两，皆因受到太平军起义的冲击导致各省无法按时解到。不仅如此，清政府还不断调遣贵州官兵前往广西援剿，造成黔省省内防守力量的削弱。

随着广西军事活动愈演愈烈，承协贵州协饷的广东和江西分别办理防堵，从而进一步影响了贵州协饷的解送。咸丰二年七月，贵州巡抚蒋霨远奏请饬催本年夏秋冬三季兵饷，户部随后咨催浙、粤、赣三省迅速落实，并申明须在九月之前将三年春季兵饷解到，① 但是效果并不明显。清廷鉴于浙粤等省解送协饷拖延过久，而且还要同时协济广西与两湖地区的饷需，因此决定将贵州当年及三年春季兵饷改拨山东、山西和江苏三省承协；三年夏秋冬三季兵饷则由浙江、广东、福建和江西等承协。清廷考虑到各省解送协饷时，饷道可能会受阻，因此要求各承协省份绕道起解，按时运达。② 清廷改拨协饷的做法虽属正常，但如此频繁的变动并不常见。这也是战时调剂各省财力的权宜之计。太平天国建都南京后，江西经理江南大营粮台，办理防堵，应付过境兵勇，用额顿增，巡抚张芾将该省承协贵州的饷银30万两截留，改解江南大营。③

清军和太平军之间的战争进入僵持阶段后，清政府集中大量兵力和财力来镇压太平军，各边疆省份协饷被挤占、截留、改拨和拖欠的情况也更加普遍。清廷对此也无可奈何，鼓励贵州开源节流以自保，例如添铸大钱，开办捐输和减少支放各款等；如果仍有不敷，则与四川会商协济。④ 不过，对贵州而言，添铸大钱、开办捐输以及节省开支等举措都无法解决因协饷停滞而带来的七八十万两的经费压力。清廷责成川黔两省通过协商方式来确立军需协济数目的做法更是非常少见。这一方面说明户部指拨协饷的可靠性大大下降，另一方面也说明户部有意发挥各省积极性，放松制度限制，变通军饷运筹方略，以求移缓救急。

---

① 《清文宗实录》卷65，咸丰二年七月甲寅。
② 《清文宗实录》卷87，咸丰三年三月甲寅。
③ 《清政府镇压太平天国档案史料》第5册，第480页。
④ 《清文宗实录》卷131，咸丰四年五月甲子。

与东南各省军需相比，贵州协饷的地位和收数都呈下降趋势。在这种情况下，清政府在贵州的统治落实力度势必受到削弱。咸丰四年（1854），贵州苗民发动起义。随之而来的是，贵州为应付战事不得不增兵加饷，而协饷供应却又因清廷关注重心的迁移而下降，导致该省面临着双重困境。当时，清廷以先清腹地，再顾边陲来确定军需供应的轻重缓急，导致贵州协饷供应一减再减。贵州军务也因军需匮乏而深陷战争泥潭，历时近20年才告结束。可见，协饷供应对清政府在边疆地区统治秩序的巨大影响。

（二）云南

云南也属受协省份，常年军需对协饷依赖程度很高。[①] 云南官兵俸饷每年需六七十万两，其中来源于协饷者为40余万两。[②] 此外，滇铜是清政府铸造制钱的主要原料。清廷每年为云南指拨100万两左右的铜本经费，以用作开采铜砂及炼铜的本金。这些工本也是指拨各省协济的，其模式与协饷指拨的做法相同。[③] 承平之时，云南协饷和铜本经费的解送情况比较理想，甚至于"踵接于途"。[④] 咸丰二年后，清廷因集中精力对付太平军起义，一面从云南抽调制兵前往广西和湖南等地，一面将云南协饷改拨他处，导致云南兵与饷皆感不足，防守空虚。除此而外，铜本经费也积欠累累。这种兵少饷绌的情况导致清廷在云南的统治深受影响。

咸丰五年（1855），云南发生回民起义。[⑤] 据云南巡抚舒兴阿奏

[①] 《续云南通志长编》（中），云南省志编纂委员会办公室，1985，第503页。
[②] 岑春蓂刻《岑襄勤公（毓英）遗集》，沈云龙主编《近代中国史料丛刊》第371册，第317页。
[③] 吴养原编《吴文节公（文镕）遗集》，沈云龙主编《近代中国史料丛刊》第334册，第950~951页。
[④] 岑毓英等修《（光绪）云南通志》卷57《食货志二》，光绪二十年刻本。
[⑤] 详见王树槐《咸同云南回民事变》，中研院近代史研究所专刊第23种，1980。汉回对云南矿产资源的争夺此前即时有发生。一开始，它是一种经济上的竞争，至于演化成民族矛盾则是在问题激化之后，双方以"种族"为幌子进行宣传，招徕同道，久而久之，这种"种族矛盾"被追认成事情的起因。岑毓英等修《（光绪）云南通志》卷106《武备志二》。

称："上年（咸丰五年——引者注）十二月间，回匪因楚雄府属之马龙、石羊二厂被临匪占夺，纠众往争，并焚掠楚雄县属之大骠村。本年二月据该府协禀称，十二月骠练纠合多人，欲赴回村烧杀，回众闻风先避，仅烧村舍。旋又赴距楚雄属之南安州将城内回民杀毙多名。回众不平，亦纠同外匪于二十一日赴南安州城伤毙汉民男妇多命。"① 表面视之，回民起义与汉民、回民抢夺资源、进而发生械斗有关，实际上却反映出云南因兵单饷绌而无法有效控驭省内局势，导致清朝在云南统治秩序的崩坏。清廷因无力为云南筹饷，要求云南大小官员采取抚绥之术，避免滇省大局糜烂。这也充分说明，清廷在境内战争不断的情况下，执行相关政策时主要以各省在王朝统治中的地位高下为断来分派饷需，边远省份因偏离统治中心，被放在相对次要位置。

（三）陕甘新疆地区

西北地区回民起义也是在太平军起义的影响下发生的，时间与贵州苗民起义和云南回民起义仿佛，大规模的爆发则在咸同之交："关陇之难始于发逆，甚于捻匪，而糜烂于回。回之乱，乘发捻而起，及其平也，乃后于发捻五年。"② 陕甘新疆地区除了陕西经济较好外，甘肃新疆土地贫瘠，物产有限，素为受协省份，岁入以协饷为主，每年为四五百万两，③ 绝大部分需要由内陆省份协济。东南各省陷入战火后，西北地区协饷供给剧减。

在协饷大幅降低的情况下，军队镇守能力势必遭到严重削弱。参加过陕甘新疆地区军事行动的李云麟认为西北回民起义的根源在于协饷供应出现了问题："陕甘两省满绿制兵，及关外各城防换兵丁饷糈、经费每岁由内地各省协拨者，约近五百万两。在平静时，尚觉难供。迨咸丰年间，东南用兵兼以中原多事，各省饷糈

---

① 《清代方略全书》第 194 册，第 86~87 页。
② 易孔昭、胡孚骏、刘然亮编《平定关陇纪略》卷 1，沈云龙主编《近代中国史料丛刊续编》第 991 册，第 15 页。
③ 王先谦：《东华续录》咸丰卷 48，《续修四库全书》第 377 册，第 294 页。

不能供给者十余年。关内外满绿各营饥疲虚弱，直同虚设。因之回逆得乘机而起，势如燎原。盖东南用兵以致西北饷匮，是为乱根。"①

咸丰五年六月间，浩瀚回民进入新疆喀什噶尔城，准备联络当地的回民发动起义，虽然最终没有成功，但也显示出清廷对该地区控制力的减弱："内地发捻不靖，征兵四出，回众又乘间滋扰。咸丰五年遂有倭里罕霍卓等入卡图据喀什噶尔之事，继以撒拉争教，库车激变，渐至陕回蜂起，到处蔓延。"② 可见，清廷征调新疆制兵造成各城防守能力下降。咸丰六年（1856），甘肃也有零星回民起义。③

此间，回民起义还处于酝酿阶段，主要零星散布于新疆和甘肃地区。值得注意的是，甘肃新疆刚好处于受协地位，协饷供应下降以及各城将士的征调，造成军事威慑力量的减弱。加之，协饷长期停滞不前导致西北政局动荡，回民乘机发难，造成西北军务历时十有余年才告结束。

总的来说，太平军起义初期，协饷供应可以用"顾此失彼"来概括。清政府为供应镇压太平军起义的经费，攘夺了边疆省份的协饷。由于清军未能有效遏制太平军起义的发展壮大，导致其从广西挥军东进，直趋东南各省。在糜饷无数的情况下，清政府财力并未增加，因此不得不为抱彼注兹之计，把手伸向贵州、云南和陕甘新疆地区的协饷，将其挪用于镇压太平军起义。这直接导致清廷在边疆地区统治秩序的变乱。太平军进入东南各省后，清廷必欲除之。因此，贵州、云南和陕甘新疆协饷供应更加受影响。在这种情况下，边疆地区协饷供应亟须调整，以保障军需，应对此起彼伏的起义，后面还将详细论述。

---

① 李云麟：《西陲事略》，《清代边疆史料抄稿本汇编》第22册，线装书局，2003，第5~6页。
② 《清代方略全书》第171册，第133页。
③ 《清代方略全书》第171册，第135页。

第三节　先清腹地：太平天国运动与协饷调整

太平天国建都后，战争进入僵持阶段，清政府正统地位面临严峻挑战。不仅如此，作为财赋之区的东南各省赋税收入锐减，不仅不能自保，还需要他省协济，原有军饷供应机制被打破，协饷运作陷入困境。在这种情况下，随着军事斗争的持续和深入，清廷不得不通过开拓财源的方式来筹集和转输军饷，缓解军需收支压力。就军需供应而言，随着湘军的崛起和曾国藩影响力的扩大，协饷供应也向其倾斜。与之相对的是，江南北大营协饷供应的下降。各省在开源过程中推升了本省的岁入，督抚在财用支配方面有一定决定权，导致各省起解协饷时各有权衡，但目标则指向王朝统治的规复而非自固畛域、与邻为壑。本节讨论问题有三：一是财源开拓与军需供应和战争进程之间的关系；二是经制军队战斗力的强弱对清廷协饷运筹的影响；三是督抚与统兵将领对协饷制度的影响，以及督抚权势和王朝统治之间的关系。

一　开拓财源　保障军需

行军以筹饷为先。如前所述，东南各省本为国家财赋之区。随着太平军进入上述地区，赋税收入剧减，军需支出却大大增加，令清朝国用体系陷入双重困境。协饷制度本意在于酌盈剂虚，以有余补不足，此时东南各省由"盈"变"虚"，也需要协饷接济。在这种情况下，清廷不得不以军需为中心，综核全国情形，开拓财源，为战争筹划经费。

清人刘锡鸿曾经指出："道光末年，户部库储尚二千余万，各省亦辄二三百万，然粤逆之乱曾不数载，兵糈已无所出，咸丰三年遂货内府宝藏以饷军矣。"[①] 刘氏此言为我们揭示了太平军起义对清政

---

① 中国史学会主编《洋务运动》(1)，上海人民出版社，1961，第 285 页。

府财政的巨大影响。太平军起义的三年多时间内，动用制兵超过 10 万人，练勇尚不在内，军费开支达 2500 余万两。① 清廷原有财政收入结构囿于成规，弹性较小，难以应付军需的急剧膨胀。因此，为保障军费开支，有效开拓财源关系着清政府的生死存亡。

当时，清廷军费来源不外乎田赋、盐课、漕粮、关税以及杂税。地丁例不加赋，且还会因战争而缓收、减收或蠲免。盐课方面，两淮盐课收入在国家盐课总收入中占据一半以上的份额。由于太平军控制了淮盐主产区、销售区以及运道，导致两淮盐课收入锐减。当时，除四川因远离战争中心盐课收入尚在增长外，其余产盐区的盐课收入都有不同程度的下降。漕粮方面，漕粮系属天庚正供，有漕省份多因战争而征不足数，且时常截留。关税收入虽有一定程度的增长，但总数还属有限。至于各项杂税收入，历来无定，对军需供应的影响有限。可见，既有财源囿于定制、时势和潜力无法为清政府军费开支提供更多帮助。有鉴于此，清政府首先援引先例，开办捐输，卖官鬻爵；其次发行纸币和大钱，实施通货膨胀来搜刮民脂民膏；再次是举办和推广厘金。这些开源举措为清政府罗掘财富提供了途径，与旧有赋税一起，保障军需供应。

（一）捐输

捐输始自秦代，之后时有开捐之举。清康熙时因军需浩繁曾办过捐输，雍、乾、嘉、道各朝皆有因事开捐的成例。② 捐输按照内容可分为两种，一种是指捐实缺或虚衔以及封典、功名之类，亦称捐纳；一种是士民或官员对皇帝、政府的报效和赈灾等的乐捐或捐助，达到一定数额可以奏请增广中额和学额等。③ 前有述及，捐输在清代前期军需供应当中作用十分巨大，此时再次举办捐输也在情理之中。其实，户部在道光三十年年底即已计划通过推广捐输来筹集饷银，

---

① 《清代方略全书》第 105 册，第 241~242 页。
② 参见许大龄《清代捐纳制度》，哈佛燕京学社，1950。
③ 广东清理财政局编订、广东省财政科学研究所整理《广东财政说明书》，广东经济出版社，1997，第 292 页。

后因山东等省力顾大局,筹银解部,举办捐输之事遂暂时搁置。

咸丰元年(1851),户部统计春秋拨册所列岁出入总数,认为当年入不敷出的情形将会更加严重,因而决心举办捐输。为使捐输快速收效,户部会同吏兵二部简化报捐手续,减少中间环节的勒掯之弊。一是裁去各种规费,"如有于正项之外,需索丝毫者,或经访闻,或经捐生指禀,立予惩办";二是停止直省捐输以保障户部捐输。① 除此而外,户部为了吸引人们报捐,还将捐银减成办理:"京官自郎中以至未入流,外官自道府以至未入流,均准报捐分缺间[简]用,其报捐银数照分缺先用,酌减一成。"② 很显然,各种改进措施都为了筹集饷银。据统计,咸丰元年收取捐银 111.0385 万两,咸丰二年增加到 313.5861 万两。③

随着太平军活动范围的扩大,各省军需供应左支右绌,因此纷纷打破户部禁令,举办捐输:"嗣因各省皆有军需,户部无款可拨,遂准各省开捐,以敷用度。"④ 户部无可奈何,只能同意在各省行军粮台报捐者也可以依照《筹饷事例条款》办理。各省推行捐输后,所收捐银数超过部收捐银数,从咸丰二年二月至三年正月,共计收银 550 余万两。⑤

然而,相对于战争开支这个无底洞来说,上述捐项是远远不够的。咸丰三年三月,户部加大推广力度,在《筹饷事例条款》的基础上又推出《推广捐例章程》,扩大报捐范围和报捐名目,减折收捐,捐生前往户部或各省粮台报者,俱按例定银数减 2 成。不仅如此,户部还预颁空白文武职衔及贡监执照,大量发交各省军营粮台,以便随时

---

① 户部编《筹饷事例条款》第 1 册,国家图书馆藏刻本,第 1~5 页。出版地及时间不详。
② 户部编《新增筹饷事例·条款》上册,国家图书馆藏刻本,第 1 页。出版地及时间不详。
③ 何烈:《清咸同时期的财政》,"国立"编译馆,1981,第 201 页。
④ 《论库项支绌宜筹善法以裕度支》,《申报》1877 年 11 月 22 日,第 1 版。
⑤ 罗玉东:《中国厘金史》(上),第 9 页。

填发售卖。① 咸丰四年（1854）时，户部又开办捐铜局，主办捐输事宜，此外还允许民间交纳铜器，折银报捐。户部还将捐输银数降至6成收捐，并允许报捐者搭用官票、宝钞和大钱等，通过大幅减少捐输实银来吸引报捐者。不仅如此，清廷还通过增加乡试中额及生员学额来激发人们的热情，各省凡每捐输至10万两，即增加文武乡试中额各一名，厅、州、县捐输至2000两则增加文武学额各一名。②

  清廷办理捐输伊始本打算设立年限，到期即结束。但随着战争蔓延，捐输不得不一再展限："嗣因饷项未充，按年奏请展限，各省办理军需及各粮台奏请收捐，或将章程稍事变通，或将捐输量为核减。"③

  由于户部和各省纷纷举办捐输，造成了激烈竞争的局面。湘省于咸丰二年按照部定章程劝办捐输，"除报捐封典、升衔、加级记录及捐免试俸历俸各项减四成收纳外，其余照筹饷例核减二成，以制钱二串作银一两。嗣于五年，因广西、河南、江南、湖北等省减成收捐，银数少于湖南十之二三，捐生群怀观望，经前抚臣骆秉章奏准于减二成外，以钱一千六百文抵银一两……湖南本属小省，素鲜富厚之家，连年屡遭贼扰，闾阎元气已亏，复因外援内剿，军饷浩繁，以一省有限之财供应数省无穷之用，民力困惫，其何能堪？现在捐输一项，岁入大逊从前，劝办甚非易易。况邻近黔、粤等省又各委员赴楚劝捐，其章程于原减二成、四成之外，再减一成，收纳且有钱钞搭放，米石折色，其中更多便益"。④

  由此观之，各省为了筹解军饷不得不想方设法来争夺报捐者。据河南巡抚阎敬铭观察："豫省以饷票折收，加一成现银，约居十成之二；湖广、川、浙约居十成之三；江西、两广约不及十成之三；云、贵约居十成之二；安徽全收饷票，约居十成之一，其余各省均

---

① 彭泽益：《十九世纪后半期的中国财政与经济》，第146页。
② 王先谦：《东华续录》咸丰卷21，《续修四库全书》第376册，第408页。
③ 《新增筹饷事例》上册，第1页。
④ 毛承霖编《毛尚书（鸿宾）奏稿》，沈云龙主编《近代中国史料丛刊》第602册，第387~389页。

无过三成者。"① 捐输实银可谓一减再减，尤其是信用不好的官票也可用来纳捐，且无论虚衔、分发、荣封等都立待可取，分外轻易。② 为了筹集军饷，捐输范围和花样越来越多，减折也愈加离谱。③ 户部有意扭转这一情况，希望恢复十成报捐之法，但由于先例已开，且竞争激烈，谁也不愿意提高捐输成数而失去吸引力。

咸丰六年（1856），福建为了应付协饷供应下降的情况，调整本省捐输章程以增加吸引力：一是酌定捐输兑换标准，以制钱1600文作纹银8钱，以现银缴纳者，每银8钱作银1两。二是捐输在数万两以上者专折奏请请奖、优叙，并根据捐输数额奏请增加中额和学额。福建还推广捐米办法，折银报捐。④

其实，举办捐输也属无奈。各省不断减折不外乎是想激发民间报捐热情，筹饷以供军行。郭嵩焘坦言，"筹办捐输至再至三，民力已难为继。吾辈身亲其事，要当以不得已之心行之。譬犹一家之中，父兄方有急难，子弟者但可设法救护，自不应各吝资财，持此晓劝于人，使知大义之无可逃，而经手者又皆廉正公平，予人以可信，则上足以有裨于饷需，下不至得罪于桑梓"。⑤ 咸同时期，捐例之开本为接济军需，然而是否危害民生则不一而足。捐输过程中强行摊

---

① 王树敏、王延熙等辑《皇朝道咸同光奏议》卷23，沈云龙主编《近代中国史料丛刊》第331册，第1146~1147页。
② 柯悟迟：《漏网喁鱼集》，中华书局，1959，第23页。
③ 同治八年，户部指出，军兴以来办理捐输本拟按照十成实银上兑，后因军需孔亟，减折收捐，及至"咸丰九年奏请添设新班遇缺、新班尽先两班，令各捐生加成报捐。同治三年奏请将道府直隶州县五项加成收捐，统计京铜局现行章程，除咸丰七、九、十等年奏定六条、八条，或收六成实银，或收一半实银一半票折，应令［另］行核计外，其余各项银数多寡，约有四端：实职等项系减四成后每两折收三钱五分实银，合例银二成有奇；道府直隶州县五项系于减四成后，每两折收七钱实银，合例银四成有奇；银捐新班尽先班次所交实银数目，其班次合例银六成有奇，其三班比合例银二成有奇；银捐新班遇缺班次所交实银数目，其三班及班次均合例银六成有奇"。详见户部编《筹饷现行新例·新章》，国家图书馆藏刻本，第1~2页。出版地及时间不详。
④ 《福建省例》（下），《台湾文献史料丛刊》第7辑，大通书局，1987，第1051页。
⑤ 郭嵩焘：《云卧山庄尺牍》，沈云龙主编《近代中国史料丛刊》第113册，第114~115页。

派之事层见叠出，因此朘削民力的指责是不能抹杀的。

江西巡抚刘坤一对捐输一事作过相当贴切的概括："间阎元气未复，固宜体恤民艰；边疆巨寇方张，亦应共维时局。我江右前此连年被兵，多赖邻封将伯之助；迨至肃清以后，亦即悉力接济各省援师。嗣幸发逆、捻逆相继荡平，防饷减少，本部院随将本省米捐及坐贾门厘以次裁撤，冀得稍资苏息。惟现在陕、甘、云、贵四省，逆回、苗、教日益蔓延，地方受害已深，公私困竭，军中罗雀掘鼠，民间易子析骸，甚为岌岌，上劳宵旰忧勤。迭经该四省督抚部堂院先后奏准，在于山西、河南、四川、江苏、浙江、福建、广东、湖南、湖北以及江西等省劝捐。在彼乞邻之举，固属势不得已；而我恤邻之谊，亦觉义无可辞。"① 此虽就同治年间之事论之，然而捐输的核心思想却一以贯之。各省之间本有唇亡齿寒之利害关系，何况各省互相调剂本属"以公济公"，目的在于维护王朝统治，因此通过举办捐输来支援兄弟省份军需自属义不容辞。当然，捐输虽然为清政府和各省筹集军饷提供了方便，但是捐输之弊病也为时人和后人所指摘。尤其是，捐纳实官者流品复杂，进入官场后，大肆结党营私，败坏铨法，危害吏治。

（二）发行官票、宝钞和铸造大钱

咸丰以来，捐输的举办为清政府筹措军费创造了条件。然而，在饷需供应十分浩繁的情况下，单凭旧赋和捐输显然无法满足巨额的饷需开支。随着战争的持续和交战范围的扩大，军需压力日渐增加，这也迫使清政府寻找更多对策来缓解这一紧张状况。

咸丰三年（1853），清廷决意推行官票、宝钞和大钱，与之前严格控制货币体系的做法大异其趣，亦可概见军事供应的重要性。此前，清代货币流通体系中一直以银、钱相辅而行，并无使用纸币的习惯。那么，清廷为何突然推行官票和宝钞呢？清廷自称是为了"济银钱之不足"，所谓"不足"即指中央与各省财用入不敷出。这种不足是由于清廷收支

---

① 中国科学院历史研究所第三所工具书组点校《刘坤一遗集》，中华书局，1959，第 2784~2785 页。

差距过大所导致的入不敷出，因而希望借由发行纸币来转嫁财政危机。

较早建议清政府借助钞法来应对财政困境的是福建巡抚王懿德。咸丰二年四月，为使钞法顺利实施并被民间接受，他认为国家在出款时，可以银钞并用；收款则全部用钞，以示钞法之郑重。① 清廷并非想改革币制，而是借发行纸币之举罗掘民间财赋，王懿德的办法恰恰不利于清廷搜刮实银，因此未被清政府采纳。一年后，清政府财政支绌情况更甚于前。户部尚书祁寯藻称，因战争影响，各地纷纷请饷，指拨饷银难以落实。其中，"被兵省分，既已无可催征，而素称完善之区，如江苏则已请缓征，山东则早请留用，山陕、浙江皆办防堵，是地丁所入万难足额矣。扬州久被贼占，汉口疮痍未复，淮南全纲不可收拾，是盐课所入去其大椿矣。芜湖、九江、江宁、凤阳先后被扰，夔关、苏关商贩亦多裹足，甚至崇文门亦请尽收尽解，是关税所入仅存虚名矣"。针对这种情况，祁寯藻打算将京官俸饷及京署办公经费按照一定比例搭放官票。这些官票可到官钱铺兑换实银，抑或按照市价折钱。各地军饷按照应拨数目，酌定成数，发给官票，交各路粮台支放兵饷。任何人或商铺不得抵制以票易钱，或以票易银。② 这是在军

---

① 《王靖毅公年谱》卷上，《北京图书馆藏珍本年谱丛刊》第 149 册，第 637 页。
② 中国人民银行总行参事室金融史料组编《中国近代货币史资料·清政府统治时期》第 1 辑，中华书局，1964，第 175 页。当时，户部制定了官票章程："一、现定试行银票，以京师为始，俟行有成效，再为推行各省。一、部库放项，除兵饷无庸搭放外，其在京王公并满、汉官员俸银，及各衙门应领款项、缎匹、颜料、各库采买物件，并工程等项，定为银八票二搭放。一、部库收项，凡在京常捐大捐及完纳税课及一切交官等项，定为银八票二接收。惟现在部中杂款搭放，官票无多，恐外间不敷周转，应候官票制成搭放之日起，由户部行知各衙门，出示晓谕，限三个月后一律按成搭放。其限内有无官票交者听。一、官员有在京完缴官项，所缴系亏赔并屋费银两，亦准以银八票二核放。其愿全交者听。一、收项例缴足库平，使收票与取银不致两歧。一、零星细数，在银五两以下不及成数者，仍以实银一律收放，毋庸搭用官票。一、官票即以当银，经部库放后，任听官民在外行用。现在开设官钱号，如有原将官票赴官钱号兑换者，准其按票载平色，照现银时价换取现钱，或易钱票，不得以票取银。至应交官项之人赴官钱行购买官票者，银钱各听其便，官钱官均不准另索使费。……一、造票定为四等：一两、五两、十两、五十两，均以二两京平准作足色，其式定为二等，一两与五两同，十两与五十两同。"同时还规定了官票的使用细节，并申明禁止伪造。(《太平天国史料丛编简辑》第 5 册，中华书局，1962，第 313~314 页。)

饷供支山穷水尽之时不得已而采取的措施，表明户部打算通过发行纸币来解决军饷短缺问题，从而缓解财政困难局面。

　　清政府经过讨论以后，同意发行官票和宝钞。为使票、钞能够顺利流通，户部规定其可在部库出入各款中使用。户部还希望通过官方的带头使用来确立票、钞的信用，以使得民间接受和使用。① 户部侍郎王茂荫建议扩大票、钞使用范围从而确立货币信用，比如京城所发票、钞可以用来报捐、搭放库款，可以在银号里与白银自由兑换。至于外省发行的票、钞可以用来缴纳地丁银，同时藩库在拨款和放款时，"银与钞各半发给"，报捐时亦准用钞。票、钞可以在各州县银号兑银，不准商家借机勒掯，违者治罪。② 这些建议旨在完善户部发行官票和宝钞计划，从而树立纸币的信用，应该说其建议颇有可采之处。然而，从实际情况来看，市面上对议行钞法，颇抱忧虑，不少商户收本回乡。③

　　为了保证官票和宝钞的流通，清廷权衡再三，决定"凡民间完纳地丁、钱粮、关税、盐课及一切交官、解部、协拨等款，均准以官票、宝钞五成为率，官票银一两，抵制钱二千。宝钞二千，抵银一两。与现行大钱、制钱相辅而行"。④ 官票以两为单位，宝钞以文为单位，完全仿照银、钱的子母分工体系。清廷有意将官票和宝钞分别与白银和制钱画上等号，从而获得民间信任。

　　从积极的方面来看，上述举措如果能够成功，至少可以在一定程度上缓解清廷度支压力。当然，从货币学角度来说，发行纸币时，仅仅依靠政府带头使用来建立货币信用是不完全的，还需要设立准备金，以保证纸币与有价金属之间的自由兑换。时人对此也有认识："先发帑本，广开官钱铺，以为兑换钞票之倡也。"⑤ 通政司通政崇

---

①　《清代档案史料丛编》第 11 辑，中华书局，1984，第 48～49 页。
②　王茂荫：《王侍郎奏议》，张新旭等点校，黄山书社，1991，第 4～5 页。
③　黄琴坞：《癸丑日记》（上），中国社会科学院近代史研究所近代史资料编辑部编《近代史资料》第 114 号，第 12 页。
④　《清文宗实录》卷 113，咸丰三年十一月乙丑。
⑤　《清代档案史料丛编》第 11 辑，第 48～49 页。

实也指出，钞票推行不力的原因在于没有信用，而没有信用则由于"无钞本"，引起民间狐疑。他建议户部在各官钱铺储备若干实银，以便民间自由兑换，由此建立纸币信用，消除民间的疑虑。①户部侍郎王茂荫也持相似看法。②

由于清廷的真实意图是通过发行官票和宝钞来搜刮军饷：一旦民间通行，在军饷不足的情况下，就可以通过增加发行量，实施通货膨胀政策，从人民手中掠夺财富。清廷并非是想建立新的货币体系，因此根本没有建立储备金的打算。更何况，建立储备金体系需要大量实银，这正是清廷的软肋所在。清廷主观认为，发行纸币是"无本万利"的生财之道，"国家多制一万票钞，即多一万银钱，其利无穷，其用不竭"，③却没有意识到没有准备金的货币体系是无法建立的。清廷在发行官票时，首先就遇到了各官钱铺的普遍抵制。据英绶称，"近日部发俸银官票约六七万两，初出之时商民争购。旋因官铺倡言户部无本不肯收换，于是市廛观望，收者渐稀"，以至于官票如同废纸，宝钞亦未能例外。④

除了发行纸币外，清廷还大举铸造大钱。所谓大钱就是面值远远超过铸造原料实际价值的铜钱。清代户部设立宝泉局铸造制钱，每枚重1钱6分。直省及伊犁分设铸钱机构，铸造重量为1钱2分的制钱。清廷规定，各省铸钱需要按季造报数目，岁末奏销。清廷对所铸制钱的轻重、品质和时限皆有详细规定，如果有违成例，主管官员将要受到惩罚。⑤ 太平军建都以后，道路梗阻，滇铜停运，铸钱原料紧缺。咸丰三年六月，户部奏请在制钱之外，加铸当十和当五

---

① 《太平天国史料丛编简辑》第5册，第352页。需要指出的是，当时推行官票和宝钞还有一层障碍：清代缴纳各项费用皆用银或以钱折银，因此产生平色、火耗等盘剥情事，改用官票和宝钞之后，上述借口顿失，因此官府在职人员颇为抵制。
② 王茂荫：《王侍郎奏议》，第101~102页。
③ 《清代档案史料丛编》第11辑，第59页。
④ 《中国近代货币史资料·清政府统治时期》第1辑，第365页。
⑤ 席裕福、沈师徐辑《皇朝政典类纂》，沈云龙主编《近代中国史料丛刊续编》第879册，第1页。

十大钱。这是在发行纸币后,针对军需短缺问题所采取的又一举措。清廷称,开铸大钱可以"利民用""济时艰"。① 王茂荫建议用兵各省铸造铜钱甚至铁钱来发给军饷。② 此后,户部还铸造当百、当五百、当千等面额的大钱。

官票和宝钞由于没有信用保障,加上商贩抵制与折价使用,流通日稀。大钱因成本小收益大,受到民间私铸钱文的冲击。咸丰十年(1860),官票和宝钞相继停止发行,大钱也逐渐停铸。据彭泽益统计,从咸丰三年至十一年,清廷发行的官票、宝钞和大钱等共计约合6024.9万两,而同期户部银库总收入为8667.3万两,竟占户部银库收入的69.5%。③ 需要说明的是,上述数字仅是清廷发行的货币量,而非实际价值。其实,官票、宝钞和大钱在流通过程中严重贬值:"省钞每串不过值京钱一百余文,空钞每吊不过值京钱三百文,银票每两不过值京钱四百文",仅相当于面值的十之一二,④ 因此所起作用要大打折扣。

纸币与大钱的推行对协饷供应产生了一定的影响。清朝定制,协饷应解送实银,⑤ 但在白银匮乏的情况下,户部不得不更改规定,允许制钱、官票、大钱以及宝钞与白银搭成使用。这种做法招致不少将领和士兵的抵制。⑥ 在实际执行过程中,督抚和统兵大将一般尽量避免支给官票、宝钞和大钱等,制钱的搭放则相对平常一些,毕竟其价值还可以保证。官票、宝钞和大钱虽然曾经加入到协饷当中,但由于受到督抚及将领们的抵制,行用不多,数额有限。

---

① 中国第一历史档案馆编《咸丰同治两朝上谕档》(4),广西师范大学出版社,1998,第126页。
② 王茂荫:《王侍郎奏议》,第40页。
③ 彭泽益:《十九世纪后半期的中国财政与经济》,第83页。
④ 《中国近代货币史资料·清政府统治时期》第1辑,第412、301页。据说,当时"民间于当十钱,仅作铜制钱一文行用"。见张集馨《道咸宦海见闻录》,中华书局,1981,第251页。
⑤ 《中国近代货币史资料·清政府统治时期》第1辑,第175页。
⑥ 《中国近代货币史资料·清政府统治时期》第1辑,第274页。

（三）厘金

与既有赋税不同，厘金是一种全新的商业税。从厘金征收数额来看，清代商品经济相当活跃，形成了较大规模的税基，可以抽取大量赋税。这也是厘金跻身清廷主要财源的重要原因。作为一个新税种，厘金出现伊始即伴随着各种反对声音，但这并不能抹杀厘金在我国近代赋税史上的标志性地位。从土地及其附加税到商业税的过渡，特别是厘金逐渐超越田赋成为清廷财政第一大赋税来源，集中反映了我国传统经济向商品经济转型。厘金的出现使得清政府在筹集军饷时获得新的途径，在危急关头缓解了清廷财政危机，为协饷制度继续发挥作用注入了一剂强心针。①

厘金的出现最初是时人因应时局而采取的补苴之计，结果却成为各地军饷的大宗来源，这也是创办者所始料未及的。太平军建都南京后，各省添兵募勇，军需支出陡增，一时间财用涸竭，应手无方，尤其是处于镇压太平军前线的江南北大营对此感受最深。

其时，副都御史雷以諴以刑部侍郎衔帮办江北大营军务。咸丰三年，雷以諴对大营饷需入不敷出颇为忧虑，遂仿照捐输办法，在扬州里下河设局对过往货物征收捐税。"他用的劝捐方法，与以前稍有不同，即预请户部颁发部照千余纸，随捐随给执照，不如以前之迟报给奖，故其成绩较他处为佳。"随着经验逐步积累，雷以諴幕友钱江对征收办法进行改良，并派委员在扬州城之仙女庙，邵伯、宜陵等镇，劝谕米行，捐厘助饷。② 厘金遂形成行厘和坐厘两种形式。扬州各处厘金的征收在一定程度上缓解了江北大营军需供应的紧张局面。

胜保随后奏请在全国范围内推广厘金，被朝廷认可。各省正为缺饷发愁，厘金的出现恰逢其时。湖南首先仿行。湘抚骆秉章令幕

---

① 参见罗玉东《中国厘金史》和何烈《厘金制度新探》（中国学术著作奖助委员会，1972）。

② 罗玉东：《中国厘金史》，第15页。

僚郭嵩焘、郭崑焘和黄冕等人借鉴扬州经验，酌定湖南厘金章程，在长沙设立厘金总局，抽厘助饷。"自军兴以来，湖南以一隅之力支拄天下。"① 所谓湖南"一隅之力"，不仅指湘军，也包括湖南所供应的军饷。湖南厘金举办卓有成效，每年可收厘金八九十万至一百一二十万两不等，② 成为筹集本省军饷和协济他省饷银的重要来源。"湖南兵四出征伐，饷运艰绌。冕（黄冕——引者注）开厘局，兴盐茶之利，军饷皆给焉。"③

随着战争形势的发展和军饷供应的增加，胜保于咸丰七年（1857）再次奏请推广厘金："方今天下大局，不患贼之难平而患饷之不继，江楚督抚臣奏请抽厘，当初原属试行，见［现］经办理有年，已著成效，各省军需未必不赖以补苴。臣以为一隅小试不过补救于目前，一律举行始普美利于天下。"④ 胜保意在通过抽收厘金来保障全国军需供应。此后，绝大多数省份相继开始抽厘，厘金在各省岁入和军需供应中所起作用渐增。湖北巡抚严树森称，湖北"以一省之财力，协济数省军饷，多藉资厘金"。⑤ 咸丰以后，厘金在筹集军需、供应协饷方面起着十分重要的作用，对各省财政地位的提升也至关重要。"咸丰初，东南军兴，经用不给，乃为课厘之法，冀以赡军而已，行之既久，京协各项多所取资，遂为度支大宗。"⑥ 由此可见，厘金的出现起因于协饷停滞所导致的军需供应困难，及至其在全国范围内铺开以后，又为协饷运作提供了可靠的饷源。厘金制度可谓是因协饷停顿而生，出现之后却挽救了协饷制度。

最重要的是，厘金的出现对挽救清朝统治起到了积极效果："厘金之起，由雷副都御史以諴，帮办扬州军务，时江北大营都统琦善

---

① 《郭嵩焘诗文集》，杨坚点校，岳麓书社，1984，第280页。
② 《骆文忠公自订年谱》，《北京图书馆藏珍本年谱丛刊》第147册，第91页。
③ 《郭嵩焘诗文集》，第383页。
④ 刘锦藻：《清续文献通考》卷49。
⑤ 赵尔巽等：《清史稿》第13册《食货志6》，第3696页。
⑥ 但湘良：《湖南厘务汇纂·序》，光绪十五年刻本。

为钦差大臣,所支军饷,皆部解省协。雷部分拨甚寡,无计请益。钱塘钱孝廉江适在雷营,为谋立厘捐局,抽收百货,奏明专供本军。行之数月,较大营支饷为优。金运使安清继之,总理江北筹饷局,为法益密,各省闻风而起仿之。然上不在军,下不在民,利归中饱,军事益无起色。胡文忠公精思熟虑,法刘晏专用士人理财一语,加以章程课法详明周至,遂立富强之效,全局赖以振兴。"① 徐氏此番话虽意在揄扬胡林翼,但也指出厘金对振兴全局的基础性作用。厘金的举办突破了清朝原有赋税结构,在关键时刻拓展了财源,为清军的军事行动提供了经济支持。与清末引进西方税收知识来改造中国本土资源不同,厘金是在本土知识资源中衍生出来的税收形式,其所蕴含的意义不可低估。

由上述可知,清政府在军需紧急和岁入下降的情况下,不得不想方设法开拓新的财源。举办捐输,发行官票、宝钞和大钱,抽收厘金等无不以搜刮民脂民膏为能事。实际上,我们如果能设身处地地体察清政府当时处境的话,不难发现上述罗掘之举实在是出于无奈:不搜刮民财,清廷军需无着,财用破产,无异于坐以待毙;而如果能通过罗掘民间财富来保障军需,延续统治的话,清朝统治者是不会顾惜代价的。何况普天之下莫非王土,以当时的政治现实来说,清廷仍是正统,调动全国资源来应对统治危机是非常正当的举动。

(四) 财源开拓、协济关系与直省权力——以四川为例

在实施了一系列开源措施后,除了少数战争异常激烈省份岁入增加情况不甚明确之外,大多数省份财用都呈上升趋势。② 各省岁入,尤其是厘金收入,因无制度规范和约束,清廷甚至各省督抚都很难获得实在情形。在这种情况下,咸同以后,清政府在掌控直省

---

① 徐宗亮:《归庐谈往录》,沈云龙主编《近代中国史料丛刊》第749册,第39~40页。
② 何烈:《清咸同时期的财政》,第243页。

财用时，多采用摊派的方式来提用各省收入。不可否认的是，各省对本省财用的支配权较咸丰以前有所扩大。然而，清政府财权的下放并未导致"督抚坐大"，更遑论直省（督抚）对清廷权威的挑战。以下以四川为例，深入探讨咸同以来各省岁入增加对清廷统治秩序和军需供应产生的具体影响。

四川在咸丰以前为受协省份，太平军兴后非但外省协饷不至，且为救战事燃眉之急，不得不就本省财源进行罗掘，由受协省份转变为承协省份，在协饷制度中实现了角色转换。以四川为例来探讨上述问题具有以下优势：首先，四川具备岁入大幅增加这一特征，可借此考察直省财政自主性的扩大对清廷统治落实情况的影响。其次，四川作为承协省份，被清廷指拨了繁重的协饷任务，可借由饷额的落实情况来了解协饷运作情况与协济关系的变动。在此基础之上，透过上述各面相的探讨可以为我们了解"督抚专政""督抚集权"等判断的真实情况。

1. 在承协与受协之间

四川素有"天府之国"的美誉，公私著述皆盛称其物产饶裕，地广土沃。① 明代，四川要承担对贵州和云南的军需协济任务。如嘉靖四十一年（1562）贵州巡抚赵钶曾称："贵州额粮仅及十万，一切军需尽仰于四川、湖广。"② 另外，毗连的陕西也不时从四川获得接济。③ 不难看出，明代四川在供支邻省军需方面具有相当的重要性。

明末农民起义风起云涌，四川深受冲击，导致该地区生产力受到极大破坏。④ 入清之后，清廷鉴于四川有可耕之地而无可耕之民的景况，招徕湖北、广东、江西和福建等省民人入川开垦，纳数亩之粮税，即可坐耕数十亩之地。在清廷实行移民入川、轻徭薄赋和与民休息等政策后，川省经济逐渐恢复。

---

① 常明、杨芳灿等纂修《四川通志》第 1 册，巴蜀书社，1984，《序》，第 2 页。
② 《明世宗实录》卷 510，嘉靖四十一年六月甲子。
③ 毕自严：《度支奏议》边饷司卷 3，《续修四库全书》第 487 册，第 110 页。
④ 袁英光、胡逢祥整理《王文韶日记》，中华书局，1989，第 18 页。

四川地理位置十分重要，为控驭西南的枢纽。除了成都有驻防八旗外，省内绿营兵额也不少。乾隆年间，驻防成都的八旗将士共2744人，马4451匹，每年饷需20余万两。绿营兵共约34300余名，每年需饷120余万两。① 因此，清初四川养兵费用每年即需要140余万两。四川岁入以田赋为主，每年约为66.9131万两，遇闰加征2.329万余两；② 加上盐课、杂税等项，仍不足以保证所需军饷。康熙时，每年需要协饷80余万两。③

总的来说，明清之交，受到农民战争的影响，四川社会经济形势急转直下。入清以后，四川因驻兵较多，导致军费多依赖清廷指拨协饷来供支。清前期，四川受惠于清廷的轻徭薄赋、与民休息等措施，加上协饷源源而来，经济逐渐恢复。这些举措有利于藏富于民，客观上也提升了清朝对边疆地区的控制力，还为四川在咸丰年间由受协省份向承协省份转变奠定了良好的经济基础。

2. 财源开拓与财力上升

从太平天国运动开始，四川在全国的财政地位开始发生变化："自军兴后，邻省协饷早停，而川省协邻之款年多一年。"④ 面对这种情况，四川努力挖掘省内潜力，一方面保障本省经费开支，另一方面尽量协济其他省份军需。此间，川省新增财源主要为田赋附加和盐课盐厘。

（1）田赋附加

田赋是传统社会国家收入的主要来源，康熙时规定田赋永不增加。当时国家承平，岁入丰盈，自可无虞短绌。时移世易，咸丰军兴，清廷和各省财用不敷甚巨。尽管田赋不能直接加征，却可以通

---

① 周询：《蜀海丛谈》，第31~35页。
② 《四川款目说明书》，中国社会科学院近代史研究所近代史资料编辑组编《近代史资料》总第64号，中国社会科学出版社，1987，第86页。
③ 贺长龄辑《皇朝经世文编》卷72，沈云龙主编《近代中国史料丛刊三编》第731册，第2606页。
④ 《清代钞档》，捐输题本264，四川。转引自鲁子健《清代四川财政史料》（上），四川省社会科学院出版社，1984，第315页。

过其他方式来转圜，于是有按粮津贴和捐输之名目，其实皆为加赋之别名而已。按粮津贴之属，在嘉庆五年（1800）曾经署理四川总督勒宝奏请办理。当时白莲教起义，饷需不继，清廷以川省赋则较轻、军务紧要为由，征收津贴，作为雇佣乡勇和团勇的经费。①

太平军起义后，四川尚属完善之区。对清廷来说，这意味着财赋来源："咸同军兴，兵饷告匮，乃就地丁正粮，加收津贴、捐输，以供军费，其收入实多于正粮数倍；而川民输将恐后，亦以其初额赋本轻，力能堪之也。"② 按粮津贴的征收以正赋为参照，正赋1两，津贴亦1两，犹如重征之例："（按粮津贴）本属临时取给，权宜济事，其后京协各饷奉派日增，无以充拨，历年援案奏请展办，渐成为经国之常赋矣。"③ 此举使川省田赋收入成倍增长。不过，这与清廷的军需指拨与他省督抚的请饷要求相比仍似杯水车薪。

按粮捐输的出现要迟于按粮津贴。咸丰二年清廷令四川等省办理捐输，以济饷需，是为按粮捐输。按粮捐输属于摊派性质，四川各州县，除去最为边瘠的数十州县外，其余按粮摊派，"或一年一派，或两年三派，由藩司临时斟酌"。④ 捐输的征派亦以正赋为参照，但摊派的额度并不固定。捐输达到相应的数额便可以奏请议叙，小额捐输则计总数，由总督奏请增加文武科举中额和学额。⑤ 这也是清政府与四川疆臣根据川省实际情况而采取的激励措施。

按粮津贴与按粮捐输的征收受每年收成情况的直接影响。正常年份，前者每年约可收入数十万两，⑥ 后者可收180余万两，几乎为

---

① 常明、杨芳灿等纂修《四川通志》第2册，第2274页。
② 佚名：《四川财政考》，第1页。转引自鲁子健《清代四川财政史料》（上），第257页。
③ 《四川款目说明书》，《近代史资料》总第64号，第88页。
④ 王树敏、王延熙辑《皇朝道咸同光奏议》卷57，沈云龙主编《近代中国史料丛刊》第331册，第2865页。
⑤ 佚名：《四川财政考》，第4页。转引自鲁子健《清代四川财政史料》（上），第320页。
⑥ 朱寿朋：《东华续录》光绪卷99，《续修四库全书》第384册，第295页。

正赋2倍左右。① 由是观之，仅按粮津贴和按粮捐输两项，清廷每年即可从川省搜刮超过正赋3倍的银钱，从中亦可概见川省岁入之膨胀及川省民众所受剥削之严重。所幸这些搜刮之举对各军务省份战事有推进作用，有助于尽快恢复王朝统治秩序。

（2）川盐税厘

除了田赋及其附加外，川省大宗收入还有盐课和盐厘。四川盐业在明清之际遭到严重破坏，至雍正朝才渐渐恢复。② 四川盐法分为引盐和票盐两种。所谓引盐，即由商人纳税后领运行销，"其行于黔楚者曰边引，行于腹地者曰计引"。所谓票盐，即由小贩持票赴盐厂购买余盐，再卖给民人，盐税摊入地丁征收。③ 概言之，引盐系由商运商销，引税取之于商人；票盐则由民运民销，引税取之于地丁。川盐引地有四川、湖南、湖北、贵州、云南和西藏等地。按照运输方式不同，引盐又分为水引与陆引两种，前者每张盐引配盐50包，后者每张配盐4包，每包均重150斤。水引29018张，陆引136232张，合计重323511100斤。④ 每年正杂盐课统共为30余万两。

当时，四川官盐虽然销行湖北，但引地仅有鹤峰、长乐、恩施、宣恩、来凤、咸丰、利川、建始八个州县。⑤ 鄂省其余地方皆为淮盐引地，是两淮盐课的主要收入来源："两淮盐赋甲天下，而取于湖北者常半。"⑥ 太平军进入长江流域后，下游航路阻塞，两淮食盐无法运至湖北，致使鄂省大部分地区食盐供应紧张，盐价飙升。川省私盐乘机大量侵入湖北淮盐引地，坐享厚利。

咸丰三年（1853），署湖广总督张亮基奏请借销川盐。张亮基指出，淮盐运鄂本来就颇多周折，此时江路阻塞更难运解。相反，川

---

① 《四川款目说明书》，《近代史资料》总第64号，第89页。
② 陈锋：《清代盐政与盐税》，中州古籍出版社，1988，第17页。
③ 《四川款目说明书》，《近代史资料》总第64号，第92~93页。
④ 周询：《蜀海丛谈》，第18~19页。
⑤ 丁宝桢：《四川盐法志》卷8，《续修四库全书》，第842册，第159页。
⑥ 丁宝桢：《四川盐法志》卷11，《续修四库全书》第842册，第213页。

盐装船后，从上游顺流而下，由沙市和汉口转运各府州县，不仅便捷且成本较低，可以击败私盐而保障民食。① 清廷批准了张亮基奏请。然而，与张亮基估计相悖的是，川盐转运湖北后，价格仍高于私盐，盐利多为私盐侵蚀。

鉴此，四川在宜昌府设立局所，对所有运往湖北的川盐统一征收厘金，名义上是化私为公，实际上是承认了私盐的合法性，维护财源。此举一年可收盐厘 20 余万两，于大局不无小补。其后，四川又于沙市设立分局，每月收钱七八万串左右。咸丰十一年（1861），川省提高两地的盐厘税率，沙市与宜昌共可收银 80 万两上下，在川省赋税当中所占地位日渐重要。

为了筹集更多饷银，四川还对省内销售的食盐征收厘金，每年可收银 12 万余两。随着川盐销售区域的拓展，各盐井产量增加。川省当局对盐厂开征厂厘，每年又可增收 31 余万两。咸丰十年以后，因贵州苗民起义蔓延至松番等地，军饷开支增加，遂将厂厘税率提高，每年抽银增加至七十五六万两，增幅超过 1 倍。不仅如此，川省还在重庆设立盐厘总局，不论"边计、运楚、正盐、余盐，悉令赴局完厘"，一年又可增收二十五六万两。

总的来看，川盐济楚每年可以收盐厘银 80 万两左右，加上川省盐厘、厂厘及重庆盐厘局所收三项，共可抽银 110 余万两。也就是说，盐课与盐厘成长为川省收入大宗。这可算得上是失之东隅，收之桑榆："国家课赋以淮盐为大宗，自长江梗阻，三百余万之正供尽归子虚，非蜀盐旺产，不但军饷无出，全楚之人不几于淡食乎？"② 此言不差，川盐行楚，弥补了两淮盐课的损失，为办理军需省份提供了协饷。

3. "天下之人皆求之"

由上述可知，咸丰年间川省财赋的增长是惊人的。如果按照清

---

① 张亮基：《张惠肃公（亮基）奏稿》，沈云龙主编《近代中国史料丛刊三编》第 422 册，第 222 页。
② 王守基：《盐法议略》，中华书局，1991，第 77 页。

廷与直省财权竞争的思路来分析的话，这种情况会导致川省"地方"势力的增长，削弱清朝在四川的统治。然而，与上述判断刚好相反，四川不仅积极落实清廷指拨的协饷，还主动协济邻省，为其提供军需支持。可见，各省岁入增加对清廷统治和军需供应来说正面作用居多，有利于恢复王朝统治秩序。

太平军起义伊始，清廷即已指拨四川协济广西饷银。咸丰元年五月十三日，川督徐泽醇筹解协饷 7 万两运往广西，① 是为川省由受协省份向承协省份转换的标志。三个月后，广西收到第二批川饷 25.45 万两。② 除广西而外，四川还拨解湖南防堵经费银 51 万两。③ 裕瑞担任川督时对协济邻封一事持积极态度，设法筹措经费，供应湖北兵饷。不仅如此，他还主动向浙江和江西索要该二省协济江南大营的军饷章程，以便为该二省分忧。④ 这些史实证明，四川并未因财力增强而对清廷协饷不闻不问，反而更加主动地起解饷银，支援邻省军务。这也说明，咸丰以来协饷制度并未被太平军起义冲垮，而是在不断进化，仍然是军需供应的主要机制。

咸丰四年（1854），署四川总督乐斌对蜀省在协饷制度中的地位转换有较为清晰的论断："自军兴以来，被兵省分且自顾不遑，完善之区半多瘠苦，尚须仰给于邻省，安能协济于川中？而连年叠次奉部拨解广西、湖南、湖北、贵州、陕西、山西、江西、京都、江南、安徽、甘肃等处兵饷，及云南铜本、湖北造船经费，总共银三百三十二万四千余两。"⑤ 由此可见，四川协济范围很广。上述协饷如果按年均摊的话，每年协饷超过 80 万两，与康熙年间川省受协数额相若，一来一去之间，川省每年实际增加支出 160 余万两。

户部指拨川饷协济邻省，邻省对四川亦寄予厚望。署湖北巡抚

---

① 《清政府镇压太平天国档案史料》第 1 册，第 539 页。
② 《清政府镇压太平天国档案史料》第 2 册，第 223 页。
③ 《清政府镇压太平天国档案史料》第 2 册，第 268 页。
④ 《清政府镇压太平天国档案史料》第 13 册，第 442 页。
⑤ 《清政府镇压太平天国档案史料》第 16 册，第 347~348 页。

胡林翼以四川邻近湖北，年成丰稔，且盐课收入丰厚等缘由，要求川省支援鄂省军需，① 清廷接到奏报后，如其所愿，令四川解饷数十万两交胡林翼应用。曾国藩在登上两江总督之前，仅为统兵将领，无疆土之辖，也无疆臣之权，因此对协饷颇为倚重，四川也在其请协之列。② 清政府虽然知道川省拨款纷繁，仍希望其勉为其难，力顾大局。由于四川尚为完善之区，筹饷较他省为易，且位置适中，解运快捷，因此清廷与督抚多将川省视为协饷的主要对象，所谓"天下之人皆求之"③ 是也。

在协济各省镇压太平军起义军费的同时，毗连的云贵两省也发生了起义，因此四川协济负担更重。咸丰五年十一月，云贵总督恒春与贵州巡抚蒋霨远称，黔省筹兵筹饷，需用孔亟，请求朝廷指拨四川等省协济。朝廷遂令四川协饷10万两。④ 这仅是一个开端，此后贵州因军需紧急而频繁请饷，四川成为贵州军饷的主要供应者。除了贵州外，云南也因军务繁兴需要四川协济。⑤ 和贵州情形相似，云南省内军务一直延续到同治末年才告肃清，四川协济云南军饷不下数百万两。统计咸丰元年至咸丰十年间，四川省曾协解过广西、湖南、湖北、贵州、安徽、甘肃、云南、江西、山西、江苏以及后来的福建和浙江等省军饷，几乎遍及全国，指拨总额达1200万两以上。⑥ 可见，四川对于他省军需协济的力度之大以及对清朝军需供应的重要性。

咸丰以来，四川财政地位的变动，为我们深入考察晚清直省财

---

① 《清政府镇压太平天国档案史料》第18册，第539页。
② 《曾国藩全集·奏稿二》，第894页。
③ 劳柏林整理《三河之役——致李续宾兄弟函札》，岳麓书社，1988，第42页。
④ 《清文宗实录》卷180，咸丰五年十月辛丑。
⑤ 《清文宗实录》卷205，咸丰六年八月丙申。
⑥ 金容基：《以协饷为中心论咸丰朝四川与中央的财政关系》，硕士学位论文，北京大学，1999，第20页。金文认为实际落实的协饷为450万余两，但是限于材料，该统计很可能不全面。上述咸丰四年即已协饷332万余两，不可能在此后七年内，仅协济118万余两。尤其是，云贵爆发起义后，四川协饷大力筹饷，每年协济数额十分巨大，因此实际协济数额要大大超过450万两。

政地位的变化与协饷制度的运作提供了上佳的视角，其所反映的事实主要有以下几方面：第一，各省在协饷中的地位不是一成不变的，会随着政治、经济和军事等因素的变化有所调整。第二，直省财力的上升和自主权的增加未必是对王朝统治的威胁。在某种意义上，各省岁入的增加还会为清廷指拨军需提供便利，有利于集中统治资源，恢复王朝统治秩序。因此，所谓"督抚集权""地方坐大"之类的结论似可重新审视。第三，协饷制度并未因战争而陷入衰落甚至崩溃的境地。从四川的经验来看，协饷制度经过清廷开拓财源和调整指拨关系后，有力地保障了军需供应。其实，咸同时期协饷运作关系、规模、频率和范围皆超过此前各时期，后面还将详细论述。

综上所述，太平军起义发生后，清廷不断开拓财源，通过举办捐输、发行纸币和铸造大钱、抽收厘金等方式筹措军需。上述做法虽然以朘削民力、增加百姓负担为代价，但对延续清廷统治作用颇大。各省罗掘财赋力度的加大为清廷指拨协饷创造了一定条件。协饷制度作为军需调拨的重要组成部分，也因为各项开源措施的开展，获得了丰富的饷源。需要指出的是，由于战争的持续，清廷和各省虽然极力搜刮，也无法满足所有军需，因此各路军需供应受各种实际因素的影响而盈绌不同。

二 江南江北大营的协饷供应

太平军建都南京后，向荣率领所部在南京周围建立了江南大营。清廷从京师派遣的军队在琦善的带领下进驻扬州一带，在南京北面建立了江北大营，对太平军形成了包围态势。江南江北大营作为镇压太平天国运动的主力，清廷为其指拨了大量协饷。然而，由于统兵将领领导无方，不仅未能将太平军镇压下去，反而被太平军牵制，一筹莫展。太平军北伐、西征与东征对清朝统治秩序和财力、军力都造成了严重的冲击。各省在筹兵筹饷进行自卫的同时，势必会对江南江北大营协饷的起解产生影响。由于江南江北大营无法有效推进军事进程，在湘军突起之后，协饷供应的下降趋势更为明显。

江苏向来为国家财赋的重中之重,清廷在该省设立了江宁和苏州两个布政使司就很能说明问题。江苏不仅地丁钱粮首屈一指,两淮盐赋也是国家收入大宗,其他财源也较他省丰富。清代以来,江苏皆为承协省份,协济对象包括陕西、甘肃、广西、四川、贵州、云南等省。[①] 太平军进入江苏后,清军云集于此。江苏财源受到战争的影响收入大减,本地财源已经无力供应本省饷需。鉴此,各统兵将领遂向清廷奏请指拨协饷。由此开始,江苏在协饷制度内的位置为之一变,由承协省份变为受协省份,受协对象主要为江南江北大营。

江南江北大营建立初期是各省军需协济的焦点。清廷对其军需供应十分关心,协饷解送状况良好。当时,江南大营粮台设在江西境内。咸丰三年三月二十六日,江西巡抚张芾将大营粮台所收军需粮饷情况进行了汇题。据统计,自向荣抵达九江之后,陆续由江西藩库拨给饷银 44.65 万两,钱 6.5 万串,漕米 4 万石。除江西协济饷糈外,四川、广东和浙江等省先后解饷,其中四川 7 万两,广东 33.4 万余两,浙江 4 万两。此后,陆续报解者还有浙江 8.4 万余两,福建 19.1 万两,山东 11.4 万两,甘肃 1.3 万两,均先后解往江南大营。

这时期,江南大营军饷供应充裕。即便如此,张芾却不愿意为江南大营办理后路总粮台。他希望各省运送协饷时径解大营,福建和广东协饷则仍由江西咨催并转解。[②] 张芾不愿意为江南大营办理粮台,而只愿意咨催、储收、转解各省协饷可能与办理粮台责任过大有关,否则一旦前线军需出现问题,罪责匪浅。清廷认为,江西与金陵交通方便,且川粤浙等省解饷皆须经过江西,如果一旦更张,对于大营军需供应不力,因此警诫张芾不得借词诿卸责任。[③] 当然,

---

① 倭仁等修《钦定户部则例》卷 20,同治四年刻本。
② 《清政府镇压太平天国档案史料》第 6 册,第 193~194 页。
③ 《清政府镇压太平天国档案史料》第 7 册,第 301 页。

考虑到江西地属冲要，易受太平军攻击，清廷还是向向荣和江浙两省封疆大吏征求意见。

值得一提的是，两广总督叶名琛起解粤海关承协江南大营的饷银十分积极。他于咸丰三年二月起解过协饷12.2万两后，又于五月份解送粤海关协饷共14.7万两。当时，清廷指拨粤海关协饷共计40.2万两，仅剩下14万两未起解。叶名琛表示，一等关税收有成数，即行起解。① 可见，在财力允许的情况下，不乏共济时艰者。由于各省积极落实清廷所拨协饷，自三年元月初至六月上旬，江西粮台协济及转解各省协饷达120万两，全部递送至江南大营支用。大营军饷不仅按时足额发放，甚至还存储了43万两。

向荣覆奏时决定接受张芾的主张，除广东协饷仍由江西转解外，其余各省协饷径解大营。② 向荣此举是不是出于减轻邻省的负担不得而知，不过人事变动应是重要原因：办理江西粮台的彭玉雯已被向氏调至江南大营，负责为大营在江苏、安徽、江西、浙江、福建、湖北、湖南、广东、广西等省推广捐输。③ 此次再令各省将协饷径解大营，也有进一步掌握各省协饷的考量，毕竟江西离大营路途较远，"路"长梦多。

清廷先后为江南大营指拨协饷230余万两，户部还打算将粤海关续征关税全数拨作大营饷需之用。江北大营方面，清廷先后指拨河南承协126万两，已解到106万两，户部又追加河南承协30万两。④ 清廷根据就近原则，令江西接济向荣大营军需，河南负责支发琦善大营军饷。在安排妥当后，清廷要求琦善和向荣尽快将太平军镇压下去："国家经费有常，安能以有限之帑金，供无穷之军饷。"⑤

战争的蔓延和持续对大营协饷解送造成了直接影响。三年七月，

---

① 《清政府镇压太平天国档案史料》第7册，第198页。
② 中国史学会主编《太平天国》（7），神州国光社，1954，第158~159页。
③ 《清政府镇压太平天国档案史料》第6册，第537页。
④ 《清政府镇压太平天国档案史料》第6册，第130页。
⑤ 《清文宗实录》卷97，咸丰三年六月己丑。

太平军西征导致饷道梗阻，广东解送的协饷17.7万两滞留江西，无法递解至大营。户部所拨浙江和苏州藩库协饷皆有欠解，其中浙江欠解2万两，苏州藩库欠解10.2万两。除此之外，各省欠饷也逐渐增加，据向荣统计，当时广东欠解34.8299万两，山西11.2万两，四川1.3万两，安徽8.3万两，湖北3万两。为此，向荣奏请在江海关项下拨给若干，并函商黄宗汉在浙省捐输项下先拨饷银20万两接济。①

向荣上述奏言引起两江总督怡良的重视，他决定将上海道所征关税专门划为江南北大营军饷。户部则咨文浙江，希望该省藩、关、运各库力筹协济。② 由于浙江毗连江苏，此时尚称完善，因此向荣对浙江寄予厚望。他要求浙江将协滇饷银17万余两改拨江南大营。与此同时，向荣要求清廷责令江苏确定供支江南大营军需的具体数额，并指定有著之款。

向荣上述筹划自是为了保障军需起见。据向荣统计，九、十两月大营仅收到浙江协饷7万两，江苏2万两，四川1.3万两，尚不足大营月饷之半。此外，山西虽然报解10万两，因太平军北伐影响，解到时间难以确定。③ 向荣以退为进，以筹饷不力、约束兵丁无方自请议处。清廷一面斥责其驾驭乖方，一面也不得不令户部为其筹划饷需，保障军食。户部随后打算将江西所存仓谷70万余石、河南221万石和四川222万石变卖，以接济江南大营。④ 此外，清廷又令四川、山东、陕西和广东全力办理捐输并动用仓谷，接济江南北大营军需。⑤ 上述对策的出台无非想为江南北大营提供切实的饷需支持，以推动战争进程。这也是清廷在各省财源枯竭之际所采取的变通之法，毕竟各省留贮仓谷不同于协饷，属于实在之物，变卖之后

---

① 中国史学会主编《太平天国》（7），第185页。
② 王先谦：《东华续录》咸丰卷25，《续修四库全书》第376册，第522页。
③ 中国史学会主编《太平天国》（7），第232页。
④ 《清政府镇压太平天国档案史料》第6册，第124页。
⑤ 王先谦：《东华续录》咸丰卷24，《续修四库全书》第376册，第502页。

即可供支军需，收效显著。

其实，直省拖欠协饷并不是故意为之。各省不是指拨任务过多，就是自身军务缠身，而江西适两者兼而有之，因此筹措协饷更加困难。张芾因江南大营屡次催饷，不得不将江西财用状况进行上陈。据称，江西八月份时存银不足10万两，加以兵燹之后，赋税征收不能足额，捐输收数寥寥，应付江西本省兵饷尚且捉襟见肘，因此不得不截留协饷。江西此间曾因江南大营待饷急迫，陆续解过协饷10.9万两，所以此后所拨之协饷只能权宜解济，绝无解足之可能。①

浙江巡抚黄宗汉倒是一直积极协济江南大营，并提议由江西、江苏和浙江三省分任江南大营军饷。黄宗汉之所以如此热心，一方面与其急公好义、不分畛域有关；另一方面黄宗汉曾任甘肃布政使，对饷需的重要性感受颇深；最为重要的是，浙江与江苏毗连，援邻即是救己，黄宗汉自然深谙此道。如果太平军突破防线，浙江将首当其冲。有鉴于此，黄宗汉承诺每月协济江南大营饷需6万两。② 浙江努力协济江苏军事行动也提示我们：首先，协饷制度的设计确实有其独到之处。协饷制度以邻近省份之间的利害关系为纽带来保障协济关系的落实。其次，在面临统治危机时，各省督抚大都会积极参与其中，出谋划策，解危济困。最后，督抚对本省财源的使用有一定的话语权。黄宗汉主动承担江南大营月饷6万两即是一个显著的例子。

向荣所部初期即有17000余人，③ 其后逐渐增加，每月饷需在20万两左右，军需供应压力很大。黄宗汉的提议正中向荣下怀。四年正月，向荣迅速响应，并派彭玉雯前往苏州与两江总督怡良、藩司

---

① 《清政府镇压太平天国档案史料》第11册，第498页。
② 苏州博物馆等编《何桂清等书札》，江苏人民出版社，1981，第107页。不过，上述做法也引起后来者批评，左宗棠在浙江被陷之后，曾直言不讳地指出，浙江历任督抚不积极在辖区内布防，而是"竭本省之饷以济金陵大营、皖南各军，图借其力以为藩蔽"，终至无法自保。左宗棠所称督抚中，自然包括黄宗汉。
③ 《清政府镇压太平天国档案史料》第5册，第253页。

陈启迈商议军饷一事；又令彭玉雯前往上海拜会江苏巡抚许乃钊。怡良与许乃钊皆表示财力有限，因此难以确定协济数额，只能尽力而为。作为倡议发起者的黄宗汉则确认浙江每月协济大营6万两，其中藩库3万两，运库2万两，关税1万两。江西巡抚张芾也较为积极，承诺月协4万两。浙赣每月共协济饷银10万两，只相当于江南大营月饷之半。向荣打算在粤海关项下每月解饷10万两以补足余款。① 需要指出的是，此次协济关系的建立并非由户部牵头，而是由浙抚黄宗汉牵头，再由向荣出面与相关省份督抚商定。这种情况较为少见，是非常时期的非常之举，也是对协饷制度的灵活变通。当然，上述结果还必须上报清廷，听候户部确认。也就是说，清廷确认协济关系的程序是不可缺少的。

清廷接到向荣奏折后，对其过于依赖协饷颇为不满，认为向荣应该就地筹饷，筹办地丁、盐税、关税和捐输等项，不可坐等邻省协济。而清廷最为关心的问题还是江南江北大营如何尽快结束军务。清廷指出，如果不在军事方面寻求突破，即便竭数省之财力，依然难以满足江南大营长久之需，因此谕令向荣水陆并进，迅速克复金陵和镇江，否则即予严惩。②

清廷指责向荣督办军务不力，亦良有以也。江南大营围攻金陵一年多来，城未摧，寨未拔，毫无进展，咎有应得。时人也讥诮向荣"按兵不动，攻战时少，堵御时多，以至将玩兵疲，终无成效"。③ 不过，饷需缺乏也不利于军事行动的开展。④ 据怡良称，江苏自鸦片战争以来，省内财力大不如前，而如今战火绵延更难措手，每年筹措上海、苏常一带防堵兵勇饷银及江南北大营军饷约计200万两也属有心无力。怡良希望户部能在各省指拨四五十万两交其支

---

① 中国史学会主编《太平天国》(7)，第271页。
② 《清文宗实录》卷128，咸丰四年四月己丑。
③ 佚名：《统筹东南军务折》，《曾国藩全集·奏稿三》，第1783~1786页。
④ 崔之清主编《太平天国战争全史》第2卷，第1104页。

配。① 由此可见，太平军起义对江苏岁入产生了极大的负面影响。以江苏财源之众多，财力之雄厚，此时竟无力承担每年200万两的军饷，需要他省协饷支援。当时，江苏一省除了江南大营、江北大营，还有两江总督、漕督、江苏巡抚和南河总督等所部将士，可谓佛众庙多。向荣屡次向怡良与许乃钊二人索饷，所得无几。

清廷对协饷供应不佳的情形业已习以为常。这是因为清廷稔知各省受战争影响，大都入不敷出，各省欠饷多因财力不足所致。就当时情况而言，如果财力允许，绝大多数省份是愿意移缓救急，施以援手的。此外，在清廷看来，解决饷需不足的最佳办法就是迅速结束战争，因此屡次催促向荣等率兵进剿。不过，由于江南江北大营承担着镇压太平军的重任，清廷令浙江巡抚黄宗汉和江西巡抚陈启迈努力协济江南大营。

向荣在奏销三年大营收支情况时指出，各省协饷除浙江72万两如期如数解足外，江西拨解过8万两，江苏在解过6万两饷银后即声称无力供支，粤海关则分文未解。向荣此奏与前此叙述不相符合，叶名琛曾经在粤海关项下起解过20多万两协饷已如前述。据后来补造的报销来看，咸丰三年，江南大营仍然支发军饷银共196.701万两，米3.2262万石。② 如果平均摊算的话，每月16万余两，发饷能够达到八成。上述经费除来自协饷外，还有本地所收各款，提收余剩、平余和捐米折价等，来源较多，也可见搜刮之严重。当时，向荣在三江营设局抽厘，五天之内即收厘银5.7万余串，财源旺盛是其一，敲骨吸髓是其二。③ 在巨大的军费开销下，向荣不得不筹划对策。

江北大营的军需供应情况从琦善奏报来看要较江南大营为差。琦善称，江北贫瘠，筹饷无术，除各省协济外，唯有竭力劝办捐输，

---

① 《清政府镇压太平天国档案史料》第14册，第250页。
② 《李鸿章全集·奏议二》，第186~187页。
③ 中国史学会主编《太平天国》（8），第386页。

以期有所帮补。① 咸丰三年二月，琦善称所部军需供应很不理想，自咸丰二年七月以来，"即已缺饷，续准部拨，迨拨款又虚，复议改拨，而改拨者仍是七八月间应领之饷也。改拨之款复归无著，于是辗转筹画，至再至三，而筹画者亦仍是七八月间应领之饷也。纸上之饷虽多，行间之粮早断"。当时，清廷指拨山东和河南二省协济琦善军营，同时令其在江苏地丁、盐课、关税和杂项等项济急。鲁豫二省因太平军北伐，防堵吃紧，无力协济。江苏则因金陵商旅裹足，关税停征；淮南盐课因江路梗阻，稽征无门，淮北盐课则因安徽被扰，征收日少。江苏仅有钱粮和漕米或可接济，然徐州等处额赋无多，催解非易。不仅如此，户部前此曾令江南北大营分享上海关税，后经许乃钊奏请，全归向荣军营。淮北盐课在提用 10 万两之后，安徽巡抚福济将其奏留，专供安徽军需。广东协饷也被湖北截留。② 概言之，江北大营饷源皆为他人所攘夺，致使军需供应不足，军心浮动。据琦善称，江北大营直隶兵丁"因缺饷走失多名"，其中包括千总、把总等营官，为数五百多人。琦善意在借此说明江北大营饷需供应的窘迫，增加请饷的说服力。琦善还拿江南大营作比较，称向荣有邻近的浙江每月 6 万两，江西 4 万两，还有怡良不时接济。江北大营按理也应该仿照办理，将河南和山东协饷改拨有著之款。③ 其后，户部决定由山东拨银 5 万两，河南拨银 10 万两，解往江北大营，并令附近各省尽力协济。④ 怡良遂根据清廷指示将淮扬徐海一带地丁漕粮及盐关税课全数划拨江北大营应用。

琦善于四年闰七月初三日去世，清廷令托明阿统率江北大营，未到之前由革职留任直隶提督陈金绶暂代。陈金绶代理后，首先就是奏报大营缺饷情形。据称，大营兵饷积欠数月，虽然淮扬徐海一带地丁漕粮已归大营提用，且有捐输和厘金等项可以应手，但仍不

---

① 《清政府镇压太平天国档案史料》第 11 册，第 56 页。
② 《清政府镇压太平天国档案史料》第 13 册，第 23 页。
③ 《清政府镇压太平天国档案史料》第 12 册，第 608～610 页。
④ 《清政府镇压太平天国档案史料》第 12 册，第 282、494 页。

足维持军食。① 托明阿抵达扬州之后，鉴于扬州筹饷形势严峻，专折奏留筹饷能手雷以諴："雷以諴自到扬以来，一载有余，募勇之费，皆出自捐输，嗣经办理捐厘，协济军饷，著有成效……现复酌拟遍谕巨商富户设法劝捐，渐有头绪，若调赴他处，捐事必至中辍，当此转输不继，军储未能充裕，匮乏堪虞，似不可少此熟手。"② 清廷接到托明阿的奏请，即应其所请。

需要提及的是，四年八月，曾国藩与塔齐布克复武汉，并准备进兵下游地区。九月初七日，曾国藩与塔齐布奏请指拨陕西协饷24万两。曾氏称，水陆进剿必须有充足的饷银才能收效，因此需要筹足三个月饷需，方能放心前进。③ 清廷接获奏报，认为曾国藩等办理甚为得手，不仅如其所愿，还令江西巡抚陈启迈拨给饷银8万两，并令四川和广东二省迅速拨给饷银数万两。经过此次大捷，清廷对曾国藩寄予很高期望，不仅令其署理湖北巡抚（未到任），还以下游军事相瞩望，希望曾国藩与塔齐布扫荡长江下游，以为一劳永逸之计。④ 与曾国藩饷需充足不同的是，江南大营军需并未如琦善所称那般充足，以至于向荣不断地催饷和请饷。⑤

一边是江南江北大营协饷不继，一面是曾国藩奏报军饷充裕，其差别情形值得玩味。曾国藩称，湘军初起时，饷项支绌，其后清廷令湖南供支，又令四川、广东、江西和陕西协济，并发给部照，就地开捐。如今各省积极协济，捐输也日形踊跃，"军士有饱腾之象"。⑥ 从曾国藩的奏稿中不难看出，湘军已进入了清朝军饷供应体制内，饷需供应情况相当理想。这是由于湘军在战场上表现优于江南江北大营，因此颇受清廷眷顾。尤其是，广东和江西本是江南北

---

① 《清政府镇压太平天国档案史料》第15册，第319页。
② 《清政府镇压太平天国档案史料》第15册，第491页。
③ 《清政府镇压太平天国档案史料》第15册，第571页。
④ 《清文宗实录》卷146，咸丰四年九月壬午。
⑤ 《清政府镇压太平天国档案史料》第16册，第136页。
⑥ 曾国藩：《曾国藩全集·奏稿一》，第347页。

大营军饷来源，现在又承协湘军饷银，必将对江南江北大营的军饷供应产生影响。上述安排是经制军队和勇营在财源竞争方面的具体体现，从结果来看江南江北大营在清廷战略构想中的地位呈下降趋势，因此解饷的情况相应地减少。

四年十二月，向荣再次奏请拨饷。向荣称，浙粤赣三省额协大营月饷20万两，浙江将额协78万两协饷全部解清，江西起解12万两，欠解40万两；广东130万两分文未解。此外，江苏陆续解到21.2万两；大营截留广东解京饷银29.6万两，征收各府地丁、典本和捐输等款9.15万两，本年共计收银150万余两，与额饷260万两尚有很大差距（本年为闰年，以13个月计——引者注），每月摊算为11.5万余两。单就协饷而言，各省起解尚比三年有所起色，不过总收入数下降不少。其中，广东欠解协饷是因为当时广东省内发生红兵起义和土客械斗，同时还要协济湘军，导致江南大营协饷已难以保证。向荣因此奏请在闽海关和浒墅关每月各拨2万两，并令江苏加大协济力度。①

在围攻太平军两年多之后，向荣一改围堵为主，进攻为辅的战略。五年五、六月份，江南北大营同时向金陵、镇江以及扬州等地太平军发起猛烈和持续的进攻，意图推进军事进程，结束僵持局面。这次进攻时间持续很长，也是江南江北大营建立以来发动的最具有效率和攻击性的战争，给整个太平天国运动造成极大的压力。② 战争伊始，清军一直处于优势，并很有可能取得更大的成功。处于空前危机之下的太平军不得不全力反攻，通过将士们齐心协力的努力，扭转了战局。不仅如此，太平军相继攻破江北和江南大营，显示出了强大的战斗力。

六年三月，陈金绶在分析江北大营被破缘由时称，主要原因在于饷需不足："军饷支绌，官兵环吁呼求已非一次，业将实在情形与

---

① 《清政府镇压太平天国档案史料》第16册，第512页。
② 《清政府镇压太平天国档案史料》第18册，第24、31、70页。

托明阿会衔先后奏报,并节请拨饷接济在案。迄无一处解到,以致上年十月、十一月分兵饷,该粮台仅放七八成,本年二月之饷,亦止放给六成,兵丁食用不敷。"① 由上述可知,与江南大营相比,江北大营军需供应情况更显不如意。淮扬徐海一带地丁漕粮及盐关课税收入远不如江南,其余饷源也常为他人所攘夺,河南和山东则因太平军北伐而无力顾及协饷。据德兴阿称,因为江北大营饷需不如江南大营,有将领执意奔赴江南大营效命。② 有研究者认为,由于大营兵力不足,素质低劣,战线过长,托明阿指挥无能,才被秦日刚避实击虚的运动战所破。③ 江北大营被破后,清廷任命德兴阿为钦差大臣取代托明阿,并在淮关和江海关项下拨给军饷20万两,作为恢复江北大营之款项。五月,江南大营也被太平军攻破,向荣逃亡丹阳,不久病故。④ 清廷遂令江南提督和春接统江南大营。

江南大营军需供应根据李鸿章补办报销显示:咸丰三年用银196.701万两,米3.2262万石,平均每月支银16万余两;四年正月至八月初三日,支付军饷145.3464万两,米1.9385万石,月均支银16万余两;四年八月初四至五年十二月底止,用银240.6682万两,米8.6013万石,月均14万余两;六年用银194.4709万两,米10.0225万石,月均16万两。⑤ 按照此次报销来看,向荣此前奏报饷需紧张情况似乎有意夸大。即便以江南大营月饷20万两为准,上述月均发饷在14万~16万两,相当于全饷之七八成,较江北大营稍微宽裕。如此看来,江南江北大营将领在对付太平军时,军饷供应对军事行动的制约并不太明显。当然,江南江北大营不断调兵遣将,招兵募勇也推升了军需数量,后面将谈及。

其实,战时饷需不能全额发放实属正常,如能达到六七成似乎

---

① 《清政府镇压太平天国档案史料》第18册,第208页。
② 《清政府镇压太平天国档案史料》第20册,第29页。
③ 崔之清主编《太平天国战争全史》第2卷,第1225页。
④ 《向忠武公行略》,《北京图书馆藏珍本年谱丛刊》第150册,第575页。
⑤ 《李鸿章全集·奏议二》,第186~187页。

已经较为理想。将领如果能够妥善处理,激励军行,当可敷衍补苴。正是鉴于这种判断,清廷认为以欠饷为由来掩饰失败是站不住脚的,并以安徽为例,称安徽军营缺饷已经长达数月之久,尚能坚持退敌,扬州军饷供应远较皖省宽裕。① 在清廷看来,军饷欠缺虽然确实存在,而将领驾驭不善,临敌无方才是其中关键。张集馨则认为,江南江北大营兵无斗志是无法迅速解决战斗的主要原因。② 平心而论,军需供应对军事行动的影响很大,但决定战争进程的因素很复杂,不能将战事不利全部诿过于饷需不足。

和春重建江南大营后,继续奏请饷银。据称,当时兵勇缺饷已有数月之久,各省协饷多未解到,而江苏每月只肯筹解饷银 4 万两,远远不敷支应。清廷接到奏报后,将两江总督怡良解职,任命何桂清为总督,意图提高江苏财政搜刮力度。何桂清到任后,奏调云南粮储道王有龄前往上海清理关税:"未及两旬,而饷银已旺,每月竟可得银四五十万两,足敷军兴之用。士卒饱腾,军心鼓舞,出于意外。"③ 如此成绩令何桂清甚为欣慰,而所谓"足敷军兴之用"则未免过于乐观。

当时,江南大营月饷已经从当初 20 万两增加到 40 余万两。伴随着江南江北大营的失败,江苏本省仅有苏、松二府堪称完善,但是物力有限,以有限之物力供应如此巨款必然力有未逮,何况江苏也不可能专顾江南大营。有鉴于此,清廷一面令广东将每月协饷 10 万两按月解足,一面指拨山东和河南每月各协饷 5 万两,并且拨给京饷 10 万两,作为应急之用。此外,清廷令江苏官员劝办捐输,尽全力协济江南大营。④ 自咸丰七年九月十三日至八年三月初五日,江南粮台支款为 241.712 万两,部票银 3000 两,米 4.7897 万石。⑤ 由

---

① 《清政府镇压太平天国档案史料》第 18 册,第 208 页。
② 张集馨:《道咸宦海见闻录》,第 172 页。
③ 《太平天国史料丛编简辑》第 1 册,第 43 页。
④ 王先谦:《东华续录》咸丰卷 69,《续修四库全书》第 377 册,第 638 页。
⑤ 《李鸿章全集·奏议二》,第 350~351 页。

是观之，和春上任之后，军需供应有很大改观。上述饷银是在不到6个月的时间内支销的，每月均摊超过40万两，堪称有盈无绌。

何桂清莅位后，积极帮助江南北大营重整旗鼓，希望尽快将太平军镇压下去。① 都兴阿与和春也准备分工合作，封锁水路，控制长江。前者主攻金陵，后者主攻江浦。上述安排旨在切断天京与外面太平军的联系，直捣太平军心脏。然而，太平军在李秀成和陈玉成的率领下，采取围魏救赵之策，化解了这场危机。② 不仅如此，八年八月，陈玉成和李秀成还联手击溃江北大营，德兴阿逃往扬州。此次江北大营被破，士卒损伤惨重。为了恢复江北大营，德兴阿奏请清廷按月拨给饷需。据德兴阿称，江北大营饷需向来撙节用度，"省之又省"，先前正饷每月不过六七万两。此次重建大营，月饷虽有所增加，然仍不足10万两。③ 从德兴阿上述奏报来看，江北大营未破以前将士17000余人，④ 与江南大营人数相若，但饷需消耗仅及江南大营三分之一，确属"省之又省"。即便重建之后，正饷也仅为江南大营四分之一，依然在压缩开支。不过，战争过程中，节省饷需固然是清廷所欲，但军务不振，再少的饷需也有虚耗之嫌。为此，清廷不打算再另起炉灶，而是将德兴阿调回京师，令和春节制江北大营。

办理江北粮台的乔松年称，自江北大营被破后，清廷从江南和宁国等处调拨不少兵勇，加上在浦口新募勇营以及投诚之薛成良所部，共计33000余人。军饷陡增，较前加至一倍，每月正杂各饷需银十六七万两。这样看来，江北兵数和饷数较德兴阿计划还要庞大。为了筹解军饷，除州县钱粮、漕粮外，还需要整顿各处厘捐等项，特别是里下河和扬州两处，每月可收银七八万两。此外，乔松年希望重新拨定江北协饷，指拨山西月协3万两，陕西2万两，山东、

---

① 苏州博物馆等编《何桂清等书札》，第73~74页。
② 崔之清主编《太平天国战争全史》第3卷，第2049~2053页。
③ 《清政府镇压太平天国档案史料》第21册，第153页。
④ 《太平天国史料丛编简辑》第5册，第304页。

河南和淮关各1万两，以备江北饷需之用。①

和春统领江南北大营后，与帮办军务的张国樑同心协力，在镇压太平天国运动方面取得了一系列进展，重建了对天京的包围。军需进项方面，江南大营自九年（1859）正月二十日起至十年八月十三日，共收银570.9189万两，部票7000两，米25.2192万石，②每月可供支出28万余两。九年六月，张国樑获得谍报称，金陵城内防守空虚，如能筹饷50万两，添勇1万名，加上已有官兵，采取围困之法，三月内可以破城。和春闻讯后与张国樑商议，决定以张氏为前敌指挥，和春则亲赴常州与何桂清等商量协饷之事。何桂清认为机会难得，毅然在1个月之内筹集50万两饷银交给和春。和春收到饷银后，立即开始招募兵勇。十年正月，江南大营一举攻破九洑洲。和春和张国樑乘胜追击，水陆并进，围攻天京。③就在和春等人认为天京指日可下之时，太平军将领李秀成和陈玉成灵活运用战术，调动天京以外的太平军，经过多次运动战成功化解了天京之围，并且于三月份反将江南大营再次攻破。此次从金陵开始，清军望风而靡，苏常相继沦陷，七载围堵之功尽废。清廷对此非常不满，将何桂清革职拿问，以曾国藩为钦差大臣署理两江总督。至此，以曾国藩为代表的湘军正式成为镇压太平天国运动的主力。

简言之，江南江北大营建立后，清廷即通过协饷方式来为其提供饷需。随着战争相持阶段的到来，清廷在安排协济的同时，要求统兵大员"就地筹饷"，作为补苴之计。此间，江南江北大营的协饷供应情况有逐渐下降的趋势。究其原因，一是很多省份受战争影响，财源受损，解饷不足或无力筹措；二是湘军崛起后，分散了各省协饷，导致江南江北大营军需供应有所下降。与之相对，江南江北大

---

① 乔联宝编《乔勤恪公（松年）奏议》，沈云龙主编《近代中国史料丛刊》第705册，第35~37页。
② 《李鸿章全集·奏稿二》，第361页。
③ 《太平天国史料丛编简辑》第1册，第49~53页。

营增兵募勇，饷需支出不断增加，加上兵勇饷需水平的提高，[①] 都给军需供应带来了压力。尽管如此，即以太平军第一次破袭江南北大营为例，各省协饷尚能勉为其难，且总体军需供应并不如向荣和琦善等人所述那般艰难，因此战败的主要原因应该归咎于主持军务者。江南江北大营复建后，何桂清加大了军需供应力度，江南江北大营军需供应有所改观。然而，这种改观也未能换来胜利。从太平军兴到江南江北大营的最终取消，清朝经制军队始终未能有效遏制太平军的发展，也意味着经制军队全面走向衰落，取而代之的是湘军。湘军成立不久即加入到协饷体系中，并在战争中逐渐崭露头角，清廷在财源有限的情况下，调整既有思路，向湘军及湘系人物示好，安排不少湘系成员或与之渊源深厚之人主政东南政局。如此一来，各省饷源也因人事转换而有所偏重，这为湘军发展和壮大并最终将太平军起义镇压下去提供了坚实的保障。

三 湘军与协饷制度

咸丰二年底，清廷令在籍礼部侍郎曾国藩帮办本省团练，这一决定对此后清代历史发展产生了重要影响。薛福成后来说，湘军"数战之后，声威既著，于是有本省之捐饷，有邻省之协饷，饷源广而募勇渐多"。[②] 随着湘勇出境作战并取得骄人战绩，其军饷供应也由民间募集向官府供给转变。湘军的崛起是咸同时局的重要事件，对晚清历史发展影响颇大。特别是，湘军在发展过程中，军需来源主要为协饷，因此探讨湘军与协饷制度之间的关系，可以更为深入地认识当时经济、军事、人事与政情之间的关系。

（一）两湖：湘军早期军饷的主要来源

湘军发展初期与两湖关系十分紧密，其中又以湖南为最重要。湖南巡抚骆秉章对湘军饷需颇为留心，而湘抚幕友之中实力人物

---

① 崔之清主编《太平天国战争全史》第3卷，第1592页。
② 薛福成：《庸庵文编》，沈云龙主编《近代中国史料丛刊》第943册，第1421页。

多与曾国藩交好，也进一步保证了湖南对湘军饷需的供应。胡林翼主政湖北后加强了支持湘军的力度，为湘军发展壮大起到了十分积极的作用。需要指出的是，两湖对湘军的支持既包括了人脉关系，还体现了直省财力上升后封疆大吏对本省财用的巨大影响力。这些因素既是咸同时期政情发展的结果，却又反过来对政局产生了重大影响。

曾国藩最初办理团练的目的是保境安民，这与清廷巩固统治的宗旨是一致的。换句话说，湘军的出现就是为维护和恢复王朝统治服务的，也从一个侧面说明清廷统治的向心力与凝聚力。湘军发展初期，饷需主要是通过捐输、厘金和盐厘等方式来筹解的。上述三端同时也是湖南岁入增长的主要来源，是此后湘省协济湘军和东南数省军需的主体。① 特别是湖南厘捐总局开设后，湘省收入增加，为其协济湘军饷需创造了条件。前有述及，湖南最早响应号召举办厘金。湖南厘金以盐、茶为大宗，茶每箱抽收厘金4钱5分；盐每包抽收厘金70文；百货厘金方面，价值1000文，抽收二三十文不等。② 湘省于咸丰五年四月设立厘金局，又于咸丰六年三月设立盐茶局。截至七年十二月底，厘金总计拨解藩库军需局湘平银107.9589万两，制钱147.1025万串，均陆续支发军饷。③ 从八年正月至十一年夏，湖南全省所收厘金共拨藩库军需局湘平银315.4265万两，制钱222.8668万串，作为本省兵饷、湘军和各省协饷之用。上述筹措的饷银有力地保障了湖南兵勇的饷费以及邻省协饷供应："湖南频年援剿皖、鄂、江、粤、黔、楚等省，兵勇四出，东南半壁倚为根本。"④ 可见，抽厘效果十分突出，有利于应对军需供应增加的情况。

---

① 郭嵩焘：《玉池老人自叙》，沈云龙主编《近代中国史料丛刊》第107册，第43~44页。
② 但湘良：《湖南厘务汇纂·裕禄序》。
③ 骆秉章：《骆文忠公奏议》，沈云龙主编《近代中国史料丛刊》第61册，第1443页。
④ 毛承霖编《毛尚书（鸿宾）奏稿》，沈云龙主编《近代中国史料丛刊》第602册，第368~369页。

曾任湖南巡抚的卞宝第认为，厘金"上以锱铢借助于商，下以涓埃稍补于国"，是接济军需的主要经费来源。① 实际上，咸丰以前湖南经济状况在行省之中处于中等偏下水平，从默默无闻的小省到天下瞩望的饷需来源，经济地位发生了根本性的转变，其中厘金起到了关键作用。可见，咸丰军兴后清廷推行的各项开源措施确实提升了各省经济实力，而这些赋税也为清廷的军事活动提供了有力的支持。

当时东南各省大都忙于军务，军需消耗日益增加，因此每个相对完善的省份都被安排在王朝体制内，罗掘自身财赋来供应军务省份饷需，挹彼注兹："当干戈满地，郡县之沦于贼中者，膏腴鞠为茂草，田赋不供，大农告匮。其完善者，不闻加赋以供挹注也，则舍是亦无以济军食而夷大难。"② 湖南在这期间力任其难，以偏僻之邦，大军四出，征兵输饷，供亿浩繁。湘军在帮助清廷恢复统治方面居功至伟，湘省财源则有力地支持着湘军和其他省份的饷需开支。③ 这也再次说明，即使在咸丰年间直省财政地位上升和督抚权限扩大之时，清廷对直省财赋的控制力度仍未下降，更未形成尾大不掉"地方专政"的局面。各省以军事行动为中心积极罗掘财源，自觉协济，目的是保证军需供应，进而恢复王朝统治秩序。

太平军第二次攻陷武昌后，清廷令曾国藩带领湘勇3000人前往支援，所需月饷2万两，由湖南供支。④ 作为非经制军队，当时湘军饷需供应还未完全纳入制度安排内："臣系帮办团练之人，各处之兵勇既不能受调遣，外省之饷项亦恐不愿供应。虽谕旨令抚臣供支，而本省藩库现仅存银五千两，即起程一月之粮，尚恐难备。"⑤ 可见，曾国藩和湘军发展初期处境尴尬：第一，曾国藩并无实权，团练亦

---

① 但湘良：《湖南厘务汇纂·卞宝第序》。
② 但湘良：《湖南厘务汇纂·王文韶序》。
③ 但湘良：《湖南厘务汇纂·孙翼谋序》。
④ 《曾国藩全集·奏稿一》，第77页。
⑤ 《曾国藩全集·奏稿一》，第89页。

非经制军队，难以得到湖南之外各省的财力支持，此乃制度困境。第二，湖南本省力量有限，虽然尽力支持，但长此以往，亦难以供支，此乃现实制约。不过，上述限制并非不可打破，关键还要视湘军在战争中的表现而定。

随着太平军北伐和西征的开展，起义军活动范围扩大，清朝统治局势继续恶化。在这种情形之下，清廷令曾国藩带队东征，所有军需由湖南供给。虽未打破制度成规，但军队去湘日远，加入协饷制度只是时间问题。湘军共17000人，曾氏起程时抛下豪言壮语，称"事之成败，不暇深思，饷之有无，亦不暇熟计"①。虽然勇气可嘉，但恐怕也只是故作姿态而已，毕竟行军以粮饷为先，无粮无饷，英雄不免气短。果不其然，曾国藩不久接到咨文，得知湖北境内清军屡遭挫败。这也加深了曾国藩对军需供应的忧虑，他奏请派员办理捐输："臣所以招练万余人，盖欲以收涣散之人心，而作积弱之士气。惟人数众多，每月需饷银八万两，本省难尽供支，邻省亦难协济，专恃劝捐一途，以济口食之需。"曾国藩奏请在湖南、江西和四川三省劝捐，湖南由夏廷樾、郭嵩焘办理，江西由黄赞汤、朱孙贻主办，四川由胡兴仁、李惺负责。为此，他奏请发给职衔封典执照4000张，其中职衔照与监照各一半，大小职衔，均匀搭配，减成之数，照例办理。② 这是曾国藩为保障军需特意向清廷请求的，也得到了清廷的批准。

湘抚骆秉章专折为曾国藩所部奏请协饷，要求四川、广东和江西三省为湘军预筹饷银。③ 其中缘由，除了骆秉章急公好义、着眼大局之外，湖南巡抚幕府中郭嵩焘、郭崑焘昆仲、左宗棠、刘蓉等人对骆秉章决策有着巨大影响力，也是促成骆氏为湘军请饷的积极因素。④

---

① 《曾国藩全集·奏稿一》，第99页。
② 《曾国藩全集·奏稿一》，第103页。
③ 《清政府镇压太平天国档案史料》第12册，第415页
④ 详见罗正钧《左宗棠年谱》，岳麓书社，1983。又见张集馨《道咸宦海见闻录》，第366页。

另外，湘军东进，越出了一省的范围，也意味着湘军在一定程度上获得清廷青睐，因此清廷为其提供军饷也在情理之中。然而，此举攸关体制，一旦落实必然会对协饷制度产生巨大影响：一是协饷服务对象将发生重要改变。之前，协饷服务对象为经制军队，包括八旗和绿营，勇营虽然此前在一些战争中也得到军需供应，但并未自成一体，而是由粮台统一安排。湘军作为一支独立于经制军队之外的军事力量，收支自主。湘军如果获得协饷安排，不仅意味着协饷安排对象的增加，更是军制的变革。二是协济关系也会随之发生变动。协饷旨在供应军需，承平之时的协饷主体是各行省，战时则包括各省与各路经制军队，湘军作为非经制军队，它的加入改变了协济关系，湘军、户部和各省之间关系势必需要调适。三是埋下了此后湘军影响协饷制度的伏笔。湘军发展壮大以后，曾国藩对协饷、人事和政局的操控能力大大增强，后面还将论及。咸丰四年六月，湘军收到湖南以外的第一笔协饷共5万两，系由广东解送，标志着其正式进入协饷制度内部。不过，湘军真正取得清政府信任还要等到第一次江南江北大营被攻破之后。江南江北大营被攻破后，打破了清廷的迷思，转而对湘军的朝气充满期待。

不久，湘军和湖北各军配合攻克武昌。曾国藩准备乘势规复沿江各城，但对军需供应则颇为踌躇。他指出，湘军饷需主要依靠湖南供支，此后距离湖南越来越远，饷需供应难以长久，军事进展很可能会前功尽弃。[①] 清廷对武昌克复颇感欣慰，赏给曾国藩兵部侍郎衔，要求他乘势收复下游各城，并再次安排广东、江西和四川三省协饷。

湘军按照曾国藩的计划东进，在攻打九江时，武汉三镇又被太平军攻陷，四川和湖南解饷被阻。曾国藩遂奏请在江西漕折项下每月酌拨若干接济军需，再由闽、浙二省各月协2万两。[②] 清廷批准了

[①] 《曾国藩全集·奏稿一》，第238页。
[②] 《曾国藩全集·奏稿一》，第429页。

曾氏的请求，但浙江因承协江南大营月饷6万两，加以在浙皖边界布防，所以接济并不积极；福建向系受协省份，亦无力协饷。有鉴于此，曾国藩要求拨给浙盐3万引，听其招商领运，抵作饷银。① 这种抵补也可算作曾国藩对协饷的灵活调整。

清廷在武汉第三次失陷后，调整了湖北人事布局，任命胡林翼为湖北署抚。胡林翼与曾国藩私交甚笃，其获登大位，对湘军而言无疑是一件大好事。湖北经济基础较好，为当时赋税大省。② 胡林翼上任后，清理漕弊、整顿盐务、创办厘金、推广捐输、整理杂税，积极挖掘本省潜力，湖北赋税收入渐有起色。③ 不过，湖北战火绵延，总督杨霈、荆州将军官文和胡林翼都在领兵作战，军需浩繁，仍需川、晋、陕等省协济。

此间，湘军在江西境内与太平军展开了拉锯战。由于江西处于"八郡沦陷，钱漕捐输，无从措手"的境地，因此难以就地筹饷，加上各省协饷也不踊跃，致使湘军饷需供应分外惨淡。④ 咸丰七年二月，曾国藩之父曾麟书病逝，曾国藩奏请终制。此举并非简单的忠孝观念可以解释，其中肯綮，曾国藩并不讳饰："臣办理军务，处处与地方官相交涉。文武僚属，大率视臣为客，视本管上司为主。宾主既已歧视，呼应断难灵通。防剿之事，不必尽谋之地方官矣。至于筹饷之事，如地丁、漕折、劝捐、抽厘，何一不经由州县之手，或臣营抽厘之处，而州县故为阻挠。或臣营已捐之户，而州县另行逼勒。欲听之，则深虑事势之窒碍；欲惩之，则恐与大吏相龃龉。"⑤可见，各省地方官员因曾国藩没有实权而不愿听其指挥，导致呼应不灵，特别是筹划军饷时，州县官故意阻挠或从中作梗，事事皆受掣肘，大大抵消了曾国藩澄清天下的锐气。曾氏意在暗示清廷畀其

---

① 《曾国藩全集·奏稿一》，第450页。
② 《先河南公年谱》，《北京图书馆藏珍本年谱丛刊》第146册，第42－43页。
③ 《胡林翼集》（二），第62页。
④ 《曾国藩全集·奏稿二》，第740页。
⑤ 《曾国藩全集·奏稿二》，第864～865页。

一定权限。然而，随着江西军事渐有起色，清廷竟置之不问。

　　清廷准备以胡林翼为统帅攻打九江。胡林翼洞悉其中关节，因此不肯任事，而是积极为曾国藩复出劳心尽力。此后，江西战守形势发生逆转，官军节节败退。清廷遂不得不起用曾国藩。曾氏此次出山得益于胡林翼和骆秉章的积极运筹。为令曾国藩安心军行，骆秉章联合胡林翼为湘军拨定协饷：湖北和湖南各月协2万两。胡林翼对此做出保证："湖北月济二万，亦不致流为骗局（近年他省尽成骗局，即奏请亦属罔然）。"① 上述情况表明，督抚对本省财源支配力度较大，可以决定一部分饷需的用途。也就是说，人事对协饷运作有着重要影响。另外，随着战争的持续，各省协饷落实情况越来越不理想的状况也不可忽视，以至于协饷"尽成骗局"。当然，这种表述带有强烈的感情色彩，按诸实际也与事实不合。

　　湖南始终是湘军饷需的主要供应者。湘军进入江西以后，湖南协饷已达291.56万余两，出力最多。② 左宗棠曾亲自经手相关事宜，据其所言："涤公东征，自岳州出境至田镇，所食皆湘饷。武汉再陷以后，鄂省何事不资吾湘？频年以来，吾湘抗五省之贼，每岁百数十万金。"③ 这其中，如果没有骆秉章竭力支持，效果不会如此明显。④

　　湘军在两湖的支持下，军事进展顺利。胡林翼对曾国藩十分敬重，倾力支持："丈（曾国藩——引者注）所筹远大，一年之后，方知丈之公忠利国。林翼敢不黾勉图之。"⑤ 其时，湖北供应江西和安徽两省饷需已达数百万两之巨，早已捉襟见肘，但当办理湖北粮台的厉云官建议胡林翼将湘军月饷由3万两减为2万两时，胡林翼坚

---

① 《胡林翼集》（二），第188页。
② 骆秉章：《骆文忠公奏议》，沈云龙主编《近代中国史料丛刊》第61册，第1447~1575页。
③ 《左宗棠全集·书信一》，第262页。
④ 《骆文忠公自订年谱》，《北京图书馆藏珍本年谱丛刊》第147册，第1~3页。
⑤ 《胡林翼集》（二），第238页。

持不可:"协饷三万酌减一万一节,此万不可行之事。涤公忠义冠时,斧柯未具,专恃湘、鄂之饷,无论如何亏欠,此三万者,必不可丝毫欠缺。"① 由于疆臣对协饷供应决定权大大增加,因此胡林翼坐镇湖北后,对湘军饷源也是一重保障。

胡林翼还致信四川总督王庆云,代曾国藩求饷:"湘、鄂每月共济六万之外,尚欠三万,奏乞蜀中二万,乞尊处按时协济。迟一日,则涤公多欠一日;少一千,涤公多欠一千也。"② 胡林翼随后又致信山、陕两省督抚催饷,希望他们按月解饷,接济湘军:"涤帅一军独当一面,必不可少。专恃外省接济,稍不济事,一处不应,支绌立形,盖兵与饷相依为命,从前因停兵待饷致误事机者,不一而足。兵之利钝,视饷为转移,尤必预先筹给,方能有恃无恐,而勇气自倍。且皖省者,天下之关键,地居水陆要冲,为金陵上流。皖贼不灭,则江路不断,而金陵无克复之期。"③ 胡林翼以全局利益来说服各承协省份督抚保证协饷供给,其中"兵之利钝,视饷为转移"为其意旨之中心,也指明行军打仗的关键所在。胡林翼不避嫌怨,调动相关资源,为湘军谋划协饷,既是出于对曾国藩本人的敬重,也是应对战争和挽救时局的必然选择。

江南大营第二次被破后,时局再次朝不利于清廷的方向发展。当时,湘军饷需供应也因供支省份较为单一而出现困难。据郭崑焘称:"饷项日艰一日,夫子(曾国藩——引者注)所部全恃鄂中应付,其势必不能给;四川请停协饷,谕旨虽未准行,而其自谋之不暇,则究竟未足深恃;传言江西亦有请停之议,是则不顾大局,窃料亦未必敢请也。湖南积欠四十余万,每月所需尚近廿万,愈久将愈难为继。"④ 就在湘系人物对战局和军饷普遍悲观时,清廷任命曾国藩署理两江总督。此时距曾氏办理团练已有 8 年之久。与前此清

---

① 《胡林翼集》(二),第 249 页。
② 《胡林翼集》(二),第 259 页。
③ 《胡林翼集》(二),第 358 页。
④ 《太平天国史料丛编简辑》第 6 册,第 200 页。

廷界以高位时坚辞不就不同，经历了无位无权、无土无财的种种辛酸之后，曾国藩当仁不让。事实证明，这次人事任命为湘军最后打败太平军奠定了坚实的基础。除了曾国藩坐拥重镇外，湘系大员陆续坐镇一方，尤其是控制了湘、鄂、江、浙、粤等财赋之区，有利于集中各省财赋灌注于湘军对太平军的军行之中。

曾国藩计划以安庆为重心，逐步压缩太平军的活动范围。他派遣杨载福、彭玉麟率领水师，曾国荃带领陆军攻打安庆；同时令左宗棠、李元度、鲍超和张运兰分兵三路进攻皖南；又令都兴阿统领江北军务，从三个方向对太平军发起进攻。[1] 上述三路大军，兵勇共计三四万人，月需饷银20余万两，除了江西接济一部分饷需外，其不足部分曾国藩希望由湖南承担起来。骆秉章不负所望，筹设东征局，在本省厘金之外，加抽半厘，作为湘军专饷，此前议定之饷仍照常起解。十年七月，东征局开始运作，曾国藩将所收厘金以三分之二供应皖南，三分之一供应皖北。[2] 据曾国藩奏报，从东征局开局之日起至同治元年六月共抽收湘平银109.6万余两，钱30.2万余串。[3] 在短短一年时间内，湖南仅东征局协饷就超过100万两，极大地支持了湘军的军务活动。

当同治三年曾国藩与沈葆桢争饷闹得不可开交之时，曾国荃在金陵周围布防，常感军饷不足，屡次致书湘抚幕中实力人物郭崐焘。郭崐焘对曾国荃缺饷深为同情："营中窘迫至此，阅之皇然。东局竭力张罗三万金，四月内当可解到，聊供两日之粮而已。此后如能代筹，当勉尽棉[绵]薄。"[4] 可以说，东征局在湘军饷源竭蹶之际发挥着十分重要的作用。湖南经济实力虽不如江西、湖北，但在湘人

---

[1]《清政府镇压太平天国档案史料》第22册，第377~378页。
[2] 卞宝第、李瀚章等修，曾国荃、郭嵩焘等纂《（光绪）湖南通志》卷59，《续修四库全书》第662册，第686页。
[3]《曾国藩全集·奏稿五》，第2976页。
[4] 郭崐焘：《云卧山庄尺牍》，沈云龙主编《近代中国史料丛刊》第113册，第165页。

的大力经营之下,东征局每年可以提供七八十万两甚至上百万两的专饷接济湘军,以至于曾国藩终生念念不忘湘人之无私。①

咸丰十年六月,骆秉章奉命督蜀,左宗棠闻讯后认为骆秉章"十年保障之功、拊循之德,湘中士民刻不能忘"。②回顾骆秉章在湘事功,左宗棠评价可谓知人论世,洵属的论。之后,毛鸿宾继任湖南巡抚。毛氏和曾国藩有同年之谊,与湘系人物渊源颇深。毛鸿宾上任后萧规曹随,积极协饷,继续供支湘军。③

湖北方面。胡林翼不仅分兵皖北,分担湘军军事压力,还积极接济湘军。当时,湖北协济湘军饷银积欠20余万两,本省援皖各军饷需也积欠四月之久。有鉴于此,胡林翼请求变革捐输章程,通过减成收捐之法来筹集饷需。胡林翼还请户部发给空白执照:职衔照各2000张,封典照1000张,贡生照1000张,监生照5000张,从九职衔照5000张,花翎照100张,蓝翎照300张。④胡林翼对减成收捐期望很大,他在和曾国藩谈及此事时认为,如果将减成收捐推广到江西和湖南又可增加数百万两收入。然而,户部以影响京饷为由否决了胡氏的设想,这也导致湖北增加协济湘军的预期落空:"涤帅兵少,不及三万,复欠饷五个月,颇望鄂中协济。鄂饷又欠六个月,楚其为吴之续矣。"⑤其后,胡林翼一再坚持,仍未能打动户部。尽管如此,胡林翼大力开拓本省财源,努力供支湘军的态度与做法都是难能可贵的。

咸丰十一年八月二十六日,胡林翼去世,严树森继任湖北巡抚。清廷希望严树森与官文和衷共济,一方面为湘军东征协济军饷,另一方面为湘军提供稳固的大后方。⑥清廷的期望与前线将领如出一

---

① 《曾国藩全集·奏稿八》,第4882页。
② 《左宗棠全集·书信一》,第405页。
③ 毛承霖编《毛尚书(鸿宾)奏稿》,沈云龙主编《近代中国史料丛编》第602册,第669~670页。
④ 《胡林翼集》(一),第734~735页。
⑤ 《胡林翼集》(二),第890页。
⑥ 《清穆宗实录》卷21,同治元年三月丁亥。

辙。曾国荃在致官文的信中也对湖北协饷抱有很大期待:"鄂省供亿浩繁,原难筹及欠款,敢不体度支之苦而复为无厌之求,无如卑军三万余人,月需食米万余石,下游既米贵如珠,无可购办,各营复艰苦万分,并无买米之赀,深恐春杪夏初因饥而溃,惟中堂轸念东南全局,体恤饥军,有加无已,务求谆嘱粮台于艰难之中为挹注之计,倘能惠拨二三万两,于汉口买米万石,径解金陵,济卑军兼旬之食则枵腹无虞,感逾挟纩矣。"① 事实也证明,官文与严树森对湘军的支持一如既往,为湘军全力以赴对付太平军免除了后顾之忧,在各方的积极努力之下,湘军最终克复金陵,击败太平天国运动。

由上可知,湖南和湖北在湘军发展过程中扮演着十分重要的角色。两省封疆大吏都十分关心湘军发展,不仅积极协饷,还利用各自权位为之请饷。湘军能够得到协饷制度的饷需安排离不开骆秉章的鼎力支持,而其发展壮大则深为依赖两湖财力。其实,湘军与两湖之间的关系除了上述意涵之外,还可以为我们进一步了解咸同时局提供视角。其一,军饷供应深刻影响着军队的成长。湘军从湖南一隅的团练组织发展成为镇压太平军的主力,离不开两湖财力支持。其二,清政府依然具有强大的向心力和凝聚力。这一点,从四川财政地位的上升已经有所体现,而两湖在罗掘省内财源时,依然积极协济湘军和其他省份军饷,充分展现了统治阶级内部拯救危局的共同诉求。其三,湘军的崛起改变了清朝军事力量平衡,并在一定程度上影响了咸同政局,但并未对清廷统治产生挑战,相反却为清朝统治秩序的恢复起到了关键作用,其他勇营亦不外如是。咸同军兴使得督抚将领的军权和财权扩大不可否认,至于是否因此造成清廷权力的削弱和"督抚专政""督抚集权"则颇有可议之处。就上述情形来看,这种情况并未出现。非但如此,即对屡陷危难、内外交困的清廷而言,咸同时期直省督抚将领军权和财权的扩大,也被事

---

① 萧荣爵编《曾忠襄公(国荃)书札》,沈云龙主编《近代中国史料丛刊》第571册,第681页。

实证明其对维护和恢复清朝统治秩序有着积极意义。

（二）江西：曾国藩与沈葆桢协饷之争

曾国藩与沈葆桢争夺江西财源，表面视之不过是战时督抚对饷需分配的把持与操纵之争，实际上它还涉及财源与军需供应、协饷与本省利益（局势）、军需供应与统治秩序恢复、人事之争等诸多面相。事件虽小，反映内容闳富。双方对协饷制度的不同理解是前人研究所未注意的，而此次争议对当时统治局势的影响更是不可小觑。①

曾国藩署理两江总督之后，打算集中两江地区财力来攻打太平军。曾国藩认为江苏和安徽都是残破之区，进规江、皖应以两湖为筹兵之源，以江西为筹饷之源。② 可见，利用江西经济力量为江、皖军事服务是经过曾国藩深思熟虑的。为此，曾国藩在江西设立牙厘总局来筹集饷需。他与江西巡抚毓科商定，按照湖北成例，牙厘归总督支配，钱漕则由巡抚管理："通省钱漕应归抚臣经收，以发本省绿营及各防兵勇之饷，通省牙厘归臣设局经收，以发出境征兵之饷，似此眉目分明，庶官吏各有职守，银钱出入滴滴归源，杜绝影射浮冒诸弊。"③ 曾国藩此番计划原是为了厘清权限，借以平衡江西与湘军利益，不想却因此埋下了江西巡抚与两江总督之间冲突的祸根。从整个事件来看，协饷制度深受人事关系的影响，而这种影响可能是正面的也可能是负面的。

前有述及，湘军进入江西之后，大大缓解了赣省防务压力。相应地，根据就地筹饷原则，湘军有权提用江西赋税，作为其保障江

---

① 关于该问题的研究，笔者浅陋，仅见美国学者庞百腾和大陆学者隋丽娟的研究中有所探讨，详见庞百腾《沈葆桢评传——中国近代化的尝试》，陈俱译，上海古籍出版社，2000，第90~95页。隋丽娟：《晚清巨人传·曾国藩》，哈尔滨出版社，1996，第326~330页。另外王芳等《沈葆桢与曾国藩关系略论》，《湖南人文科技学院学报》2004年第4期，也顺带提及。上述研究似嫌就事论事，未注意到协饷制度及其作为调剂省际财富机制性作用，因此在研究中不免拘泥于当事者的是非对错，未能洞悉其中肯綮。

② 《曾国藩全集·奏稿二》，第1152页。

③ 《清政府镇压太平天国档案史料》第22册，第310页。

西安全的回报。一直以来，这种做法皆相安无事且合作良好，不料却因为其后江西防务紧张导致曾国藩与沈葆桢之间的激烈争执。

咸丰十一年，曾国藩打算从皖南进归江浙，军饷及军火则由江西承担。太平军则为争取活动空间，突入江西境内，先后转战广信等数十州县，这令江西官员颇为不满。江西为支持湘军进攻太平军，不惜挪用本省兵饷来协济，结果却并未能获得有效保护，所耗之饷银无异于虚掷。① 这为沈葆桢与曾国藩之间的争执埋下了伏笔。十二月，沈葆桢因曾国藩的推荐被任命为江西巡抚，恰值太平军转战浙江且屡拔重镇之时，江西与浙江相似的处境更加坚定了沈葆桢自立门户的决心。需要指出的是，当时江西布政使为李桓，系曾国藩之亲信。很明显，曾氏安排李桓出任布政使旨在掌控江西财源，为其东征供应军饷。此次曾氏推荐沈葆桢接任江西巡抚无疑是这种思维的继续，意在掌控江西全局。

然而，沈葆桢不是李桓。他性格耿介，自视甚高，坚持己见。沈葆桢上任伊始，即对江西战守情形提出批评。他认为江西绿营额兵本属不多，虽然此次军兴依靠两湖捍卫才得以恢复，然而随着湘军对太平军展开的一系列攻势，浙江和安徽境内的太平军皆跃跃欲试，意图进入江西。有鉴于此，沈葆桢希望江西能够自立而不是坐等他人援手。当时，江西军事形势确实比较严峻："江西为四战之地，贼所必争。兵燹十年，创痍未起。现在衢、严遍地荆棘，广信适当其冲。虽经督臣曾国藩会同署抚臣李桓布置谨严，可无他虑。惟恐该逆绕越闽界，窥伺江右，则由广信以迄抚、建、南、赣，延袤几及千里，头头是道，兵单饷匮，防不胜防。"② 沈葆桢的担忧不是没有道理的。左宗棠在浙江境内扫荡太平军，迫使李世贤等部准备由浙赣交界的广信府进入江西境内。沈葆桢为保境安民，决定招募勇

---

① 《清代方略全书》第 128 册，第 596 页。华祝三为江西人。
② 吴元炳辑《沈文肃公（葆桢）政书》，沈云龙主编《近代中国史料丛刊》第 54 册，第 43 页。

营 3000 余人，由其亲自督带前往广信办理防堵。这样一来，江西即需增加军饷开支，势必影响湘军饷需供应，以至于其在奏折中不得不以财源不足为词："如果尚有饷款可筹，固应添募重兵以壮后路声威，俾楚军乘全胜之势，建瓴东下，无如筋疲力尽，即原议解济楚军之饷，每致愆期。"实际上，沈葆桢已将江西重心放在"添募重兵以壮后路声威"上。表面看来，沈葆桢是为了减轻湘军东征的压力，实际上沈氏意在建立一支属于本省的武装力量，保卫江西全境安全。①

同治元年，御史华祝三称江西、福建情形吃紧，应训练士兵，作为守御本省之用。他要求清廷责成沈葆桢酌留地丁和厘金等款，招募乡勇，训练成军。② 华祝三的奏折引起了清廷重视。清廷令沈葆桢详细奏陈。其后，沈葆桢奏称，江西官绅一致赞成华祝三上述建议。③ 华祝三奏折为沈葆桢募练本省兵勇提供了契机。沈氏称，若以江西招募 8000 勇丁为度，每岁养勇之费需六七十万两，而江西可资利用者唯丁、漕、厘税几项，难免不敷，因而主张就额兵加练，以期提高江西本省的防卫能力。

此次奏请，沈葆桢虽然未直接触及湘军协饷，却亦不远。如果说沈葆桢此前还遮遮掩掩的话，那么当其从曾国藩处得知皖南太平军有进入江西的意图时，沈葆桢遂将募勇作为头等大事来落实。如其所述，江西主要收入有三：厘金、漕折和地丁。厘金一项"尽输皖浙军饷"。漕折原额为 91 万余两，每年实征为六七十万两，其中解京 40 万两，另外还需每月从中提银 4 万两协济皖饷，根本已经入不敷出。地丁原额为 150 余万两，积欠更多。沈葆桢对江省收入及其支配情况的陈述目的不在于指出当下拮据情形，而是在于指出江省承担协饷的同时并未得到相应的保护："但使军务日有起色，江省

---

① 吴元炳辑《沈文肃公（葆桢）政书》，沈云龙主编《近代中国史料丛刊》第 54 册，第 58 页。
② 《曾国藩全集·奏稿四》，第 2331 页。
③ 吴元炳辑《沈文肃公（葆桢）政书》，沈云龙主编《近代中国史料丛刊》第 54 册，第 94 页。

何惜忍数时之苦,以济垂成之功。"言语之中,对湘军的军事进展颇感不满。沈葆桢因此奏请将同治元年漕折截留,作为本省添勇练兵之用。为了增加说服力,他还援引江苏、浙江之例以为前车之鉴:"前此江苏、浙江如不专恃金陵、宁国大营,稍图自立,何致现在岁动军需数百万,宵旰焦劳,苍黔涂炭,至今未已耶?"① 此时,沈葆桢真正意图已经表露无遗,遂将漕折截留,以供江西添募兵勇之用。更为重要的是,其后皖南和浙江的太平军均有一部分进入江西境内,这更加坚定了沈葆桢自主防卫的立场。

曾国藩对于漕折被沈葆桢截留一事颇感不满。"江西抚、藩二人似有处处与我为难之意,寸心郁郁不自得。因思日内以金陵、宁国危险之伏,忧灼过度。又以江西诸事掣肘,闷损不堪。"② 本来曾国藩同意江西募勇自卫。他对江西总兵韩进春编练5000人之举表示赞同,预计所需饷银及其他费用每月在3万两左右。曾国藩主动提出承担韩军军饷2万两,打算在江西漕折项下提用,或在漕折和厘金局各提1万两,其余1万两则请沈葆桢自为筹划。③ 曾国藩本意在于先退一步,通过承担韩进春一军饷银来保障其余江西协饷不被沈葆桢截留。④ 沈葆桢亦对曾氏的算盘了然于胸,称丁漕各款即便全部留用,依然不敷甚巨,将曾氏希望浇灭。⑤ 曾国藩得知后,心情愈加不畅,在其日记中屡有流露,如十月十四日:"军情紧急,为之忧灼无已。又以江西掣肘之一事萦绕心中,展转愤郁,至室内摆列棋势。"十五日:"是日因心绪恶劣,停止各文武贺朔〔朔字衍〕望。"十六日:"江西诸事掣肘,方寸萦绕不释。"十九日:"接沅弟信,言及江西掣肘之事,触余恚怒,又为郁郁久之,至于耳热心颤。"诸如此

---

① 吴元炳辑《沈文肃公(葆桢)政书》,沈云龙主编《近代中国史料丛刊》第54册,第108~109页。
② 《曾国藩全集·日记二》,第802页。
③ 《曾国藩全集·书信五》,第3160页。
④ 《曾国藩全集·奏稿七》,第4001页。
⑤ 沈葆桢:《咨曾国藩》,《曾国藩全集·奏稿七》,第4002页。

类，日记中出现甚多，可见其对此事耿耿于怀。①

在这种情况下，曾国藩将湘军缺饷情况上陈："从前徽、宁两防，每月额饷二十万，皆由浙江供支。臣接办以来，庚、辛二年奏拨江西漕折，每月五万，至壬戌年奏拨四万，奉旨允准。旋经抚臣沈葆桢奏留供本省防兵之用，户部议准。而臣所统徽、宁两防，遂无一毫可恃之饷矣。江西通省厘金，臣指定河口、景镇等卡协济左宗棠月约三万两，指定吴城等卡协济彭玉麟月约二万数千，又拨给本省水师刘于浔、孙昌国两军月约二万数千，四处共支去八万，而实解臣台者遂无几矣。"据曾国藩所言，湘军每月需饷 50 余万两，实际收入则仅 10 余万两，收支相去悬殊。为了弥补沈葆桢截留漕折对湘军军需的影响，曾国藩奏请在九江洋税项下，每月拨银 3 万两解皖济用。② 当时，清廷热切希望曾国藩迅速指挥湘军攻下金陵，因此对曾氏的要求随即予以确认。

曾国藩对九江关税和江西厘务的需索都令沈葆桢十分不悦。沈葆桢因而以疾病为由，请求开缺。其中隐结，据御史华祝三披露，沈葆桢正值盛年，之所以称病隐退，皆因协饷与曾国藩意见不合所致，具体是因为："曾国藩一军，向赖江西协饷。而江省迭经蹂躏，重以水旱偏灾，应缓应蠲，所在多有。沈葆桢职任专圻，目击凋敝情形，自不忍竭泽而渔，重滋民困。且皖逆频来窥伺，即已凑协济之项，亦有时挪为保卫之需。而曾营征饷之使，方且络绎道途，稍一愆期，怨议纷起。"③ 华祝三虽然将二人之间的心结公布于众，然而在军需供应紧张的情况下，这个矛盾是不易化解的，何况二者逐渐显露出意气之争的趋势。清廷遂出面调解，称二人皆公忠体国，不可因小失大，要求沈葆桢尽量协济湘军饷银。④

曾、沈二人并未就此握手言和。沈葆桢因江苏和浙江太平军屡

---

① 《曾国藩全集・日记二》，第 816~817 页。
② 《曾国藩全集・奏稿六》，第 3278 页。
③ 《华祝三奏折抄件》，《曾国藩全集・奏稿六》，第 3616 页。
④ 《咸丰同治两朝上谕档》（13），第 514 页。

次进入江西境内,奏请将拨给曾国藩之厘金截留江西本省支用。沈氏的理由是当下情况与当初曾国藩提用江西厘金时势已经大不相同:咸丰十年时,江西全省肃清,自可协济邻封;如今太平军意图窜扰江西,防务压力增大,不可不预筹防堵。沈葆桢指出,咸丰十年时曾国藩驻扎江西,可以保守江西,且本省勇数亦可发挥作用,如今曾国藩所部精兵强将都在苏皖境内攻坚,早已无法顾及江西,而李秀成前此在江西境内长驱直入,可为前车之鉴。沈葆桢称,军事情形不同而外,岁入情况也有变化,咸丰十年以前,江西连岁丰稔,商贾络绎于途,饷需易于措集;如今民穷财尽,仅恃丁漕两款予以接济。在沈葆桢看来,军事既无依靠,饷事也逐渐减色,江西需要自保,厘金收数应该由江西自主经收,再根据江西战守情况酌量协济湘军。① 客观来说,沈葆桢上述言论似乎故意颠倒江西军务前后情形。其实,咸丰十年以前,太平军左冲右突,江西多次受到侵扰,局势并不稳定;反倒是咸丰十年之后,太平军势力渐蹙,加上湘军扼守江皖一带,其对江西整体局势的影响已经大大减弱。虽然偶有部分太平军进入,但皆难有大作为。

对于此事,郭崑焘一针见血地指出,沈葆桢奏言之中意气成分居多:"江右昨奏蒙(疑有脱字——引者注),不敢谓然。以湖南之瘠苦犹能岁筹东饷数十万金,江之视湘奚止倍蓰,如不欲以利权假人,则仿照湖南章程,于本省厘税外,另筹东饷一分,亦属情至理尽,即欲体恤商情,不肯居聚敛之名,何不可以缄牍相商,酌量分用,又不然或径行具奏,止就事势以立言,已未免咄咄逼人,乃添入将将数语,则全是意气用事。"为了声援曾国藩,郭崑焘保证东征局月饷3万两按时起解,此外尽力挪凑,不拘成数,竭力图之。除了意气之争外,郭崑焘认为沈葆桢之所以专注于洋税、漕折和厘金,是因为沈氏沽名钓誉:"幼帅争洋税、争漕折、争厘金而全不办理捐输,其为彼中京朝

---

① 吴元炳辑《沈文肃公(葆桢)政书》,沈云龙主编《近代中国史料丛刊》第54册,第445页。

官所推服，当由于此。"郭崐焘在致其长兄郭嵩焘信中亦强调此种判断："江西与安庆争厘，两奏皆涉意气，而朝廷颇左袒江西，此未深察事理也。江西钱漕两项经常之款岁入近三百万，如果经理得法，何至更需厘金。且自咸丰六年至今，从未办理捐输。幼帅但图博悠悠者之称誉，试问今日遍地糜烂，果足云休息培养否邪？"①

曾国藩对沈葆桢所奏内容进行全面的驳斥。三年三月十二日，曾国藩奏请江西厘金照旧由其经收，意味着他在江西厘金问题上毫无让步的打算。据曾国藩称，湘军所用江西饷项有三：一是其初任江督时奏办江西厘金以接济东征各军的饷需；二是奏拨江西漕折月饷5万两充作徽、宁两处军营月饷；三是自二年四月起请拨九江关税3万两。上述三项经费皆经奏定，沈葆桢上任后，元年九月截留漕折，二年（1863）六月又截留九江关洋税。面对沈葆桢咄咄逼人的气势，曾国藩并未深究，而是听之任之。然而，此次曾国藩不打算再忍气吞声。曾国藩宣称，此次之所以奋力抗争，实在是因为军饷压力——月饷50余万。先前，湘军所收饷银每年可发六成饷，三年则仅发四成。与此相对，江西各军均发至八成以上，曾国藩所部欠饷达一年半之久，而江西各军欠饷不及五月。曾国藩认为，其对辖境内三省并无厚此薄彼之想，只不过权宜三省实际，酌剂缓急而已。曾国藩指出，揆诸会典事例，江西饷项中，丁漕因其关涉吏事应由抚臣主政，厘金则因军兴而起应由总督掌握。总督本在于总持军务，且此时正值军务繁兴之际，江西作为总督兼辖之区，丁、漕、洋税皆可提用，何况厘金乃奏定之款，不得视为协饷。曾国藩不仅从军需供应的实际情形来说明江西财源对于湘军的重要性，还从制度层面寻找说服清廷和沈葆桢的依据。当然，曾国藩对协饷的理解与清朝规章有出入。作为特定语境下的定义，曾国藩意在说明总督对辖境内财源的支配权，是可以理解的。

---

① 郭崐焘：《云卧山庄尺牍》，沈云龙主编《近代中国史料丛刊》第113册，第165~166、196、491~492页。

不仅如此，曾国藩还以广东七成厘金与湖南东征局厘金作比，抨击沈葆桢畛域自固，罔顾大局。曾国藩称，按理广东七成厘金与湖南东征局厘金皆非其分内应有之饷，但因用兵过久，不得不藉资邻封之助，而广东和湖南之所以力顾其难，系因深知湘军饷需缺乏。曾国藩认为，沈葆桢不仅不同济时艰，而且有意从中作梗。曾国藩还称，元年八九月间，湘军大营疾疫流行，不少士兵死亡。李秀成乘机回援金陵，湘军处境十分危险。不料，沈葆桢不仅不予以支援，反而在未知会的情况下截留江西漕银。至于九江关税，户部拨定不久即被沈葆桢奏留。曾国藩颇感愤怒的是，此次沈氏奏留厘金正值湘军攻打金陵吃紧之时，事先依然未曾与其商量，实在不顾情理且有违同僚之谊。最后，曾国藩请求清廷将江西厘金仍归其征收，待金陵克复之后，再议更张。金陵未克之前，彭玉麟、刘于浔和孙昌国三军每月饷需5万余两仍由江西厘金供支，江忠义和席宝田两军亦须在厘金项下分拨。① 曾国藩在对左宗棠谈及此事时称："幼丹截留江西厘金，敝处抗疏争之，以此间需饷之迫，实有不能不争之势。"② 其实，曾国藩心中对争厘一事颇感为难："江西争厘之事不胜，则饷缺兵溃，固属可虑；胜，则专利之名尤著，亦为可惧。"在这种进退维谷的情况下，曾国藩萌生退意，打算称病请辞。③

正在双方僵持不下之际，数十万太平军从徽州进入江西，曾国藩已无力兼顾，这为沈葆桢争厘提供了口实。户部在议覆沈氏奏折时，认为曾国藩月饷有湖北5万两，湖南2.5万两，四川5万两，江西3万两，加上广东、江苏厘金，为数较多，挹注较易。户部几乎完全接受沈葆桢的意见，同意将一半厘金划给江西。三年三月十六日，清廷明发上谕将此一段公案了结："江西防剿现在极形吃紧，与其糜烂之后分兵筹饷，不如先事预防，俾江省得以自固藩篱，即

---

① 《曾国藩全集·奏稿七》，第3995~3999页。
② 《曾国藩全集·书信六》，第4395页。
③ 《曾国藩全集·日记二》，第998页。

曾国藩亦可专力东南。着即照该部所议,准如该抚所奏,将江西省牙厘、茶税由本省分提一半,作为该省防饷,其余一半仍归曾国藩军营,俾得各资接济。"① 上述判决看似平均分配,其实一看便知曾败而沈胜。

曾国藩门生李鸿章对于这样的划分也很担忧,"江厘所入无多,即分半解皖,奚足救穷?师门部众久困于饷,而饷源日益枯涸"。②通政使司通政使王拯声援曾国藩,称大功即将告成之际,"前此全省之力供亿犹虞弗给,岂至此时而半数已可支,前此数年之久取携既肯相资,何至此时而须臾不能忍。若谓上海一区,饷源殷富,乃苏军所自仰,皖军岂能攘臂而夺之食,其他虽有新复地方,或流亡未复,或疮痍殊深,方当亟求赈恤之方;何遽能生筹济之术。在曾国藩等为人断不至于江饷稍生觖望,且以师久縻费,犹或时以尽忠竭欢为忧。惟军前将卒则当枕戈喋血,切望成功之时,万一传闻军饷来源将闭,众心或生疑惧,何以得饱腾而资鼓舞?前此和春张国樑等大军之溃,实由当轴者有心掊克,而司计者望风承旨,将军营月饷勒掯所致。"③ 清廷接到王拯奏报,顿感江西厘金分配的不合时宜:"江、浙踞逆,日就削平,事机至紧。第皖军仰食,仍惟江省总台是赖。以两湖捐厘之数,为皖军十万养命之源,不特浙饷不能分拨,即曾国藩所部月饷亦止能放数成,粤东情形迥非昔比,厘捐一项筹办綦难。近日沈葆桢又因江西剿贼紧要,请将协皖饷银酌定分数,并于茶税、牙厘项下分提其半,以为本省之用。诚恐军前将卒传闻饷源将室,众心或生觖望,殊于大局关系非轻。"清廷为了抚慰曾国藩,特发上谕令两湖、广东、江西等实心筹拨皖饷,以便维系军心,迅速葳事。④

清廷接到曾国藩上述奏折后,发现其对沈氏奏折进行了全面的反击,寸步不让。由于当时正是湘军全力进攻太平天国之际,如果

---

① 《清穆宗实录》卷97,同治三年三月丙辰。
② 《李鸿章全集·信函一》,第300页。
③ 《清同治朝政务档案》第1册,全国图书馆文献缩微复制中心,2005,第134页。
④ 王先谦:《东华续录》同治卷32,《续修四库全书》第380册,第350页。

处理不当，苦心经营的军事优势很有可能化为乌有。因此，清廷态度立刻一百八十度大转变，向曾国藩示好。清廷解释，前此批准沈葆桢奏请，是因为考虑到江西与金陵"饷需同一紧急，不能顾此失彼"，并不知道湘军军饷供应如此困难。清廷称，根据曾国藩所奏情况来看，如果将江西厘税一归本省经收，军心惶惑，有功亏一篑之虞，因此决定江西厘金仍由曾国藩经收，由曾国藩分提其半交沈葆桢处。[①] 虽然清廷要求曾国藩提一半厘金交由沈葆桢，但经过这样调整以后，厘金征收权利回到曾氏手中，提与不提由曾氏掌控。上述处理对清廷、曾国藩和沈葆桢三方而言意义不同：曾国藩显然因权位重要而成为争饷的胜利方；厘金经收方虽然改变，但分配比例仍然维持前此标准，清廷也可保住颜面，避免朝令夕改之名；沈葆桢虽名义上获得了一定厘金的使用权，但落实与否则完全听由曾国藩处置。观诸清廷的左右摇摆，不免令人莞尔，但揆之实际，亦可见当时清廷对曾国藩的依赖程度。

一波未平一波又起。曾国藩接到上述户部咨文，联想到户部在他与沈氏争饷以来一直"偏袒"沈葆桢，仍然郁气难平。他迅速具折对户部所称协饷进行驳斥，句句针锋相对。其一，户部称，四川每月协济湘军5万两。曾国藩则指出，四川除了咸丰八、九两年解过饷银2.5万两之外，近五年丝毫未解，并要求户部出具解饷证明。其二，户部称，湖南除了东征局抽半厘协济湘军外，每月另有2.5万两协饷，曾国藩称湖南除了东征局协饷外，间有协济，然并无月协2.5万两之多，且本年尚未解过一次。其三，户部称，江西每月协济3万两，而曾国藩指出此款即二年时指拨九江关税，寻因沈葆桢奏留，即解过一次1.5万两也迅即退还，因此分文未得。其四，广东厘金系经专折奏请之饷，本年三个月仅解过9万两，徒有专利之名。其五，江苏厘金系其应得之饷，然而抚臣李鸿章兵数众多，虽议定由上海每月解饷4万，也未能如期如数解到，本年仅解过一

[①] 王先谦：《东华续录》同治卷32，《续修四库全书》第380册，第356页。

批共 3 万两。其六，湖北协饷。曾国藩称，自从安庆克复以来，湖北并未解过曾国藩粮台饷银，而是直接协济杨岳斌等部，因此不能列为其军营协饷。总而言之，曾国藩认为，户部虽然指拨六省饷银协济湘军，然而大多为虚无缥缈之空名而已。曾国藩认为户部此奏居心险恶，有意令其处于不臣且不义之地位："臣才识愚庸谬当重任，局势过大，头绪太多，论兵则已成强弩之末，论饷则久为无米之炊，而户部奏称收支六省巨款，疑臣广揽利权，如臣虽至愚，岂不知古来窃利权者，每遘奇祸，外畏清议，内顾身家，终夜悚惶，且忧且惧。"为了避免清廷猜忌，曾国藩请将皖北西路责成乔松年、东路责成吴棠和富明阿，以息仔肩。① 此奏算是这次争饷的余韵。曾国藩上述举动既在于不肯授人话柄，更是澄清自己，以妨招致灾祸。

为了平息曾国藩心中怨气，激励其一鼓作气荡平太平天国，恭亲王奕䜣以总理衙门的名义来打圆场。奕䜣称，鉴于金陵攻剿正值关键时期，原拨江西厘税被江西本省提用一半后，湘军饷银势必更加支绌，因此决定在前此各关拨解给李泰国用于购买轮船的经费中提出 50 万两交给曾国藩应用。军饷筹措向来由户部主张，总理衙门之所以越俎代庖，超越权限，实在由于金陵事机不可失，曾国藩之心不可冷。曾氏对奕䜣的良苦用心，心领神会："枢廷苦心调停，令人感激。"② 曾沈协饷之争原为江西安全起见，其后双方演化成意气之争，在清廷和枢臣的斡旋之下，曾国藩和沈葆桢只好各退一步，息事宁人。同治三年六月金陵告破，十月，曾国藩停止提用江西厘金，并将经收之权交给沈葆桢。③

曾沈争饷一事清解跌宕起伏，充满戏剧性。脱离"本事"，更可见其中意蕴之丰富。曾国藩推荐沈葆桢担任赣抚，意在为其进军江浙铸就固若金汤的大后方，不想沈氏为人耿介，且本位意识浓厚，

---

① 《曾国藩全集·奏稿七》，第 4070~4071 页。
② 《曾国藩全集·日记二》，第 1001 页。
③ 《曾国藩全集·奏稿八》，第 4570 页。

以保境安民为要务,与曾国藩初衷大异其趣。因此,沈葆桢在江西承协湘军饷银却未能得到有效保护时,与曾国藩顿时立异势属必然。清廷和户部在面对曾沈纠纷时,左沈而右曾,似有更深层次的考量。不过,当上述争论几乎影响大局,可能令数年之功毁于一旦时,清廷立即改弦易辙,向曾国藩示好,希望湘军尽快恢复统治秩序。有意思的是,曾国藩虽然权势较大,但对兼辖省份的控制力仍受到人为因素制约,其通过人事安排来掌握江西饷源的目的并未达成。进一步来说,清代督抚制度使得总督和巡抚之间存在着微妙的牵制关系,有助于约束督抚权势。

(三) 广东:厘金征收与人事变动

曾沈争饷为我们审视协饷制度提供了独特的视角。就当时情况来看,湘军已成为清政府镇压太平军起义无可取代的力量。清廷对曾国藩也极力拉拢,关于这一点,江西人事布局已经表露无遗,至于结果皆出乎清廷和曾国藩意料之外。不过,这种情况毕竟少数,就曾国藩运筹广东厘金一事来看,通过人事布局控制直省财用的做法是可行的。曾国藩对广东厘金的操控过程,体现了其与众不同的影响力。当然,筹饷效果则受督抚个人能力的影响和时局的制约。

顺康年间,广东属于受协省份,每年需要由江西和江南等省协济军饷:"广东省官兵俸饷等项,每岁俱将该省应征正杂钱粮留充该省官兵支用,不足者拨给外省协饷。"① 康熙初年,广东每年需要外省协济120余万两白银。② 随着清朝统治步入稳定阶段,广东经济获得恢复和发展,成为繁富之区。康熙中后期,清廷曾经因军需浩繁,开始令广东协济邻近省份军需,拉开了广东协济他省军需的序幕。康熙末年,广东在协饷制度中扮演着承协省份的角色,主要协济对

---

① 韩世琦:《抚吴疏草》,《四库未收书辑刊》第 8 辑第 5 册,北京出版社影印,1997,第 334 页。
② 贺长龄辑《皇朝经世文编》卷 72,沈云龙主编《近代中国史料丛刊》第 731 册,第 2606 页。

象有广西、云南、贵州和福建等省。①

　　太平军起义时，广东财政饶裕，因此成为清廷筹饷的重点对象。太平军起义伊始，清廷首先令广东协济广西饷银。② 此后，广西大兵云集，饷需支出陡增，广东被多次追加协饷。清廷为了扩大协饷来源，准许广东可以动用任何款项来应付，体现战时军需对协饷制度变动的巨大影响。不过，这也影响了广东起解他省协饷。③ 太平军转战湖南后，清廷又令广东协济湖南，不仅不拘任何款项，而且还可以向商人挪借。④ 可见，清廷因军需紧急，不断破除制约协饷运作的各种限制，始而地丁，继而关税、盐税和各种税源，以至于借贷。广东自咸丰元年开始至咸丰十一年八月止，历年动用军需款数达1000余万两，⑤ 摊算每年约在100万两以上，协济强度之大，不难想见。

　　广东的财源引起了曾国藩的兴趣，署理两江总督后，希望直接控制粤省若干财源作为接济湘军军需。更为重要的是，经过十余年的征伐，国家财用疲于供支，湘军作为镇压太平军的主力，军需供应不可不重点筹划。咸丰十一年年底，浙江杭州等处被太平军攻破，巡抚王有龄殒命，清廷大为震动。究其原因，与各省协饷解送寥寥关系极大："部拨协饷只闽省偶有接济，究属杯水车薪。其余江西之每月协饷银六万两，湖南每月协饷银三万两，四川每月协饷银五万两，均无丝毫解到。"⑥ 之后，清廷立即任命左宗棠接任浙江巡抚，并令曾国藩节制苏、浙、皖、赣四省军务，统筹全局。⑦ 清廷的上述安排既显示了湘军实力的上升及其在国家政治权力分配上的重要性，也对曾国藩提出了更高的要求。曾氏不仅要统筹清军对太平天国的

---

① 允禄等监修《大清会典》（雍正朝）卷32，沈云龙主编《近代中国史料丛刊三编》第765册，第1675页。
② 《清政府镇压太平天国档案史料》第1册，第153页。
③ 《清文宗实录》卷65，咸丰二年七月甲寅。
④ 《清文宗实录》卷66，咸丰二年七月癸亥。
⑤ 《清穆宗实录》卷3，咸丰十一年八月丙子。
⑥ 《侯官王壮愍公年谱》，《北京图书馆藏珍本年谱丛刊》第156册，第442页。
⑦ 《曾国藩全集·奏稿三》，第1761页。

围剿，还要为各将领筹集军饷，保障军需供应。这也是促使曾国藩主动收揽利源的主要原因。

由于浙江及毗连的皖南地区军事紧急，左宗棠有兵无饷。曾国藩遂为之奏请由广东月协饷银10万两来维持日常供应。① 为了获得更为稳定的饷源，曾国藩奏请清廷派专人赴广东办理厘金，专协湘军，以保障浙、皖、苏三省饷需供应。曾国藩认为，广东财力为东南各省之首，除了丁漕正赋外，还有海关、盐场、捐输以及厘金等大宗财源；如果能够控制上述四项财源之中的任何一宗，即可养数万之兵。曾国藩对广东财源的认知令其对广东厘金征收报有很大的期望，并制订了厘金分成计划，其中左宗棠军营所拨广东协饷10万两即在厘金项下划拨，其余则由其分拨各路大军。曾氏意在垄断粤省厘金，要求广东本省用项及京协各饷均不得挪用厘金。②

曾国藩认为，其与劳崇光交情不深，如果贸然与之商议厘金一事，未必能获得支持，因此他奏请清廷派遣京卿大员专办广东全省厘金，供应江浙皖三省兵饷。③ 清廷批准了曾氏的设想，令晏端书赴广东办理厘金，会同曾国藩派出的委员经画粤厘事宜。曾国藩对清廷此番人事安排十分会意："广东督办厘金，放晏端书，以其戊戌同年而派。朝廷之用心，良可感矣。"④ 此举既反映了清廷对曾国藩十分倚重的实际情况，也有利于其集中财源迅速平定太平天国运动。这次任命开启了湘系影响广东人事布局的序幕，此后几任督抚的任命概莫能外。

曾国藩对广东厘金收入相当乐观，预计每月可征收20万两上下，远远超过江西厘务所得。⑤ 为获得相关各方的理解，争取他们的

---

① 《清穆宗实录》卷15，同治元年正月丁亥。
② 葛士濬辑《皇朝经世文续编》卷24，沈云龙主编《近代中国史料丛刊》第741册，第644~645页。
③ 《曾国藩全集·书信四》，第2640页。
④ 《曾国藩全集·家书二》，第824页。
⑤ 《曾国藩全集·家书二》，第813页。

支持，曾氏不厌其烦地向他们说明征收广东厘金的真实意图。其中，晏端书的态度至为关键，曾氏推诚相与，"粤东抽厘，实属万不得已之举，明知为邻封所憎嫌，而舍此别无一筹可借"，①希望晏氏能勇于任事，取得实际成效。为防止广东督抚从中作梗，他致信总督劳崇光，说明奏请办理广东厘金的缘由："揆度时事，似尚可为，而饷项支绌万分，动形棘手。江浙三省凋敝已极，无可罗掘，江西、两湖历有协解，亦皆疲于供亿。左帅虽任浙抚，并无尺寸之地，较敝处尤为艰窘。……因思岭南素称富庶，重以仁风布护，益臻繁盛，当此万难之时，不得不呼将伯之助。"②在致广东巡抚耆龄信中亦委曲求全："如粤中能有巨款接济，庶几绝处逢生耳。"③同时，曾氏对受协各方也有规划。他向左宗棠允诺："广东协浙之饷，弟当竭力为兄谋之，务期月过五万，不托空谈。"④他又向正在皖北督剿捻军的袁甲三许诺，广东厘金征收后将按月协济之，绝不会独占利源。⑤在分配比例上，他与李瀚章商定，以五成济浙，三成济皖，二成济苏。⑥

与曾氏的预期不同，粤东厘金办理并不顺利。劳崇光对厘金征收之权操诸外人，心有不满。他在致曾氏的信中大倒苦水："粤东本富庶之区，从前地方安静，征收丰溢，库项充盈。本省并无军需拨解，京外协饷亦有定数，是以绰然有余。自军兴以来，拨款渐多，渐形支绌。"劳氏表示，假使广东财力充足，以有余补不足，自当欣然应允。但是粤省近年各项支出繁多，已经入不敷出，况且粤东厘金最难办理，每年收数有限，并不似曾氏所言能够成为军饷大宗来源。劳氏还引出民意，称耆龄到任后整理广东厘金章程，引起商民的观望。后来，耆

---

① 《曾国藩全集·书信四》，第 2721 页。
② 《曾国藩全集·书信四》，第 2757 页。
③ 《曾国藩全集·书信四》，第 2968 页。
④ 《曾国藩全集·书信四》，第 2589 页。
⑤ 江世荣编注《曾国藩未刊信稿》，中华书局，1959，第 39 页。
⑥ 江世荣编注《曾国藩未刊信稿》，第 52 页。

氏调赴福建督办军务，"奏请移粤省厘金支应闽饷，商民更加哗然，谓本省并非无事，何故以粤民之膏血供外省之挥霍"。① 劳氏此举意在说服曾氏放弃广东厘金，却引起曾氏的反弹："来示又因厘金而述及关税、盐捐均为他省所夺，外省或不得知，如江南、江北、浙江之军饷，鄙人皆得与闻，岂敢于厘外更有所责？"曾氏针锋相对："济人之与求济于人，给人之与仰给于人，未可同日而语。有土地而不能私其货财，固堪懊恼；较之土地沦陷，货财全空，仰给于人者，不犹愈乎！……因是揆度台端前在广西求济于人，今在广东疲于济人，孰欣孰戚，必堪共喻。"② 由此可见，劳氏的一番说辞显然未能获得曾国藩的谅解。

劳崇光的不合作态度令曾国藩十分不悦，加上粤厘刚刚起步，收数有限，以致曾氏向左宗棠叫苦不迭："粤厘杳无佳音，不仅贵处支绌，弟亦立虞决裂。金陵、宁国各军欠饷皆九个月。"③ 左宗棠虽然十分缺饷，也希望此次办理广东厘金能够收到实效，但对曾国藩奏请办理厘金过程中的操切做法颇有微词，认为以劳崇光偏执的个性断然不会就范。④ 左宗棠的分析被不幸言中。劳崇光在晏端书办理厘金期间常常借故掣肘，且有意有所分润。清廷为示好曾国藩，借口劳崇光办理厘金不善将其调离广东。⑤

清廷随即令广西巡抚刘长佑出任两广总督，又命黄赞汤接替耆龄任广东巡抚，曾氏对于这次人事调整甚感欣慰："此后印渠为督，莘农为抚，当更顺手。"⑥ 此二人皆与曾国藩私交甚笃，清廷有意将广东督抚换成曾国藩瞩意之人，旨在令其收如臂使指之效。刘、黄二人未到任前，督抚二篆由晏端书署理。其后，刘长佑因调任直隶总督而未到任，广东督抚遂为晏端书和黄赞汤二人。晏、黄二人尽管

---

① 中国社会科学院近代史研究所资料室编《曾国藩未刊往来函稿》，第 227 页。
② 《曾国藩全集·书信四》，第 2949 页。
③ 《曾国藩全集·书信四》，第 2936～2937 页。
④ 《左宗棠全集·书信一》，第 463 页。
⑤ 王先谦：《东华续录》同治卷 13，《续修四库全书》第 379 册，第 397 页。
⑥ 《曾国藩全集·书信五》，第 3220 页。

与曾氏交好，但是筹饷能力欠佳。据说，晏端书虽然改易粤东厘金章程，然而换汤不换药，征收情况反而较改革之前减少；且管理机制涣散，胥吏上下其手，厘金中饱之弊有愈演愈烈之势。黄赞汤身任巡抚，所作筹划乏善可陈，导致湘系各派人物对其意见很大。① 左宗棠称"饷事直不可问。晏同甫自权粤督后，即停粤厘不解"。② 曾国藩也慨叹，广东厘金虽获专利之名，实际上开办九个月以来，所得不到30万两，远不逮湖南东征局收数，与之前月收20万两的预计相比真有霄壤之别。③ 粤厘抽收情况令曾氏颇感失望，自不待言。

同治二年晏、黄相继离职，其中最大的原因就在于筹饷无方。继任者分别是湖南巡抚毛鸿宾和两淮盐运使郭嵩焘。毛鸿宾与曾国藩谊属同年，私交甚好。毛氏在湖南巡抚任上，积极为曾氏擘划军饷，源源接济，遂被其保荐为两广总督。至于郭、曾二人，早在青年时代就已是至交，在两淮盐运使任上筹饷颇著成效。④ 毛鸿宾与郭嵩焘也相知甚深，毛氏主政湘省时，曾多次向郭嵩焘咨询厘金征收等问题。毛鸿宾被简任两广总督后，奏保郭嵩焘为广东巡抚。大理寺少卿王拯也极力推荐郭嵩焘赴粤办理厘金："粤厘必欲办理有法，非得如郭嵩焘者前往，恐不足以收成效而泯祸端。"⑤ 虽然毛、郭皆为筹饷能手，但曾国藩吸取了前几任的经验教训，仅表示了审慎的乐观："毛、郭同省，粤厘当有起色。"⑥ 左宗棠倒是对好友郭嵩焘抚粤颇有期待，希望其可以扭转前此广东厘务每况愈下、协饷停解的情形。⑦

---

① 《清穆宗实录》卷68，同治二年五月丙寅。
② 《左宗棠全集·书信一》，第501页。
③ 《曾国藩全集·书信五》，第3741页。
④ 吴汝纶编《李文忠公（鸿章）朋僚函稿》（四），沈云龙主编《近代中国史料丛刊》第32册，第323页。
⑤ 盛康辑《皇朝经世文编续编》卷56，沈云龙主编《近代中国史料丛刊》第840册，第6458页。
⑥ 《曾国藩全集·家书二》，第1009页。
⑦ 郭廷以等编《郭嵩焘先生年谱》，中研院近代史研究所，1971，第255页。

清廷对毛、郭也寄予厚望，要求他们"实力筹划，务令饷源充裕，以收士饱马腾之效"。① 毛、郭上任后，打算先解决省内土客械斗等问题，因此奏请除京饷和江南大营军饷外，其余承协各饷一律停止。此举意在缓解广东派饷压力，减轻民间负担，从而为本省军务活动创造良好的内部和外部环境，并且得到曾国藩的支持。不过，粤省军务进展并不如意，军需支出不断增加，厘金征收却未见进展。② 毛、郭多次奏请截留协饷，对曾氏之接济不增反减："粤厘日见日减，良可深虑。"③ 曾氏坦言，由于军队欠饷太多，兵队随时有哗溃之虞。好在事情亦有转机，随着长江下游各省军务渐停，军饷得以敷衍。

同治三年六月十九日曾国荃等率领湘军攻破天京，清廷心腹巨患终被剪除。还在金陵克复之前，坊间即以曾国藩拥兵自重广为流传。④ 为了全身而退，曾国藩奏请遣撤湘军，"将金陵全军五万人，裁撤一半，酌留二万数千人"。曾氏除了补给将士欠饷，筹集军队遣散费用外，筹饷压力大为减轻。曾国藩按照事先计划，奏请停止广东厘金以及湖南东征局厘金，以避免"擅权"之说。据曾国藩统计，广东厘金开办三年来，为湘军提供了120万两左右的饷银，⑤ 平均每年获得40万两，大大低于月饷20万两预期。

综观广东厘金征收与督抚人事变动，我们可以看出：督抚对直省财力控制权力有所提升，这也是清廷安排与湘系颇有渊源者担任广东督抚的原因。湘军崛起后，曾国藩对政局影响大增，可以染指相关省份财权并操控省份督抚人事任免。不过，由于广东省内军务未定，督抚才干不同，厘金收效与预期相距甚远。

咸同时期湘军军事行动逐渐成为清政府镇压太平军起义的核心，与之相呼应的就是协饷制度成为军需供应的主力。同治六年三月，经

---

① 王先谦：《东华续录》同治卷26，《续修四库全书》第380册，第168页。
② 《郭嵩焘诗文集》，第171页。
③ 《曾国藩全集·家书二》，第1128页。
④ 《太平天国史料丛编简辑》第4册，第284页。
⑤ 《曾国藩全集·奏稿七》，第4268~4269页。

过两年多时间的稽核，曾国藩遵照清廷上谕办理军需报销。从咸丰三年九月至同治三年六月，曾国藩所用军需款为2130余万两。其中，自咸丰三年九月至六年十二月作为报销第一案，共计收银289.1419万两；咸丰七年正月至二月二十日为第二案，收银29.1394万两；咸丰八年六月至十年四月为第三案，共计收银169.1676万两，钱1019串；咸丰十年五月至同治三年六月为第四案，收银1685.459万两，钱96.5552万串。这些报销案中，前三案皆是曾国藩未担任实官时所获饷银，皆为他省协饷。下面将其奏报数据进行整理如表2-1所示。

表2-1 湘军报销第一、二、三案

省份	第一案	第二案	第三案
广东	60000 两		
湖北	20000 两		703000 两
陕西	120000 两		
四川	40000 两		55000 两
江西	1816496 两		银 656833 两,钱 1019 串
湖南	663735 两	5000 两	275921 两

资料来源：《曾国藩全集·奏稿九》，第5555~5560页。

湘军报销第四案则在曾国藩登上两江总督大位之后，收入如表2-2所示。

表2-2 湘军报销第四案

来源	收数
湖南	银 2614318 两,钱 1074672 串
湖北	725789 两
广东	1102382 两
浙江	20000 两
江苏	1147449 两
江西	7741009 两
安徽	银 3022583 两,钱 63777 串
杂项	115905 两

资料来源：《曾国藩全集·奏稿九》，第5560~5564页。

虽然曾国藩认为江西、安徽作为两江总督兼辖省份的军需供应不应属于协饷，然而按诸清廷规定，本省起运项下和隔省协济都是协饷，且前述争论中曾氏也都将各项协济款项视为协饷。仔细审视上述报销案，协饷占据总军费的绝大部分，仅江苏和杂项收入为非协饷，在总共 1685.459 万两中，除去江苏和杂项收入 126.3354 万两，以及第三案余存银 6.4629 万两，协饷为 1552.6607 万两，占 92%。由是观之，曾国藩在镇压太平天国运动中，军饷来源绝大部分为协饷。就历时性而言，曾国藩报销数额明显增加，这既是其军需消耗增加的表现，也表明其对饷源的掌控能力和影响力逐步加强。需要指出的是，此间各省督抚中不少为湘系或与湘系渊源深厚者。如前所述，这些人事安排对曾国藩获得军饷是有帮助的，详见表 2 - 3。

表 2 - 3　咸丰八年六月至同治三年八月相关省份督抚藩司名单

省份	总督	巡抚	藩司
湖南	官文	骆秉章、翟诰、毛鸿宾、恽世临	文格、恽世临、石赞清
湖北		胡林翼、李续宜、严树森、唐训方	罗遵殿、庄受祺、严树森、唐训方、厉云官
江西	何桂清、曾国藩	耆龄、恽光宸、毓科、沈葆桢	龙启瑞、恽光宸、毓科、张集馨、庆廉、李桓、孙长绂
安徽		翁同书、李续宜、唐训方、乔松年	李孟群、张光第、贾臻、江忠濬、马新贻
四川	王庆云、黄宗汉、曾望颜、崇实、骆秉章	无	祥奎、刘蓉、江忠濬
广东	黄宗汉、王庆云、劳崇光、晏端书、毛鸿宾	柏贵、劳崇光、耆龄、黄赞汤、郭嵩焘	毕承昭、周起滨、伊霖、文格、吴昌寿、李瀚章
浙江	王懿德、庆端、耆龄、左宗棠	晏端书、胡兴仁、罗遵殿、王有龄、左宗棠	李续宾、徐宗幹、沈兆沄、庄受祺、林福祥、蒋益澧

资料来源：钱实甫编《清代职官年表》第 2 册，中华书局，1980，第 1473~1477、1701~1707 页；第 3 册，第 1924~1930 页。

上述督抚和藩司中，大都属于湘系一脉或与湘系保持着良好关系。清廷对上述省份人员安排有利于他们之间声气相通，同心协力地为镇压太平天国运动而努力。从结果来看，这种人事安排确实实现了清廷的初衷。即以同治三年为例，全国总督八人，湖南居其五：直隶总督刘长佑、两江曾国藩、云南劳崇光、闽浙左宗棠、陕甘杨岳斌，巡抚则有曾国荃、刘蓉、郭嵩焘等，其余藩、臬、提、镇更多，可谓盛极一时。① 有研究者指出，清政府为了将太平天国镇压下去，以湘军为中心，通过人事布局来使其掌控东南各省政局，从而将东南各省资源集中起来，形成一个对抗太平天国运动的利益攸关整体，并最终达成目的。② 反观这段历史，其判断不无道理。

总而言之，以上选择两湖、江西和广东作为考察湘军与协饷制度之间的纷繁复杂的关系，同时也可以作为反映湘军在不同发展阶段的代表：两湖时期可视为成长期，江西则为上升期，广东则代表成熟期。两湖时期，湘军作用有限，虽然取得一些胜绩，但表现还不稳定。曾国藩影响力远未彰显，军饷供应主要依托友朋之助。江西时期，湘军战斗力已获得清廷认可，并取代经制军队成为攻打太平军的主力，清廷对湘军饷需逐渐重视起来，协饷指拨较多，同时还有江西赋税收入作为可靠来源。及至广东时期，湘军镇压太平军已经基本奠定胜局，取胜只是时间问题。清廷为鼓励湘军尽快结束战斗，对曾国藩一意示好，尤以广东督抚人事的几番调整最为明显。

太平军兴以来，清廷、督抚和统兵大臣充分利用协饷制度来运筹饷需，改变了协饷制度相对固化的运作模式，赋予其新的内容，较为成功地完成了转移财赋的目的，推动了军事行动的进程。协饷制度受到上述因素的影响，变动很大，总结起来主要有以下几点：一是指拨关系的确立从户部主导变成户部指拨和督抚及统兵将领之

---

① 张集馨：《道咸宦海见闻录》，第377页。
② 朱东安：《曾国藩集团与晚清政局》，华文出版社，2003，第315~328页。又见朱东安《曾国藩集团同清政府的矛盾与对策》，《明清论丛》第5辑，紫禁城出版社，2004。

间协商的双轨运行机制，各省督抚在协饷中的话语权加重。二是协饷来源大大扩展，无论正杂各款皆可作为协济来源，尤其是厘金的加入，更加充实了军需供应体系。三是协饷数额巨大，各地战火四起，协饷指拨频繁，清廷调拨协饷力度空前。四是指拨关系复杂，各省不再拘泥于受协或承协一种身份，可能同时兼具两种身份。五是运解过程中不再限定于既定线路，而是根据道路情况适时做出调整。六是对协饷解银的要求放松，制钱、官票、大钱等货币加入其中，改变了协饷必须解银的惯例。七是协饷制度过于注重太平军一方，全国其他地方的协饷调拨陷入困境（详后），等等。除了最后一点外，上述变化拓展了协饷制度内容，为其持续发挥作用提供了条件。

透过湘军的发展壮大来观察咸同时期协饷制度的调整，可以发现时局变动与军制、政局、经济和人事之间的关系：一是湘军与协饷的关系。湘军进入协饷体系后由被动指拨饷银转向主动攫取利源，显示了清廷统治策略的调整。这种吐故纳新的做法对王朝统治的延续起到了关键性的作用。二是湘军崛起改变了咸同政局。清廷任命不少湘系人物或与湘系渊源深厚者担任封疆大吏。清廷此举意在向湘系示好，使他们有疆土之责，亦收有土有财之效；客观上也有利于他们声气相通，互相支持，合力为清廷铲除心腹之患。三是湘军与各省财力变动。湖南、湖北、江西和广东四省对湘军军需供应十分重要，各省督抚纷纷搜刮财源，甚至设立专项经费协济湘军，同时也改变了本省财力状况及其在协饷制度中的地位。

通过上述分析不难看出，咸同时期各省财权和军权的上升是不可否认的，但是否造成督抚与清廷之间的权力争夺却可存疑。既有事例皆表明权力的下放有利于推进军事进程，无论是清廷还是督抚都以积极恢复王朝统治秩序为目标，在取向上是一致的。即以曾国藩为例，曾国藩应是此间督抚掌握军权与财权最为典型的代表，然而其权力的贯彻仍然受到很多因素的制约。沈葆桢虽然由其推荐担任江西巡抚，但并未事事听命于他，反而屡屡掣肘。同治初年，广东几任督抚皆为湘系一脉，是曾国藩控制广东财源的重要棋子。然而，由于广东情况复杂，曾国藩提用广东厘金的计划也未能够如其所愿，更遑论控制广东局势。换言之，咸同时期督抚权力的扩张不宜夸大，在"内外相维""大小相制"的王朝体系中，督抚个人影响力的施展受到诸多主观和客观因素的限制。曾国藩在攻克南京以后，急忙自剪羽翼，生怕被人疑忌其拥兵自重，专擅军权、财权。这其中除了曾氏自身因素外，清廷的权威也是主要原因。至于其他各省督抚，权势远不及曾国藩此间之影响，更无分庭抗礼之能力。可见，咸同时期清朝统治者对直省的驾驭能力仍然很强，"督抚集权""督抚专政""地方主义"的情况并未出现。

实际上，协饷制度作为此间清廷统治情况的测度表，较为真切地反映出晚清社会的诸多变化。经过太平天国运动的冲击，协饷制度的制度弹性得到充分发挥，因革损益是其旺盛生命力的表现，并为延续清政府统治做出了重要贡献。当然，清廷罗雀掘鼠的方式引起时人及后人的不少批评，不断因战争的浩劫而增重负担的百姓是战争最大的受害者。此外，清廷因集中精力镇压太平军起义，忽略了边疆地区的管理，导致边疆地区统治局势日益恶化。

第三章
再顾边陲：协饷供应与边疆统治秩序

边疆省份战事的发生与协饷供应下降和军队抽调关系密切。协饷制度本意虽在于保障边疆省份军需供应，强调酌盈剂虚，然而由于承协省份陷于战火，全国财用紧张至极，边疆协饷解送遂大受影响。特别是，心腹之患与肢体之患的区分使得清廷以镇压太平军运动为急务，将边疆省份军务放在次要位置，导致兵与饷的安排畸重畸轻。太平军起义失败后，清廷才转换战略，将重心转向黔滇陕甘新疆地区，协饷供应出现改观，但用力也不均匀，云贵地区饷需供应规模远不如陕甘新疆地区。这也表明协饷制度的运作是以王朝统治秩序为基础的，其轻重缓急界限十分分明。考察边疆地区的协饷供应，可以为我们展现协饷制度的优点与不足，以及制度用意与实际运作之间的落差，同时也可具体了解协饷供应、战争进程和王朝统治秩序之间的密切关系。

第一节 贵州：以邻省之力解本省之困

如前所述，苗民起义发生后，贵州收支差距拉大，军需供应情况更加恶化。户部虽然为贵州指拨协饷，但落实情况不尽如人意，以至于本省措手无方。在这种情况下，邻近的湖南和四川两省因唇亡齿寒的关系，承担援助贵州军务之重任，不仅派兵带饷援剿，还协济贵州本省军需。正是在湘川两省的积极帮助下，贵州军务绵延二十年才告终结。从贵州军务进程来看，协饷供应关系着王朝统治秩序的落实，而邻省援兵援饷则为贵州恢复稳定做出了主要贡献。这也说明，边疆省份与腹地省份仍然能够共同进退，恢复王朝统治秩序。

一 湘楚承乏

贵州巡抚蒋霨远在苗民起义发生后，请求清廷指拨协饷。随后，户部指拨四川、陕西和山西三省各协饷十余万两解赴贵州。① 然而，各省因为派饷较多，落实情况大打折扣。截至咸丰五年六月，各省欠解贵州协饷已达160多万两。② 贵州在久等协饷不到的情况下，向云南请求支援。云南与贵州同属云贵总督治下，虽有缓急相济之谊，但云南岁入有限且协饷拖欠严重。云南为顾及大局，协济贵州饷银14万余两，③ 实属难能可贵。然而，云南不久也发生了回民起义，遂无力顾及贵州。

因此，云贵总督恒春只好奏请再从川、陕、晋指拨数十万两协饷。户部以川、陕、晋承协过多转而令广东在关税项下协济20万两，广东协饷未到之前先由湖南解银数万两济急，等粤东协饷经过湖南即照数截留。④ 然而，广东关税入款业已指拨江南大营。由于上述各省皆被派饷接济镇压太平军起义省份或将领，因此造成协饷竞争，而当时太平军为清廷心头大患，各省也以接济东南军务省份为首要任务，协饷被挤占即是先例，此次指拨也难指望。⑤

贵州军需供应下降导致苗民起义不断壮大。湖南和四川与贵州毗连，担心苗民起义会重演太平军起义一幕，一发不可收拾。在这

---

① 《清文宗实录》卷151，咸丰四年十一月己卯。
② 《清文宗实录》卷170，咸丰五年六月己未。
③ 《清文宗实录》卷172，咸丰五年七月甲戌。
④ 《咸丰同治两朝上谕档》（5），第368页。
⑤ 《咸丰同治两朝上谕档》（5），第503～504页。

种情况下，湘抚骆秉章为保障湘黔边界安全，决定越境剿办。① 此议得到蒋霨远的积极赞同，并奏请将四川加入进去，由两省派兵带饷，协助帮办贵州军务，获得清廷认可。

川督黄宗汉在接到谕旨后，即派遣副将蒋玉龙率军赴援贵州，但仅安排了6个月行粮，并决定将蒋玉龙所部交由贵州调遣，军需也由黔省筹划。此举似乎是黄宗汉有意曲解派兵带饷援剿的规定。因为所谓派兵带饷援剿，并未申明饷需需要援助省份始终承担。

咸丰六年十一月，御史宗稷辰也建议由四川和湖南两省派兵支援贵州军务。清廷接到奏折后，令川督湘抚分别议复。不久，湖南派遣参将万年新督带兵勇2200余人由靖州赴黔会剿。此前，四川也已加派参将钟海统带兵勇1000名赴黔。不过，上述规模与蒋霨远的预想相去甚远。蒋氏希望川湘各派五六千人，并仿照雍正年间征苗旧案，要求由户部拨给大批有著之饷。清廷认为，此时全局骚然，与先前一隅用兵不同，兵力和饷力均无法应付，仅令四川和湖南酌量添派数百名兵勇带饷前往。②

清廷上述安排似有因陋就简之嫌，这也令贵州大员对军事行动毫无信心。已升任贵州提督的蒋玉龙认为黔省军务毫无进展的主要原因在于兵单饷薄："黔省山多地少，无事之秋，尚须邻省协济。比来军需浩繁，解到协饷不及常年之半，黔兵则三年未关季饷，三省征兵及练勇饷项积欠已逾十余月，兵力既单，兵心又涣，是以上年前任提臣孝顺因饷缺兵溃，情急自戕。佟攀梅督兵麻哈，亦因饷缺兵溃，城陷被害，此饷项太绌，剿办棘手之实在情形也。"③ 蒋玉龙所奏应属可信。贵州地瘠民贫，本省经费来源较少，加以协饷解送不前，军需供应情况确实制约军事进程。清廷有鉴于此，谕令四川协兵协饷；并令湖南添拨兵勇配合蒋玉龙所部共同进剿。清廷希望

---

① 骆秉章：《骆文忠公奏议》，沈云龙主编《近代中国史料丛刊》第61册，第650页。
② 《咸丰同治两朝上谕档》（7），第32页。
③ 《清代方略全书》第198册，第309页。

以三省之力办一省之军务，改变贵州军务颓势。①

贵州虽然极力筹措军饷，但各省协饷多属纸上空谈。咸丰十年（1860），据贵州署抚海瑛统计，自咸丰四年至十年初，贵州协饷积欠至570余万两，平均每年欠解超过90万两。这些欠饷中，江西欠解达240余万两，占42%强。海瑛之所以特别提到江西，固然是因为该省确实欠饷惊人，更重要的是，江西当时全境肃清，已有能力落实所欠饷需。清廷亦作如是之想，责令江西署抚恽光宸迅速筹饷10万两解往贵州。②此外，海瑛还希望湖北能够施以援手。胡林翼以湖北财力有限，无力承担为由予以拒绝。③所幸骆秉章决定除了继续接济援黔湘军外，每月协济贵州2万两，④稍解燃眉之急。

此后，贵州和湖南两省军队在下游地区对苗民发起了多起攻势，虽取得若干进展，然因苗民起义军"旋灭旋起"，很难一锤定音。当时，下游集中了兵勇2万多人，而各省积欠饷银已增至700多万两。军队不仅无饷，粮米供应也接济不上。清廷对此颇感不安，担心军心动摇，因此令省内较为安谧的广东和山西等省筹备饷银，予以协济。⑤

同治二年（1863），清廷调整贵州人事布局，任命张亮基为贵州署抚，希望他能够妥善统驭大局，改善军务状况。张亮基认为贵州军务之急不在于缺兵而在于缺饷，他将视野放在四川和湖南两省。张亮基因四川积欠黔饷70余万两，建议川省用盐来抵偿，由贵州催饷委员领运售卖。⑥这种方法曾在湘军以及李世忠军营推行过，确为变通协饷之良策。不仅如此，张亮基还与湖南巡抚毛鸿宾商量，催解欠饷。⑦

---

① 《清文宗实录》卷252，咸丰八年四月辛未。
② 《清文宗实录》卷307，咸丰十年二月丙午。
③ 《胡林翼集》（二），第682页。
④ 《骆文忠公自订年谱》，《北京图书馆藏珍本年谱丛刊》第147册，第119页。
⑤ 《清代方略全书》第198册，第546页。
⑥ 《清代方略全书》第198册，第559~561页。
⑦ 《清代方略全书》第198册，第569~570页。

第三章　再顾边陲：协饷供应与边疆统治秩序　155

张亮基上述催饷与筹饷举措收效并不明显，以致兵勇因军食不保而逃散。清廷得知此事后十分恼火，指责其驾驭无方和筹饷不力。实际上，清廷的指责大可商榷，且不说贵州本来经济潜力有限，且各省协饷也停滞不前，历任督抚皆因饷需缺乏而无术补苴。张亮基随后对贵州近年财用状况做了说明。他指出，贵州自清初以来，每岁由户部指拨七八十万两协饷。太平军起义后，"邻省自顾不暇，而黔省益孤立无援"，不仅兵饷无法支发，军火、米粮也都没有着落，大局岌岌可危。"查各省生财之策不外地丁、厘金、捐输三大端。黔省则田亩荒芜大半，地丁无可催科，贸易萧条不堪，厘税日形减色，捐输一节，当此民穷财尽，更不能强以所难。虽屡荷圣恩饬拨各省协饷，无不空文见覆，运解无期。"张氏索性将其利害剖白清楚，"黔省事尚非必不可为，倘再一蹉跎，饥兵万一哗溃，不独本省更不可收拾，川楚毗连，必致骎骎蔓及。川楚二省，按月各解济黔省一二万金，尚非力不能为之事，而黔省积困之余，得此亦可稍苏涸辙"。① 张亮基此奏明晰透彻，道尽了贵州历任巡抚和统兵大臣的艰辛，指出了贵州军务一直恶化的根源。当时，贵州本省入项如下：每年应征钱粮约 12.1664 万两，耗羡及耗米官租变价等项共 2.5656 万两，除存留外，例应解司库地丁银 6.454 万两，耗羡等项 1.0102 万两。同治三年，真正解往司库的仅有 4638 两，拖欠 5.9721 万两。也就是说，实际收数仅是十分之一左右，可见贵州财政收入之窘迫。② 难怪贵州军务"藉手无资，不能早为勘定，贼日剿而日众，兵日用而日疲"。③

曾国藩攻克金陵后，放弃了湖南东征局厘金和广东厘金。张亮基希望可以从这两项利源中匀出若干支持贵州军事行动，然而前者

---

① 《清代方略全书》第 198 册，第 619~623 页。
② 张祖佑原辑、林绍年鉴订《张惠肃公（亮基）年谱》，沈云龙主编《近代中国史料丛刊》第 631 册，第 989~990 页。
③ 张祖佑原辑、林绍年鉴订《张惠肃公（亮基）年谱》，沈云龙主编《近代中国史料丛刊》第 631 册，第 1016 页。

已经裁撤,仅留下几大主要收入作为协甘之用,① 后者则为左宗棠专美。张亮基对此颇为郁郁:"各督抚及各路统兵大臣分攻发逆、捻匪,其大营每月饷银大率数十万两,现黔省则每月并求一二万两之饷,尚难必得,且各该大臣所部皆抽调各省劲勇精兵,亦非黔军积年疲弱可比。"② 在饷绌兵疲的情况下,贵州军务只能苟延残喘而无力迅速底定。

二 清廷战略转换

同治四年二月二十六日,清廷发布上谕:"滇黔惨遭蹂躏十有余年,谁非朝廷赤子,岂忍坐视其颠危而不一拯救?惟以东南未尽荡平,西北尤关紧要,是以征兵筹饷,不得不先清腹地,再顾边陲。"③ 清廷此番剖白刚好解释先前贵州军需供应难以为继的主要原因:清廷本有轻重缓急之分,是以先清腹地再顾边陲,这直接导致其在调配财力时有所偏重,以致贵州协饷积欠累累。当然,从积极方面来说,此谕旨也宣告贵州军务进入新阶段。由于东南军务次第结束,清廷可以调集国用支持贵州军事行动。清廷随即令张亮基妥筹贵州局势,并令两江总督曾国藩、湖广总督官文和江苏巡抚李鸿章在筹办西征协饷时,兼顾云贵地区。

曾国藩建议川湘两省分任责成。他认为,就贵州而言,黔省军务应该以湖南作为根本,令其负责饷需供应。当时,清廷任命李瀚章为湖南巡抚。曾国藩认为此举对帮助贵州迅速平定苗民起义非常有利。李瀚章乃系李鸿章胞兄,曾为曾国藩幕友,与湘军将领交谊深厚,"若令选将练兵,专图黔事,必可次第奏功"。至于军饷方面,曾国藩建议湖南仿照东征局之例,酌增厘金税率与征收范围,专济

---

① 卞宝第、李瀚章等修,曾国荃、郭嵩焘等纂《(光绪)湖南通志》卷59,《续修四库全书》第662册。
② 张祖佑原辑、林绍年鉴订《张惠肃公(亮基)年谱》,沈云龙主编《近代中国史料丛刊》第631册,第1051页。
③ 《清穆宗实录》卷131,同治四年二月壬辰。

贵州。① 曾国藩此番议论，一方面可视为对清廷布局湖南人事的解读，另一方面也为尽早解决贵州军务提出了思路。

此间，贵州军务出现转机，省城周围军事渐定。张亮基准备大张挞伐，为此他奏请湖南在东征局收入项下每月协济3万两，在积欠协饷内抵扣；广东在厘金项下每月拨解1万两；四川在每月额拨2万两外，再从泸州和重庆两处厘局各提5000两，亦在川省积欠内扣除。清廷批准了张亮基的要求。② 贵州协饷数额，据张亮基统计，自咸丰三年至同治四年共积欠946.6062万两，加上铅本银104.8340万两，共计达1051.4402万两，平均每年欠饷80余万两。这对协饷规模较小的贵州来说不啻是天文数字，无怪乎军务停滞不前。左宗棠致信张亮基时，对贵州军事深表同情："黔事艰阻万分，非从新布置不可。东南一律肃清，似可以重兵、巨饷大加料理。惟本地饷无可筹，兵无可用，一切专仰邻封。"③ 左宗棠行军打仗多年，对于饷需供应异常关注。上述寥寥数语，道尽了贵州军务的症结所在。

随着清廷战略的转换，户部也及时对贵州欠饷进行了处理，咨令四川、湖北、湖南、广东、江西、浙江、福建、山东、山西、河南、陕西、闽海关和粤海关将所欠饷银分作20年还清，每年拨还半成。④ 同时，户部还重新拨定贵州协饷，其中湖南月协3万两，四川4.8万两，湖北2万两，广东1万两，共计10.8万两。

随后，清廷令江苏补解所欠贵州协饷，并按月协济一二万两或数千两。署两江总督李鸿章令江宁和苏州布政使查核。据江宁布政使李宗羲和署苏州布政使郭柏荫称，江苏久未接到户部拨饷明文，此前欠饷因"案卷全失，无从追溯"。李宗羲和郭柏荫称，江苏司关各库收数有限，供给本省军饷，起解京饷以及协济甘饷业已勉力支

---

① 《曾国藩全集·奏稿八》，第4752~4753页。
② 《清穆宗实录》卷145，同治四年六月己酉。
③ 《左宗棠全集·书信一》，第733页。
④ 《清穆宗实录》卷160，同治四年十一月乙亥。

应，实无余力协济黔饷。①

虽然江苏拒绝协济贵州，湖南巡抚李瀚章却挺身而出，打算分担黔省下游剿办事宜，这也是对曾国藩前此建议的落实。李瀚章调派李元度、兆琛和周洪印等湘军将领赴援贵州，其中李元度统带6000人赴黔援剿，所需月饷36000余两，由湖南与江西各半承担；兆琛则带数千人进扎镇远，配合贵州各军，分途进剿，月饷2万两也由湖南承担；周洪印一军饷需亦由湖南安排。不仅身体力行，李瀚章还提议由江西承协贵州臬司席宝田所部月饷4万两。②李瀚章上述谋划旨在厚积兵力，互相策应，节节布防，步步为赢。撇开战略不谈，这样一来湖南每月供应援黔各军饷需超过5万两。清廷自然乐观其成，悉数照准。

浙江巡抚马新贻也积极承担贵州协饷。马新贻按照清廷规定，决定将历年积欠贵州协饷，"分别新旧，按年带解"，并劝捐抵饷。马新贻称，"云贵距浙较远，路多梗阻，委解颇难。黔省既有委员来浙劝捐，其月饷即发交该委员汇解，以归简易"。③贵州军事与饷事渐渐有所改观。

在不少省份纷纷落实贵州协饷的同时，贵州抚藩仍通过多种方式筹饷。张亮基提出仿照湖南东征局协济甘肃的办法，将四川重庆和泸州两处厘金"按月划分一半，由黔省随时委员赴该府州领解"，④被清廷批准。布政使兆琛奏请仿照湖南黔捐章程，派委员前赴各欠饷省份设局劝捐，所得捐银即以抵偿各省欠饷。清廷亦予接受，转饬鄂、川、粤、赣、闽、浙各省督抚，"于黔员到后，设局劝捐，派委妥员，帮同办理"。⑤

湖南承担贵州下游军务后，上游兵力和饷需仍嫌单薄。贵州署

---

① 《李鸿章全集·奏稿二》，第418页。
② 李经畬等编《合肥李勤恪公（瀚章）政书》，沈云龙主编《近代中国史料丛刊》第146册，第155~156页。
③ 《清穆宗实录》卷175，同治五年四月丙午。
④ 《清穆宗实录》卷176，同治五年五月壬戌。
⑤ 《民国贵州通志》（二），《中国地方志集成》，巴蜀书社，2006，第522页。

抚严树森奏称，贵州上游也应该增加兵力，所需饷银应尽快派定。清廷认为，湖南月饷因湘省派兵援剿，原拨协饷势必深受影响，但如果四川、湖北和广东三省按月筹足，加上黔省在各省劝捐所得，每月仍可获得十余万两饷银，以之办理黔省上游军务，自可应付裕如。清廷要求贵州官员振刷精神，与湘军密切配合，不可再以"兵单饷绌"为由，不思进取。① 当然，清廷也令川湘二省各解10万两赴贵州，支付上游各军过冬饷粮。

刘坤一对李瀚章要求江西协济席宝田月饷4万两表示反对。据称，江西每年协济鲍超、李元度、杨岳斌和甘肃等处饷银即有236万多两，如果再添席宝田月饷4万两，入不敷出；左宗棠出征西北路过江西时曾与赣省商定月协饷银2万两，因此江西每年仅协饷供应就达260多万两，早已不堪重负。刘坤一称，席宝田和李元度两军只能协济其一，顾此即失彼。在刘坤一看来，席宝田所部五六千人，每月所需饷银至多三万数千两，湖南与贵州毗邻，责无旁贷，何况还有四川分担一万数千两之饷，并不至于棘手。此外，江西设有黔捐局，所收捐项皆以济黔，亦可视为协济之一法。②

随着湘川两省分任黔省上下游军务，军需支出大幅增加。江西拒绝协济席宝田一军后，李瀚章截留贵州协饷。四川协饷也因援黔兵饷增加过多而被严重挤占。据张亮基奏称，四川供应援黔川军饷银已经超过100万两，湖南供应援黔湘军耗费也不下100万两。③ 据统计，自同治二年至六年，川楚奉拨协黔月饷应各有200万两，仅四川解过银9万余两，湖南7万两。④ 也就是说，川湘派兵援剿的同时，也挤占了贵州协饷。根据张亮基观察，上游刘岳昭所部军威颇振，然而只能专顾一隅；下游兆琛、李元度和周洪印等，看似兵力

---

① 《清穆宗实录》卷185，同治五年九月辛巳。
② 《刘坤一遗集》，第103~104页。
③ 张祖佑原辑、林绍年鉴订《张惠肃公（亮基）年谱》，沈云龙主编《近代中国史料丛刊》第631册，第1211~1212页。
④ 《清同治朝政务档案》第2册，第664页。

众多，实则仅有李元度一军尚称劲旅，其余各路皆难膺重任。张亮基称，如果贵州每月协饷10.8万两能够落实而军事仍无起色，即甘受军法处置。此外，他要求清廷将川湘两省协饷改拨有著之款，不过未被允准。由是观之，川湘二省希望通过本省军队的援助来改变整个贵州战局，导致协饷挤占严重。湖南巡抚刘崐因为援黔湘军饷需过巨，将左宗棠西征协饷停解，只承担原派协甘月饷1万两。①

为应对上述情形，户部根据各省情况，对贵州协饷进行小幅度调整：四川月协5万两，湖南2万两，湖北2万两，广东1万两，共计10万两。② 此次调整后，四川协饷数额稍有增加，湖南则减少1万两，湖北与广东保持不变。清廷此举旨在确保协饷的落实，但是效果仍不明显。③ 其时，贵州上游及省城附近兵勇近3万人，每月需米8850余石，为了保障军食，候补道鲍桂生禀请变更义谷章程，"将义谷改为劝捐军粮"。④这种做法实际上是利用捐输的奖励办法来搜刮财富：义谷作为一种硬性摊派，上缴以后并无请奖嘉许之类的激励措施，而劝捐则不一样，只要达到一定数额，即可奏请相应的奖励，尤其是增广学额和中额对民间具有很大的吸引力。张亮基对这个变通之法甚为欣赏，批准实行。

由于协饷供应久无起色，贵州军务也进展甚微，这令朝廷颇为失望。同治六年八月，清廷将巡抚张亮基和藩司严树森开缺，分别令曾璧光和黎培敬继任。张亮基卸任之际对任内协饷解送情况仍不能释怀："臣虽力竭声嘶，而各省终为漠视，计臣在黔五年所收协饷不过银二十万两，其余专赖捐输、厘金聊资点缀，而所入甚微，剜肉补疮，朝难夕谋，事机屡失，岁月蹉跎，危城坐困。"⑤ 张亮基此

---

① 刘崐：《刘中丞（韫斋）奏稿》，沈云龙主编《近代中国史料丛刊》第104册，第291页。
② 《清穆宗实录》卷202，同治六年五月壬戌。
③ 《清穆宗实录》卷214，同治六年十月乙未。
④ 《民国贵州通志》（二），《中国地方志集成》，第571页。
⑤ 张祖佑原辑、林绍年鉴订《张惠肃公（亮基）年谱》，沈云龙主编《近代中国史料丛刊》第631册，第1274页。

言虽有自我辩解之意，但也不能掩盖协饷解送情况不佳的事实。有人认为，张亮基"受任于崎岖危难之中，外内交困，兵饷两绌，危局独撑，厥功最伟"。①

黎培敬署理藩司后，希望湖南和四川能够增加协饷以供应各军。黎培敬稔知湖南协饷对贵州极其重要，因此上任后即利用其与刘崐的师生关系做文章。然而，事与愿违。湖南因援黔湘军耗饷过巨，加上还有其他协济任务，因此打算将省内各省捐输局一律撤去，由湘省自行设局劝捐，所得捐银六成本省留用，其余四成分济陕甘各一成，贵州二成。黎培敬得知此事，致信户部尚书倭仁，希望清廷否定上述计划。不过，清廷考虑到湖南支应浩繁，同意了刘崐的设想；在分配比例上，湘省留用四成，陕甘黔各得二成。② 曾璧光对待各省协饷的态度较为务实。他认为，四川和湖南派兵援剿已为贵州军务做出了很大贡献，因此承协黔饷应"听其酌拨，不能过事苛求"；至于广东等省积欠协饷，他则毫不含糊，要求户部指拨的款，以供起解。③

贵州人事调整以后，军务、饷务并未有起色。黎培敬与友人张沄谈及贵州协饷状况时感觉失落：广东不仅欠饷分文未解，即新定月协1万两，自六年六月至七年（1868）年底，连闰共计二十个月，仅解到2万两；浙江欠饷也未能起解，新拨协饷每月5000两，解至七年三月，之后则无报解；江西和福建捐项则被拨给湖南援黔之用，"四川以援黔为主，协饷寥寥，湖北亦略有点缀，且多缓不济急"。④

不过，也有人指出，贵州军务不振还有其他原因。山东巡抚丁宝桢认为，粮饷缺乏诚然是贵州最大的问题，但是军事统帅过多，

---

① 凌惕安：《咸同贵州军事史》，沈云龙主编《近代中国史料丛刊》第124册，第126页。
② 刘崐：《刘中丞（韫斋）奏稿》，沈云龙主编《近代中国史料丛刊》第104册，第502页。
③ 《民国贵州通志》（三），《中国地方志集成》，第36页。
④ 黎承礼编《黎文肃公（培敬）遗书》，沈云龙主编《近代中国史料丛刊》第363册，第1274~1275页。

各自为战，也限制了贵州军事实力的发挥。他推荐淮军将领刘铭传主持黔省军务，畀以大权，为其筹备充足饷需，以便其专心办理军务。当时，淮军正议裁撤，江南厘金绰有余裕，因此他建议清廷令刘铭传征调淮军25000人，并由江苏按月协济饷银15万两，专办贵州军务。①丁氏此奏，未能引起清廷重视。然而，丁宝桢指出了贵州军务的要害。蜀将唐炯也持有类似见解。唐炯认为四川主攻上游，湖南致力于下游，贵州则保固省城附近，这种安排严重分散兵力，远不如三省合力，利用兵力优势，各个击破。这样不仅可以迅速解决战斗，还可以跳出反复攻剿、旋灭旋起的怪圈，从根本上解决问题。②

三 协饷供应改观与军务告竣

贵州军务在湘川援军的努力下，还是取得了一些进展：援黔湘军在席宝田等人率领下克复苗寨数十处。四川援军在唐炯等人带领下规复不少苗寨。然而，八年三月之后，湖南援军遭遇黄瓢岭大败，贵州官兵则有羊安场之溃，这些挫败最主要的原因是各军不相统属，兵力分散，声气不通。③据曾璧光统计，四川援军月饷十四五万两，湖南则达20余万两，两者每月耗银三四十万两，数额之大，自不待言。然而，如此巨额军费仍然不能换取军事上决定性的胜利，各自为战为最大败因。为了统驭境内各军，他奏请由湖广总督李鸿章来黔主持军务。④

由于贵州军务为时既久，且派遣大员坐镇一方、督办军务是清廷一贯做法，加以李鸿章此时恰在重庆，同治八年十二月，清廷决定任命李鸿章统领川、湘、黔各军，督办贵州军务。清廷打算将川湘援军遣散回籍，所省军饷即移济李鸿章军营。此外，清廷还令李

---

① 《清同治朝政务档案》第2册，第793~808页。
② 《民国贵州通志》（三），《中国地方志集成》，第20页。
③ 《清代方略全书》第199册，第654~655页。
④ 《民国贵州通志》（三），《中国地方志集成》，第51页。

瀚章署理湖广总督，为李鸿章转运军饷。① 李氏兄弟分工合作，一人总统军事，一人筹备饷需。可见，清廷确实有意借助李鸿章多年戎马经验，一扫十余年来黔省军务不振的局面，迅速底定黔疆。

李鸿章接到任命后，对黔省军事情况进行了汇报。他认为贵州军务之所以迟迟不能戡定，"实由饷项太亏"。李鸿章凭借多年来行军经验，"稔知无饷则兵不可用，今黔饷奇绌，臣奉命前去，并未奉增的实饷款，必仍不免师老无功之讥"。② 他奏请由江海关和江汉关每月各协5万两，山东月协2万两，共计12万两饷银，作为其行军专饷。③ 就贵州军事规模而言，上述饷银如果能够全数落实，自然运用裕如。

综观李鸿章援黔前后贵州协饷的变动，再次证明个人对协饷制度的巨大影响力。李鸿章指拨江海关、江汉关和山东协饷也别有深意。就海关协饷来说，随着开埠通商，各海关税收成为国用大端，这为军需供应提供了第一层保障。至于第二层，江海关为李鸿章旧管之地，有足够的人脉渊源，旧雨新知都会极力筹饷接济；江汉关则由李瀚章掌控，也可确保无虞；加上山东巡抚丁宝桢籍隶贵州，一直关心家乡军务，协饷尤当尽力筹措。其后，李鸿章又奏请浙江添协饷银2万两。浙江巡抚杨昌濬因将主要精力放在协济西北饷需上面，遂以库藏支绌为由，仅允许月协5000两。

就在李鸿章布置妥当以后，回民起义军回攻陕西，蔓延至榆林、绥远和延安等地，左宗棠已督师平凉，无法抽兵赴援陕西。清廷连忙将"援黔之师改为援陕"，令李鸿章赴陕西剿办。不仅如此，清廷还令杨昌濬在协济李鸿章5000两之外，加拨月饷1.5万两，解送李鸿章军营。④ 李氏一走，不仅援军全无指望，即便协饷也是随之而去。⑤ 清廷上述安排再次显露出轻重有别的处置思维，这也是贵州军

---

① 《清穆宗实录》卷272，同治八年十二月甲辰。
② 《李鸿章全集·奏稿四》，第5~6页。
③ 《李鸿章全集·奏稿四》，第7页。
④ 《清穆宗实录》卷279，同治九年三月辛丑。
⑤ 《李鸿章全集·奏稿四》，第53页。

务迟迟未能见起色的重要原因。

上述安排也意味着贵州军事指挥权的统一计划就此搁置，不过户部也乘机调整了贵州协饷，决定从同治九年三月开始，四川月协黔饷从5万两减至2万两，湖南由2万两改为1万两，福建仍在厘税项下月协2万两，东海关在六成洋税项下月协1万两，九江关在常税项下月协1万两，广东仍协1万两，江苏每月酌拨一二万两或数千两。① 上述减拨和改拨，总数虽略有减少，然而因款额较少，有利于各承协省份筹措，尤其是关税收入较为稳定，皆为有著之款，较之前此指拨各款更为牢靠。当然具体起解情况还是要看各省财力情况和督抚解饷意愿。四月，户部又在四川按粮津贴项下指拨10万两协济贵州。② 令人欣慰的是，海关协饷尚称踊跃：自八年八月起至九年九月，江海关拨解黔省军饷银14万两。③

此间，四川撤兵一事导致贵州军务进程有所延宕。吴棠继任川督后，对援剿贵州所耗经费颇有异议："川军自援黔以来，阅时三载，增兵至五万八千，岁需饷银百余万，蜀民之力已竭。"鉴此，吴棠令唐炯裁兵减灶，并退出一些已收复的失地。不仅如此，吴棠还打算"月协饷五万归黔自办，或酌留兵任办上游"。④ 当时"唐炯本拟移师杨老，以图下司，分规都匀、凯里，续闻川督有裁撤安定、果毅两营之议，已具禀听候遣撤"。清廷得悉后十分恼怒，认为吴棠"惟以节省饷需为事，殊属不知缓急。况近防不如远剿，援黔即以保川，岂可畛域攸分，不顾大局？"⑤ 同时谕令唐炯迅速发兵，与湖南和贵州各军联络声气，收夹击之效，以便迅速廓清黔境。

---

① 《清穆宗实录》卷277，同治九年二月壬戌。
② 《清穆宗实录》卷281，同治九年四月辛未。
③ 《各海关征收洋税银两数目》，《清代民国财政预算档案史料汇编》，全国图书馆文献缩微复制中心，2006，第236页。
④ 吴棠等：《游蜀疏稿》第1册，全国图书馆文献缩微复制中心，2005，第101页；唐炯：《成山老人自订年谱》，沈云龙主编《近代中国史料丛刊》第157册，第210页。
⑤ 《清代方略全书》第200册，第8~9页。

此次川省撤兵一事，据当事人之一的唐炯推测，乃系吴棠和黔省大吏有意为之，目的在于以周达武代之。唐炯称，就当时的军情来看，川湘大兵业已"声势通联"，湘师70余营进归台拱，次及丹江；川军进攻清平、平越，分兵都匀、凯里，"上下合击，近则岁暮，远在明春，苗疆可以粗定"。① 湘抚刘崐也是此事的见证人。刘氏称，湘军在席宝田等人的带领下，正打算与川黔等军大举进攻，数月内平定苗疆，不想接到唐炯来信，称"蜀中决意罢兵省饷，函商黔中全撤川师，月协饷五万归黔自办，闻黔中意颇欣然"。②

川督吴棠声称，此次撤兵系唐炯擅自所为："川省则民患方深，饷源已竭。原不得不设法变通。惟道员唐炯并不妥议禀复，候示遵行，辄敢擅自移师，使数百万饷需之费，二三年血战之劳，无以见功，反为受过。"③ 由是观之，四川确实有罢兵打算，问题仅在于是否系唐炯"擅自移师"。唐炯对此矢口否认，并称曾经具禀明确反对。其实，唐炯作为军事统帅，主持川省援黔军务多年，很难想象他会自动退兵而将垂成之功拱手让人。

从此次罢兵风潮的后果来看，贵州是最大输家。如果仅是为了区区5万两协饷而同意川省撤回五万多兵勇，得不偿失。更为重要的是，当时三省大军已经逐渐合围。四川突然撤兵，断送了得来不易的军事优势，延宕了整个军事进程。清廷接到刘崐奏报后，又将吴棠切责再三，并令唐炯克期拔队，迅赴戎机。刘崐也即当催令席宝田督兵进驻台拱，一气荡平。④ 其后，唐炯意兴阑珊，举荐贵州提督周达武自代。吴棠与成都将军崇实皆赞成，清政府遂决定将唐炯各营分别遣撤，周达武所部各军月饷5.8万两由四川协济，⑤ 四川退

---

① 唐炯：《成山老人自订年谱》，沈云龙主编《近代中国史料丛刊》第157册，第210页。
② 《清代方略全书》第200册，第27~28页。
③ 吴棠等：《游蜀疏稿》第1册，第222页。
④ 《清代方略全书》第200册，第31页。
⑤ 吴棠等：《游蜀疏稿》第1册，第230页。

出了派兵援黔的行列。观诸川省罢兵风潮的处理结果，结局似乎全被唐炯言中。如果说，此次罢兵风潮还有积极意义的话，就是周达武统领上游及省城周围战局，消除了该地区互不统领的局面，同时获得了川省月协饷银5.8万两。其实，贵州军务若非此次风潮，已有告竣之期。

好在湘军此后表现不俗，相继克复清江、邛水、镇远、施秉、台拱、黄平各属，并节节办理善后，步步进扎。进入同治十年，贵州省内军务渐顺，官军在镇压苗民起义方面的速度加快。曾璧光和周达武决定增募3.8万人，约计每月需饷14万两，除了原有各省协饷12万两之外，还需增派2万两。清廷批准了贵州增兵计划，令户部在各省承协饷银内酌量加派。①

军事进展的顺利和贵州协饷协济大有起色有关。据统计，江海关于九年（1870）九月至十年八月连闰共十二个月军饷银24万两。②四川和江西两省自十年二月至十一年（1872）四月止如数解足，福建拨解及半，山东和东海关拨解四成，浙江拨解二成，湖北和江苏拨解一成。③各省解送贵州协饷虽然还存在参差不齐的现象，然而较之前屡催罔应已经大有改观。可以说，贵州军务渐入佳境，久乱思治是一个重要原因，各省协饷解送情况的好转也很关键。

十一年三月十三日，湘川黔三省兵勇将苗民起义的主要力量镇压下去。据王文韶奏称，湖南援黔所耗资财达千万两以上。④不啻天文数字。清廷对此捷报顾望多年，一旦得实，龙颜天霁，谕令各省将积欠本年协饷在一个月内扫数解清。此外，清廷还批准曾璧光奏请专款办理善后的计划：在江西厘金项下拨银40万两，湖北厘金内拨银30万两，抵偿前此欠饷；山东和福建各借拨20万两；四川、广东、江西、湖北和浙江五省各代还4万两，亦于积欠黔省兵饷项

---

① 《清代方略全书》第200册，第138页。
② 《各海关征收洋税银两数目》，《清代民国财政预算档案史料汇编》，第237页。
③ 《清代方略全书》第200册，第402页。
④ 《清代方略全书》第200册，第361~363页。

下扣抵。①贵州进入善后阶段，社会和经济逐渐恢复和发展。②

光绪二年四月十五日，黎培敬将咸丰四年至同治十二年闰六月军需具折报销。据称，贵州军需各项取之于官者以协饷、捐输、厘金三项为主，此外则有司道库存地丁课羡、铜铅硝本、泸铅变价、各府州县常平仓谷解存应交各款；取之于民者有厘谷、义谷和军粮谷等名目，几乎搜刮殆尽。贵州军需报销，分为两案。第一案从咸丰四年至同治三年六月底，共报销实银 1818.0753 万两，钞票银 53.1743 万两，大制钱 192639 千文，京石谷 68.6915 万石。第二案从同治三年七月初一日至十二年闰六月底，共报销实银 1809.5896 万两，钞票银 237.0939 万两，大制钱 1620 千文，京石米 1 万石。从咸丰四年起至同治十二年闰六月底止，共计报销银 3627.6649 万两，钞票银 290.2413 万两，大制钱 194260 千文，京石米 19.6915 万石。黎培敬称，贵州原本常年受协 70 余万两，以 20 年计之，应收协饷一千数百万两；然而上述报销款项中，包括本省筹款及协饷实际仅有 2000 余万两，其余都是欠饷。③ 由此看来，贵州军兴之后，每年实际可支配饷银为 100 余万两。当时，贵州本省收入，无论是既有赋税，还是各种新开财源，每年均摊能达到 50 余万两已是难能可贵。这样看来，贵州平均每年所获协饷至少有 50 余万两，按月摊算为 4 万两。就绝对数字而言，每年 50 余万两协饷与正常年份额拨 70 余万两差距不大。但是，如果以当时月拨协饷 10 万两来计算，则每年应解 120 万两以上，因此 50 万两的实解额，完成率仅有四成，确实不敷甚多。如果以贵州军队每月实际需饷十四五万两计算，则不敷之数更大。尤其是，协饷解送直到同治七八年以后才真正好转，这也证明苗民起义初期各省解饷情况极差是导致军务一再耽延的主

---

① 《清穆宗实录》卷 336，同治十一年七月乙未。
② 罗文彬编《丁文诚公（宝桢）遗集》，沈云龙主编《近代中国史料丛刊》第 74 册，第 1231 页。
③ 黎承礼编《黎文肃公（培敬）遗书》，沈云龙主编《近代中国史料丛刊》第 361 册，第 299~310 页。

要原因。

总而言之，贵州军事行动受制于军需供应，军需供应又受制于协饷供应，导致贵州苗民起义绵延20年，对贵州本省以及川湘靠近黔省地区造成不小的冲击。太平天国运动以来，贵州常年协饷供应顿减。苗民起义发生后，贵州所请协饷亦因各省局势不定，应解寥寥，遂至贵州官兵困守省城附近，上下游军事因之糜烂。川湘为防止苗民起义阑入本境，纷纷添兵募勇，援黔助剿，分任上下游军务。此举虽然减轻了贵州官兵的军事压力，但也影响了川湘对贵州军饷的援助数额。其后，四川因格于兵饷过巨，罢黜本省兵丁，资助贵州提督周达武。湖南则积极派遣本省军队进攻苗民起义军，在湘黔两省军队的密切配合下，加之黔乱已久、民心思治，终于将起义镇压下去。在镇压苗民起义的整个军事行动过程中，贵州深受经费的制约，极其依赖四川和湖南的军事与饷需支持，此后因太平军起义被镇压下去，清廷才调整战略，努力改善贵州协饷供应，最终结束了黔省军务。协饷制度的本意在于为饷需缺乏省份提供经济支持，但是在全国大部分战火纷飞的情况下，边疆地区协饷供应大受影响，结果导致了民变的发生。协饷制度在镇压民变的过程中再次体现了它的弱点以及价值：协饷供应状况直接影响了王朝统治力度的贯彻以及军事进程。

第二节　云南：以抚为主　惨淡经营

云南回民起义的背景与贵州苗民起义相似，都是在太平天国运动影响下发生的，协饷供应也大不如前。不过，黔滇二省在军事和饷需方面皆表现出完全不一样的形式。与贵州主要依赖邻省援兵援饷不同，云南在办理军务期间，主要采取"以回攻回"的策略来应对兵少的困局；同时努力挖掘自身潜力来抵补协饷欠解造成的饷缺局面。考察云南回民起义期间的协饷供应，可以深入了解受协省份在面对外援剧减的情况下所做的因应，以及协饷供应与统治权力贯彻之间的关系。

一 因缺饷而主抚

咸丰六年下半年，云南回民起义大规模爆发：自杨林以至于平彝皆为回民所踞；澄江和临安府属几无完土；海口则屡攻未下；姚州和浪穹县皆告失守；大理、开化、顺宁和永昌各属也岌岌可危。①云贵总督恒春受制于兵少饷缺这一状况，主张采取抚绥的办法来解决问题。此间，回民首领马德新、马如龙等假意受抚以为进攻昆明之策。恒春鉴于抚局不成且有省城被破之危险，竟自缢身亡，令清廷十分吃惊。这件事也让清廷开始重视云南军务，任命川督吴振棫继任云贵总督，挑选精兵 2000 人，筹饷 10 万两带往云南。②

云南署抚桑春荣在筹措军饷时，通过清理库款发现省内各库存银仅够两个月之用。桑氏遂要求陕西在欠解滇饷 19 万两内起解 5 万两来滇济急。提督文祥则要求在陕甘两省各调拨 2000 人来滇，饷银则在吴振棫所带 10 万两内支发。③ 从这一点来看，当时云南军务饷需消耗应不算太大，因此各方筹饷与请饷数额皆较为有限。不过，吴振棫抵达云南后，认为滇省军务"非数千之兵、数十万之饷所能蒇事"，④ 因此他打算采取抚绥之策来安抚回民，消解汉回争斗。

吴振棫在与署滇抚张亮基商讨应对之策时一致认为"三迤饷匮兵单，剿难尽剿"，应以抚绥为上策，并令迤东道汪之旭前往昆明劝降回民领袖马德新等人。马德新和马如龙均表示愿意就抚，而马凌汉则严词拒绝。⑤ 双方经过商谈，互相有所让步，回民起义军随后撤出对昆明的围困，省城秩序重新恢复。然而，此次回民撤兵并不意味着汉回已经冰释前嫌。由于回民起义势力甚多，这种安抚方式收效必然有限，即使马德新等人亦未安心臣服。

---

① 《清代方略全书》第 194 册，第 141~142 页。
② 《清代方略全书》第 194 册，第 282 页。
③ 《清代方略全书》第 194 册，第 316 页。
④ 《清代方略全书》第 194 册，第 338 页。
⑤ 岑毓英等修《（光绪）云南通志》卷 107《武备志二》。

伴随着云南军务的兴起，军饷供应日渐加增，昆明县知县沈保恒禀请提用社仓存谷变价充作军饷。这种补苴之计对军需大局帮助不大，张亮基打算让各承协省份补解欠饷，据统计，四川欠解3.98万两，山西4.8万两，陕西11.31万两。① 张亮基还致信湖北巡抚胡林翼，谈及缺饷之事，希望湖北能施以援手。胡林翼虽心领神会，但本省兵事未销，江皖情况军情胶着，无力西顾。胡林翼回信时，除了表示同情外，顾左右而言他："滇事诚难措手，虽以武乡侯之才，若非借蜀中物力，滇亦难平。假令以公督蜀，则滇、黔可望渐次削平；以公督滇，目前实属窘手。"② 胡林翼此言话中有话，似乎暗示张亮基应该向四川求助。

向湖北请饷未果，张亮基不得不向清廷呼吁。他指出以下事实：云南兵勇以回民居多，如果因缺饷哗溃，不仅无力镇抚回民，而且将使回民势力更大。当时各省积欠协饷已达36.49万两，且在不断增加，因此他希望各省能够力顾大局，迅速补解。③ 此外，张亮基积极开拓财源，他对省内所产土药（本地鸦片）征收厘金，拨充军饷，并令各路将领举办捐输。张亮基就地取材，在协饷供应不正常的情况下，搜刮本地财源也不失为应对之方。

此次催饷效果不大。在四个月时间内，云南收到川、陕、晋三省协饷共3.8万两。鉴此，张亮基要求四川和陕西各起解20万两，山西解清所欠饷银；此后川陕每月协济8000两，山西6000两，作为云南各军月饷。清廷知道云南此时正是耗饷之时，省内兵勇不下六七万人，急需各省协饷，因此饬令川、陕、晋三省按照张亮基的要求，按时如数拨解。④ 张亮基之所以未狮子大开口，只要求川陕晋每月协济几千两饷银，并非云南度支宽裕，而是如果指拨过多，反

---

① 张祖佑原辑、林绍年鉴订《张惠肃公（亮基）年谱》，沈云龙主编《近代中国史料丛刊》第631册，第608~609页。
② 《胡林翼集》（二），第218页。
③ 《清代方略全书》第194册，第469页。
④ 《清文宗实录》，咸丰十年三月二十六日。

而令各省望而生畏，起解更难，因此采取减少指拨协饷方式，以期各省能够力任其难。

云南省城以外各地回民起义愈演愈烈。清军镇抚压力渐增，饷需供应却顿减。同治元年，各省欠解云南饷银已达数百万两之多。与贵州不同的是，黔省虽然协饷解送不佳，但毕竟有川湘两省带饷援剿，且还有几省捐输可以挹注，云南则除了依赖协饷外，只能在本省办理厘金、盐课以及川楚两省捐输作为军需来源。为此，张亮基要求在财力充裕省份指拨款项。他认为广东财力最为优裕，积欠云南协饷达一百数十万两，因此要求广东在粤海关和藩运粮各库中筹措25万两来补解欠饷。① 张亮基拟在湖南设局劝捐，并打算在湘省藩库借银5万两。毛鸿宾以湘军需饷甚急为由，仅应允借银2万两。②

滇抚徐之铭此间接到署理提督林自清的禀报，称马如龙愿意投诚。此后林自清与马如龙进行多次协商，达成共识，马如龙正式受抚。马如龙将所占之"新兴、昆阳、晋宁、呈贡、嵩明、罗次、易门、富民各州县城以次交出"，并携数十名起义军领袖入居昆明城内。③ 徐之铭遂以总兵一职将其羁縻，并责成其办理云南安抚事宜。马如龙等请降后，马德新不久亦受抚，滇省回民起义势力大为减弱，仅剩下控制滇西的杜文秀所部影响较大。

不过，马如龙似乎并未心悦诚服，据说其仍用自铸之大元帅印，且欲阻止新任云贵总督潘铎与巡抚张亮基入滇，"并有如立意赴滇，须撤去兵众，随带百余人，解饷而来"之语。④ 川督骆秉章对潘铎、张亮基迟迟不能回滇有所洞见。骆氏称，徐之铭、岑毓英与马如龙认为师生，省内诸事皆为回民所把持，所谓滇人不愿意张亮基入滇，

---

① 《清代方略全书》第194册，第692页。
② 张祖佑原辑、林绍年鉴订《张惠肃公（亮基）年谱》，沈云龙主编《近代中国史料丛刊》第631册，第740页。
③ 岑毓英等修《（光绪）云南通志》卷109《武备志二》。
④ 《清代方略全书》第195册，第153页。

显然系徐之铭等人捏造。① 其实，马如龙阻止潘、张入滇，无非是想控制滇省，以为自专。②

潘铎一意赴滇主持大局并于同治元年十一月抵达昆明。正如骆秉章等人预料的那样，潘铎进入昆明后即被马如龙等人控制，在奏折中对马如龙和徐之铭等人充满溢美之词，与之前风格迥异，痕迹十分明显。同治二年正月，降将马荣因不满潘铎令其驻扎城外并解散部众，将潘铎杀害。提督岑毓英等道出其中原委，当时"各营员弁兵勇皆系降回，布满省城，政柄旁落，大吏号令不行，仅拥虚位，兼以饷匮民穷，办理尤难"。③ 岑毓英亲历其事，所奏当属可信。潘铎被杀之后，徐之铭奏折更加荒谬，不经清廷确认竟"不揣冒昧，暂行兼署督篆"，同时奏请擢升马如龙以记名提督暂署云南提督。徐之铭声称，云南事务"只须马如龙、岑毓英等和衷共济，不难立见太平"。④ 上述做法不仅有乖体制，且愈奏愈奇。回民势力对云南权力的控制昭然若揭。

纵观此间云南局势，督抚大员在处理回民起义的态度方面并未达成一致，兼以受到饷需供应的限制，大都执行安抚政策。由于回民势力强大，接受招抚后，很快将云南大权收入囊中，以至于清廷政令无法得到有效贯彻。也就是说，督抚在协饷供应不正常的情况下，不得不采取安抚措施，而这种措施的落实却损害了清廷统治权力的落实。

二 无兵无饷与督抚延不赴任

清廷对云南回民起义的状况充满狐疑，推测徐之铭已成为傀儡，因此任命贾洪诏为云南巡抚，以林鸿年为云南按察使，驻扎昭东一带，探听省内虚实。而据前云南提督福陞奏称，云南督抚大员自从

---

① 《清代方略全书》第 195 册，第 175 页。
② 《赵文恪公遗集》，《北京图书馆藏珍本年谱丛刊》第 149 册，第 291 页。
③ 岑毓英等修《（光绪）云南通志》卷 138《秩官志五》。
④ 《清代方略全书》第 195 册，第 274 页。

回民就抚后皆被挟制。他认为恢复云南局势，非增兵加饷不可，因此建议在外省招募1万人，连同本省已有兵勇，筹备饷银50万两，以便扭转滇省局势。① 清廷接到奏报后，令其与贾洪诏妥善筹划。贾洪诏认为此前云南军务办理不善，一在于兵少，二在于饷缺，如果要扭转局面，非各省源源供应协饷不可。

贾洪诏随后请求清廷指拨巨饷，以便带兵从昭通和东川进军，逐步规复滇省。② 总督劳崇光与贾洪诏看法相左。劳崇光主张"以回攻回"，即以马如龙对付杜文秀。他认为先前剿抚事宜办理失当，以致汉回民心未定；此时"数穷理极，人心思治"，以回攻回，事半功倍。在劳崇光眼里，马如龙"忠义自许"，加上岑毓英从旁协助，恩威并施，迤西回民起义军应不难次第结束。劳崇光立论的基础是，各省皆军务缠身，无力兼顾边疆；而且募兵入滇，兵少于大局无益，兵多又恐引起回民疑虑，"不如不调一兵，转足以养兵威而隐留有余地步，且欲用大兵必先筹巨饷，当此经费竭蹶，筹措何处？若责成马如龙岑毓英就本地选募回练、土练，次第剿办，止须每月津贴一二万金，至多三万金，已堪敷衍"。③

需要指出的是，从咸丰五年年底到同治三年，云南督抚奏请和奏催协饷的密度似乎较贵州要少得多。究其原因，一是云南回民起义激烈程度弱于贵州，又"以回攻回"，饷需支出较贵州为少；二是云南经济基础较贵州为优，因此办理捐输、厘金和矿产，征收盐课，④ 征用仓谷，抽收土药厘金⑤等项所得都多于贵州。不过，劳崇光仍然希望能开拓稳定的饷源。他奏请仿照湖南东征局章程，在四川借地设局抽厘。骆秉章婉拒了劳崇光的要求："若加川省之厘以济滇黔之饷，揆诸周济恤邻之道，固义不容辞。但商民惟利是图，罔

---

① 《清代方略全书》第195册，第294页。
② 《清代方略全书》第195册，第403~404页。
③ 王文韶等修《（光绪）续云南通志稿》卷82《武备志》，光绪二十六年刻本。
④ 岑毓英等修《（光绪）云南通志》卷71《食货志七》。
⑤ 《岑襄勤公年谱》，《北京图书馆藏珍本年谱丛刊》第170册，第72页。

知大义，若竟不予顾恤，再行加征，势必至有违抗之事，不特新加之厘不能抽收，即现成之厘局亦恐因而有损。川省连年举办，逐节抽收，已同竭泽而渔，各商艰窘之况，又非楚南可同日语也。"① 如此一来，劳氏计划成为泡影，唯有要求四川按时协饷而已。

此间，贾洪诏担心会重蹈潘铎覆辙，以无兵无饷为由，逗留川省，拒绝贸然入滇。同治三年八月，清廷对贾洪诏迁延时日也不再容忍，将其革职。② 此事并非始自贾洪诏，同治元年时，总督刘源灏和福济皆因不肯入滇被革职。之后，好几任巡抚都仿而效之。究其缘由，首先，只身前往意义不大。由于云南大部分地区被马如龙操纵，只身前往难有所作为，且可能有生命危险。其次，无兵无饷，当事人不愿也不敢前往。张亮基前此准备带兵入滇遭到徐、马的强烈抵制，已经令人疑窦丛生，加上潘铎被杀，在没有军队和饷银作为保障的情况下，他们都不愿意冒这个险。最后，即便马如龙等并无恶意，然而毕竟迤西一带为杜文秀所控制，如果无兵饷随身，进入云南后亦无所施行。如此种种自然导致督抚不肯赴任。

贾氏被革职后，林鸿年继任云南巡抚。林鸿年接到任命后，要求湖北和湖南两省在厘金项下每月各协济1万两，以一年为限；同时奏催川粤两省协饷。林鸿年并未渲染马如龙的不臣之心，而是声称筹饷系为进攻迤西地区而准备的。清廷也认为，只有对回民大张挞伐，才能收剿抚兼施之效，考虑到云南"利源皆为逆回盘踞，必赖邻省协济，虽经川省设法筹划，而独力亦复难支"，饬令广东将同治二年欠饷24万两如数解送滇省，并令湖南巡抚恽世临查明所欠滇饷数目，迅速筹拨若干济急。清廷还批准林鸿年指拨两湖厘金的要求，令湘楚二省按月于厘金项下协济1万两。③

清廷令林鸿年先进驻东川和昭通一带统筹云南军务，并告诫其

---

① 骆秉章：《骆文忠公奏稿》卷7，光绪十七年刻本，国家图书馆藏。
② 岑毓英等修《（光绪）云南通志》卷首二。
③ 王先谦：《东华续录》同治卷41，《续修四库全书》第380册，第604~605页。

勿以"兵饷未裕"为由逗留川省。① 林鸿年一边准备入滇，一边等待协饷。四年三月，各省协饷仍未有解到信息。林氏遂打算"作衰多益寡之计"，也就是说在财源充裕省份指拨协饷。他以东南军务渐定为由，要求在东征局项下每月拨银3万两，加上前拨湘楚厘金2万两，共同保障此次入滇军需供应。然而，很多省份皆以东征局为禁脔，陕甘总督杨岳斌已捷足先登。清廷为了安抚林鸿年，谕令湖广督抚官文、李瀚章和吴昌寿在西征协饷外，拿出一定数量的饷银协济云南。②

上述安排看似已为云南筹划好了军需供应，然而效果极差，"函牍频催，百无一应"。此时，云南省内各军正在进攻思茅和普洱，各路兵练纷纷向其请饷，林鸿年只好以"在川筹措"来敷衍，然而饷银久等不到，也令前线将领束手无策，甚至以请辞相要挟。林鸿年声称，云南英勇善战者不乏其人，如果饷项充足，尚不难驾驭，如果一再拖延，一旦兵练因饥哗溃，对云南大局极其不利。据统计，当时各省欠解云南协饷已达600多万两，林氏认为即便各省起解总数十之一二，也可对云南军事产生莫大的助力。③

如前所述，曾国藩曾建议云南军务以四川为后盾。在曾国藩看来，"倘使四川督臣能兼督办滇省军务之衔，或竟赴叙州驻扎半年，调度一切，每月专解滇饷四五万，抚臣林鸿年进扎昭东，庶几有恃无恐，而文武兵勇之相从入滇者，去其有往无归之惧，乃可鼓其立功杀贼之心，数月之后果能于昭东立定脚跟，修明政事，滇民感天子之不弃遐陬，信抚臣之足资保障，相率来归，共图剿回之法然，后开铜厂以兴鼓铸，造战船以利转运，或可挽回全局"。④ 从曾国藩的奏言来看，四川若能按月协济四五万两，对改变云南军务现状作用很大，也是逐步恢复滇省局面的重要条件。然而，林鸿年在四川

---

① 王先谦：《东华续录》同治卷43，《续修四库全书》第380册，第644页。
② 王先谦：《东华续录》同治卷44，《续修四库全书》第381册，第2~3页。
③ 《清代方略全书》第196册，第3、14页。
④ 《曾国藩全集·奏稿八》，第4752~4753页。

候饷半年仍一无所得，几次与骆秉章协商都吃了闭门羹。眼看各方协饷都成具文，林鸿年又打算借地办捐，除四川原设滇捐局外，派人前往鄂、湘、晋三省设局劝捐。①

同治四年十一月，林鸿年依然驻留叙州。清廷本想将其罢职了事，然而鉴于好几任督抚皆不愿意赴滇，正是"畏葸"作怪，如果率然斥革，正中下怀，更有可能群相模仿，不利于整肃吏治，因此勒令林鸿年迅速赶往东、昭一带，与滇省文武官员共维大局。②清廷此种做法似嫌涉及意气，强人所不能，结果可想而知。五年正月，清廷终于将林氏罢斥，以刘岳昭补授。总督劳崇光鉴于几任督抚因饷需缺乏而不肯入滇履任，奏请在各省欠饷项下提拨银二三十万两，作为云南军务经费。户部从其所请，令浙江提拨欠饷10万两，四川4万两，江西3万两，湖南2万两，河南1万两，广东6万两，太平关4万两，共计30万两饷银。③

浙江巡抚马新贻对于户部上述安排做出回应称，浙江所欠各饷都在同治三年以前，其时各年积欠钱粮均已蠲免，且浙江甫经肃清，每年尚有协闽饷银16万两，加以办理本省善后，因此无力补解欠饷。至于四年以后续拨协饷，"一俟钱粮征收如额，本省撤防，闽甘协饷可停，即当尽力筹维解滇"。④马新贻此奏虽然情有可原，但是按照清廷规定，欠饷首先是不允许出现的，万一出现了也必须补交，并不得以钱粮蠲免为由拒绝补解。清廷也没有接受马新贻的理由，重申此次提拨欠饷必须落实。好在马新贻也未坚持，同意将云南欠饷按年分解，"或由该省派员来浙领解，或解存邻省藩库，遇便搭解"。⑤

---

① 王先谦：《东华续录》同治卷49，《续修四库全书》第381册，第140页。
② 王先谦：《东华续录》同治卷53，《续修四库全书》第381册，第226页。
③ 《清穆宗实录》卷161，同治四年十一月戊子。
④ 王锡蕃校，谭锺麟刻《马端敏公（新贻）奏议》，沈云龙主编《近代中国史料丛刊》第171册，第237页。
⑤ 《清穆宗实录》卷175，同治五年五月丙午。

五年（1866）二月，劳崇光处理完贵州教案后回到昆明，马如龙率领官员郊迎。① 这也意味着马如龙已经完全诚服。其后，清廷再次申明上述协饷 30 万两必须在三个月内解清，否则即将各省督抚藩司严行参劾，并令九江关每年指拨 10 万两解滇应用。② 刘岳昭也在各方瞩望的情况下抵达昆明，至此云南督抚才齐聚昆明，与岑毓英和马如龙等筹划进军迤西事宜。

从同治元年到五年之间，多名云南督抚大员因兵力和饷需的制约而拒不赴任。上述情况反映了不少问题：一是边疆省份军需供应不畅严重影响清廷统治得力落实；二是边疆省份强烈依赖直省协饷，尤其是在军务繁兴的情况下，协饷供应的作用更加凸显；三是边疆地区情形复杂，兵与饷皆是维护统治的手段，因此必须注重军队与饷需的保障。

三　督抚催饷与军事渐定

云南官军全力进军迤西地区后，滇省军需供应更趋紧张。上述提拨欠饷的解送情况却不理想，据劳崇光称，半年内仅收到 4 万两协饷，与原拨之数相差甚远。劳崇光指出："诸军月饷下存无几，滇省地丁厘金所入有限，而民穷财尽，更无可挪借通融。……此次大举西征，若使停军待饷，因饥哗溃，滇事益不可为。杜逆负嵎年久，必俟饷足而后致讨，恐终无进兵之期。"③ 此次催饷效果不得而知，至少直到六年正月，各省仍未能如数补解。④ 其中，浙江解到 5 万两，广东解送 2 万两。⑤

不久，户部要求各省再从欠饷项下提拨饷银 20 万两接济云南军需，其中浙江提拨 6 万两，广东 4 万两，四川 4 万两，江西 1 万两，

---

① 王文韶等修《（光绪）续云南通志稿》卷 82《武备志》。
② 岑毓英等修《（光绪）云南通志》卷 111《武备志二》。
③ 岑毓英等修《（光绪）云南通志》卷 111《武备志二》。
④ 《清代方略全书》第 196 册，第 124 页。
⑤ 王先谦：《东华续录》同治卷 65，《续修四库全书》第 381 册，第 479 页。

湖南2万两，河南1万两，太平关1万两，粤海关1万两。① 刘岳昭对各省解饷情况深为不满："部指之款，外省以无可筹画为词，一纸空文即可了事，或有一二万解滇者，道路太遥，经年累月，车薪杯水，寅食卯粮。"②更加不幸的是，本省饷源也因没有条理，往往被回人所把持，以至于财源大都中饱于私人。有鉴于此，刘岳昭饬令藩司岑毓英采取有效措施，有步骤有计划地进行整顿，从而对军用有所帮补。

此间，刘岳昭因贵州军事紧急，曾经衔命往援。清廷令其等贵州军务稍定后回本任，刘岳昭认为贵州除了本省军队而外，尚有席宝田、唐炯等湘川良将统领军事，不似云南仅有岑毓英和马如龙两部，势单力薄。总督张凯嵩也一再催促，刘岳昭遂奏请回云南本任办理军务。③ 清廷批准了刘岳昭的请求，令其从贵州进驻曲靖。刘岳昭启程之前，不忘奏请清廷饬令户部咨催各省协饷，落实前此提拨欠饷之20万两，并加拨有著之款20万两，作为滇省进归迤西的军饷。刘岳昭认为，有此40万两饷银，进攻迤西不日可下。④ 四川总督吴棠则派遣刘岳昭之弟刘岳曙统带川军2800人、前云南提督唐友耕统领振武军由迤东一带入滇援剿。⑤

这样一来，云南兵勇云集，饷需开支大大增加，署抚岑毓英奏请催解协饷。据其统计，当时滇省兵勇团练共计8万多人，因经费不足，要求川粤浙赣等承协省份解送饷银。⑥ 刘岳昭从贵州返回云南再次强调协饷供应不畅对军务的影响："现在所到协饷为数无多。臣

---

① 《清代方略全书》第196册，第188页。
② 刘岳昭：《滇黔奏议》，沈云龙主编《近代中国史料丛刊》第503册，第230~231页。
③ 刘岳昭：《滇黔奏议》，沈云龙主编《近代中国史料丛刊》第503册，第248~250页。
④ 刘岳昭：《滇黔奏议》，沈云龙主编《近代中国史料丛刊》第503册，第269~270页。
⑤ 吴棠：《游蜀疏稿》第2册，第692页。
⑥ 岑春蓂刻《岑襄勤公（毓英）遗集》，沈云龙主编《近代中国史料丛刊续编》第371册，第227页。

饷军需局分拨各路军营，莫不随用随竭，即厘金一项，涓滴之资，赶紧清理，恐未必有济于事。"① 刘岳昭打算借运粤盐抵拨滇饷。② 两广总督瑞麟以粤省盐务大局为词，拒绝云南运盐要求。户部权衡双方言辞之后，决定搁置运销粤盐，转而要求广东在欠饷下拨银 20 万两交滇。③

此后，云南军务主要集中在杜文秀控制的迤西地区。据岑毓英统计，云南绿营官兵俸饷定章支出，常年 64 万余两，闰年 70 万两，除了在本省盐课、丁粮下动支外，每年指拨协饷 40 余万两。如今办理军务，各项费用加增，每年需一百三四十万两，匀摊每月 10 万余两。岑毓英称，如果无力发给全饷，可以先发半饷，每月仅需 3 万两，加上赏恤和军火等项，每月需 8 万两。岑毓英还以浙江、广东和江西三省距离云南过远为由，建议将浙粤赣三省协饷改拨四川和湖南两省的京饷，浙粤赣三省协饷即用来补解川湘两省京饷。④ 如此一来，双方皆可节省解费而京饷和协饷皆可保全，云南也可以迅速获得实饷。

---

① 刘岳昭：《滇黔奏议》，沈云龙主编《近代中国史料丛刊》第 503 册，第 303 页。
② 这件事情尚有一段渊源。云南本是盐产区，乾隆年间曾经与粤东约定，滇铜与粤盐作价交易，云南得到粤盐后自行发卖，广东获得滇铜鼓铸制钱，双方形成互补的局面。太平天国运动以来，铜盐互换遂逐渐停止，考虑到云南当时盐井大多由起义军掌握，因此盐课收入受到严重影响，刘岳昭认为近年户部指拨广东盐课银共 21 万两，而云南"乱久无铜可以易盐，而粤东肃清，有盐即可抵饷"，即以粤盐作价抵偿。他计划派员前往广东提盐，招商领运，在广州设立督运局，"于广南府督销，收银解滇充饷"。此外，云南自道光十七年起至三十年间，共运解广东铜斤十四起，折价十八万二千余两，至今仍未抵盐。刘岳昭要求也将这笔欠银结算，交给滇省。最后，刘岳昭不忘将云南紧张的战争环境上达天听："滇省贼势披猖，饷需奇窘，扰乱十余年之久，几遍三迤。捐输则罗掘已空，民穷财尽。协饷则车薪杯水，累月经年。"而广东则不然："粤东早已肃清，则税课、厘金日益充裕，当此滇事万难措手，有饷即可挽回，滇铜早已交广东，本应给价。"由于上述奏言有理有据，不由得清廷不进行落实。清廷批准了刘岳昭所提之建议，认为广东食盐产量丰富，且运销云南广南府销售，不会沿途零售，侵灌粤东引地。
③ 《清穆宗实录》卷 251，同治八年正月十七日。
④ 岑春蓂刻《岑襄勤公（毓英）遗集》，沈云龙主编《近代中国史料丛刊续编》第 371 册，第 317~320 页。

岑毓英的理由固然正当，但问题的关键并不在此。因为浙江、广东和江西三省一直以来就是云南协饷的主要承担者，在承平之时饷需供应良好，历任督抚也未对于这种协济关系提出过何种质疑。此时，岑毓英因各省欠饷过多，希望借此机会来予以矫正，一是改拨邻近省份，以期通过唇亡齿寒的利益关系来提高饷需供应；二是改拨京饷，京饷作为天庚正供，各省历来积欠较少，此次以协饷改拨京饷，在于获得有著之款，防止协饷成为一纸空文。从岑毓英后面对云南协饷的调整来看，这次协饷改拨京饷只不过是一时权宜之计，旨在迅速获得军饷。

户部指拨同治八年协滇月饷时，决定由川、湘、晋、豫、浙等省承协，并将浙江和江西欠饷改在湖北京饷项下抵拨，广东及太平关所欠滇饷则令该省关用轮船解至汉口，转解云南。① 岑氏对户部的安排并不完全认同，第一，四川协饷任务过重。据其统计，四川奉拨云南协饷每月达7.9666万两，刘岳昭所部军饷每月3万多两，提督唐友耕援滇振武军月饷一万数千两，加上川省其他奉拨款项，力有未逮。第二，河南协饷屡次催提均无回音，再经指拨恐怕也无实效。第三，山西打算将所拨协饷在广东应解晋省协饷内划拨，由滇省派员前往广东迎提，而当时广东省及太平关三次共指拨滇饷18万两，四年之久仅报解3.7万两，因此山西协饷也无着落。第四，滇饷应指拨湖北与浙江两省。据称，湖北每年所收漕项、关税和盐货各厘用于军饷者达一百六七十万两，如今鄂省军务肃清，因此完全有能力协济邻省。至于浙江前此在牙厘项下月协滇饷8000两，上年陆续报解，也是饷银可靠来源。第五，湖南和江西筹解云南协饷尽心尽力，似可续拨。有鉴于此，岑毓英奏请将月饷12.166万两改由四川每月协银3万两，湖北2万两，湖南2万两，江西2万两，浙江3.166万两。在岑毓英看来，通过上述转圜之后，云南军需供应可保无虞。另外，岑毓英还打算将山西、河南、广东及太平关欠解滇饷

---

① 《清代方略全书》第196册，第526页。

全部免除。① 由是观之，此次重新拨定云南协饷早在岑毓英计划之中。从指拨承协省份来看，各承协省份财力都较充裕，而前此被其抱怨路途过远的浙江和江西皆赫然在列，再次证明上次改拨京饷是有深意的。户部接到岑毓英奏报后，全部照准。湖广总督李鸿章随后将浙赣两省改拨湖北省的滇饷10.5万两陆续解送云南。②

与岑毓英对此次协饷调整持乐观态度不同，刘岳昭对云南军饷供应态度谨慎。据称，八年一到五月所收饷银不过10余万两，且"又非一时所至，每闻有一二万饷项将来，莫不延颈跂足，如望云霓，比及解到而前挪后空，不过一二日间即已化为乌有"。刘岳昭以四川援黔每年耗饷200万两作比，认为贵州饷需缺口不大，而云南饷需则接济困难，户部指拨月饷很难落实下来。他还认为，回民起义不过是为了生存，如果经费充足，妥善抚循，必定会幡然改途。倘若再兵多饷足，滇事可以渐止。③

为了保证军需供应，岑毓英与四川商量，打算在重庆设立滇饷总局，派遣委员前往各承协省份坐催协饷，领饷后即由商号汇解至重庆，由滇饷总局转解云南。不仅如此，因云南与各承协省份相距窎远，岑毓英请求四川先行"挪款接济，俟协饷过境截留归款"。川督吴棠对云南情形颇为同情，遂拨解4.5万两暂作接济，并代云南奏催赣、浙、湘、鄂等省协饷。④ 此后，滇军连克楚雄、南安、定远三城，岑毓英为了保证军队战斗力并办理善后，要求清廷令各省将所协饷银确定起解日期，以保证起解效果。然而，岑毓英这种做法不可能得到正面效果，虽然不能排除有人可能故意拖延协饷，但总体而言，自太平天国运动以来，各省大都有受协与承协的双重身份，

---

① 岑春蓂刻《岑襄勤公（毓英）遗集》，沈云龙主编《近代中国史料丛刊续编》第371册，第373~377页。
② 《李鸿章全集·奏稿三》，第439页。
③ 刘岳昭：《滇黔奏议》，沈云龙主编《近代中国史料丛刊》第503册，第415~416页。
④ 《清代方略全书》第196册，第623~624页。

如果有能力的话，基本上都愿意兼顾邻封。

据岑毓英对同治九年协饷统计来看，各省起解还是较为踊跃的。当年共收到各省协饷50.043万两，包括四川13万两，湖北4万两，湖南1.5万两，江西22.943万两，浙江9万两。① 上述协饷按月匀摊可达4万余两，较之额拨12余万两虽然差距很大，但较之前已有很大起色。不过云南军务正处于攻坚阶段，因此难免不敷支用。

此后，云南军务进展较为顺利。然而，天公不作美。十年五六月间，云南暴雨成灾。当时，迤西军务正在攻坚，此前军务因饷需不足，屡次中辍，如今加上天灾，不仅田赋失收，且需抚恤。无奈之下，云南督抚吁请各省迅速解饷："滇省无事之时，所出赋税原已不敷供亿，岁需各省协饷四十余万两。军兴以来，地方被贼蹂躏，人民大半死亡，赋税征收无几，军需支用愈繁，臣毓英于同治七年通盘筹画本省条丁秋粮，除贼踞荒芜外，尽数改征实米，并抽收厘谷，仅敷各路军食。本省税课厘金仅敷制备军火、军装。其兵勇月饷及功伤恤赏之需，均属无著，而大小官吏应领廉俸薪工并寻常一切公用尚未计及，今复遭此水灾，百姓救死不赡，钱粮厘谷既难于征收，税课厘金亦大为减色，若此军粮军火军装，本省亦难筹画矣。"② 岑毓英称，调整之后的云南协饷匀摊每月仅能收到2万余两，因此要求各省起解一半欠饷。其实，每月2万余两协饷虽然数量有限，但对于此间云南军务来说，还是可以有所帮助的。从岑毓英奏言来看，滇省依靠自身努力，兵食及军装军火等项尚可自保。这也可以解释为什么云南请饷和催饷频率要远远低于其他办理军务省份。前有述及，岑氏曾经声称每月3万两即可发给士兵半饷，即便之后兵勇人数有所增加，但2万余两协饷应该还算理想。当然，这是滇省军务极低限度的供应，不能视作固然。就滇省所需实际款项来说，

---

① 岑春蓂刻《岑襄勤公（毓英）遗集》，沈云龙主编《近代中国史料丛刊续编》第371册，第614页。
② 岑春蓂刻《岑襄勤公（毓英）遗集》，沈云龙主编《近代中国史料丛刊续编》第371册，第659~661页。

还有不少落差；况且遭逢水灾，办理善后，需用自然有所增加。

十一年八月，刘岳昭与岑春煊一边将云南军务进展上奏，一边请催各省协饷。据称上年报告水灾并催各省解饷后，不但旧欠未曾起解，月饷解送方面，江西拨解过半，其余各省起解不及三分之一。据统计，自十年六月起至十一年五月，四川解到银10万两，湖北2.8606万两，广东4万两，江苏3万两，浙江6万两，江西13.821万余两，共计39.68万余两，与额拨协饷145.9万余两相比，完成率尚不足三成。岑氏请求清廷在各承协省份的厘金和税课内指明的款，按时交给云南驻各省催饷委员。如果确实财力有限，则须奏明可实解若干，剩余数目奏请改拨别省或在本省其他收入项下起解。[①]刘岳昭等还将各省近一年来协饷解送情况及积欠饷银进行统计（表3-1）。

表3-1　同治十年六月至十一年五月云南协饷解送情况

单位：两

省别	应解	解到/欠解	总积欠
四川	360000	100000/260000	860000
湖北	240000	28606/211394	661394
浙江	379920	60000/319920	1053080
江西	240000	138217/101783	363128
广东	160000	40000/120000	—
江苏	160000	30000/130000	—
湖南	无	无	420000

资料来源：刘岳昭撰《滇黔奏议》，沈云龙主编《近代中国史料丛刊》第503册，第725~728页。

由表3-1可知，川、鄂、浙、赣、粤、苏六省，共计积欠饷银已达306.7602万两，这些欠饷还不是云南欠饷的全部，因此，前述各人奏称各省欠解滇饷有五六百万两之巨，当非虚言。

[①] 岑春蓂刻《岑襄勤公（毓英）遗集》，沈云龙主编《近代中国史料丛刊续编》第372册，第741~742页。

此后，云南的各项军事行动取得了一系列成功，并于同治十一年十二月初七日将大理全郡肃清。① 清廷接岑毓英奏报，分外高兴："杜逆自倡乱以来，流毒十有八载，攻陷五十三城，据险负嵎，其势甚炽。岑毓英于兵单饷绌之时，激励众心，坚忍耐苦，先将东南各军次第荡平，然后专事迤西，卒使全郡肃清，渠魁授首。"清廷令滇军乘胜追击，将全省一律廓清。② 十二年六月初九日，岑毓英奏报云南全省肃清。③

同治十三年十一月，岑毓英将同治二年二月至十二年年底军需进行报销，同治二年以前军需因案卷失落无稽可查。据称，十余年间，云南共收到各省协饷银244.4313万两，川滇各局捐输及本省钱粮税课厘金等项414.429万两，共计收银658.8603万两。④ 协饷占上述收入的37.1%，如果加上四川等地捐输银两，比例应可达50%。综而计之，上述收入匀摊至每年可得饷银60余万两，每月则在5万两左右，较之承平之时常年用额70万两仍有不小差距，按诸战时之需则不敷更多。不过，云南自咸丰六年办理军务以来，仅本省捐输就达1074.9万余两，⑤ 每年近80万两，有力地支持了本省军务，这也是云南军饷异其他边远省份之处。

由是观之，云南军务期间军饷供应虽然不似承平之时源源支发，但是通过挖掘本省潜力和外省协饷还是对军事行动提供了支持，本省钱粮、厘金、捐输和协饷等项共计收款达1700余万两，加上同治二年以前未曾报销各项，为数当超过2000万两。云南军事规模与激烈程度都要小于贵州，因此总体而言，云南军务行动受到协饷的制约并不似贵州那般严重。那么，如何解释云南多达1000多万两的欠

---

① 周锺岳等纂《新纂云南通志》卷6，1948年铅印本。
② 《清代方略全书》第197册，第462~463页。
③ 岑春蓂刻《岑襄勤公（毓英）遗集》，沈云龙主编《近代中国史料丛刊续编》第372册，第883页。
④ 岑春蓂刻《岑襄勤公（毓英）遗集》，沈云龙主编《近代中国史料丛刊续编》第373册，第1219页。
⑤ 《清代方略全书》第197册，第663页。

饷呢？这其实是可以理解的。连岑毓英本人也认为云南军务行动每月保证6万两协饷即可发给满饷，而清廷屡次指拨，每年数额均在10多万两以上。也就是说，这些协饷只要起解一半即可达到预定目的，清廷超额指拨协饷本身就是考虑到欠饷因素的影响并为之预留了空间。

当然，协饷指拨数额与实际协拨数量只是问题的一个方面，协饷与云南军务及其进程的关系也不可忽视。相关史实显示，以下因素均直接或间接发生过影响：一是由于协饷供应下降导致云南督抚在处理回民起义的策略上以抚为主，减少了军事冲突，也算是不幸中的大幸。二是协饷供应也关系到清廷统治的落实，好几任督抚皆因缺兵缺饷而不愿意入滇，使得清廷在云南的统治出现真空。这也为我们了解咸同督抚频繁变动提供了更为全面的认识。[①] 三是协饷与本地财源的开拓。云南在协饷供应较少的情况下，努力挖掘本省潜力，这在边远省份也是仅见的。概言之，协饷供应不仅关系军事进程，对清朝统治落实、督抚人事变动和经济都有至关重要的意义。

第三节　陕甘新疆地区：竭天下之力以供西饷

西北回民起义的大规模爆发在同治初年，背景和原因则与黔滇地区相似。与黔滇两省不同的是，清廷对西北回民起义的关注程度较高，不断为其抽调精兵强将。然而，由于西北情况复杂，土地硗瘠，幅员辽阔，因此督抚将领在推进军务时，受到诸多因素的制约，特别是军需缺乏，协饷不至，在太平军起义时期表现得尤为突出。太平军起义失败后，清廷将西北军务放在首要位置，军需供应开始改观。迨至左宗棠入主西北后，通过各种举措来应对缺饷问题，有力地保证了西北军需供应，推进了军事进程，最终使西北地区恢复

[①] 魏秀梅：《从量的观察探讨清季督抚的人事嬗递》，《中央研究院近代史研究所集刊》第4期上册，1973。

平静。以西北军务活动为中心，我们可以借此了解到协饷供应与军务进程、人事脉络、个人因素、统治秩序之间的关系。

一 各自成军 自行请饷

同治元年，太平军一部在蓝大顺的带领下进入陕西南部，陕西回民乘势而起，并蔓延至甘肃等地。在这种情况下，清廷令多隆阿赴陕统领军事。多隆阿一军月饷达7.47万两，陕西巡抚瑛棨奏请由湖北筹措月饷3.5万两，其余则由晋、陕两省分任。多隆阿前为荆州将军，在鄂省官场人脉广泛。湖北巡抚严树森亦为陕籍，接到瑛棨咨文后即爽快答应按月如数筹饷，同时还主动承担接济多隆阿军营军火的任务，解决其后顾之忧。①

新疆地区回民起义发生于同治二年。当时，新疆各城协饷因承协各省军务倥偬，解送情况大不如前，即使偶有协饷，不是被甘肃截留，就是因陕甘道路梗阻而耽延。乌鲁木齐都统平瑞称，协饷解送骤减导致兵丁滋事，因此打算将古城、济木萨、玛纳斯三处马场土地放垦，招租升科，接济兵饷。②伊犁将军常清则因此建议在邻近的四川和甘肃有著之款项下指拨并妥为运解。四川为当时各方索饷之热点，后者则是转运新疆协饷的承担者。新疆各城饷银照例解送甘肃藩库交收，再由甘肃藩库运解各城，其时甘肃截留新疆饷银已经达一百数十万两，③所以常清上述建议很难得到落实。

随着回民起义的蔓延，清廷不断增调将士入陕。二年七月，清廷任命四川布政使刘蓉为陕西署抚，意在由其统领军务，筹集饷源。此时，陕西早已是"富饶之区遍成焦土"，"专仰协济于邻省"。④ 刘蓉打算筹办川盐抽厘之法，对川盐之井灶抽收厘金，以百分之三四

---

① 《清代方略全书》第173册，第653页。
② 《清代方略全书》第174册，第253页。
③ 《咸丰同治两朝上谕档》（13），第291页。
④ 严扬整理《陕西巡抚刘蓉致李云麟函札》，中国社会科学院近代史研究所近代史资料编辑部编《近代史资料》第112号，中国社会科学出版社，2006，第5页。

为税率，同时派人在山西、陕西和四川劝办捐输，又在本省推广屯田，以助军需。在协饷方面，刘蓉要求四川月协陕饷8万两，湖北则负责接济李云麟所部。① 如此一来，仅湖北就需协济陕西月饷6.5万两，其中多隆阿月饷3.5万两，李云麟月饷3万两，每年将近80万两。之后，刘蓉又奏请仿照云南捐输章程在四川、湖北和山西三省设立陕捐局，筹措饷银，并指拨山西月协3万两、山东和直隶各月协1万两。② 从这一连串的安排来看，刘蓉对陕西军需供应十分措意。究其原因，陕省军需紧张是其一；湘幕和川藩的多年历练是其二；对协饷能否充分供应有所保留是其三："畛域之分贤者不免，自财赋匮乏，饷糈支绌，各省大吏能不存彼疆我界之心者，吾见亦罕矣。"③ 刘蓉上述举措是为扩大筹饷范围，避免孤注一掷，保障陕西军需供应。

同治三年上半年，陕西回民起义在大兵压境的情况下，逐渐向甘肃境内转移。雷正绾、陶茂林等率部赴甘追剿，西北军务重心转向甘肃。恰在此时，原来承协多隆阿所部协饷的山西、直隶和山东三省突将协饷停解。刘蓉坚决反对，要求各省仍按照户部指拨数目按月协济，以免耽误军行。④ 此间，多隆阿因伤去世，清廷随即令西安将军都兴阿督办陕甘军务，雷正绾副之，又任命湘军悍将杨岳斌为陕甘总督，令其在肃清江皖后赴任。

杨岳斌针对西北军务特点，决定回籍募勇，专门操练。他计划在湖南招募七八千人，并奏调安肃道蒋凝学、署皖南镇总兵唐训义一同入甘，预期组成2万人左右的军队。清廷因而令江西拨银7万两，鄂、湘、闽、粤各8万两，湖南东征局4万两，江苏10万两，

---

① 严扬整理《陕西巡抚刘蓉致李云麟函札》，《近代史资料》第112号，第15页。
② 刘蓉：《刘中丞（霞仙）奏疏》，沈云龙主编《近代中国史料丛刊》第262册，第54、60、95、105~106、129~131、330页。
③ 严扬整理《陕西巡抚刘蓉致李云麟函札》，《近代史资料》第112号，第15、20、24页。
④ 刘蓉：《刘中丞（霞仙）奏疏》，沈云龙主编《近代中国史料丛刊》第262册，第330页。

共53万两，作为杨氏募勇及办理军装等项费用。①

曾国藩积极为杨岳斌谋划西征协饷，决定在浙江、湖南、湖北和江苏四省指拨杨岳斌军饷，其中湖北和两淮盐课各月协饷3万两，浙江2万两，江苏和湖南各1万两，共10万两。杨岳斌仍感觉协饷不够充足，认为甘肃每月军需在30万两以上，因此要求将湖南东征局改为西征局，所抽厘金转济甘肃。对此，曾国藩认为杨岳斌要求过高，并且劝说道："鄙人自咸丰四年带兵起至九年止，从无月得现饷五万者，即十年、十一年忝任江督，亦无月得现银十万两者。今甘肃月饷十万有奇，确有把握，而本省所出之项尚不在内，是甘饷既已有着。"不过，曾国藩还是说服湘抚李瀚章在东征货厘项下，选择几种大宗财源，加抽厘金，接济甘肃饷需。② 此外，曾国藩与李鸿章还将驻防扬州的勇营裁汰，每月节省的饷银5万两，其中以3万两协济甘省。③ 三年年底，杨岳斌得知西征月饷已经奏准，开始令部将陆续拨队前往甘肃。可见，长于军行者对西北军需供应皆抱有大致相同的态度，即必须预为筹划饷需，方能率军深入；否则大军云集，饷需短缺，贻患大局。

清军纷纷入甘后，清廷希望雷正绾等人通力合作，规复各城。为保证甘肃境内军糈供应，清廷令雷正绾在陕西境内设立转运局，由陕西布政使林寿图督办粮运。④ 清廷令湖北将前此拨给多隆阿所部月饷3.5万两改拨雷营使用。另外，清廷还要求湖广总督官文确定杨岳斌所部月饷数额，并在湖北设立后路粮台。其后，官文确定鄂省协济西北各军饷额。一是湖北确认将原协多隆阿一军饷银改拨雷正绾部；二是每月协济杨岳斌军营3.5万两；三是按月补还蒋凝学一军欠饷2万两；四是湖北协拨西北各军军装军火等项解至杨岳斌

---

① 杨岳斌：《杨勇悫公（厚庵）遗集》，沈云龙主编《近代中国史料丛刊》第174册，第411~412页。
② 江世荣编注《曾国藩未刊信稿》，第255页。
③ 《李鸿章全集·奏议一》，第598页。
④ 《清穆宗实录》卷130，同治四年正月癸未。

军营，再由杨转解各营。①

由于大兵云集导致甘肃缺饷情形更甚于前，月需饷银20余万两。办理庆阳粮台的甘肃臬司杨能格称，两淮盐课例协甘饷每年五六十万两，江海关税课也有协甘之款，皆因太平军起义而中辍，当时江苏已经规复，"两淮引票畅销，盐课大有起色，江海关税课收数亦旺，似可以东南之有余补西北之不足"。② 杨能格要求两淮和江海关各按年协济数十万两，并先筹20万两协饷分作两批解送庆阳粮台。

甘肃缺饷突出表现为军队发生多次溃变。同治四年五月，陶茂林所部亲兵借口索取积年欠饷，溃逃者数千人，导致陶军仅剩10余营。这些溃勇与游勇结合，人数达六七千人，一路烧杀抢掠，东趋陕西，其破坏力较之回民起义有过之而无不及。③ 在陶茂林所部溃逃之后，雷正绾部将刘正高率领勇丁2000余人，索饷滋闹，并向陕西方向逃窜。④ 杨岳斌认为，甘肃粮食出产有限，采办、转运米粮费用高昂，而协饷供应情况不佳严重影响了粮食的采购和运输，以至于军心浮动，相率逃散。⑤

然而，兵变并未结束。同治五年三月，甘肃省城兰州的督标兵勇又因粮饷缺乏，赴督署及军需局大肆抢劫，并戕害幕友以及文武官员。⑥ 从上述三次兵勇哗变来看，最主要的原因都是缺饷。由于饷糈不继导致军心不稳和士气不振，这样的军队即便没有叛变，其临敌表现也可想而知。刘蓉认为陕甘回民起义之所以屡仆屡起主要是因为清军"饷源枯竭，军无斗志"，为此他请求从本年六月开始，浙江月协6万两，广东月协4万两支援陕西，以便应对甘肃回民起义

---

① 《清代方略全书》第178册，第601页。
② 《清代方略全书》第178册，第604～606页。
③ 《清代方略全书》第178册，第569～570、596页。
④ 刘蓉：《刘中丞（霞仙）奏疏》，沈云龙主编《近代中国史料丛刊》第262册，第877页。
⑤ 《清代方略全书》第179册，第404页。
⑥ 《清穆宗实录》卷173，同治五年三月癸未。

军的东进。① 清廷批准了刘蓉所请内容，还令山西、四川和湖北三省先各协5万两解往陕西。晋抚曾国荃接到廷旨后，致信刘蓉称："缓急人所时有，在邻封分应通融，况弟与阁下谊同一家，尤非泛常可比。"②

四川总督骆秉章在起解甘肃新疆协饷时尽心尽力，并对西北军务提出建议。骆秉章认为，西北军事孔亟，甘省缺饷固然属实，但军事统帅过多，事权不一，"各自成军，自行请饷，不惟应接不暇，亦几无所适从，为今之计，亟宜先裁游勇，简练精锐，并归统帅调度，所有饷项按月由粮台总司支发，以资饱腾，自能所向成功"。③骆秉章的建议极有见地，既指出甘肃军务的弊端，又道出承协省份的忧虑，也可以解释各省协饷解送迟滞的原因。当时，西北地区除了督抚所部而外，还有各路将领雷正绾、陶茂林、曹克忠、穆图善、都兴阿等，加之新疆各城将军、都统等，确实过于分散，不利于军务开展。清廷对骆秉章奏言十分重视，要求杨岳斌统筹甘新全局，并令成禄、联捷二人迅速出关援助新疆。④

总的来说，制约西北军务情况的因素很多。第一，协饷供应下降。据前陕甘总督易棠称，截至咸丰四年年底，各省欠解协饷已达600余万两；⑤ 及至同治三年初，欠饷已经飙升至2294万余两。⑥ 即从咸丰四年到同治二年的九年时间内，欠饷增加了1600多万两，每年拖欠近180万两，可见东南军务对陕甘协饷的巨大影响。第二，西北督抚将领缺乏经济头脑，未能对协饷制度进行变通，转换思路，化解困局。第三，各将领间互不统属，各自为战导致师久无功。第四，西北地区远离各承协省份，解饷周期和成本过高，这在战争年

---

① 《清穆宗实录》卷179，同治五年六月庚戌。
② 萧荣爵编《曾忠襄公（国荃）书札》，沈云龙主编《近代中国史料丛刊》第571册，第877~878页。
③ 《清代方略全书》第179册，第681~682页。
④ 《清穆宗实录》卷149，同治四年七月戊子。
⑤ 王先谦：《东华续录》咸丰卷48，《续修四库全书》第377册，第294页。
⑥ 《曾国藩全集·奏稿七》，第4261页。

代是致命的。第五，西北地区粮食产量有限，受制于协饷供应下降，采买军食更难措手，以至于兵食不保。以上种种情形，如果不能采取有效措施来应对的话，西北地区的军务和饷务还将继续低迷。就当时情况而言，西北饷务还没有好转的迹象。陕甘总督杨岳斌除了向清廷和各省督抚催饷之外，①并没有更多的办法。

二　左宗棠主政西北与变通协饷

在这种情况下，西北军务亟须改弦更张。同治五年八月十七日，清廷任命左宗棠为陕甘总督督办西北军务。这一任命也给西北军务带来了转机。学界对左宗棠西征活动虽然较为注意，但大多数研究者从政治和军事的角度出发，热衷于给人物定性和评价，而忽略了西北军事活动的内容与过程。相关研究对左宗棠筹划军需，尤其是筹划协饷部分注意不多。有学者曾有专文研究左宗棠西征借款与协饷之间的关系，但其用近代金融学观点来分析左宗棠"外债思想"，且将举借外债抽离于西北军需的实际过程，似有强古人以就己的嫌疑。②如何将左宗棠西征活动与当时军事、财政、政治和人际关系结合起来考察，恰当地反映左宗棠对西征协饷的运筹与影响，展现协饷制度在西北地区的变动情况，是值得进一步探讨的问题。

左宗棠凭借多年行军经验及对西北军务大局的洞察，对军需供应，尤其是兵食尤为重视。至于协饷，他希望福建、浙江和广东三省能够施以援手，移缓救急。③上述三省大员多系左宗棠至交或亲信，积极提供军需支持："闽、浙、粤东、江西诸当事均以甘饷艰难为念，慨然各思所以助之，较之厚庵度陇时，稍胜一筹耳。"④这也

---

① 《复杨岳斌》，《曾国藩全集·书信七》，第5441页。
② 详见马啸《国内五十年来左宗棠在西北活动研究述评》，《中国边疆史地研究》2008年第2期。又见蒋致洁《左宗棠收复新疆战役军饷问题探讨》，《中国社会经济史研究》1988年第2期；马陵合《试析左宗棠西征借款与协饷的关系》，《历史档案》1997年第1期。
③ 《左宗棠全集·书信一》，第714页。
④ 《左宗棠全集·书信一》，第723页。

再次证明人事关系对于协饷供应的极大影响。

左宗棠为了保证行军饷需，利用其影响力，建立协饷关系。他首先与闽浙粤三省商定协饷数目：福建月协饷4万两，浙江7万两，广东4万两，①并陆续与其他省份商谈协饷一事。正常来说，协饷应由左宗棠具折奏请，户部权衡各省情况后确定承协省份及数额，然后咨文左宗棠及各承协省份落实。太平天国运动期间，清廷为调动各方积极性，有意界以各封疆大吏便宜之权，因此同意各省督抚之间商定协饷数额，再报户部核准。贵州军事行动期间，清廷曾命令贵州巡抚与四川总督商定协饷数额。这种协商协饷的方式十分依赖请饷者个人的威望和影响力。此前一些素著威望和人脉极广者偶尔通过这种方式运筹军饷，然而皆不如左宗棠此次规模之大。此举虽然与旧有制度规定有出入，但在战时也不失为一种有效筹饷的方法。何况户部指拨协饷的落实情况可能还不如这种通过私人关系商定的协饷，因此户部大都乐观其成，予以确认。由此可见，战时协饷制度的具体操作也因时而变，旨在有效落实军需协济办法，从而集中财力，服务军行，维护王朝统治。

左宗棠在与其他省份商量协饷时远不如闽浙粤三省那样顺利。四川总督骆秉章曾是左宗棠居湘幕时的"东翁"，②共事达七年之久。然而，四川当时主要忙于应付黔滇二省军务，因此对西北协饷不甚措意，令左氏十分不快。在左宗棠承诺川省协饷脚价由其支给后，骆秉章答应月协4万两饷银，与左宗棠期望数目相差较大。为了保住这4万两协饷，他致信四川布政使江忠濬，希望其在旁玉成此事。③山东巡抚丁宝桢认解月饷1.2万两。④曾国藩则重申江苏每

---

① 《左宗棠全集·奏稿三》，第306页。
② 瞿同祖：《清代地方政府》，范忠信、晏锋译，法律出版社，2003，第178页。
③ 《左宗棠全集·书信二》，第7、29页。
④ 罗文彬编《丁文诚公（宝桢）遗集》，沈云龙主编《近代中国史料丛刊》第74册，第229页。

月3万两协甘饷银会按期如数解足。① 江西巡抚刘坤一允诺按月协济2万两。② 浙藩杨昌濬为左宗棠一手栽培,接到左宗棠信函之后,他加强了协饷力度,令左宗棠颇为满意。③

饷需筹划大致告一段落后,左宗棠决定在湖北设立后路粮台,由湖北粮道王加敏主持,以解决大军进入西北后的军需供应问题。根据清廷的安排,左宗棠先肃清陕西捻军起义和回民起义后再赴甘肃。左宗棠对此亦表赞同。左宗棠西行军队刚开始仅有数千人,后因战争需要,增募至3万人,每月军需等项支出达30万两。为了保证军食,他奏请由户部发给空白执照5000张,在陕西、湖北、山西、四川和河南五省劝办米捐,接济陕甘军食。④

左宗棠进入西北后,综核所部军需,每月仍短缺四五万两。特别是,各省解送一批协饷的时间为三个多月,致使各军饷需支发延期。为此,他要求举借洋款来筹集大笔款项,以便应对饷需解送与支发之间的时间差。左宗棠称,"从前江苏沪防吃紧时,曾有由关督出印票,督抚加印,向洋商借银充饷成案,臣在福建亦曾行之,事赖以济"。⑤ 左宗棠认为与其停兵待饷,坐失事机,还不如筹借巨款,迅速蒇事,似费实省。左宗棠称,国外因战争借款者亦颇不少,中国仿照执行,无损国体。他计划借款120万两,令办理上海采运局的福建补用道胡光墉负责落实借款事宜,还款则在各海关西征协饷内划扣,其中粤海关和闽海关各代还24万两,浙海关42万两,江汉关12万两,江海关18万两。清廷也担心西北饷务没有起色,因此批准了左宗棠的设想。⑥ 这令左宗棠颇感自得:"弟此次奉命西征,明知饷需支绌,筹谋不易,仰给于邻封则更难。然治凋敝之区,与

---

① 《曾国藩全集·奏稿九》,第5597页。
② 《刘坤一遗集》,第103页。
③ 《左宗棠全集·书信二》,第43页。
④ 《左宗棠全集·奏稿三》,第463~464页。
⑤ 据徐义生研究,近代第一笔外债是苏松太道吴健彰经手向上海洋商举借的。徐义生编《中国近代外债史统计资料》,中华书局,1962,第1页。
⑥ 许毅等:《清代外债史论》,中国财政经济出版社,1996,第212页。

戡方张之寇，非得现成巨款筹办一切，何能放手做去？"① 这也是左宗棠西征以来第一笔以协饷作为抵押的借款。与协饷相比，这种方法的优点在于：一、它可以筹集大量饷银，避免协饷解送起伏不定的弊端，也可对军事行动提供持续支持。二、它可以对防止各省拖欠协饷起到一定程度的作用。由于协饷用于抵押洋款后，各省为避免引起交涉不得不按时解送协饷。② 左宗棠此后多次以协饷抵借洋款，虽然原因和动机各不相同，但上述两个方面的因素是不容忽视的。

此间，一部分回民起义军已经逼近山西边境。为阻止起义军进入省境，晋省积极办理防堵，削弱了其对西北军需供应的支持。③ 陕西境内则因军务正殷导致军需消耗大增，不仅无力支援甘肃，还将各省协济甘饷截留。④ 这直接导致甘肃军需供应减少。为应对这种窘况，左宗棠建议甘省尽量节省开支。穆图善对此颇不谓然。穆氏指出：甘肃兵勇共有 140 多营，每月需饷 40 余万两，其他杂项尚不在内。如果依照左宗棠先陕后甘的计划，恐怕甘军早已饥溃殆尽，因此坚决要求左宗棠为甘肃提供军需，禁止截留甘饷。⑤

左宗棠则认为甘肃军饷已较之前有所改善，其入陕以后已拨解甘肃饷银 30 余万两，加上陕西粮台拨解数额，总计 60 余万两，饷需之多为近年所无。左宗棠指出，其挪用甘饷是在洋款解送稽延和募勇的情况下采取的不得已之举，况且几次哗变之后，甘肃兵数已经大为减少，以饷数匀摊至兵勇，亦较往年增加。左宗棠对穆图善要求各省解送甘饷时由河东道转解甘肃而跳过陕西粮台的做法，予以坚决反对。左宗棠指出："甘肃改设之台，只宜责令就近转输川、

---

① 《左宗棠全集·书信二》，第 19 页。
② 马陵合：《试析左宗棠西征借款与协饷的关系》，《历史档案》1997 年第 1 期。
③ 《观斋行年自记》，《北京图书馆藏珍本年谱丛刊》第 146 册，第 625 页。
④ 乔联宝编《乔勤恪公（松年）奏议》，沈云龙主编《近代中国史料丛刊》第 705 册，第 1255 页。
⑤ 《清代方略全书》第 183 册，第 173 页。

湖饷米；陕省现设之甘肃后路粮台，仍留以司协饷之总汇。不可因迁就目前，自误大局。"① 左宗棠压低甘肃饷需支出，最主要的动机是集中财力，采取步步为营的做法来消灭回民起义。

左宗棠随后对同治五年和六年各省协饷解送情况进行了统计。结果显示，左宗棠入陕后，各省关不仅踊跃解饷，而且有提前报解者，实为非常罕见。② 不过，由于西北兵勇数目众多，这些协饷还不能完全满足西北军务需求。按照左宗棠的计划，岁末要发给各军一月全饷，同时预筹七年开春三个月粮饷。这笔开支对西北来说难度不小。为此，左宗棠主张再次举借洋款来应急，向洋商借款200万两，在各海关协饷内抵拨。③ 总理衙门认为息借洋款利息太重，议准借款100万两，其余则在四成洋税项下筹措。此举旨在保障西北饷需供应的同时，减少利息。

陕西军务在左宗棠全神贯注之下逐渐改观。当时"海内兵事渐息，饷事亦藉资周转"，左宗棠有鉴于此，希望清廷能够重新指拨有著之款协济陕甘地区。④ 清廷遂决定在海关六成洋税里拨给西征协饷100万两，其中江海关50万两，闽海关20万两，江汉关15万两，粤海关10万两，浙海关5万两。此外原拨山东、山西、河南、湖南、四川、江西、河东等处每月共计协饷10.35万两，以及河南、陕西、湖北、湖南、四川、江苏、江西、山东、山西等九省协拨穆图善每月饷银共计12.8万余两也令各督抚按时拨解。⑤

上述月饷看似丰厚，然而按诸西北军需大局，仍然不敷甚巨。左宗棠坦陈："西征实饷百万，仅江汉关报拨八万，闽海关二十万亦有借拨明文，然远莫能致，年内恐难到手，余则无应之者。江海五十万，谷翁来缄极称年前无从设措，未知奉到谕旨后何如耳。借洋

---

① 《左宗棠全集·奏稿三》，第502页。
② 《清代方略全书》第184册，第43页。
③ 《左宗棠全集·奏稿三》，第499页。
④ 《左宗棠全集·奏稿三》，第678~679页。
⑤ 《清代方略全书》第184册，第432、435页。

商款项一节，原无碍体制，如以为疆臣之耻，则必能如期如数接济方可，否则说空大话何补时艰乎？"左宗棠不得已奏请河东盐课和四川盐课作为应手之方，前者接济陕西，后者分给甘肃。① 左宗棠还对国内财源进行甄别，要求在各省厘金之中指拨的款。左宗棠认为各省裁兵所节饷银，以及厘金、洋税不下千余万两，转移东南之财赋，养赡西北之兵，亦是理之当然。左宗棠奏请从八年开始，每年在各海关洋税以及各省厘金项下提出400万两实银，作为西北军需之用。②

不仅如此，左宗棠为了防止该项来源为众人所噬，且有感于甘肃兵勇不堪使用，决定将其所部各军饷银另立一名目——西征实饷，"庶几眉目朗然，部臣容易稽核，而臣军此时可免侵占陕饷、攫取甘饷之疑，异时办理报销亦易清晰"。左宗棠要求拨给每年西征实饷460余万两。③ 为避免给人以独擅专利的形象，他奏请由侍读学士袁保恒办理西征粮台。④ 以京官办理粮台可以免去左宗棠揽权和索饷无度之指责，而且借助第二人来督办粮饷可以增加请饷的说服力，用意颇深。

户部随后指拨各省厘金作为西征协饷：安徽在协济郭宝昌所部的基础上，每月协济陕西饷银2万两。浙江除原协左宗棠军饷7万两外，每月添协陕甘军饷5万两。湖北除原协陕甘各饷外，每月添拨陕甘饷银4万两。江西除在地丁项下每月原协陕甘军饷2万两外，每月再添拨陕甘军饷4万两。福建除每月原协陕甘饷银4万两外，每月添拨陕甘饷银4万两。江苏除原协陕甘月饷10万两外，每月添拨陕甘饷银3万两。广东原协陕甘饷银每月3万两，添拨陕甘饷银3万两。户部此次共计添拨协饷300万两，自八年正月起开始按月解送，遇闰增加。清廷要求左宗棠收到协饷后，按照陕甘两省缺饷情况，分别接济匀拨，以保证公正性。

---

① 《左宗棠全集·书信二》，第141页。
② 《左宗棠全集·奏稿三》，第685页。
③ 《左宗棠全集·奏稿四》，第29页。
④ 《左宗棠全集·奏稿四》，第45页。

不过，户部并没有将左宗棠军饷与陕甘协饷划分开来。因为清廷担心，一旦将上述协饷划分开来，各省协饷时不免自分轩轾，尤其是左宗棠如此强势，肯定会要求各省先起解左军饷银，后照顾陕甘两省军需。清廷决定，穆图善所部每年 120 万两，左宗棠所部 330 余万两，刘典所部 60 万两，以及各省厘金协饷 300 万两，皆由左宗棠兑收，以一事权。① 虽然此次清廷未全部接受左宗棠实饷 400 万两的要求，但原拨各省协饷、厘金及捐输等项收入统计有 950 余万两之巨。清廷警诫左宗棠："西征军饷，竭各省之力以供应用，左宗棠当撙节支发，毋稍靡费。"除了上述 950 余万两外，西北军务还有此前所借洋款 200 万两，海关六成洋税 100 万两，军饷不可谓不厚。②

八年五月十九日，左宗棠奏报陕境肃清，准备移师泾州，督办甘肃军务。与此同时，他还对八年正月起至四月底各省关协饷解送情况做了汇报。据称，各省应解协饷 230 万两。除穆图善所部饷银不计外，实际解到及已报起解者仅 70 余万两，不及奉拨之三分之一，更谈不上补解欠饷。左宗棠认为西北用兵，"筹粮艰于筹饷，筹转运又难于筹粮"，如无实饷，事事皆成束手。左宗棠担心，目前已经欠解协饷 140 余万两，此后大军深入，"得饷愈艰，索饷者又将纷至沓来，凭何答付？"③ 左宗棠还批评穆图善不知缓急，在协饷解送情形不佳之时，不仅不减兵节饷，还奏调军队赴甘。穆图善对左宗棠屡次指责甘省冗兵、冒饷等情况十分不满。他指责左宗棠作为陕甘总督，不仅不从全局角度统筹西北大局，甚至有意与邻为壑。④

穆图善不仅对左宗棠颇有微词，还对袁保恒怀有意见。穆图善参劾袁保恒将甘肃湖北后路粮台之饷银悉数提归陕西，导致甘军毫无指望。袁保恒随后对此事进行回应。袁保恒称，自接办西征粮台以来，除解秦州饷银 120 万两外，一律解赴左宗棠处，由其分拨，

---

① 《左宗棠全集·奏稿四》，第 58 页。
② 《清穆宗实录》卷 252，同治八年二月丁未。
③ 《左宗棠全集·奏稿四》，第 96~98 页。
④ 《清代方略全书》第 185 册，第 491 页。

因此毫无侵夺穆图善专饷之事。穆图善之所以产生误解,系由各省解饷无定所致,并决定即刻起解10万两饷银交穆图善军营。① 据袁保恒统计,西征粮台每年新拨各省关厘金协饷300万两,实际只能到位100多万两,而旧协之饷500万两,到位为350万两左右,因此实际协饷数额在四五百万两之间。然而,陕甘各军每年共需饷银1000万两,只能移缓救急。他希望清廷能够在安徽地丁漕折项下每年指拨30万,江西丁漕20万,九江关20万,淮盐盐厘盐课30万。② 清廷否决了袁保恒加饷要求,称如果各省解不足额,由左宗棠指名参处。其实,各省拖欠协饷,大都出于无奈,且一旦参劾,协饷不惟不会增加,相反还会引起纷争,导致解饷下降,在仰食于人之时,不到万不得已,一般不会采用这种办法。

由于清廷对左宗棠请饷几乎有求必应,因此对其迅速戡定西北所抱期望也相应增加。然而,就当时西北军事进程来看,显然与清廷预期相差甚大。为此,清廷特地发布上谕责备左宗棠劳师糜饷。③ 实际上,在左宗棠看来本年军事行动较为顺利,符合其原定步步推进的计划。清廷之所以严词切责,可能是所抱期望太高导致心态失衡。当然,西北地区军事行动的高昂成本也是清廷无法容忍左宗棠西北之行收效"缓慢"的重要原因。不过,由于西北战局复杂,清廷希望左宗棠一锤定音,迅速蒇事,是不切实际的。

此间,袁保恒对九年西征协饷进行统核。据称除了江西省和闽海关两处解清外,浙、闽、苏、鄂原拨协饷按月解清,新拨厘金项下之协饷解不足数,川、粤、皖、鲁、晋则旧协新拨饷银均未解足,河南与湖南所解不及十分之一。穆图善所部协饷归并袁保恒统催后,时逾16个月,仅收到协饷30万两。袁保恒不得不通融酌剂,发给穆图善所部及甘南、甘凉各军饷银达二百数十万两,还垫解豫师军

---

① 《清代方略全书》第186册,第257页。
② 薛福成:《薛福成日记》,蔡少卿整理,吉林文史出版社,2004,第43页。
③ 《清代方略全书》第187册,第568页。

饷 14 万两。据统计，截至十年三月底各省共积欠协饷 1100 余万两，具体欠解情况见表 3-2。①

表 3-2 西征协饷欠解情况

单位：两

江西	解清
闽海关	解清
山东	左营 29 万，豫师 9 万
山西	左营 75.9 万，穆营 65.5 万，豫师 1.4 万
河南	左营 116.7 万，穆营 15 万，豫师 9 万
湖北	陕甘 77 万，穆营 56 万
浙江	陕甘 113 万
福建	陕甘 84 万
湖南	左营 47 万
安徽	陕甘 34 万
四川	穆营 166 万
江苏	陕甘 64.5 万，陕西 3 万
两淮	豫师 5.3 万
广东	左营 76 万，陕西 55 万
江汉关	陕西 3 万
粤海关	陕西 9 万

资料来源：《清穆宗实录》卷 309，同治十年四月乙亥。

如是观之，自同治八年开始截至十年三月，共应协饷 1800 万两，欠解 1100 余万两，欠解绝对数额巨大，完成率竟只有 39%。如以袁保恒之前所言，左宗棠、穆图善和刘典等军每年需饷 1000 万两计算，完成率则更低，只有 30%。如果匀摊到每个月，只有 25 万两。虽然清廷惊呼竭天下之力养西北之兵，然而实际解饷情况仍然不理想。此间，左宗棠运筹帷幄，指挥各路军队各司其职，将回民起义势头打压下去，甘肃军务逐渐好转，社会环境渐趋稳定。② 这也

---

① 《清代方略全书》第 188 册，第 657 页。
② 《左宗棠全集·书信二》，第 359 页。

意味着甘肃养兵以及善后各项支出大大增加。左宗棠称，西北乃"销金锅子"，值此荒乱之际，转输军食，运解饷需，费用不赀。①

在这种情况下，袁保恒保证军需供应的压力不断增加。十一年十月，据袁保恒统计，截至本年八月底，各省欠饷累计已达1600万两。也就是说，从十年三月起至十一年八月一年零五个月时间内，欠饷增加了500万两。袁保恒称，此时左宗棠进驻兰州，进归宁夏和肃州，穆图善移师泾州，需费繁多。此外，年关将至，需要筹给年底全饷。因此，袁保恒奏请于各省欠饷内提银60万两，并饬催各省按时起解月饷，于十一月内解赴陕西，转解甘肃各营。② 从上述统计来看，同治八年以来，历年解饷波动较大：八年时，每年尚能收到协饷四五百万两，而九、十两年解饷数额大大下降，以至于欠饷达1100万两；十一年时，协饷解送和八年相似，也为四五百万两。

左宗棠率军于十二年八月抵达肃州。随着大军深入，左宗棠对军需供应也愈加关注。左宗棠称，西征协饷积欠已增至1796万两之多，因此要求清廷拨给的饷。据左宗棠称，各省协饷报解均较常年迟滞，而西北粮饷转运、制兵饷乾、办理善后以及兼顾穆图善所部，所费甚巨。鉴此，左宗棠请求在海关洋税项下指拨的款。为防止不时之需，左宗棠还令胡光墉向中外商人借款100两，又令王加敏在汉口借商款数十万两，以各省协款作抵。③ 在协饷解送情况不理想的情形下，左宗棠想方设法进行变通，不以协饷自限，既让清廷感受到催饷压力，同时也筹定了帮补之计：利用各省关协饷向中外商人借款，不仅有利于获取大笔经费，还让承协省份在起解协饷时缺少拖欠理由。

十月二十五日，清廷接到左宗棠奏报肃州克复、甘肃一律肃清的折子。清廷十分高兴，随即令户部在部库中拨银100万两，同时责令

---

① 《左宗棠全集·书信二》，第357页。
② 袁保恒：《各省欠饷过多西征诸军本年未发月饷年终仍无款可指折》，《申报》1872年11月26日。
③ 《左宗棠全集·奏稿五》，第522~524页。

各省按时协饷并补解拖欠饷银,"左宗棠所统各营需饷紧迫,必须宽为接济,方足以作士气而竟全功",① 作为对左宗棠所做贡献的奖励;同时要求各军在休整之后,迅速出关将新疆军务迅速完结。随着陕甘军事次第蒇事,左宗棠将其于同治五年奉命赴陕起至同治十二年年底的军需报销。据称,此间收款以部帑以及各省关协饷为大宗,"其次则捐输、税厘、丁课及商号挪借、各营兵勇截旷、台局扣收平余诸杂款",共计收款4226.136万两。② 其详细款目见表3-3。

表3-3 同治五年起至同治十二年年底收款清单

单位:两

	时间	数额
山东	六年七月至十二年年底	765000
四川	九年六月至十二年年底	392200
福建	五年十月至十二年年底	3880000
浙江	五年十月至十二年年底	6870000
广东	六年三月至十二年年底	3975220
湖北	六年二月至十二年年底	2763328
湖南	五年十二月至十二年年底	108617
江苏	六年七月至十二年年底	3105000
安徽	八年三月至十二年年底	500000
江西	五年十二月至十二年年底	4080000
江海、闽海、江汉、粤海、浙海关	七年十月至十年七月	1000000
山西	六年六月至十二年年底	1319550
河东道	七年十一月至十二年年底	1540000
河南	六年十一月至十二年年底	70940
户部	七年三月	21000
陕藩	九年十二月	60000
闽海、陕藩及河东道协济雷营军饷	八年六月至十二年年底	1300000
鲁、豫及两淮运库协济西宁月饷	九年八月至十一年七月	198000
江海关	十二年十月至十二月	130000

① 《清代方略全书》第191册,第295页。
② 《左宗棠全集·奏稿六》,第66页。

续表

	时间	数额
江汉关	十二年十一月	100000
粤海关	十二年十一月	50000
湖北省并江汉关	六年四月、七年六月	29652
绥远城	未知	26222
甘肃后路粮台垫款	未知	22502
甘南各台局移交余款	八年十二月至九年二月	77209
山西协济湖广总督李瀚章军饷	七年四月	5000
直隶军需局	七年七月	3000
陕西军需局	七年七月	14000
甘肃藩司地丁税课	八年十一月至十一年年底	103484
甘肃各税厘局	八年十二月至十一年年底	202545
甘肃惠安堡盐局	十一年十一月至十二年六月	9979
彭玉麟解饷	未知	20000
浙江省解杨宝镕捐军饷银	十年十月至十一年三月	169235
前两广盐运使钟谦钧捐输	未知	20000
陕西富绅捐借军饷	七年十月至八年三月	210000
湖南米捐局米捐	八年至十年四月	89972
江西捐输局米捐	八年五月至十二年二月	207018
四川甘省米捐	七年三月至九年十月	71882
山西甘省米捐	七年十月至八年七月	51598
陕西捐饷总局代办甘省米捐	七年九月至八年十月	74145
甘捐总局米捐	八年五月至十二年年底	2468825
福建分局米捐	未知	650089
浙江分局米捐	未知	162638
太原分局米捐	未知	504138
运城分局米捐	未知	201257
河南分局米捐	未知	477476
河南南、汝、光分局米捐	未知	8664
河南彰、卫、怀分局米捐	未知	85092
湖南分局米捐	未知	67018
湖北分局米捐	未知	187095
济南分局米捐	未知	459551
济宁分局米捐	未知	221633
山东登、莱、青分局米捐	未知	159450

续表

	时间	数额
上海分局米捐	未知	187906
江宁分局米捐	未知	109007
扬州分局米捐	未知	152007
四川分局米捐	未知	346811
广东分局米捐	未知	3435
甘南秦州分局米捐	未知	66056
挪用陕西应分各项米捐	未知	88780
革员缴出甘南军装局短少军装银	未知	5571
已革县丞黄必恭补缴亏挪银	未知	4018
各员捐助运费、赈款银	未知	25849
陕西军需局拨陕军各营饷银	七年十二月至十二年年底	596091
各营兵勇截旷银	未知	184476
支放、采办、制造各款平余银	未知	216372
挪借商号银	十二年冬	989340
合计		42261360

注：表中合计为42261343两，与左宗棠折中统计数字42261360两有出入，系因上表统计时只取小数点前一位所致，应以左宗棠统计为准。

资料来源：《左宗棠全集·奏稿六》，第68~75页。

由表3-3可见，左宗棠自入陕至攻克肃州期间，收入以协饷和捐输为主，尤其是直接协饷达3142.284万两，占所有军饷的74.3%。左宗棠分得饷银4059.8104万两，支出则为4014.853万两，结余44.9573万两。在八年左右的时间内，左宗棠、穆图善及西宁办事大臣豫师所部，每年收入达500多万两，较之原拨各项收入950万两，则军饷完成额度超过50%。而陕西、新疆各城所收协饷以及其他饷银尚不在内，从中可见此间西北军需支出之巨。如果说，陕甘地区军需供应还是以协饷为主的话，那么进军新疆之后，军需供应局面则为之一变。其实，这当中可能还有漏项，即如海关一项，左宗棠上述统计似乎不太全面。自六年九月至十年十月，各省洋税解到者，共270万两，并未统计进去。见表3-4。

表 3-4　同治六年九月至十年十月各海关解到协饷

单位：两

时间		数额
六年九月至七年八月	沪尾、打狗二关	50000
六年九月至十年六月	江海关	920000
七年闰七月至十年六月	粤海、潮州二关	420000
七年三月至十年十月	福州、厦门二关	1160000
七年八月至八年八月	江海关	150000
合计		2700000

资料来源：《各海关征收洋税银两数目》，《清代民国财政预算档案史料汇编》第 1 册，第 251、259、261、263、264 页；第 2 册，第 207、209、211、213、221、223、225、227、235 页。

如果将此 270 万两加入协饷当中，则协饷共计为 3412.284 万两，则协饷所占比率上升至 80.7%。这样一来，左宗棠在陕甘期间总共收入 4496.136 万两，匀摊至每年则为 562.017 万两，当然，这其中还有本省各项收入。虽然五六百万两的军需供应与额饷还有较大差距，但是以当时全国的情况而言，也属不遗余力。

三　协饷抵押与预解

陕甘局势稳定之后，左宗棠坐镇肃州，进规新疆。新疆较陕甘地区更为窎远，经济基础更差，如果军需接济出现问题，后果更为严重。有鉴于此，左宗棠加大粮饷统筹力度，以保证新疆地区军事活动的顺利开展。左宗棠根据新疆饷需供应情况对协饷制度进行大幅度调整。其中，左宗棠为了增加各省解饷数额和提高各省解饷效率，多次通过抵押各省协饷来举借洋款，规模远超前两次。另外，左宗棠还采取预提协饷的策略，令各省提前起解协饷，此举类似于"寅吃卯粮"，但对于筹集军饷来说效果明显，也确实推进了新疆军事进程。

需要指出的是，陕甘战事结束后，西征军饷调整为 820 万两，较之前950万两减少了130万两。① 左宗棠认为，进军新疆，最难之事莫如采办粮料。粮料既要采买，又需挽运，运输费用十分高昂。清廷当然也深知这一点，因此令户部妥筹对策。户部决定先拨给左宗棠出关饷银200万两，并将出关各军饷项和新疆各城军饷全部归入西征粮台办理，以左宗棠为督办，袁保恒为帮办。在此之前，新疆各城军饷历来由各城分别奏请和咨催，头绪纷繁。当时，户部指拨山东每年协济42万两，山西12万两，河南27万两，直隶3万两，共计84万两。② 此次由西征粮台统一办理，有利于核清数目，统筹兼顾。

同治十三年，各省因日本侵占琉球事件，纷纷以海防为急务，奏请停缓协饷，西征协饷解数大受影响。在这种情形下，左宗棠令胡光墉向洋商借款300万两，由江、浙、粤三省在协济西征协饷中分作三年抵偿。③ 这已经不是左宗棠第一次抵押协饷。对此，他称，以江、浙、粤三省匀摊每年偿还30万两，尚不致有多大压力，而西北可以得此巨款，一意驰驱，"虽减收抵息银，固所愿也"。④ 可见，在左宗棠看来，为了尽快恢复局势，即使付出若干息银也比停兵待饷要好。

在当时的背景下，借用洋款为迅速集中大笔军饷的上佳之选。左宗棠向清政府说明缺饷情形，拟定筹款途径，并造成既成实事，清政府不得不追认。此次借款获批后，户部将原拨出关饷银200万两减为100万两。袁保恒认为此项饷项关系各军后继给养，因此拜折力争。其后，清廷饬令户部如数解足200万两，以保障援新各军饷需供应，不因息借洋款而减少拨款。⑤

穆图善所部也准备入新。穆图善一军虽有月饷9.5万两，但饷

---

① 蒋致洁：《左宗棠收复新疆战役军饷问题探讨》，《中国社会经济史研究》1988年第2期。
② 秦翰才：《左文襄公在西北》，第119页。
③ 《左宗棠全集·奏稿六》，第112页。
④ 《左宗棠全集·书信二》，第498页。
⑤ 《清穆宗实录》卷373，同治十三年十一月丙午。

项均由西征粮台办理,进入新疆后,支出必将增多,袁保恒担心无力供支。鉴此,袁保恒奏请户部加拨饷银,以便应付穆军进入新疆之后的各项军需。袁保恒还算了一笔账:自嘉峪关至乌鲁木齐运送粮食供应新疆各军,每年粮价及各项挽运费用达 316 万两,而关内之转运费用以及办理屯田等项支出,统计每年支出在 600 余万两,兵饷尚不在内。① 可见,新疆军事行动开销巨大。清廷则称,各省协济西征饷银已不遗余力,要求袁保恒在左军饷项内匀济穆军。②

日本侵占琉球后,海疆安全成为各方关注焦点。由于收复新疆需要消耗大量财富,导致清廷官员出现两派意见,出现了所谓海防与塞防之争。一派主张乘势收兵,放弃新疆,裁兵节饷。一派主张乘势追击,规复新疆全境,杜绝外患。前者以鲍源深③、李鸿章和钱鼎铭④为代表,尤其是李鸿章过于注重海防,因此对西征以来所耗饷需十分不满。⑤

清廷并未接受上述意见,认为如果放弃新疆,将使藩篱尽撤,关内势必不保,因而坚持收复故土。⑥ 两广总督刘坤一也旗帜鲜明地支持收复新疆,他指出:"议者以出关之师不免旷废,遂欲以守为战,暂缓进兵,移西征之饷需以专顾东南防务。仰赖圣明洞鉴,不为异说所摇,否则我弃人取,中国十八省将悉为大、小科斯,不独关、陇无安枕之日。"⑦ 时人也认为,"海疆之患,不能无因而至;其视成败以为动静者,则惟西陲军务,宜以全力注重西征"。⑧ 可见在保护国土这一原则问题上思维清晰者不乏其人。

---

① 《清代方略全书》第 191 册,第 606 页。
② 《清代方略全书》第 191 册,第 596 页。
③ 盛康辑《皇朝经世文编续编》卷 78,沈云龙主编《近代中国史料丛刊》第 843 册,第 1985~1991 页。
④ 《清代方略全书》第 191 册,第 749 页。
⑤ 《李鸿章全集 奏议六》,第 163 页。
⑥ 罗正钧:《左宗棠年谱》,第 279 页。
⑦ 《刘坤一遗集》,第 1771 页。
⑧ 中国第一历史档案馆编《光绪朝上谕档》,广西师范大学出版社,1996,第 43 页。

左宗棠也对海防与塞防一事表态，认为二者同样重要，坚决反对牺牲西征饷银来接济海防经费。左宗棠称，西征协饷额拨每年800余万两，实际仅能解到500万两，此时积欠已至3000多万两。左宗棠认为，此时乌鲁木齐未复，断无撤兵之理，即乌鲁木齐克复后，也要步步为营，规复全疆，然后"精选良将，兴办兵屯、民屯，招徕客、土，以实边塞，然后兵渐停撤，而饷可议节矣"，否则我退敌进，不独西北堪虞，中原也将无宁日。① 他批评李鸿章意图移西征协饷办理海防的做法是居心不良。② 左宗棠在奏陈西征的重要性之余，还不失时机地向刘坤一和浙抚杨昌濬求饷。据称，西北饷源涸竭，办理关外粮运事宜，每年增加出款200余万两，占协饷之半数，因此要求刘坤一和杨昌濬能够挹注分润，以解危局。③

　　为节约饷需和提高各军战斗力，左宗棠对甘肃新疆地区军务进行改良。首先，他将穆图善马步各营全行裁撤，雷正绾各营改为制兵，以节省支出。其次，他以金顺代替景廉为乌鲁木齐都统，节制各城将领，统领各城战军政。再次，他因与袁保恒在军需筹划方面出现分歧，将其奏调回京。④ 此外，最为棘手的新疆军粮供应问题也因为左宗棠未雨绸缪而解决。这样一来，左宗棠对西北军务几乎可以达到如臂使指的效果，剩下的就是如何保障西征协饷的解送效率。左宗棠称，假如协饷迟滞，则不得不向洋商借款。⑤

　　当时，各省纷纷举办海防，导致西征协饷日渐减少，除江西和浙江二省力顾大局外，福建和河南二省协饷全部停解。截至光绪元年十月，各省共协饷银260余万两，其中还包含各省划还借款，仅及常年协饷之半。各省关欠饷项下提解年底满饷60万两，仅解到15

---

① 《左宗棠全集·奏稿六》，第188~195页。
② 《左宗棠全集·书信二》，第515页。
③ 《左宗棠全集·书信二》，第559页。
④ 《清代方略全书》第191册，第814页。
⑤ 盛康辑《皇朝经世文编续编》卷78，沈云龙主编《近代中国史料丛刊》第843册，第1979~1983页。

万两,其他皆未有起解消息。左宗棠不得不令王加敏息借商款60万两应急。左宗棠要求各省查明上年户部提拨欠饷数目,在一个月内解清;至于各省欠饷,一年内提解一半,其余一半则按月陆续补解,从二年开始,各省关应解协饷,不准丝毫延欠。

除此而外,左宗棠开始谋划再次息借洋款。左宗棠指出,光绪元年两江总督沈葆桢因办理台湾防务,议借洋款1000万两,按照每年8厘行息,分作10年偿还,已经商议,后因台湾事定,只借200万两,左宗棠希望仿照此次成案,由沈葆桢出面商借洋款1000万两,作为西征军饷。① 左宗棠对此次借洋款抱有很大信心和期望,"商借洋款之请,已蒙俞允。接幼丹书,虽以此为下策,却亦谓舍此别无他策。顷又接总署信,言已详致幼丹。想幼丹必能照办,是此举必有可成。得此千万的饷,再加以各省关点缀,虽投荒万里,亦所心甘。……军中闻之,亦沥酒相贺,如获再生也"。② 清廷还告诫左宗棠,此次借款系合天下之力而为之,西北办理军务多年,耗财无数,如此巨额借款可一而不可再。③

清廷同意左宗棠借饷后,两江总督沈葆桢却跳出来反对。沈葆桢认为新疆断不可弃,而最好的办法莫过于实行坚壁清野之计,广开屯田,殖产兴业,如此渐进,成效亦为可观。沈葆桢还解释各省协饷之迟误,称原因不在于被海防挤占,而是各省财力有限,即便添拨也徒有虚名。沈葆桢认为,首先,新疆军事难以在短期内完成,因此没有必要举借巨额外债。其次,举借外债利息过高,国家财力难以承受,且将利源拱手于人。再次,各省财力有限,协饷解送已经不遗余力,在各省尽力协济的同时,新疆也需要挖掘内部潜力。④

在得知沈葆桢反对借洋款之后,左宗棠深感意外。沈葆桢此举

---

① 《左宗棠全集·奏稿六》,第366~370页。
② 《左宗棠全集·书信三》,第4页。
③ 《清德宗实录》卷25,光绪二年正月己亥。
④ 吴元炳辑《沈文肃公(葆桢)政书》,沈云龙主编《近代中国史料丛刊》第54册,第1113~1121页。

令其联想起当年曾沈争饷一事，认为沈氏与李鸿章狼狈为奸，故意与之为难，居心叵测。① 左宗棠旧事重提，不满之情溢于言表。好在事情并未陷入绝境，为了安抚左宗棠，户部在四成洋税项下拨给200万两饷银，左宗棠称"朝廷公道犹存，不为异议所惑，天下事尚可为也"。② 刘坤一也再次站在左宗棠身边，给予了莫大支持："海防太宽，不得不以次筹办，否则经费无出，须将京、协各饷挪移，是利未见而害先形，殊为失算。鄙意所虑，实在俄人之于西北，不在西洋之于东南。"③ 刘坤一承诺会将西征协饷放在主要位置。

福建巡抚丁日昌也认为借款1000万两所费息银太多。他主张采取通融之法来解决西征饷银供应问题。丁日昌认为，如果令相关省份在额派协饷内预提一年零三个月之饷，于春季起解，便可凑集1000万两之饷银。丁日昌指出：虽然各省财力早已山穷水尽，然而在藩、粮、盐厘各项下努力挪凑，移缓救急，又或者向银号借贷，以应急需，未尝不可措手。④ 丁日昌还带头按照其筹划之办法预解60万两饷银。有趣的是，当时福建仅有余款40万两，丁日昌向洋行借款20万两。对此，丁日昌的解释是："左宗棠所借洋债，款多年久，将来必至贻累国计，其事大；臣所借洋债，为数既少"，在三五月内即可还完。⑤ 其实，丁日昌的解释十分吊诡，所谓借款多少不能仅以福建自限，假如各省纷纷向洋行借款以为提前协解西征饷银计，为数亦复不少，岂不等同于借外债？最重要的是，丁日昌的建议缺乏实现的基础：左宗棠息借洋款本来是因为协饷解送不齐，而丁日昌倡议各省挪东掩西，恰好又回到了左宗棠息借洋款的出发点。其实，绕来绕去，全在如何妥善变通协饷这个问题上。不过，丁日昌

---

① 《左宗棠全集·书信三》，第10页。
② 《左宗棠全集·书信三》，第14页。
③ 《刘坤一遗集》，第1799页。
④ 中华人民共和国财政部编《清代外债史资料（1853~1911）》（上），中华人民共和国财政部、中国人民银行总行编印，1988，第84页。
⑤ 《清代外债史资料（1853~1911）》（上），第72页。

的建议与做法较李鸿章和沈葆桢两人的态度要积极得多。

清廷出面解决了这场论争。清廷知道左宗棠减借外债是为节省经费、顾全大局起见,但西征饷银不可无着落,因此令户部在四成洋税项下拨给 200 万两,同时准许左宗棠借用洋款 500 万两,加上各省应解西征协饷提前拨解 300 万两,共成 1000 万两之数。① 清廷此举是在综合考虑的情况下做出的折中之选。户部确定的各省关提前解送西征协饷指拨如下:福建 60 万两,广东 50 万两,浙江 45 万两,江西 30 万两,河南 5 万两,湖北 38 万两,湖南 6 万两,山东 6 万两,山西 20 万两,安徽 10 万两,四川 20 万两,闽海关 10 万两,共计 300 万两。②

左宗棠看到清廷释放如此善意,遂打算缓借洋款。左宗棠称,其所以奏借洋款,原是因为协饷积欠太多,如今部拨 200 万两及各省预解 300 万两,加上各省额拨之饷,饷需暂可周转。"本年不借洋款,尚无不可,惟此后各省关协款衰旺未可预知,而悬军深入,道远费繁,若无实饷接济,不堪设想。"左宗棠计划来年再借外债,"迟借一年,可省一年息耗,一则明年议借,隔年始还,一期两次,彼时臣前借之三百万两本息已悉数还清,界限分明,各省关协饷从后年拨还借款,亦不至稍形迫促"。③ 除了这些正大光明的理由外,左宗棠还有自己的小算盘:左宗棠在清廷允许其借洋款 500 万两之后,致信沈葆桢,要求沈氏出面落实借款。左宗棠认为,如果沈葆桢答应,则皆大欢喜,如果沈葆桢不答应,"到彼时再要他应承满饷,当无词支展"。④ 左宗棠意在以两江为担保向英国借款,以便稳妥借饷,也似乎故意针对沈葆桢。左宗棠还留有后着,即通过胡光墉向洋商借款,以浙海关、粤海关协饷为担保,即便借款不成,他还可以退而求其次,向本国商人借款。可见,左宗棠在运筹西征饷

---

① 《清穆宗实录》卷 27,光绪二年三月癸巳。
② 《清穆宗实录》卷 27,光绪二年三月辛丑。
③ 《左宗棠全集·奏稿六》,第 462~463 页。
④ 《左宗棠全集·书信三》,第 19 页。

银方面颇有心得,各种方法运用自如。

如此看来,左宗棠在这场争论中实际是获益者。其后,部款200万两,由顺天府解送,在南北洋防经费内扣还,并不影响各省关协解甘饷。因此,以海防经费支应西北防费,实为意外之喜。各省关在清廷严词催促之下,协饷解送十分踊跃。对此,左宗棠仍态度谨慎:"饷源暂裕,弟处可缓者缓,尊处必当留余地,切不可倾所有见付,以期兼顾。"① 军务方面,在刘锦棠和金顺两军的联合攻势下,乌鲁木齐满、汉两城,及古牧地、昌吉、呼图壁各城均经收复。②

由于各城克复后要着手进行善后安置工作,需要大量经费。前此清廷拨给饷银,至六月底共收到协饷四百八九十万两。③ 所收协饷经过支发,已经仅剩一百数十万两,考虑到各省续解协饷需要时间过长,则九、十月以后军饷将无所出。需要特别说明的是,此前清廷为了保障西征协饷,令各省解饷时最低不得少于八成。这一规定竟被各省利用,纷纷以八成为限。鉴此,左宗棠时刻准备借用洋款以防止饷需不继。他在致信胡光墉时称,如果本年各省关协饷能够起解至八成,即可不借用洋款,如果达不到这个水平或各省仍然漠然处之,则不得不向洋商借款。④ 左宗棠向胡光墉交底,意在令其筹划借用洋款之事:"戎事顺利,差为慰心。现正进规南路,如果饷事应手,或能如愿以偿。而通计今岁出入两款抵算,至九月、十月以后,又将停兵以待。昨将实在情形驰陈,请敕部催各省八成以上协款,未知能否应急。"⑤ 经过此次奏请之后,各省协饷解送又有起色,腊月时,各省协饷源源解到,大出左宗棠意料之外。尽管如此,他还是催促胡光墉积极联系洋商,做好借款准备,以免大军深入后,

---

① 《左宗棠全集·书信三》,第37页。
② 《清代方略全书》第192册,第349页。
③ 《左宗棠全集·奏稿六》,第526~527页。
④ 《左宗棠全集·书信三》,第71页。
⑤ 《左宗棠全集·书信三》,第98页。

因饷需不继发生意外。① 可见，左宗棠为了保障西北军需供应，长期准备两条腿走路，如果协饷不足，即借用洋款，以应对协饷供应不足和不及时的问题。

西征粮台自袁保恒离职后由陕西藩司办理，陕抚与闻其事。陕西巡抚谭锺麟除了帮助左宗棠奏催协饷外，还循例于年底为西征各营奏请一个月满饷。谭锺麟称，此时西北事机顺利，功在垂成，无论如何为难，仍应筹集大批巨款，接济军需。若各省库款一时难以应付，可向本地富商挪借，先行起解，各省在承协饷银项下分期偿还，即所需息银也在西征协饷内扣除。如此权宜之后，各省可免洋款限期过于迫促之苦，而西陲可得此巨款，专注军行。②

光绪二年年底，新疆捷报频传。十一月，金顺奏报天山以北各城全部克复，北路一律肃清。③ 由于裁兵撤勇以及办理善后，需费甚多。诚如左宗棠所言，西北乃"销金锅子"，协饷解到后很快散尽。作为行军主帅，左宗棠不得不频繁催饷。三年三月，左宗棠一面奏催协饷，一面预筹息借洋款。在洋款未借定之前，先由上海、湖北和陕西三粮台（转运局）向华商借款110万两先行敷衍。之后，举借洋款议定，约定本年三月内解甘。

不料，中间横生枝节："上海洋款被许厚如托词朦借，洋商各起猜疑。即前此亲赴胡光墉处承认出借之洋商亦朒缩不前，情形顿异。"更为重要的是，南路大兵已经准备于春季发动攻势。左宗棠因借款突生变故，不得不寻找补苴之策。他奏请各省关将三年西征协饷的解期提前，共起解400万两，以保证西征各军饷需。如果各省一时难以如额凑集，则照谭锺麟前此计划，由承协各省向本省商议息借垫支。④ 清廷也不愿意看到西征大军顿兵待饷，故而全部议准。

---

① 《左宗棠全集·书信三》，第181页。
② 谭延闿等编《谭文勤公（锺麟）奏稿》，沈云龙主编《近代中国史料丛刊》第325册，第173页。
③ 《清代方略全书》第192册，第406页。
④ 《左宗棠全集·奏稿六》，第617~618页。

不久，左宗棠接到西征台局月报，得知本年四月之前收到协饷不足 30 万两，远不如从前报解之勤。也就是说，左宗棠此次要求各省提前起解协饷的做法未见成效，令其坐立不安。他转而要求户部先拨 200 万两帑银济急，由各省协饷划还。① 左宗棠在与陕西巡抚谭锺麟谈及军饷时，十分苦闷，称饷事几不可问，预提之 400 万两协饷，各省关仍未能予以重视，进军愈深，得饷更难，似有力不从心之感。② 由于粮台存银仅 50 余万，洋款尚未议定，左宗棠担心军饷解无可解、借无可借。③ 为了尽快借成洋款，左宗棠催促胡光墉加快办理进度，并向其通报新疆军需艰难情状。左宗棠将新疆进兵及现状告诉胡光墉，不外乎想催令其迅速办理借款，以便接济军需，不久胡光墉与洋商达成协议。左宗棠得知这一消息后，心情才放松下来，他给胡光墉的信中称，此次议定借款 500 万两，七年还清，对西陲军务大局来说非常关键。④ 为了表示谢意，他还为胡光墉奏请赏赐。此外，南路军事进程也较理想。左宗棠与谭锺麟谈及此事时称，"只盼南路大局早完，将甘饷、新疆饷厘定，或可立脚。倘或画地自限，弃腴地以陪强邻，则不能保蒙部以卫畿疆"。⑤ 左宗棠希望推进新疆军事进程，尽早结束战争，巩固西北边疆。

此次借款虽然利息较前稍重，但在左宗棠看来，不能"吝小费而忽远猷也"。由于借款在各省协饷中划抵且还期长，各省区处空间大，不致因还期短促而应对失据。而西北各军能够很快得到巨款，应用裕如，有利于迅速推进战事。⑥ 随着新疆境内军事行动的步步推进，整个战守形势为之一变。对于时人普遍认为西征耗费过多的批评，左宗棠认为这种指责是不确实的，"时论以西事耗费至多，意欲

---

① 《左宗棠全集·奏稿六》，第 678 页。
② 《左宗棠全集·书信三》，第 214 页。
③ 《左宗棠全集·书信三》，第 187 页。
④ 《左宗棠全集·书信三》，第 221 页。
⑤ 《左宗棠全集·书信三》，第 241 页。
⑥ 《左宗棠全集·奏稿六》，第 695 页。

中止，不知甘肃、新疆额饷五百余万，历恃协济，今纵停军不进，此五百余万之饷，又岂能少？伊犁、南八城膏腴之地弃而不收，但扼乌鲁木齐以东寒苦瘠薄之区，事何可久？"①

甘肃新疆军务次第结束后，军机大臣会同户部对甘肃新疆局势进行会议。军机大臣等称，据左宗棠奏陈，承平之时甘肃新疆每年常年协饷400万两左右，此时新疆办理善后应该在此数目上有所增加，建议每年协济500万两。军机大臣认为，西北军兴以来，各省协济西征军饷每年不下700余万，现在又不能遽停，而如果规复此项常例协饷，为数太巨，因此打算自光绪五年开始令江苏、山西和河南三省每年按十成报解。如此一来，五年各省关解饷即可达756.6万两，除了划还借款本息外，尚有452.4839万两，与左宗棠所请每年饷银500万两相差不多。同时，清廷令左宗棠好好利用上述款项，办理善后。②左宗棠也不失时机将多年来支持西征协饷的官员奏保请奖，其中刘秉璋、李文敏、卫荣光、梅启照、裕禄、邵亨豫、杨昌濬、庆春、俊启等赏加头品顶戴，李文敏、俊启同时赏正一品封典，以示优异。而闽浙督臣何璟、调任两江督臣刘坤一、四川督臣丁宝桢，对西陲兵事和饷事颇能留心，交部从优议叙，其余经办协饷人员也分别请奖。③其后，左宗棠分别于五年四月和十一月将同治十三年、光绪元年正月初一日至三年十二月底军需收款进行报销。见表3-5、3-6。

表3-5　同治十三年军需收款

单位：两

来源	数额	来源	数额
户部	1000000	江西	680000
山东	164000	浙江	840000
山西	210000	江海关	50000

---

① 《左宗棠全集·书信三》，第223页。
② 《清代方略全书》第193册，第40页。
③ 《左宗棠全集·奏稿七》，第465~467页。

续表

来源	数额	来源	数额
河东道	250000	浙海关	100000
河南	22000	粤海关	50000
四川	75000	闽海关	60000
福建	200000	陕西	276964
湖北	492253	甘捐总局	590210
安徽	85000	甘肃省内	399512
广东	520000	西宁办事大臣还款	44164
湖南	30000	各项挪借款项	2204390
江苏	581278	合计	8924771

注：左宗棠奏折统计为8724779，合计数字系省略小数所致。
资料来源：《左宗棠全集·奏稿七》，第328~331页。

上述入款中，除去户部、甘捐总局、甘肃省内、西宁办事大臣还款以及各项挪借款项银，还剩468.6495万两，皆为协饷，其在总款项中所占比率为52.5%。

表3-6 光绪元年正月初一日至三年十二月底军需收款

单位：两

来源	数额	来源	数额
户部	3499630	陕西军需局	345023
浙江	3562231	甘捐总局	323282
江西	2010000	福建统捐局	173354
广东	1801738	江苏统捐局	93262
湖北	1642857	江宁统捐局	50552
江苏	1770000	山东甘捐局	182000
安徽	625000	山西甘捐局	126112
湖南	670000	河南甘捐局	130787
福建	840000	甘肃税厘	357969
山西	750000	甘肃盐厘	11307
河东道	820000	甘藩地丁粮价	10315
四川	840000	狄道州地价	7699
山东	467948	全福养廉裁减银	470

续表

来源	数额	来源	数额
河南	234000	沪局洋商借款	8000000
江海关	100000	沪局华商借款	1000000
粤海关	140000	鄂台借款	1550000
闽海关	560000	陕局借款	850000
江汉关	20000	弁勇口粮	159952
两淮运司	50000	截旷银	140716
陕西	95000	平余银	101938
金陵军需局	738203	合计	34851345

注：左宗棠统计收入为34847395两，与合计数字相加似乎有出入。存疑。
资料来源：《左宗棠全集·奏稿七》，第439~451页。

上述统计中，除了平余银、截旷银、弁勇口粮、狄道州地价、甘藩地丁粮价、甘肃盐厘、甘肃税厘以及户部拨款外，皆为协饷或以协饷为抵押的款项，共计银3056.1376万两，所占比例高达87.7%。自同治十三年至光绪三年的四年时间，共计收款4377.6124万两，其中协饷3524.7871万两（包括以协饷为抵押所得），占总额的80.5%，每年所得军饷超过1000万两，较之前新疆饷需实际收入增加何啻倍蓰，这也是新疆军务进展较为顺利的重要原因。

综合表3-5和表3-6，我们可以发现协饷是西征饷银中最主要的组成部分，至于西征借款则是左宗棠用协饷作为抵押举借的，是协饷的变通形式之一，协饷预解亦然。左宗棠主政西北时，前期每年所获饷银为560余万两，后期每年则在1000万两左右，平均起来每年739.479万两。当然，这种平均算法可能抹杀了各时期解饷的波动性。就协饷而言，陕甘期间每年在军饷中所占比例为80.7%，新疆期间所占比例为80.5%。也就是说，左宗棠主政西北军务时期，协饷供应还是较为理想的，比云贵两省的协饷解送情况要好得多。应该说，上述军饷数额要远远好于西北军事初期，应付军需似乎并不如左宗棠历次请饷所描述的那般窘迫。那么，如何解释左宗棠多次催饷，以及息借洋商和华商借款等举动呢？其实，这并不难理解。

左宗棠曾经提到过,即"协饷不时"和解送周期过长。即是说,协饷解送不能按时完成,因此需要催解,甚至告贷,这也是前此各受协省份共同的感觉。各省解送协饷不规律导致军需供应不正常,故而在饷需不继之时,左宗棠需要筹划补救之策。这样就产生了左宗棠一面具折陈述饷需匮乏情况,一面大力借款的做法。其实,西北军需供应较为理想,这是因为,一方面清廷对西北军需供应采取与京饷相同的考成办法来保证解饷效果;另一方面西北军事行动后期,全国大部分地区军事行动已经结束,有利于清廷集中财力为其提供源源接济。

六年(1880)十二月,左宗棠奏请划定甘肃新疆饷需。如前所述,甘肃新疆常年协饷400余万两,前由左宗棠奏请自光绪五年起,按年协济500万两实饷。据左宗棠统计,当时新疆每年需饷370余万两,甘肃每年需要210余万两,因此每年500万两饷银尚短缺80万两。左宗棠认为,如果各省每年确实能保证500万两协饷,其缺乏部分尚可移缓救急,"节缩牵补",然奏定两年来,已经积欠400余万两。左宗棠要求饬催各省解饷,同时决定此后各省协饷六成归新疆,四成归甘肃,分别支用。① 七年(1881)四月,因各省未能落实左宗棠前奏,左宗棠主持了新疆最后一次借款,向汇丰银行借款400万两,六年还清,年息9厘7毫5丝。②

统计左宗棠在西北时,共借洋款1595万两(详见表3-7),以及华商借款175万两,③ 共计借款1770万两。值得指出的是,左宗棠借款似嫌利率过高,前述沈、丁二人即已经提及。曾纪泽对此颇有微词,称各国借款普遍的"子息"在3厘5毫左右,最重不过4厘,中国息借洋款"子息"过重,一在于经理不得其人,也无为国节省费用之心;二是借款以供军费,"非贪重息者不放债也"。曾纪

---

① 《左宗棠全集·奏稿七》,第637页。
② 《清代外债史资料(1853—1911)》,第118~119页。
③ 《清代方略全书》第193册,第312页。

表 3-7　西征借款

单位：万两

时间	贷款者	数额
1867 年 4 月	上海洋商	120
1868 年 1 月	上海洋商	100
1875 年 4 月	怡和洋行	100
	丽如银行	200
1877 年 6 月	汇丰银行	500
1878 年 9 月	汇丰银行	175
1881 年 5 月	汇丰银行	400
合计		1595

资料来源：徐义生编《中国近代外债史统计资料（1853—1927）》，第 6 页。

泽还认为，胡光墉代借洋款时，洋商索要"子息"8 厘，而其上报时则将"子息"提高一倍，以便遂其私谋。①

左宗棠回京后，刘锦棠署理钦差大臣督办新疆军务。刘锦棠认为新疆全局尤其是饷源依靠左宗棠"耆勋硕望，用达体闳，犹且竭虑殚精，兢兢业业，乃克有济"。② 上述评价不免有溢美成分，但也并非全是谀辞。左宗棠的能力、声望与智谋在西北军事行动中展露无遗。左宗棠在处理各省协饷解送不理想一事时，充分发挥了聪明才智，通过各种方式方法来保障西行军需供应。最重要的是，在其运筹之下，清廷最终恢复了对广大西北地区的统治，维护了国家领土的完整。

总之，西北地区回民起义是在太平天国运动影响下发生的，并得到了太平军起义的支持。清政府为了恢复西北地区局势，调派了很多得力干将前赴西北地区，同时也供应了大量饷银，"竭天下之力以供西饷"的说法应该可以成立。③ 西北军兴以来，清廷一直努力指

---

① 《曾纪泽日记》（中），岳麓书社，1998，第 880、928~929 页。
② 刘锦棠：《刘襄勤公（毅斋）奏稿》，沈云龙主编《近代中国史料丛刊》第 232 册，第 75 页。
③ 《清代方略全书》第 185 册，第 171 页。

拨协饷，以至于令军务正殷的云贵两省甚为艳羡与嫉妒。西北协饷早期解送情况较之云贵二省似乎较优，左宗棠接任之后更有起色，大有"风生水起"之象。可见，一个强势人物对于军饷筹措的重要影响。总的来说，此间西北协饷呈现出以下特征：一是解饷情况较为理想。虽然西北大员们请饷之奏纷至沓来，但是从上面军需统计来看，完成率差强人意。二是协饷额度非常之高。基本上可以保证每年协饷数额在500万两左右。三是出现以协饷抵押借款的做法，这在以往协饷制度运作中尚未出现。四是强势人物在协饷当中作用非常明显。五是汇兑协饷在西北协饷解中被大量运用。按照惯例，协饷起解需要通过驿道递解，依靠商号汇兑的方式曾经遭到清廷的禁止，但由于西北回民起义蜂起，解饷风险很大，因此东南各省解送饷银时大都采取汇兑方式兑现协饷，改变了协饷的解送形式，反映了清廷在对待协饷制度某些具体运作环节上的通融与因时制宜。

第四节　协饷制度与统治秩序

咸同以来，清政府内忧不断，战火绵延至光绪初年。因此，战争对清朝统治的冲击是全方位的。协饷制度作为转输调剂军需的专门机制，在战时更能显现出关键性的作用。由于协饷制度和咸同时期的统治秩序密切相关，因此可以通过协饷制度的变动来了解该项制度本身的调整，及其与经济、财政、政情之间的关系。具体而言，主要有以下几个方面。

一　协饷制度的变动及其在咸同时期的作用

太平军兴以来，清廷、督抚和统兵大臣皆利用协饷制度来解决饷需，协饷制度因此发生了很大变化，总结起来主要有以下几点：第一，协饷指拨思想的变化。时移世易，协饷制度本意在于"酌盈剂虚"，及至太平军兴，清廷在筹集协饷时更多的是"挹彼注兹""挪东掩西""移缓救急"等权宜之计。第二，指拨程序的改变。协济关系的确立从户部主导变成户部指拨、督抚及统兵将领之间协商的双轨运行机制,地方督抚在协饷中的话语权加重。第三,协饷来源大大扩展。无论正杂各款皆可作为协济来源,尤其是厘金的加入,更加充实了军需供应体系。第四,协饷数额巨大。随着各项开源措施的实施,各省财力增加,清廷频繁为受协省份指拨协饷,协饷规模空前,至少达到 2 亿两(详见第四章第二节)。第五,指拨关系复杂。各省不再拘泥于受协或承协一种身份,可能同时兼具两种身份。第六,运解路线和解饷方式可以通融处理。协饷运解过程中清廷不再限定于既定线路,而是根据道路情况适时做出调整,汇兑协饷开始被接受。第七,对协饷解银的要求放松。制钱、官票、大钱等加入其中,改变了协饷必须解银的惯例,等等。

上述变化拓展了协饷制度内容,为其持续发挥作用提供了条件,因此所谓协饷制度在咸同年间走向衰落甚至崩溃的论断,显然未能洞悉此间军需运转实际情况。具体而言,论者认为此间协饷制度因缺乏保障而走向衰亡。该论点又是建立在两种预设上的,其一是战争导致清政府财源涸竭,协饷运作缺乏饷源支撑;其二是咸同时期督抚势力膨胀削弱了"中央"权力,导致政令不行。关于前一点,我们已经知道,咸同时期清廷不仅开拓财源,还允许督抚将领"就地筹饷",导致清朝财用收入增加很快,从咸同年间的 4000 余万两增长至光绪初年的七八千万两,[①] 因此关于全国收入枯竭导致协饷供应出现问题的预设是站不住脚的。至于第二点,上述研究已经证明,咸同时期清政府统治具有很强的向心力和凝聚力,各省在起解协饷时也以大局为重:"接济各处协饷,本属以公济公,借口为国守财,而实为国债事,卒至财亦不守,似非良图。"[②] 可见,协饷供应并非缺乏保障。在此基础之上,我们还可以看出,当时军需迫切,亟须

[①] 周育民:《甲午战后清朝财政研究(1894—1899)》,《中国经济史研究》1989 年第 4 期。
[②] 《刘坤一遗集》,第 1682 页。

协饷来移缓救急,因此协饷仍是各方筹饷的主要手段之一;而且随着地域的不同和战争形势的变化,清廷调整承协省份和受协省份关系,以军务活动为中心,改变了之前各省在协饷制度中的地位。而战时军需紧急,各省指拨协饷至少达 2 亿两,每年协济规模至少在 1000 万两。前有述及,承平之时云南每年协饷 40 余万两,贵州 70 余万两,甘肃新疆 400 余万两,东三省 100 万两,总计 610 余万两,再加上广西和福建两省协饷,每年规模应不超过 700 万两,如是则协饷规模也较承平时期为多。可见,协饷制度不仅未曾衰落,反而因战争需要而愈加重要。

二 直省经济、财政地位的变动及其与清廷统治之间的关系

如前所述,清代财政收入从咸丰以前每年 4000 万两左右增长到光绪初年的七八千万两是在清廷大举开源和罗掘之下实现的,原有旧赋,加上新开财源,特别是捐输、厘金和关税等项使得各省财政收入普遍增加。咸丰以前,很多列为仅敷和不敷省份在协饷制度中的地位甚至要超过原来相对富裕省份,尤其是湖南和四川两省在协饷制度中的地位变化最为显著,前者对湘军和贵州军需供应的贡献令人刮目相看,后者则成为"天下之人皆求之"的请饷对象,对东南各省、云南、贵州以及西北军务都做出了巨大贡献,实现了从受协省份向承协省份的转变。

各省经济的发展和财政实力的提高,为协饷制度提供了良好的运作基础,这一点犹如上述刘坤一所言,所谓"以公济公"是也。就咸同时期来看,各省督抚对本省财源的控制力确实有所增加,在确定协饷关系时的话语权也相应增加。这也是清廷多次出现谕令省与省之间协商协济关系和协饷数额的主要原因。各省督抚在确定协济对象时,一般以地缘、人缘为断,其次则以轻重缓急为度,只要财政收入允许,协济饷银皆十分积极,未见有督抚(直省)故意坐拥后赀而不愿协济者。因此,所谓直省(督抚)财权扩大是真,而由此导致直省(督抚)与清廷分庭抗礼的情况则未发生。

需要指出的是，咸同以后各种名目的局所大量增加。户部在议覆御史吴寿龄裁减局所时称，"查各省散置各局，已报部者。于军需则有善后总局、善后分局、军需总局、报销总局、筹防总局、防营支应总局、军装制办总局、制造药铅总局、收发军械火药局、防军支应局、查办销算局、军械转运局、练饷局、团防局、支发局、收放局、转运局、采运局、军需局、军械局、军火局、军装局、军器所等项名目。于洋务则有洋务局、机器局、机器制造局、电报局、电线局、轮船支应局、轮船操练局等项名目。于地方则有清查藩库局、营田局、招垦局、官荒局、交代局、清源局、发审局、候审所、清讼局、课吏局、保甲局、收养幼孩公局、普济堂、广仁堂、铁绢局、桑绵局、戒烟局、刊刻刷印书局、采访所、采访忠节局、采访忠义局等项名目。其盐务则有各处盐局、运局、督销局。其厘卡除牙厘局外，则有百货厘金局、洋药厘捐局，暨两项各处分局更不胜枚举。其未经报部者，尚不知凡几。且有事应责成司道府厅州县者亦必另设一局，以为安置闲员地步。有地方之责者，反可置身事外。各局纷设，限制毫无。究其实事，一无成效。该管上司，不过见好属员，公款盈虚，在所不计，种种消耗，何所底止。"① 可见，局所数目烦冗，职能重叠交叉，管理困难，耗费甚多。诚如户部所言，局所的大量增加多为安置闲员而设。这些闲员流品复杂，往往为获得某一差使而多方钻营，及至稍有事权便上下其手，以为中饱私囊之计。换言之，咸同以后财源增加，随之而来的是各种侵蚀私吞之弊的日益严重。这也是晚清财源不断增加，而直省和国家财源并未支用裕如，以及国家财政收支秩序混乱的重要原因。

三 清廷与直省（督抚）权势竞争

战争引发权力调整是正常和必然的。咸同和光绪初年，督抚将

---

① 盛康辑《皇朝经世文编续编》卷30，沈云龙主编《近代中国史料丛刊》第834册，第3211~3213页。

领在一定范围内确实具有较为巨大的影响力。赛尚阿在广西主持军务时，请求协饷犹如探囊取物，每次皆能如其所愿。曾国藩借助湘军在战场上的影响力，可以干预一些省份的督抚任免，还可以通过人事安排来掌控某些省份的财源。但其用意与动机，均服从于解救太平天国运动给清廷造成的危局。李鸿章对贵州协饷的安排，左宗棠对西北局势的掌控，表面上都显示出督抚将领权势的加增，但无不与他们所承担的解救晚清时局的责任相关。

上述督抚将领权势的增加并没有对清廷统治权力造成威胁。即以此间权势最大的曾国藩为例，曾国藩在攻克金陵后立即自剪羽翼，以示效忠，并未有与清廷立异之志，更遑论其他督抚。也就是说，咸同及光绪初年，督抚权力的增加对清廷恢复统治秩序来说是有积极意义的。清廷放宽对其控制，可以令他们有措置之权，面对不断变动的实际状况，因时制宜，取得胜利，尽早结束军务。

咸同之时督抚变动频繁，反映了清廷人事任免权力仍然十分强大。魏秀梅曾对咸丰年间督抚任职时间做过专门统计，其中任职时间在两年以下的占总督总数的56.8%，占巡抚总数的64.5%；同治时期相应地为，占总督总数的48%，占巡抚总数的44.5%。尽管魏氏认为，督抚变动频繁的主要原因在于防止督抚坐大，[①] 但实际上，任职时间过短本来就说明清廷对督抚人事任免享有绝对权力，即便督抚有心立异也无充足的时间来筹谋。更为重要的是，就前述情况来看，督抚离职频繁原因也不能简单地归结为防止"督抚坐大"。各省督抚处于变局之下，在军务或饷务方面的作为往往难令清廷满意，从而导致人事更迭频繁。西北军务初期广东督抚屡次变动就是典型代表。此外，云南督抚拒绝履任也可以看出督抚频繁更换的另一层因素。可见，咸同时期"督抚

---

① 魏秀梅：《从量的观察探讨清季督抚的人事嬗递》，《中央研究院近代史研究所集刊》第4期上册，1973。

坐大"或"地方集权"等清廷与直省权力争夺、权势此消彼长的判断颇有可议之处。

四　协饷制度与统治秩序

咸同时期的战争几乎都发端于边疆地区：广西太平军起义、云南回民起义、贵州苗民起义和陕甘新疆地区的回民起义。这些省份，除陕西外，都是传统的受协省份，需要通过协饷制度的安排获取饷需，落实统治。前面已经多次强调，协饷制度本意就在于保障边疆省份军需供应。然而，随着太平军起义进入东南各省以后，清廷战略上以镇压太平军起义为中心，导致边疆省份协饷供应下滑和清廷在边疆地区统治秩序被打破。

从云贵陕甘新疆地区军务活动的过程来看，协饷供应对于军事行动具有巨大影响力：不良的军需供应大都制约了军事进程；良好的军需供应则有助于推进战争进程。由此可见，协饷制度是落实王朝统治的重要因素，协饷供应稳定时，王朝统治也相应稳固；协饷供应下降则会削弱王朝统治。

当然，我们在看到协饷制度发挥保障军需供应和维护王朝统治的作用的同时，还应该看到协饷制度作为直省间财赋转输的方式，不可避免地以牺牲局部利益来成全整体利益。尤其是在筹措战时协饷时，清政府大多通过移缓救急和挹彼注兹的办法来落实省际的财赋调拨，在一定程度上影响了承协省份的发展。换言之，从王朝统治的整体来看，协饷制度固然在保护王朝统治秩序方面起着十分重要的作用，但具体到承协省份，协饷制度未尝不是以牺牲某些富裕地区的经济发展速度为代价的。

五　关于请饷、催饷和欠饷的思考

既然咸同时期并未发生清廷和直省之间的权势竞争，那么，如何解释督抚和将领们频繁的请饷和催饷奏请，以及巨额欠饷的存在呢？

第一，上述催饷和求饷情形确实存在，协饷一直是那些经济相对落后且（或）深受战火肆扰地区的主要来源。由于各方皆以例定的额度来要求承协省份解饷，在战争年代势必不能全解，遂导致催饷一而再，再而三。如是观之，催饷不断亦良有以也。

第二，左宗棠曾说过"协饷不时"，这句话值得玩味。何谓"不时"？就是不能应急。本来协饷解送就难以一致，加上战争影响，时断时续，时多时少，实乃正常。督抚和将领们因为饷银解送不及时，因此飞章告急。

第三，战争期间经费支出大幅增加，客观上确实存在饷需不足的问题，各方因军需紧急不得不一再催饷。况且，19世纪上半期国家尚属承平之时，各省已常有未能依清廷指拨数额解清各饷之事。[①]

第四，督抚将领请饷和催饷时有意夸大，意在引起清廷和直省注意，以促使承协省份尽快解饷。战时军饷较厚，即便不能发足全饷，多数情况下兵勇仍可维持生计，甚至有所积余。郭嵩焘曾经指出："湘中昔无富商大贾，故俗称质朴。军兴后，从戎者多富贵。"[②]此"从戎者"并非仅指营官，当亦包含兵勇。湖南从军者甚多，因此这种情况应该可以推而广之。所谓欠饷，可能是由兵饷过高和虚冒所致。张集馨任甘肃藩司时，恰值陕甘新疆回民起义，他对各路将领索饷的内情颇为了解，如滥支账目、吃空额等，不一而足。[③]陕西署抚刘蓉对此也有同感："（各营）向以五百人为一营，今则每营实数不过三百余人，进战之兵无几，而虚縻之饷愈多。"[④]

上述因素叠加在一起，各方请饷和催饷也就不足为怪了，而巨额欠饷也就不难理解了。观诸各省办理军需报销时，我们可以发现，

---

① 刘广京：《晚清督抚权力问题商榷》，第343页。
② 张祖佑原辑、林绍年鉴订《张惠肃公（亮基）年谱》，沈云龙主编《近代中国史料丛刊》第631册，第1282页。
③ 详见张集馨《道咸宦海见闻录》，第349~350页。
④ 刘蓉：《刘中丞（霞仙）奏疏》，沈云龙主编《近代中国史料丛刊》第262册，第740~744页。

军需供应情况似乎并不像请饷和催饷奏章中所表述得那么紧急,按诸时局,协饷解送大都较为理想。毕竟,战时与承平之时不同,军需供应不可能得到完全满足。

综上所述,咸同及光绪初年的战事涉及区域之广、持续时间之长以及对清代统治影响之大是十分罕见的。协饷制度的用意、内容、关系与运作等各个方面都出现了巨大变化,但仍继续发挥转输财赋和维护清廷统治的重要作用。可以肯定,近代以来,协饷制度不仅没有走向没落,相反,它正以前所未有的力度支持着清政府在各地的军事行动,并在战争结束后继续发挥作用。清朝统治体系内部所发生的各种调适也显示出王朝统治体系还具备较强的自我调适能力,在面对数千年未有之大变局时仍然能够找到延续统治的方式,并最终转危为安。

第四章
收束与通融：同光时期协饷制度的调适

咸丰初年以来的战事对协饷制度和清朝统治秩序产生的巨大影响已如前述。战争结束以后，许多战时的变动和调整需要重新审视，或收束，或通融，清廷皆有一定之见。同光时期，随着各地军务渐止，各种措置之举相继出现。这些举措的推行一方面是为了因时制宜，另一方面也是回收权力，巩固统治的有意之举。协饷制度作为军需供应机制，在战火纷飞的时代，各方因协饷建立起来的一系列联系与互动，伴随战争这一特殊形式而更加凸显，协饷运作的表现形式较为典型、密集和多样，把握起来也相对容易。随着战争的先后结束，制度运作转向常态，表现也不似战争期间那般引人注目。虽然协饷数额和频度逐渐恢复到正常水平，但协饷制度的作用并未下降，依然是军需不足省份饷需供应的主要来源。在经历过激烈的战争洗礼后，协饷制度较之太平天国运动以前已经发生了巨大变化，这些变化需要根据战后实际情况来调适，以便最大限度地发挥协饷制度的作用，保障军需，维护王朝统治秩序。

第一节 "兵勇不可两存，库储不堪并耗"

清代选募勇营始于镇压林爽文起义，① 当时勇营仅是经制军队的

---

① 《清仁宗实录》卷99，嘉庆七年六月甲子。

补充而已。太平军起义发生后，清廷调集大量制兵前往镇压，在糜饷无数的情况下，眼睁睁地看着太平军发展壮大，纵横疆场。清廷认为经制军队不能得力的主要原因在于将领指挥乖方，因此频繁换将，然而仍未能扭转败局。在此过程中，各省纷纷挑募勇营，以补制兵之不足，对抗太平军。毛鸿宾曾对此做出陈述："军兴以来，营兵不足供调遣，相率更议召募。于是，疆场之间，勇多而兵少。频年保境援邻，兼筹防剿，勇数之增加未已，库储之搜刮久空。"① 此虽就湖南一省而言，揆诸当时情形，上述之言亦可用于概括全国情形。

薛福成称，"粤匪、捻匪、回匪之祸，藉楚勇、淮勇之力以平之，而绿营兵之绩，更无闻焉"。② 特别是，湘军崛起后，各省纷纷招募勇营，仿照湘军营制，进行编练，俨然成为维护清朝统治的主力。然而，勇营虽然得到国家赋税的供养，但毕竟与经制军队不同。勇营多为督抚将领所招募，兵部不过根据奏报来行使管理之责，其中实在情形很难洞悉。③ 战争结束后，清廷认为"兵勇不可两存，库储不堪并耗"，④ 开始对制兵和勇营进行整顿。其意图至少有两个方面，一是调适兵制，二是收束财用，前者与军权有关，后者与财权相连。

一 同治年间对绿营和勇营的取与舍

战争中各省督抚和各路将领大量募勇导致勇数激增，使得清廷筹措军费随之陡增，大大地增加了国家财用负担。⑤ 尤其是，战时各项用度大幅攀升，经费紧张，各省督抚和各路将领为保障兵勇饷需

---

① 毛承霖编《毛尚书（鸿宾）奏稿》，沈云龙主编《近代中国史料丛刊》第602册，第946页。
② 薛福成：《庸庵文编》，沈云龙主编《近代中国史料丛刊》第943册，第1419页。
③ 罗尔纲：《清季兵为将有的起源》，包遵彭、李定一等编《中国近代史论丛·政治》第2辑第5册，第85~100页。
④ 《清代（未刊）上谕奏疏公牍电文汇编》第30册，第14107页。
⑤ 刘广京：《晚清督抚权力问题商榷》，第344页。

供应，首先极力挖掘本省（地）财力，如有不足即具折奏请户部指拨。如此一来，富裕省份因军需开支增加而影响协饷解送；缺饷省份所获协饷本已不足，兵勇增募之后，所获协济与实际军需之间落差更大。因此，军兴时期各省声称入不敷出，亦良有以也。户部职司财用，对此感受最深："正供有限，断不能举天下无业之辈，咸仰给于度支。况营勇半系空名，多非实数。"① 户部判断即便有所夸大，但勇营的加入确实对户部调剂财力造成很大困难。勇营饷需在进入国家财用体系后，如何在保障军需供应的前提下协调制兵与勇营之间的关系显得尤为重要。

各方对如何处理勇营和制兵的关系做过不少探索，主要有以下几个方面：一是以绿营为主，通过改革来提高战斗力。二是以勇营为主，甚至以勇营取代制兵。三是制营与勇营并用，勤加整饬，保持战斗力。四是引进西方军制，精心训练。可见，各方在探索军制时，分歧极大。不过，这些主张都有相同的主旨，那就是如何汲取战争教训，改变军队积习，提高军队战斗力，避免国用被虚耗与侵蚀。

第一，以绿营为主，减兵增饷，勤加训练。同治元年时，东南各省战火绵延。御史华祝三鉴于勇营在太平军起义以来的优异表现，建议江西建立一支六七千人的勇营自卫，取代绿营的位置。江西巡抚沈葆桢对此并不认同。他认为，国家供养绿营耗资众多，如果不加整饬而听其荒废，募勇以代防，不仅虚糜国帑，还将另耗重费，因此主张就本省额兵，严汰老弱，增补精锐，勤加训练，演成劲旅。② 换句话说，沈葆桢并不打算另起炉灶，而是就现有绿营进行整顿，汰除羸弱，募补精强，以提高绿营战斗力。

闽浙总督左宗棠在将太平军余部镇压下去之后，在福建和浙江

---

① 《清代方略全书》第 193 册，第 514 页。
② 吴元炳编《沈文肃公（葆桢）政书》，沈云龙主编《近代中国史料丛刊》第 54 册，第 97 页。

两省推行裁兵加饷、加饷练兵计划。据称，福建省兵饷常年约为130万两，其中绿营兵饷109.754万两。裁兵加饷意在"就饷练兵，以期实济"。左宗棠指出：军兴以来，制兵之外，纷纷募勇，导致"筹饷者既须筹战士之饷，又须饷不战之兵。饷无可筹，不得不节缩额饷应之，于是额饷积欠至数百万。待其呼号迫切，又不得不稍为点缀，以服其心。然按营点缀，每兵给饷数钱，每月即需耗银数万两。在兵月得数钱之饷，不能半饱；在官月费此数万之银，已成虚掷"。左宗棠认为，绿营不堪使用的关键在于疏于训练，平时虚应故事，战时望风而溃，因此必须加饷与勤练并重。清朝绿营兵饷较低，马兵月饷2两，守兵月饷1两，而此时仅能"给饷数钱"，绿营兵大都有家有室。数钱兵饷不足供一人十日之食，更遑论养赡父母妻子了，绿营兵因此不得不自筹生计，以致营伍废弛。军兴以后，各省协饷不到，兵饷积欠相因。左宗棠计划将制兵裁四留六，节余的兵饷加给留存士兵。如此算来，守兵可得月饷3两，战兵可得月饷三两数钱，可资日用，无须另谋生计，自可操练整肃。① 左宗棠精于行伍，熟悉军营情弊，上述措施确实直指绿营窳败之关键。这些举措未及实施，左宗棠已率军西征，裁兵加饷一事遂由继任者吴棠等落实：马兵月饷2两7钱；步兵月饷2两5钱5分；守兵月饷2两4钱。②增加幅度虽未能达到左宗棠的预期，然而也有不小改善。左宗棠制定的裁兵加饷办法此后为不少省份所借鉴。左氏在西北战事结束后也采取了类似做法，提高制兵额饷。

四川道监察御史陈廷经建议清廷变通营制，在勇营之中挑选健壮之人补足制兵之虚额。陈廷经称，各省制兵平时训练不勤导致技艺生疏，又因兵饷微薄而士气低落，因此一遇战事各省纷纷招募勇营，又需另筹饷银。国家将有用之饷用于无用之兵，与虚耗无异。他主张加饷练兵，建议制兵裁三留七，裁省之饷加给留营士兵，并

---

① 《左宗棠全集·奏稿三》，第123~127页。
② 《福建省例》（上），《台湾文献史料丛刊》第七辑，第531页。

裁去汛兵，化散为整，引入西洋火器，勤加训练，提高战斗力。①

清廷对以绿营为基础，进行改良与编练的做法抱有很高热情。② 江苏巡抚丁日昌在接到清廷减兵增饷、编练制兵的上谕之后，将江苏的情况进行上陈。据丁日昌称，当时江苏抚标人数仅及千余人，且江苏每月承协饷银数十万两，筹饷压力较大，拟在协饷压力减小后，添补数营。③ 从丁日昌的奏折中可以看出，减兵增饷还是要落实到加饷上，因此财政能否应付是一个大问题。对此，两江总督马新贻对左宗棠在福建推行裁兵加饷的做法颇为赞成："目前要务练兵非增饷不可，增饷非减兵不可，而欲力求实效，则尤以练兵为先。"当时江苏实际兵数为12000余人，散处各地。对此，马新贻打算在督标中选出1000人，在浦口等营中挑出500人，在瓜洲等营内挑出500人，共计2000人，编成4营。此外，拟令徐州镇挑选1000人编为徐防新兵，以上共计3000人作为江苏练兵。④

第二，以勇营取代绿营。太平天国运动以来，各省因制兵伤亡出缺，时常有增补之举。同治三年初，皖北军务渐定，负责剿办捻军的僧格林沁咨文安徽巡抚唐训方，提醒安徽应整饬营伍。唐训方遂与两江总督曾国藩商议。曾国藩认为，安徽额设制兵经过十几年的征调，大多缺散，所赖以保护地方者多为勇营，如果立即补募绿营，饷需难以支持，况且皖北驻防大量的勇营，因此主张暂时停止募补制兵，并且将安徽全省残存制营之兵一律裁撤。曾国藩计划等一两年，皖省军事大定后，再招募补足，如此处理，也可暂时节省支出。⑤ 曾氏主张暂缓募补制兵，主要是当时勇营可以取代制兵来承担战守事宜，而军事行动正在攻坚阶段，勇营军饷本来就已东拼西

---

① 中国史学会主编《洋务运动》（1），第12页。
② 《清穆宗实录》卷244，同治七年十月戊午。
③ 温廷敬编《丁中丞（日昌）政书》，沈云龙主编《近代中国史料丛刊续编》第761册，第216~219页。
④ 席裕福、沈师徐辑《皇朝政典类纂》，沈云龙主编《近代中国史料丛刊续编》第902册，第6913~6914页。
⑤ 《曾国藩全集·奏稿七》，第3977页。

凑，如果再规复绿营，必然分散饷力。这其中暗含勇营对制兵军饷的挤占与制约，这也是制兵日趋衰落的原因之一。在此之前，湖北巡抚严树森就奏请停止募补江苏、安徽和浙江三省绿营额兵。

广东巡抚郭嵩焘虽然不赞成将剩余制兵一律裁撤的做法，但是主张停补绿营额兵，听其慢慢消亡。郭嵩焘称："各省留勇数千至数万不等，缓急均有可恃，必将谓兵可以尽撤，营可以尽裁，而于事势又有甚难者。额兵欠饷，各省累累，若欲裁撤，必先发饷。营兵所以不能整顿，坐欠饷太多之故。又复议裁，能无哗噪？"因此可以采取以勇辅兵，制兵出缺不补的方法。郭嵩焘认为，战乱之后各省制兵所存无多，所缺之额停止募补，这样一来，牵涉人数不多，与饷项和定制皆能契合。① 郭嵩焘这个建议表面看起来是停止募补绿营制兵，实际上是希望取消绿营，以勇营代之。只不过考虑到立即实施勇营取代制兵可能会引起一系列不安与冲突，故而采取这种自然淘汰的办法使制营逐渐消亡。此间各方对于绿营和营勇的态度虽较为摇摆，但是偏向新兴势力勇营的态度似乎占据有利地位。

福建巡抚王凯泰认为绿营"生长本籍，各有室家"，月饷微薄，因此难以阻止其另谋生路，挑练效果自然难有起色。勇营则不然，不仅自外省招募，无家室之累，且兵饷优厚，久于战阵。王凯泰因而建议取消绿营兵制，化兵为勇，移制兵之饷于勇营，仿照湘楚营制五百人为一营，"饷不另增，兵有实用"，意在就各省绿营之饷编练勇营，代替绿营制度。②

对于王凯泰的意见，兵部主张因地制宜。兵部称，各省编练勇营，除了京师神机营和直隶所练六军另筹练饷创设新营制外，其余福建、广东、江苏、浙江等省都应在本省饷需项下就饷练兵，不得增加开销；而山西、山东、湖南、河南则仿照直隶练军之法，在制

---

① 杨坚点校《郭嵩焘奏稿》，岳麓书社，1983，第 160~162 页。
② 席裕福、沈师徐辑《皇朝政典类纂》，沈云龙主编《近代中国史料丛刊续编》第 902 册，第 6928 页。

兵中抽练，同时酌增兵饷。兵部希望各省注重练兵实效，在不变更营制和不增加饷需的情况下，简练士兵，而不是以勇营为主，将绿营弃之不顾，甚至裁汰。兵部倾向于采用减兵加饷和裁勇练兵的办法，先在制兵中抽练数成，认真训练；各省留防勇丁除酌量分布外，概予裁撤。① 兵部的意见仍然以绿营制兵为主，各省裁汰老弱之兵，以减省之饷加于留存之兵，以便能专心训练。其余所练之勇，作为制兵之补充，除了增补的制兵以及有实在驻防需要的勇营准予保留外，其余渐次裁除。

第三，制兵与营勇并用。持这种观点的人认为，制兵与营勇本无差异，之所以一方怯战一方善战是因为前者日久弊生，缺乏训练所致，因此主张取消二者分野，兵勇并用，勤加训练。同治二年，直隶总督刘长佑决定仿照湘军营制，对直隶兵勇进行甄别，重塑直隶绿营。在此之前，礼部侍郎薛焕主张在直隶建设四镇练兵，每镇一万人，年需饷银240余万两，计划由户部指拨协饷。这一提议遭到各方反对。两广总督毛鸿宾带头反对此项计划，认为在广西、安徽、江苏、浙江、陕西、甘肃、云南、贵州战争形势紧急的情况下，此举无异于作茧自缚，于大局有损无补。② 在这种情况下，清廷令刘长佑以因时制宜为指导思想，妥善筹办直隶防务。刘长佑对毛鸿宾所奏较为认同。当时，京畿绿营额兵4万多人，但"饷多扣欠，将鲜勤能，虚额既多，游手不少"，尤其是筹饷困难，藩库早已空空如也，而欲各省协济，也属于强人所难。刘长佑打算在制营和勇营中各抽练一部分，汰弱留强，形成一支25000人的练军。

刘长佑打破营勇与制兵之间的畛域，统筹兼顾，取长补短，挑选精良，旨在改变直隶制兵不堪使用的现状。至于所需军饷，刘长

---

① 席裕福、沈师徐辑《皇朝政典类纂》，沈云龙主编《近代中国史料丛刊续编》第902册，第6928~6929页。
② 盛康辑《皇朝经世文编续编》卷84，沈云龙主编《近代中国史料丛刊》第844册，第2707~2712页。毛氏并非反对直隶练兵，而是不同意薛焕建议各省分担作为直隶练兵经费的"固本军饷"。

佑奏请各省协济，在广东厘捐项下月协1万两，江苏、江西、福建、两湖、山东、山西、四川、河南各省月协5000两，① 统计固本兵饷每年60万两。值得指出的是，由于当时协饷解送效率不如承平之时，因此刘长佑奏请将固本军饷与各省解送京饷放在一起，直接解送户部，再由户部转解直隶藩库，并按照京饷考成办法进行考成，这也是固本军饷被称为固本京饷的来由，"名为固本，实系协济"，②即为保证直隶协饷供应而采取的变通之法。这一捆绑之法随后被清廷认可。从直隶练兵来看，其来源有两个部分，一是绿营制兵，一是身经百战的勇丁，而练兵作为国家经制军队，勇丁的加入较之此前各省募补绿营兵额时的小打小闹具有更大的象征意义和实际意义。

同治八年六月，清廷再次发布上谕，肯定刘长佑在直隶的练兵效果，并建议各省仿行："前因各省办理军务，于制兵之外添募勇丁，迭经谕令裁减，现在各省尚存防勇二十余万，岁需饷项为数甚巨，不可不力图撙节。如该部所称，各该省制兵缺额数目并将现存兵丁汰去老弱废疾，或再酌裁汛铺，其原缺与现裁兵额悉择防勇之精壮者挑补，仿直隶章程作为练军，其余设法裁撤，自系为节省饷需，补救时艰起见。"③ 这种思路还是兵勇并练的模式。对此，云贵总督岑毓英称，贵州原设制兵3万人，因战乱之故，制营荡然无存，其后在勇营中募补足额，并仿照直隶章程编为练军。④

第四，仿照西方训练方式，拯救绿营积弊。李鸿章质疑勇营和制兵合并练兵的方式，认为绿营制兵窳惰已久，从中挑练，看似整齐划一，然而未必能够真正实用，这也是当时各省练兵之通病。⑤ 李鸿章主持练兵，熟悉军务，此种判断绝非危言耸听。且其在上海、

---

① 刘长佑：《刘武慎公（长佑）遗书》，沈云龙主编《近代中国史料丛刊》第246册，第807~812页。
② 《刘武慎公年谱》，《北京图书馆藏珍本年谱丛刊》第162册，第300页。
③ 《户部山西司奏稿辑要》卷3，光绪年间刻本，第49页，国家图书馆藏。
④ 朱寿朋：《东华续录》光绪卷53，《续修四库全书》第383册，第567页。
⑤ 中国史学会主编《洋务运动》（1），第25页。

苏州等地与洋人接触较多，尤其熟悉洋枪洋炮等先进的热兵器在战争中的巨大战斗力，因此在设计战后军制时，更具有"先进"意识。李鸿章主张及早变更兵制，讲求实效，如果仍然沿袭数百年之成规，犹如厝火积薪。他指出，"兵制关立国之根基，驭夷之枢纽，今昔情势不同，岂可狃于祖宗之成法"，因此主张裁汰疲弱，增给粮饷，学习西方军队操练办法，化散为整，勤操苦练，扫除绿营积弊。[1] 李鸿章意在仿照西方军事规制，引进先进军械，改变绿营兵制过于分散、操练不勤等弊端，提高军队战斗力。就当时的认识水平来看，李氏确有过人之处，这也导致很多人无法接受，因此回应乏人。上述主张无法推广开来，李鸿章只好专注淮军。

同治时期，各方对绿营和勇营的不同认知及在此基础之上所采取的不同处置措施，无外乎是想挽救经制军队的衰落，提升军队战斗力，减少兵饷开支，维护统治秩序。这一点，朝野上下的目标是趋同的。不过，各方在权衡绿营和勇营利弊时存在不同认识，因此具体主张和做法不同。由上述可知，清廷倾向于以绿营为主，挑练制兵，加饷练兵；或者制营与勇营并用，取长补短。兵部职司各省绿营，因此旗帜鲜明地反对以勇营取代绿营，而是主张裁兵加饷，裁勇练兵。各省督抚立场各异，与清廷旨趣有"即"有"离"。主张以勇营取代绿营的督抚，大多认为绿营积重难返，而勇营朝气蓬勃，缓急可恃，拟将绿营汰除。然而，军队为国家安危所系，军权则为权势转移之重心，清廷不可能不对此充满戒备，态度谨慎。总的来说，此间全国局势仍不太平静，上述各种主张的落实有限。及至同光之际，全国局势渐定，清廷则以减兵（勇）节饷为主见，多次饬令各省落实谕旨，旨在进一步掌控直省军权和财权。

二　裁兵（勇）节饷

随着战事渐止，兵勇并存的局面，无论是对清朝国用还是对清

---

[1]　《李鸿章全集·信函一》，第338～339页。

廷权威都存在着负面影响，在这种情况下，清廷有意对其进行调整。同治七年十月，户部对军兴以来的全国军需局面进行反思："军兴以来，用兵省分，需饷较多，或由本省筹画，或由他省协济，头绪纷繁，章程不能画一。现在发捻各逆，次第殄灭，而各省未裁之营，尚复不少，虚縻饷项，伊于胡底。"清廷对此明发上谕，要求"各该督抚迅议章程，分别遣留，专案奏报。其裁撤各营原拨各省协饷，即可概行停解。所有从前协拨之饷，著截清年月银数，开单具奏。如有必须协拨者，并著专案奏明，听候部议"。①细绎户部奏言和清廷谕旨不难看出，户部确定裁勇节饷的善后方向直指各省膨胀的饷需开支；清廷则借此要求各省将战时协饷进行奏销，并对各省战争期间建立的协济关系进行核实。此中原因，首先在于裁勇节饷，以便将节省的协饷转拨黔滇陕甘新疆等军务地区。其次则在于通筹全国财源，收束战时过于宽松的财用收支情形，确定清廷对各省财用支配权。

当时，腹地各省在战争中招募的勇营虽然裁撤了一部分，但所存勇营仍然过多。有鉴于此，吏部左侍郎胡家玉奏请整顿军饷。胡家玉指出，咸丰年间以来，督抚和统兵大臣自主募勇筹饷，部臣难以稽核，而虚张勇数之弊亦随之。据称，各省留防之勇数不下一二十万人，即以湘勇饷章计算，一年即需银一千四五百万两。为此，他建议清廷饬令各督抚大员严核军营勇数，每省"多不过暂留七八千人，少或酌留三四千人"，以便节省军饷。②清廷对此颇为赞赏，因而转令各省认真查核勇营和勇数，遣撤归并。署云贵总督岑毓英对此深表支持。他以为，如果全国裁勇10万人，每年即可节省饷需七八百万两，况且各省勇营还不止此数，如果次第推行，所节饷银更多。③岑毓英之所以如此积极响应，是因为云南军务需饷甚急，各

---

① 《清穆宗实录》卷244，同治七年十月戊午。
② 《清穆宗实录》卷325，同治十年十二月癸亥。
③ 岑春蓂刻《岑襄勤公（毓英）遗集》，沈云龙主编《近代中国史料丛刊续编》第372册，第987页。

省裁勇节饷对云南协饷的落实也有莫大好处。

为了综核各省战后膨胀的出入用款,同治十三年京畿道监察御史许廷桂奏请清廷派遣大臣赴各省核查出入款目。徐廷桂认为,制兵几同虚设,而防营竟成额设,国家岁入止有此数,兵饷之外又添勇饷,势必导致国用匮乏。徐廷桂建议清廷派遣大臣分赴各省,查阅营伍,会同各省督抚认真裁汰,或者暂留一二营以补额兵之不足,或者挑勇补兵,以使各省制兵与勇营数目不超过原设额兵之数,以节省饷需。①

刘锡鸿也认为各省兵数虚冒严重,核查各省兵数勇数十分必要。他曾与丁日昌谈及此事,认为太平天国运动以来,各省兵饷仅发二三成而并未发生制兵变乱,如果不是虚冒严重,何以能安抚军心?因此借此机会裁汰兵额恰得其宜。他建议,边疆各省养兵2万,内陆省份各1万,全国编练实在绿营兵30万即可,其余全部裁撤,即可裁绿营兵三十五六万。② 刘锡鸿的主张不免有矫枉过正之嫌,以清廷疆域之辽阔,加上时值兵燹之后,局势未能安稳,陡然大幅裁减兵勇,对清廷统治来讲风险太大。

云南局势恢复后,岑毓英对云南军制进行变革与精简。他在裁汰制营和勇营的基础上,抽调勇营补入绿营,又从绿营之中抽调精强之兵编成练军。云贵总督刘长佑对此颇不认同:"各营仅存三成兵丁,为数甚少。上年所定章程,守兵不抽练军,系照营制原额减七留三,战兵则系于抽调练军之外,将抽剩存营数内又复减七留三,是未抽练军之营尚存三成战兵,而已抽练军之营存营战兵不及一成矣。"刘长佑认为这样会导致云南防守空虚,因此决定将全省"战兵、守兵均按营制原额酌减一半,统留五成兵数筹发,比见[现]在所发三成月饷每年加添银一十五万三千一百四十二两五钱七分四

---

① 许廷桂:《奏为库款短绌请旨特派大臣分赴各省严核出入款目折》,《申报》1875年2月20日,第4~5版。
② 中国史学会主编《洋务运动》(1),第280页。

厘，合之提镇将弁俸廉及见发三成守兵月饷，每年共需银四十万零四千六百八十一两二钱一分。惟兵饷既经议增，则练军自应议减。……拟酌留练军十二营，并将原定章程酌量改更，力求撙节。计每年尚需银十余万两，虽较减七留三案银数略增，而以此战守兼资，缓急足恃，尚可以求实际而免虚縻"。① 刘长佑此举虽然调整了云南兵勇数目，却也导致军饷增加。

光绪四年五月，清廷再次发布裁勇节饷上谕。直隶总督李鸿章首先响应，裁汰淮军。据称，淮军实存78营12哨，驻扎直隶、山东和江苏境内，办理海防与江防事宜。各营月饷以苏沪厘金、淮南盐厘以及江海、江汉两关盐税为大宗，此外尚有四川、湖北、浙江等省协饷。其间，因饷源不继，裁汰正勇2成，共计5200余名。此次则裁汰14营，与前此裁汰2成正勇，合计11800余人，存留勇营28900余名，每年节省饷银60余万，裁汰之后，每月尚须饷银20余万两，江苏、湖北、川、浙等省额拨淮军饷银，需按月解济，不得有丝毫短缺。② 需要指出的是，由于上述地区皆是财赋之区，且李鸿章位高权重，因此解饷充裕。仅以光绪二年为例，淮军收到军饷368.8883万两，其中协饷204万余两，约占军饷数的55.5%。③ 光绪四年时，则收到军饷289.7276万两，其中协饷197万余两，占军饷数的68.3%。④ 即以淮军军饷观之，勇营饷需确实比较巨大。所谓兵外加兵，饷外加饷的判断确实指出了当时兵制和军饷开支的困境。

两江总督沈葆桢接到上谕之后，则奏请从缓裁减勇营。沈葆桢称，江苏有防勇17000余人，分驻省内要隘已有不足，如果大量裁减勇营，一旦发生动乱，不免又要招募，来去之间，耗费更巨。他

---

① 王文韶等修《（光绪）续云南通志稿》卷70《武备志》。又见《刘武慎公年谱》，《北京图书馆藏珍本年谱丛刊》第162册，第380页。
② 《李鸿章全集·奏议八》，第158页。
③ 《李鸿章全集·奏议八》，第174页。
④ 《李鸿章全集·奏议九》，第130页。

认为，江苏饷需之缺乏非因本省防勇饷需，而是由于协饷过多。既然协饷不容漠视，本省防务支出也应当积极举办，因此反对裁撤兵勇。① 沈葆桢上述见解虽然不无畛域之见，但太平军起义对江苏的冲击确实令后来者不得不特别措意本省军队规模与军需供应。

岑毓英调任贵州巡抚后将云南经验带到贵州，决定挑选勇营募补绿营，改防勇为练军，弥合勇营和绿营之间的界限，汰弱留强，节省饷需。当时黔省积欠勇营饷银156万余两，岑毓英打算发给四成实饷以为遣散之费，遂奏请清廷在各省协饷内先拨60万两饷银作为遣散费用。清廷接到岑毓英奏报之后，立即令湖北、江苏、广东、福建、江西、四川各提银6万两，山东、两浙各提银5万两，湖南、东海关各提银4万两，浙江、九江关各提银3万两，共计60万两，作为补给积欠兵饷之用；同时将指拨各省协黔月饷减成起解，减轻各省协饷负担。据统计，当时户部指拨湖北、山东、福建、江苏、两浙、广东各月协2万两，江西和四川各月协2.8万两，湖南、浙江、九江关和东海关各1万两，共计月饷21.6万两，清廷接到岑毓英裁勇奏折后决定各省关按照原拨月饷的四成起解，各省关协饷数额减至8.64万两。② 从贵州裁兵（勇）解饷的过程来看，战时协饷规模确实很大，这也是导致协饷积欠的重要原因。此次调整之后，贵州仿照直隶练军章程，订立各项制度，其中兵饷部分按照绿营额饷支发。贵州协饷规模已经回到承平之时的水平，从战时每年259万余两减至闰年81万余两，无闰之年为76万余两，裁减幅度非常之大。③ 实际上，贵州成立练军的主要目的在于补足绿营兵额，不仅兵种沿袭马步之分，而且饷银也仿照绿营定章，因此改勇为练军实际上就是改勇营为绿营。岑毓英所

---

① 吴元炳辑《沈文肃公（葆桢）政书》，沈云龙主编《近代中国史料丛刊》第54册，第1478~1479页。
② 岑春蓂刻《岑襄勤公（毓英）遗集》，沈云龙主编《近代中国史料丛刊续编》第373册，第1622~1623页。
③ 岑春蓂刻《岑襄勤公（毓英）遗集》，沈云龙主编《近代中国史料丛刊续编》第373册，第1617~1620页。

作调整颇能落实清廷裁兵（勇）减饷之旨趣。

由于新疆兵事结束最晚，在整理营伍时，动手最迟，但是思路较为清晰。左宗棠借鉴闽浙办理减兵加饷成案，打算裁汰兵勇，将所省之饷需加给裁留之兵，如此一来，既可以核实兵数，又可增加额兵饷需："量减可裁之兵，以节饷糈，即以所裁之兵饷加之所留之兵，庶兵力较纾，可责其勤练；将弁各予津贴，革除虚冒应差、挂名辞伍诸弊。庶帑项无增，军政可期其精实。"①

不过，清廷对各省裁撤兵勇的力度很不满意，光绪六年正月再次谕令各省裁撤勇营。清廷称，各省所募之勇本系权宜之计，战后即应将其裁撤，如今各省勇营兵数为数甚多，如此年复一年，国家财源势必被虚耗殆尽。为此，清廷决定，除直隶、陕西和甘肃等需要筹办边防暂时不用裁撤外，云南、广西营勇无多亦可毋庸议减，其余各省将军督抚等应将本省勇营大加裁减。② 这里需要说明的是，前因西北战事正殷，清廷特许西北暂缓裁撤兵勇，左宗棠裁兵加饷计划也因此延后执行。七年，西北大局已定，户部才将西征军队和西征协饷纳入整顿范围。

户部认为，同治五年至光绪七年底，西北军需用项达八九千万两，欠饷也已3000多万两，应抓住新疆底定之机陆续裁撤兵勇，节省饷需。③ 鉴此，陕甘新疆督抚将领开始着手落实。护理陕甘总督杨昌濬对甘肃绿营进行裁汰，以"酌量今昔地势，联络声气"为原则，以裁并、裁撤为手段，推行裁兵节饷。具体裁减数字为：陕甘督标现存马步守兵3298名，裁减989名，留存2309名；甘肃提标现存马步守兵6707名，裁汰2347名，留存4360名；凉州镇现存马步守兵6921名，裁减2049名，留存4872名；河州镇现存马步守兵7965名，裁减1991名，留存5974名；西宁镇现存马步守兵7936名，裁

---

① 《左宗棠全集·奏稿七》，第456~458页。
② 但湘良：《湖南厘务汇纂》卷首，第96页。
③ 《清代（未刊）上谕奏疏公牍电文汇编》第30册，第13927页。

减 1984 名，留存 5952 名；肃州镇现存马步守兵 8156 名，裁减 2855 名，留存 5301 名；陕西固原镇现存马步守兵 9691 名，裁减 2842 名，留存 6849 名；宁夏镇现存马步守兵 6902 名，裁减 2580 名，留存 4322 名。以上共计马步守兵 57576，裁减 17637 名，存剩 39939 名，裁汰率为 30.6%，裁汰幅度还是较大的。① 杨昌濬上述举动皆是针对陕甘绿营而进行的减兵办法，幅度约为裁三留七。

甘肃新疆巡抚刘锦棠也对户部裁兵（勇）节饷做出了回应，准备裁撤勇营，挑选精壮，改行粮为坐粮，以节省饷银。据称湘楚各军从光绪六年开始已经陆续裁撤 7000 余人，剩余马步各兵共 60 营，约 25000 余人。刘锦棠打算先期裁撤马勇 2 营，步勇 4 营，待防务减轻后，再撤马勇 4 营，步勇 4 营。此外，刘锦棠还打算重建新疆各军营制，以常驻军队取代先前新疆的换防制度，在裁撤营勇中挑选不愿回籍的精壮者编入营伍，改行粮为坐粮，既减少了勇饷开支，又可以对边疆防务有所贡献。② 五月，刘锦棠裁减勇营 3964 人。九月，又裁撤 3764 人，实存勇营 23517 人，加上长夫人等共 35892 人。③ 人数以及所需饷数较战争期间大为减少。

裁汰兵勇固然为当时急务，然而在恭亲王奕訢看来，裁节兵勇后，还要注意勤加训练，以便承担战守防御之责。奕訢奏称，各省实存制兵约为 40 万人，每年需饷银五六百万两。如果能将制兵裁四留六，并入勇营进行训练，则"兵制转精，兵饷自节"，以精练二三十万之兵作为国家防御之用，未尝不可以提高军队战斗力，同时可以节省饷银。④ 从奕訢的建议来看，裁兵（勇）节饷的关键除了节省饷需以外，提高制营战斗力也是应有之义，否则仍然无法制胜，遇到战事还需要求诸制度之外。

---

① 《清代（未刊）上谕奏疏公牍电文汇编》第 30 册，第 13933~13968 页。
② 《清代（未刊）上谕奏疏公牍电文汇编》第 30 册，第 13933~13971 页。
③ 刘锦棠：《刘襄勤公（毅斋）奏稿》，沈云龙主编《近代中国史料丛刊》第 232 册，第 635~637 页。
④ 中国史学会主编《洋务运动》(3)，第 526 页。

此后，随着西北地区统治秩序的稳定，户部开始调整西北军需供应。光绪十年二月，据户部统计，当时西北各路军需中，刘锦棠、谭锺麟所部岁拨793万两，西宁岁拨1万两，宁夏10万两，凉庄8.4万两，伊犁军饷岁拨316万两，塔尔巴哈台专饷岁拨33万两，乌鲁木齐专饷岁拨9.6万两，每年总共需银1180余万两，此外历次所拨巴里坤专饷40万两和河南每年协济张曜各军60万两，以及善后经费及每次动拨数目，通盘合计甘肃新疆岁需饷银占国用之六分之一。甘肃新疆饷需的巨大开销显然是可暂不可久的，户部因此要求收束甘肃新疆饷需开支，具体方式如下：

一是确定额饷。据称，道光年间，甘肃新疆每年额饷400余万两，除了留抵各款外，实际调拨300余万两。咸丰时，陆续核减，甘肃新疆每年估拨银300余万两，除留抵外，仅调拨银244.5万余两。西北军兴之后，额饷停解，另拨月饷接济西北军队。户部认为，此时甘肃新疆已经底定有年，因此按照左宗棠前此奏折所称，每年协济三百数十万两，按时解足，加以本地岁入，在400万两上下，此后不得再向商人举借，也不得率然请户部增加拨款。

二是确定兵额。当时，刘锦棠所部马步23000余人，张曜所部6000余人，乌鲁木齐和古城兵勇800余人，巴里坤官兵900人，金顺、锡纶所部有二万余人，兵勇数逾5万，较之承平之时兵额已经增加1万多人，"力分于将多，财匮于兵众"。户部要求新疆各统兵将领通盘筹划，裁并勇数，以4万人为额度，以2万人为勇，改行粮为坐粮，再挑选精壮之勇一万数千人，规复制兵旧制。

三是统一事权。新疆各城兵饷向由将军、都统或参赞大臣等报明数目奏请，在甘肃调拨，并归入陕甘总督甘省兵饷项下，年终由陕甘总督造册请估。其后，受战争影响，各城奏请专饷，各自迎提奏催，难以稽核。为此，户部建议统一甘肃新疆各营章程，协饷专归一处分拨，以免事权分歧。①

---

① 《清代方略全书》第193册，第495页。

由此可见，甘肃新疆地区饷需消耗之大以及兵勇人数之多。即以当时甘肃新疆的经济条件来说，无论如何无法满足每年1000多万两的军需开支。这也再次说明，协饷制度仍然是上述地区军需供应的主要来源，而且由于战时因素的影响，协济规模要远超承平之时。进一步来说，协饷制度对恢复和维护清政府在边疆统治中发挥着极其重要的作用。不过，由于国用岁有常经，且协饷供应需要放眼全局，如果不及时调整如此骇人的协饷数额，反过来对王朝统治秩序也会产生负面影响。户部所提出的确定饷额、兵额和统一事权办法是收束战后各地兵数与饷需的通行做法，也是问题的关键所在。

刘锦棠根据户部所提问题，拟定了落实办法。一是以所留兵勇来确定饷数。刘锦棠打算三年内裁撤勇营，改行粮为坐粮，规复兵额，将新疆旗绿各营定为31000人。伊犁将军与塔尔巴哈台参赞两处共设旗绿各营1万人，喀什噶尔道统率6300人，阿克苏道4500人，镇迪道4500人，巴里坤镇3800人。如果按行粮计算，每年需银291万余两；按坐粮计算，每年需银210余万两。加上援新各将领所带之营，合计甘肃新疆每年需饷460万两。刘锦棠称，待三年后勇营与善后事宜处理完毕，兵饷改为坐粮，每年可节省110万两，与左宗棠及户部所称甘肃新疆协饷三百数十万两相若。二是统一事权。刘锦棠建议，除留伊犁将军和塔尔巴哈台参赞两处旗营外，其余各路之都统、参赞大臣、办事大臣等缺全部裁撤，每年协饷仍然归陕甘统一预估，按数分起拨解，关外各部不许各自派员催提。[①] 刘锦棠上述办法基本上与户部计划保持了一致，为甘肃新疆地区重新步入正常协饷轨道奠定了基础。

陕甘总督谭锺麟则认为新疆兵制应该仿照楚湘营制，改勇为兵，以达到节饷的效果。他主张将甘肃防勇留42旗，关外除乌鲁木齐留

---

① 刘锦棠：《刘襄勤公（毅斋）奏稿》，沈云龙主编《近代中国史料丛刊》第232册，第853~878页。

土勇7旗外，留湘军13000人，嵩武军留4000人，伊犁和塔尔巴哈台共留8000人，共计25000人。甘肃防勇每年需饷140万两，新疆勇营以及土勇共计需饷200万两，较之户部原拨岁饷412万两尤有82万两剩余，即以此项剩余作为文武官员廉俸，似也有盈无绌。①由是观之，谭锺麟在甘肃新疆裁勇方面走得更远，但似乎对甘肃新疆的实际考虑欠妥，毕竟边疆防御不能仅以减少开支为依归，还需要考虑战守防御形势。

户部对刘、谭二人力顾大局的态度十分满意。户部认为，尽管道咸时甘肃新疆常年协饷在400余万两，但军兴以来，饷需剧增，并无定额，此次经过刘锦棠的筹划，虽未能尽复旧额，然而业已初具规模，较之以前已经节省不少饷银，因此对于甘肃新疆核实饷需深感高兴。户部同时决定从光绪十一年起，甘肃新疆协饷统一命名为"甘肃新饷"，每年指拨480万两，各省关历年积欠停止补解，先就近省或次近省酌拨，并令各省派员解赴甘肃，脚费即在耗羡项下支销，不准在协饷内划扣。至于西征所借洋款由各省径行归还，不得在新饷内划扣。②

从上述可知，边疆省份在裁兵（勇）节饷方面较为积极。上述光绪六年谕旨中已经指出云南、贵州和广西勇营无多，而之后甘肃新疆也大幅度减少兵勇。究其原因，主要是上述省份皆为受协省份，饷需受制于人，战后努力节缩开支也为不得不然之举。不过，在户部和兵部看来，裁兵（勇）仍需进一步落实。光绪十

---

① 《清代方略全书》第193册，第577页。伊犁将军金顺反对户部及刘、谭二人计划，主张规复伊犁兵额旧制。据金顺统计，伊犁额设官兵17397人，每年俸饷钱粮等项共计678900余两，户口10余万人，现存官兵户丁共计67800人。金顺认为这些旗丁皆为劲旅，如果以刘锦棠所奏，仅能挑选3000名加入制营，还有大量旗丁无法安置。在金顺看来，伊犁纵横4000余里，边境长达一千数百里，3000人不敷布防，应该规复旧制，大约以15000人为度，并要求实需拨银120余万两。金顺之所以主张规复旧制，即在于安置旗丁，而非清廷所希望的裁勇节饷。对此，户部称，对比刘锦棠与谭锺麟拟定的新疆兵勇数目，金顺称仅伊犁即需15000人，人数过多，应该以刘锦棠所奏为准。

② 《清代方略全书》第193册，第596页。

年二月，户部与兵部联合上奏，称自光绪四年以来，户部屡次奏请各省裁撤勇营，核实额兵，"诚以兵勇不可两存，库储不堪并耗也"。然而，各省奏报皆以防勇难撤为词，或此裁彼募，全国勇丁见诸册报者近 30 万，查核军需善后报销册，则勇数 16 万多人，练兵 5 万多人，岁支饷银 1200 余万两，甘肃、新疆、湖南、广东、云南、广西等省尚未计算在内。户部和兵部希望各省能够进一步核实兵数，逐渐裁撤勇营。① 从上述奏折来看，清廷对兵勇尤其是众多勇营的存在十分担忧，希望能够大加裁汰。当然，兵勇并存的局面确实弊端较多，不仅会虚縻国用，而且勇营之裁与募多听诸督抚，兵部虽有与闻和稽核之权，但毕竟不能完全掌握。要言之，国家财用并不宽裕，兵勇并存一方面会危及国用，另一方面也会侵及军权，因而不能不未雨绸缪。这也是户部和兵部联袂奏请裁减兵勇，特别是勇营的主要原因。当时各省督抚虽未见收揽兵权之异动，但经过战争洗礼，绿营与勇营高下已分，以勇营来镇抚地方，有利于安辑统治秩序。

以山西为例，晋抚张之洞在接奉谕旨后，打算减额加饷，将绿营与勇营改为练军。山西额兵 21767 人，张之洞打算将其重组，设立四军。抚臣兼提督为一军，太原、大同两镇各一军，其余口外七厅共一军，每军 4000 人，共计 16000 人，每年需要廉俸饷银 96.4 万余两。据张之洞统计，当时山西绿营连同防勇额饷 83.8 万两，因此还需要增筹 10 余万两。张之洞称，如果户部认为饷需增加过多，则成立三军，每军 4000 人，将口外一军暂缓设立，每年则需饷 71.2 万余两，较之绿营旧额兵饷 55 万两虽有加多，但较兵勇饷需 83.8 万两已节省不少。张之洞称，"晋省自为固本之计，筹备此数，尚不为难，若再求节省，或减饷数，或减兵数，非仍忧饥困，必致备御空虚，于事实无所益"。② 张之洞所言较为切实，兵勇数量

---

① 《清代（未刊）上谕奏疏公牍电文汇编》第 30 册，第 14107~14115 页。
② 《户部山西司奏稿辑要》卷 3，第 50~54 页。

过少确实不利于保境安民，且多出饷需也由山西自筹，并未对户部造成压力。然而，户部和兵部合议之后，要求山西先成立三军，兵饷也只准在原来绿营额饷 55 万两内支给，不允许山西增加兵饷开支。表面视之，山西与户部和兵部的分歧在于饷额：按照 71.2 万两计算，上述三军共 12000 人，每人每月约 5 两，这也是当时勇饷的平均水平；而如果以额饷 55 万两计算，则为 3.8 两，较之绿营额饷马兵 1.5 两、步兵 1 两也有大幅增加。由是观之，清廷并不愿意听任直省随意支配收入，用于扩充本省饷需供应。实际上，户部与兵部希望各省压缩兵数与饷数，而直省则希望提高兵勇饷额，以便稳固军心。两者不同的旨趣导致他们具体问题上的分歧。

侍郎薛允升于光绪十一年八月具折奏请各省裁减勇营，移饷加给八旗各军。醇亲王奕谭议复时指出："各省现年兵饷需银一千四五百万两，其养勇之费每岁约需银三千四百余万两，加以京外旗兵又需额饷一千余万两。岁入之款约共应收银七八千万两，是竭天下十分之物力，八分以养兵勇，断非经久之道。"① 奕谭建议直省裁汰兵勇，各节省二三十万两，每年共节省 300 万两，解部备用，体现了清廷通过裁勇节饷的方式加强对各省财力控制的意图。奕谭所奏之兵勇和八旗饷需多达 6000 万两左右，确实过于浩大。不过，奕谭节饷计划与 6000 余万的饷需相比力度似嫌不足，反映出清廷对各省裁兵（勇）节饷效果的估计不甚乐观。各省兵勇裁减情况，刘伟曾做出考察，光绪十年前后，全国勇营尚有 20 余万人，② 人数依然不少。

户部主事刘岳云曾对光绪十一年（1885）至二十年（1894）的兵勇饷需进行了统计（表 4-1），同时列出了岁出入总额，从中我们可以看出当时清廷度支压力。

---

① 《清德宗实录》卷 214，光绪十一年八月戊子。
② 详见刘伟《晚清督抚政治——中央与地方关系研究》，第 274~277 页。

表4-1 光绪十一年至二十年兵勇饷需统计

单位：两

年份	岁入	岁出	饷乾	勇饷	兵勇饷乾/岁出
十一年	77086466	72865531	17331502	25231741	58.4%
十二年	81269799	78551776	18598460	27615780	58.8%
十三年	84217394	82280900	20244973	20176969	49.1%
十四年	88391005	81967737	18361425	22798851	50.2%
十五年	80761953	73079627	18748537	20587370	53.8%
十六年	86807562	79410644	20356158	19993253	50.8%
十七年	89684854	79355241	27938777	18268513	58.2%
十八年	83364443	75645407	19757179	18607253	50.7%
十九年	83110007	73433329	18495269	19069920	51.2%
二十年	81033544	80275700	22766734	18908025	51.9%

注：为统计方便，将小数点之后数字略去。
资料来源：国家图书馆编《近代统计资料丛刊》第14册，燕山出版社，2007，第290~298页。

表4-1所反映出的内容非常重要，概括起来有以下几点：一是军饷支出仍然是国家支出大端。上述十年军饷在支出中所占比例在49%~59%浮动，虽然比起清中前期70%的比例显著下降，但绝对数字增加不少，表明国用确实受到兵勇饷需的巨大压力。二是勇饷与兵饷几乎平分秋色，也印证了饷外加饷的事实。不过，勇饷呈逐步减少趋势，兵饷有增加趋势，这与清廷倾向于裁勇有关。总的来说，兵勇饷需总额则相对较为稳定，为4000万两左右。三是勇饷成为新的大宗开支，可见清廷三番五次的裁勇节饷谕令落实有限。这也意味着清廷并未找到恰当处理制营和勇营的方法，所以不得不接受"兵勇并存"的状况。这令清朝财政背上了双重负担，也是国家巨大隐忧。庆幸的是，此间清廷财用收支较为平衡，略有盈余，为协饷运作提供良好的基础。

总而言之，勇营作为非经制兵，伴随着战争进入清朝军队体系，享受着国用安排，在帮助清廷恢复统治秩序方面起着至为关键的作用。与之相对，绿营却因临敌无方，日渐衰落。按照当时绿营和勇营的表现来看，以勇营取代绿营应该是一个不错的选择。然而，很显然，清廷并无此意，而是希望以勇营补充绿营，或者仿照勇营规制挑练绿营。其目的不外乎是挽救绿营积弊，使之由弱变强。至于勇营本来非经制兵，虽然在战争中表现优异，但毕竟不为清廷和兵部直接控制，如果由其取代绿营不免风险太大。这一点，清廷是不会不有所忌惮的。除了权势转换的考虑，从现实来看，兵勇并存导致国家重复养兵，因此"裁额并粮，变通营制"势在必行。① 在具体操作上，清廷和兵部主张已如上述；而多数督抚倾向于重用勇营，或以勇营取代绿营，或在勇营中挑选精壮之人补入绿营。对此，清廷和兵部与督抚在取向上分歧很大。这也导致无论是裁兵节饷还是裁勇节饷的效果都很有限。多年以后，有人对同治以来兵勇情形进行回顾时称："自同治中兴以来，四十年于兹。各行省防营仍多沿袭湘淮旧制，虽有挑练绿营制兵之议，而规制未变，习气不能除，糜饷无算。"② 此话当属不虚。可叹的是，清廷不愿意看到的兵勇两存、库储并耗的情况却不幸被言中，国用之虚糜尚在其次。最重要的是，随着时间的推移，勇营也如绿营一样不堪使用。

第二节　协饷构成与解送方式的变化

咸同以来，无论是战时军费开支还是战后的兵勇饷需都十分巨大，这是传统赋税收入所无法担负的。前有述及，清政府广泛搜罗财用，扩充了赋税来源。旧赋加征、新税规模不断增长，既为军需供应提供了保障，也为协饷注入了新鲜血液。这些财源在同光年间协饷制度中的作用也有变动。与此同时，协饷解送因受到战乱的影响，委员解饷的安全性与效率得不到有效保证，加上商品经济的发展，汇兑方式介入协饷解送过程，并在战后被继续沿用和推广。协

---

① 席裕福、沈师徐辑《皇朝政典类纂》，沈云龙主编《近代中国史料丛刊续编》第902册，第6934页。
② 席裕福、沈师徐辑《皇朝政典类纂》，沈云龙主编《近代中国史料丛刊续编》第902册，第6968页。

饷构成和解送方式的变化，既反映出协饷制度的调整，也体现了我国近代商品经济和财政制度的变迁。

一　协饷构成的变化

所谓协饷构成是指行省起解协饷时的来源。如前所述，清前期协饷主要来源于地丁与盐课，但是随着时代发展，特别是太平军起义后，清政府财政收入情况发生了不小变化。此间，各省努力挖掘财源，岁入增加较多，饷源则以"地丁、漕政、盐政、关税、厘金为大宗"。① 上述变化拓宽了饷源的渠道与种类，为协饷运作提供了

---

① 1889年薛福成对各省财政变动曾有过一番论说。薛福成称："大抵多事之秋，莫急于筹饷，饷源以地丁、漕政、盐政、关税、厘金为大宗……江苏一省丁漕盐税厘，五者俱赢，岁入白金一千万两以外。曾文正公用之以削平大难……浙江一省亦五者兼备，岁入可得江苏之半，左文襄公用之以驱殄悍贼，肃清西陲……湖北一省平时本仰他省协饷。自胡文忠公改漕章，通蜀盐，整榷务，是时汉口洋关虽尚未设，而丁漕盐厘四项，岁入已四百余万金。文忠用之以养兵六万，分援邻省，规画江淮，有匡维全局之勋。江西一省以地丁漕折厘金为大宗，而浔关之税稍辅之，岁入与湖北相上下。曾文正公始用之以撑持危局……四川一省，地博物阜，赋额素轻。今于地丁之外加津贴，津贴之外加捐输，虽三倍旧额，尚仅得江南田赋之半，再以盐课税厘三项辅之，岁入不亚湖北、江西。骆文忠公用之以戋夷剧寇，兼顾滇黔陕甘诸省。丁文诚公宝桢复用之以协济邻省，筹奠边疆。盖自文诚改盐法，岁入又加百余万金矣。湖南一省，合地丁漕折厘金三项，岁入约二百六十万金。骆文忠公用之以练兵选将，克复邻疆。旧时湖南本仰协饷，列在中省，乃其声绩远闻，犹出上省之右……福建一省，地丁盐课厘金茶税等项，约逾三百四十万金，加以闽关洋税三百余万金，岁入尚在浙江之上，然关税由户部提拨，非大吏所能主持，地又滨海，养兵较多，终岁所征，以供地方留支之费，及水陆经制兵饷，尚觉孑孑不遑……广东一省，综地丁盐课税厘四项，岁入几与浙江相埒，近又有沙田烟膏阄姓等捐章，皆成巨款，则所以筹饷之途更宽……此外如直隶、陕西、安徽、广西四省，其力皆足以自顾。如有非常措注，则必赖他省之转输。直隶地丁旗租盐课税厘，岁入约三百五十万金以外。以在畿内，支用稍繁。陕西、安徽、广西岁入约自一百六七十万至一百二三十万金不等。广西向无承拨京饷，十五六年前，藩库颇积存数十万金，今则稍稍竭矣。又如山东、河南、山西三省，财赋以地丁为大宗，而他项稍辅之，岁入各逾三百万金……又如甘肃、云南、贵州三省，向赖他省之协助。云南岁入六十余万金，甘肃岁入三十余万金，贵州岁入二十余万金，皆断断不能自立。左文襄公岁征东南之饷八百余万金，用能藏西征之绩。岑襄勤公毓英之平云南回寇，颇随地借资民力，亦兼仰他省协饷。若必尽用本省经制之款，则绌矣。夫天下事运之以才力，而成之以财力。若财力不裕，则才力虽宏，无所用之。"薛福成：《庸庵文编》，沈云龙主编《近代中国史料丛刊》第943册，第1398~1405页。

需要指出的是，财源扩大似乎并未令清廷库储增加。工部主事余思诒认为，雍乾年间未尝没有军务，然而库储常达六七千万两，"农不加赋，商不加税，而国用足。咸丰以来，大捐开矣，二十年间捐款且累千万，近年洋税岁千余万两，厘金岁亦千余万两，较之雍正、乾隆年间所入几欲倍之，而官俸兵饷及一切例支之款，无不减成支放，乃部库无一年之储蓄，各省支绌情形日甚一日。可知非财之不丰，实害财之事之未能尽去"。① 不过，如果考虑到咸同时期激烈的军事行动以及战后的各项善后工作，部库"一年之储蓄"未免悬鹄过高。战争结束以后，全国度支仍不宽裕。在这种情形下，户部以各省支出头绪纷繁，章程各异为由，整顿全国的收支体系，借此掌控战时下放的筹饷之权。② 其中，捐输和厘金为整顿的重点，其中又以厘金为重中之重。

如前所述，厘金一开始就是为了供应军需而设的，它的出现为协饷制度运作增加了动力。随着咸丰七年厘金在各省的普遍推开，厘金迅速成长为一项极其重要的财源。据罗玉东统计，从同治八年至光绪二十八年，每年收入在一千四五百万两左右。③ 值得说明的是，金陵克复后，曾国藩曾奏请停止厘金。这个建议与军需供应直接相关，涉及厘金能否继续作为各省财源而存在的问题。因此，停止厘金之奏引来一片反对之声，湖广总督官文认为，"除直隶、山东、山西、河南、陕、甘、云、贵、广西贸迁艰远，厘金不多，无济于事，军务告竣，即可议撤外，其余若江、皖、苏、杭、福建、两湖、四川、广东等省厘金，虽军旅蒇事，止宜严禁重科，万不可骤议裁撤，请缓至三五年后，军事大定，再议裁除"。四川总督骆秉章则因该省援助黔滇兵饷负担深重，主张缓裁厘金。广东巡抚郭嵩

---

① 《清代（未刊）上谕奏疏公牍电文汇编》第30册，第14073~14074页。
② 但湘良：《湖南厘务汇纂》卷首，第14页。
③ 罗玉东：《中国厘金史》，第188页。

第四章　收束与通融：同光时期协饷制度的调适　251

恭认为，厘金本身并无弊端，如能妥善经营，可以为各省善后提供经费。① 清廷也无意裁撤厘金，谕令各省减少厘卡数目，加强管理，杜绝积弊，照常征收。此次对厘金裁撤与否的论争，深刻反映出厘金作为一项利源对于各省的重要性，尤其是上述几个厘金收入大省的督抚在表态时都直接将厘金与军饷挂钩。这也说明，厘金已成为直省和清廷都需要依赖的重要财源，也是协饷的重要来源。

光绪元年四月，御史王兆兰称，腹地各省已经平定，西北军务正紧，军饷时有缺乏，因此要求整顿各省收支，同时加强中央对厘金的控制。尤其对于厘金，他建议清廷令各省督抚首先查明厘卡数目、方位，其次令各省将厘金收支细目报部，造册核销。即参照国家维正之供的地丁钱粮、盐课和关税等管理办法来收束厘金。② 王兆兰此奏得到清廷的重视，不久即传谕各省，将每年出入款项进行核实，如有不敷，则条议应对办法，并将王兆兰关于整顿厘金的相关方法饬令各省遵照办理。这也标志着清廷开始尝试摸清各省厘金收数，并试图将其纳入清廷财用管理之中。

对于清廷上述要求，《申报》颇为赞同。它认为所征厘金为国家收入大项，数目必须报明。《申报》将厘金与钱粮与关税对比，认为后二者皆有册报可查，"惟特厘金一款则仍渺茫，毫无实据"。由于厘金关卡林立，因此民间普遍认为征收数目甚巨："以理推算而所统征收者，实为当今之一巨数也，何也？仅以海税一事而试揆之，夫海税计进出各货每年收项约一千一百万两，进口之货除通商口些许销用者，其余俱必运入内地。至出口货又仍必由内地而达口，以故经过海关，各货仍然犹必经过各厘卡也。即曰有西商按和约输半税，以护送至内地者，但其数与所征者相比，究为鲜矣。而欲统算经过海关各货，须在各处卡子另付厘金若干，想于海关税又加一半，似

---

① 各方观点，详见席裕福、沈师徐辑《皇朝政典类纂》，沈云龙主编《近代中国史料丛刊续编》第882册，第450、452、453页。
② 《陕西道监察御史王兆兰奏为条陈理财安民练兵事》，清代军机处光绪朝录副奏折档案，档案号：03-7423-004，中国第一历史档案馆藏。

亦不为过逾。盖有路远而所叠输不下数倍。即如货自汉口往四川，原布一匹，海税计银八分，而一路各厘项闻已不下三四钱也。即报半税者，仍有到所报护之处，当即付落地捐，且仅能报往大都会之处，则货犹不能在一处全销，故仍有分寄他处，而仍必又有另出厘金之处也。以故以加一半而算，亦似不为过奢。如是，则计经过海关各货，另应付厘者，皆谓可得银一千六百五十万两。如其不经海关，而内地犹过各卡者，亦甚难于揣计。但只以至少而言，每年三百五十万算，则厘金仍当共统收得银二千万两。然此皆系测度之数，其详不可得知。第所虑者，商民虽捐出，有此大数而国库究不知收得多少也。"① 《申报》所述厘金管理当中的不足，也是清廷的顾虑所在。其后，清廷要求各省将厘金收数报部，预备指拨提用。不过，各省对厘金报部之事并不积极，厘金报部并不彻底，加上各省章程也未能一致，因此清廷对各省厘金收入的实际控制力较为有限。撇开清廷与各省对厘金收入的争夺，厘金加入协饷制度之中，成为协饷的重要组成部分则不容置疑。②

咸丰朝开办捐输伊始，即以供应军需为目的，因此捐输在协饷构成中也占有重要地位。不过，光绪五年正月，清廷发布上谕，停止捐输。③ 此后，各省大都停止举办实官捐纳，然而常捐却并未能令行禁止。例如，贵州巡抚林肇元奏请缓停黔捐以补助贵州饷项。④ 云贵总督刘长佑与云南巡抚杜瑞联则奏请在协滇新饷之外，加拨协饷，以抵补停办捐输导致的收入损失，同时要求暂留常捐贡监职衔以及封典。⑤ 据研究，光宣时期，捐输依然是清廷搜刮财源的一种方式，

---

① 《论厘金报部事》，《申报》1875年4月6日，第1版。
② 罗玉东：《中国厘金史》，第209页。
③ 《清德宗实录》卷86，光绪五年正月乙丑。
④ 林肇元：《奏为黔省瘠苦无款可筹恳恩暂缓停捐以维窘局折》，《申报》1879年4月19日，第4版。
⑤ 刘长佑、杜瑞联：《奏为遵旨停止捐输恳恩酌加新饷并预计造报期限暂留本省常捐各缘由折》，《申报》1879年6月10日，第4版。

其中以赈灾、海防、河工以及洋务等名所举办的常捐为最频繁。① 尽管如此，捐输已不再以保障军需供应为主要目标，其对协饷的意义也大大下降，所占比例愈来愈少。

至于关税部分，在五口通商以前，清朝关税管理体系分为由户部主管的户关和由工部主管的工关，前者占据绝对优势。两关收入皆垂直上缴，所在省份绝少分润。这时期，关税收数有限，对协饷供应影响有限。迨至五口通商之后，户、工二关原存收税体系称为常关，在不平等条约约束下的海关征税体系被称为洋关，其收入远远超过前者，逐渐成为财政收入中的大宗来源，并且进入到协饷制度之中。太平天国运动伊始，清廷责令粤海关协济广西饷银即是例证。在西北军行中，左宗棠屡次以洋关协饷作为举借洋债的担保，更可见关税地位的提升。光绪二十四年（1898），总理衙门称，自从开设通商口岸以来，"关税逐增，近年征至二千余万，京协各饷多半取给于此"。② 可见，海关税收已成为清政府重要而稳定的税源。

要言之，同光之时，厘金、地丁、盐课和关税成为国用主体，③也是协饷的主要来源。表4-2统计了光绪十一年至二十年间，清政府四项主要收入的构成。

表4-2 光绪十一年至二十年清政府四项主要收入构成

单位：两

年份	四项总和	田赋	盐课	厘金	关税
十一年	67035470	32356768	7394228	12811708	14472766
十二年	67903634	32805133	6735315	13218508	15144678
十三年	74604114	32792626	6997760	14272329	20541399
十四年	77500100	33224347	7507128	13600733	23167892
十五年	75361962	32082833	7716272	13739095	21823762
十六年	76802971	33736023	7427615	13643107	21996226

---

① 许大龄：《清代捐纳制度》，第59~73页。
② 刘锦藻：《清续文献通考》卷32。
③ 邓绍辉：《晚清财政与中国近代化》，四川人民出版社，1998，第99页。

续表

年份	四项总和	田赋	盐课	厘金	关税
十七年	77858037	33586544	7172430	13581042	23518021
十八年	77014400	33280341	7403340	13641665	22689054
十九年	76181712	33267856	7679828	13244728	21989300
二十年	75216976	32669086	6737469	13286816	22523605

资料来源：夏国祥《近代中国税制改革思想研究》，上海财经大学出版社，2006，第10页。

此间清朝国用收支在七八千万两，而由表4-2可见，田赋、盐课、厘金和关税总收入在六七千万两，确实为当时国家财用的主要组成部分，其中田赋占四项总岁入的42%~48%，盐课占9%~11%，厘金占17%~19%，关税21%~30%。田赋仍然是岁入最主要来源，厘金和关税则为后起之秀，超越传统的盐课收入。上述四项收入推升了清朝财政收入的规模，也为协饷供应提供了经济基础，是协饷构成的主体。

二 解送方式的变化

太平军起义之前，协饷解送方式已如第一章第三节所述，即承协省份督抚在选定解官后，解官按照规定的路线，将实银装鞘，运送至受协省份藩库交收。这种解饷方式一直维系着协饷的运转，成为起解饷银的唯一选择。太平军起义发生后，饷银运输受到战争影响，解饷受阻，风险也因之增加，前述广东协济向荣大营饷银屡次因道路不畅而延搁就是例证。在这种情况下，汇兑协饷的出现对上述问题的解决很有帮助，也是协饷解送的新变化。

协饷解运的变化，除了战争的因素外，还与我国经济与商品流通的发展有关。随着商品经济的发展，大笔贸易时，实银交易既不方便也不安全，为此，民间出现了可以流通的有价票据，如会票、钱票和银票，及发行这些票据的钱庄、银号和票号等机构。[①] 这些票

---

① 千家驹、郭彦岗：《中国货币演变史》，上海人民出版社，2005，第160页。

第四章　收束与通融：同光时期协饷制度的调适　255

据方便携带，对商业的发展起到了促进作用。随着票据流通范围扩大，白银汇兑逐渐在民间兴起。清代初期民间已有汇兑之举，但官款汇兑一直被朝廷禁止。委官解送实银虽然存在一定风险，如遭遇抢劫，覆船冲失等情况，但恪于清廷对于起解饷银的严格规定，各省关仍然谨守成法。①

协饷汇兑的具体年月已经难以准确界定，但应不早于道光二十九年（1849）。是年，浙江省起解京饷时使用汇票，道光帝认为此举有违定例，并申明禁止。② 然而，形势变化很快，太平天国运动导致饷银解送受阻，这种情况下，委官递解实银的单一方式被打破，明确出现了汇兑协饷的新办法。"道光以前，商人从不经手官项，而京外银鞘出入，道路平顺，绝不闻劫夺之案。若今则现银无有，止解汇票，偶然钉解，即遭疏失，是汇兑之法尚不可废，时势使然也。"③ 咸丰八年（1858），四川、陕西和山西在解送云南协饷时已经使用了汇兑的方式，清廷对此并未表示异议。④ 这也是目前能够见到的有关协饷汇兑的较早资料。不过，此间汇兑方式仍然很少，及至同治以后，协饷汇兑才有所扩大，⑤ 但与委员解饷相比仍处于少数位置。

承接协饷汇兑的机构，地域上也有北帮和南帮之分。北帮以山西票号为代表，诞生较早，票号数量众多，分号遍布全国；南帮以胡光墉创办于咸同之际的阜康银号为代表，还有光绪初年严信厚开设的源丰润，以及光绪末年李经楚开办的义善源等，系模仿北帮而来，分号数量较少。这些以"汇通天下"自命的票庄，南北称谓也不相同：北方习惯称呼为票号，南方则称为钱庄或银号，官方一般

---

① 解饷委员按照解饷数有一定经费，沿途不仅可以游山玩水，还可拜访旧雨新知。参见黄家鼎《西征日记》，李德龙、俞冰主编《历代日记丛钞》第106册，学苑出版社，2006，第11～41页。
② 中国第一历史档案馆编《嘉庆道光两朝上谕档》第54册，广西师范大学出版社，2000，第117页。
③ 《论商存官项》，《申报》1881年9月28日，第1版。
④ 《清文宗实录》卷268，咸丰八年十月乙丑。
⑤ 陈其田：《山西票庄考略》，第32页。

以号商或票号称呼之。山西票号是承担协饷汇兑的主力。这是由于山西票号在实力、地域和数量上一直保持着竞争优势，尤其是在阜康银号倒闭后，其优势更加明显，承担着绝大部分官款汇兑事务，协饷自然囊括其中。山西票号中较为著名的有日升昌、蔚泰厚、蔚丰厚、蔚长厚、新泰厚、大德通、百川通、天成亨、协同庆等。总的来说，银号、钱庄和票号虽然存在种种差异，所从事的业务亦有偏重，但都具有汇兑功能。先前研究已经注意号商汇兑协饷这一事实，并将其作为票号等业务进行了一定的考察，但由于研究侧重不同，票号等汇兑协饷的探讨似可更进一步。①

协饷汇兑出现以后，几乎涵盖了所有受协地区，如陕甘、云贵以及东北等地。由于北方地区山西票号林立，因此陕甘协饷的汇兑较为常用。同治三年（1864），署理陕甘总督恩麟奏催各省解饷，因考虑"山西赴甘路径梗阻"，打算在各省协饷解至山西后，将其交由山西票号汇兑至兰州。② 四年（1865），山西巡抚王榕吉将河东道承协的陕甘饷银交由平遥号商汇兑。同年，四川亦将一部分甘饷交由票号汇解。同治六年（1867），左宗棠以协饷抵借洋款。考虑到在上海办理借款运解到西北需时过长，左宗棠奏请将海关印票"交洋商兑取现银，付与票商，即可换取票商银票，至运城收兑"。③ 汇兑方式与委员解运成为此后西征解饷过程中两种并行不悖的方式。闽浙总督英桂在起解甘饷时称，"就现在道路情形计之，派员领运实不如发商汇解较为妥速"。④各省在解送陕甘饷银时已经有不少省份采用汇兑的方式。山西起解云南协饷也通过汇兑方式解送。其后，浙江巡抚马新贻、江西巡抚刘坤一等都曾利用汇兑方式解饷。⑤ 贵州协饷

---

① 有关票号研究，见学术史部分注释。黄鉴晖：《关于山西票号的几个问题》，孔祥毅、王森主编《山西票号研究》，中国财政经济出版社，2002，第23页。
② 《清穆宗实录》卷107，同治三年六月戊戌。
③ 《左宗棠全集·奏稿三》，第414~415页。
④ 史若民：《票商兴衰史》，第179~180页。
⑤ 《刘坤一遗集》第1册，第284页。

方面，四川、江西、山东和福建等省解饷过程中都曾用过汇兑方式。此外，广西协饷、新疆各城协饷以及东北官兵俸饷皆有票号涉足。可见，协饷汇兑已经是协饷解送的重要方式之一。①

比较而言，陕甘新疆地区的协饷汇兑较别处频繁。这里有必要重点提及西征协饷，以及左宗棠和胡光墉二人对汇兑协饷的巨大影响。咸丰以前，南方地区票号皆为山西票号的分号，及至左宗棠担任闽浙总督后，胡光墉因受到左氏器重，办理粮台事务，遂乘机创办阜康银号。② 左宗棠入主西北后，令其在上海成立转运局，作为收纳和转解各省关西北协饷以及息借华洋各款的专门机构。③ 胡受惠于左宗棠的这一安排，将阜康银号经营范围扩大，广设分号。如此一来，东南各省关的西征协饷汇兑皆由阜康票号包办，由其汇兑至上海，再陆续汇兑至西北。不仅如此，阜康银号在各省关经费不足时，向其提供借贷，垫解协饷。除此而外，胡光墉还多次承揽西征借款事宜，这些借款皆以各省关协饷作为抵押，按照约定，各省关分批偿还。在这个过程中，很多省关协饷亦交由阜康分号汇兑至上海总号。也就是说，西征协饷流转的多个环节都可见到阜康银号的身影。由于西征协饷数额巨大，汇兑利润惊人，阜康银号因此坐大，成为东南同行之翘楚。

官款汇兑的做法程序严谨，比民间汇兑的手续复杂很多。就办理协饷汇兑而言，首先要按照普通汇兑的做法，注明托汇方与收汇方，领取汇票。此外，还要将汇兑饷银的详细信息立具甘结，写明批次，包括解批与回批，交纳后将交收信息标注于甘结带回。④ 由于协饷解送本身有时限规定，因此采用汇兑方式后，这一规定仍需遵守。起初，各省关汇兑协饷时，仅循解送实饷例，题报起解日期，其后逐渐发展为托汇方与汇兑方约定汇兑期限，在此期限内汇兑方必须依限解到，从而防止汇兑协饷时发生拖延的情况。例如，光绪

---

① 黄鉴晖等编《山西票号史料》增订本，山西经济出版社，2002，第86~95页。
② 史若民：《票商兴衰史》，第174页。
③ 王先谦：《东华续录》同治朝，《续修四库全书》第381册，第456页。
④ 黄鉴晖等编《山西票号史料》增订本，第689页。

十三年（1887），四川总督刘秉璋在汇解甘肃新饷时，限令票号在两个月内将协饷汇到甘肃藩库。① 除了订立时限外，也可以限定日期，如湖南起解云南协饷和甘肃新饷时，与票号天顺祥约定，前者"限于九月十五日到滇交收"，后者"限于十月底到甘交收"。② 当然，各省关情况不一，因此限期并不一致。③ 如果汇兑方未能按时解到，托汇方以及收汇方有权要求汇兑方承担一定的责任。

关于汇费，影响因素较多。大体而言，"以道途之远近为断，而亦以地方生理之广狭为权，兼之商家之银两更有忙月闲月之不同"。④ 也就是说，距离、汇兑时间、汇兑地方与目的地的经济情况等都是影响汇费高低的因素。例如，同治八年（1869），各省汇兑协滇军饷汇费参差不齐，其中广东、福建、江苏、浙江、山东等较远省份汇费每万两自二三百两至三百余两不等，湖南、湖北和江西等处距离较近，每万两百余两及二百余两不等。在汇费支付方面也有过争执。云南巡抚潘鼎新曾以协饷汇费在协饷内划扣，挤占了协饷数额，令受协省份背上负担为由，要求由各承协省份支销。⑤ 这个要求并未得到响应，户部也未打算将此问题做出明确规定。例如，四川汇兑各省协饷时，大多在厘金项下开销，⑥ 亦有受协省份承担者。⑦ 自始至终，该项费用到底应由承协省份或受协省份承担并未确定，各省情形不同。

随着电报技术的采用和推广，汇兑业务中出现了电汇的形式。光绪十三年十一月，张之洞采用电汇的方式将协黔饷银交由百川通电汇至贵州。⑧ 十七年十二月，湖北协济广西饷银也通过百川通商号电汇。⑨

---

① 中国第一历史档案馆编《光绪朝朱批奏折》第 57 辑，中华书局，1995，第 567 页。
② 《光绪朝朱批奏折》第 57 辑，第 697 页。
③ 沈云龙主编《谕折汇存》第 19 册，文海出版社，1967，第 4916 页。
④ 黄鉴晖等编《山西票号史料》增订本，第 728 页。
⑤ 黄鉴晖等编《山西票号史料》增订本，第 110 页。
⑥ 《光绪朝朱批奏折》第 57 辑，第 793 页。
⑦ 沈云龙主编《谕折汇存》第 20 册，第 4973 页。
⑧ 《光绪朝朱批奏折》第 57 辑，第 823 页。
⑨ 《光绪朝朱批奏折》第 59 辑，第 206 页。

第四章 收束与通融：同光时期协饷制度的调适 259

电汇虽然较汇票速度更快，更安全，但应用范围受到电线铺设的影响未能铺开，且一般票号、钱庄和银号等皆不愿意采用这种方式。这是因为，协饷汇兑中所约定的解送时限，对于票号、钱庄和银号来说就是"吃空期"。吃空期越长，票号操作该笔饷银的空间越大，既可收取汇费，还可利用时间差来经营。而电汇时间短促，饷银如过眼烟云，票号不能再有所染指，获利减少，因此若非十分紧急之务，电汇甚少使用。

当然，票庄是商品经济的产物，经营过程中风险不可避免，这对协饷汇兑也有影响，特别是票号倒闭等情况对官款安全有直接冲击。① 光绪九年（1883），胡光墉的阜康银号倒闭，官银损失严重。② 户部因此令各省关按照定例派委官员解送，禁止各省汇兑京协各饷。为了禁阻各省继续汇兑，户部还修订处分则例，如果饷银因汇兑导致损失，则无论数额多少，皆由"汇兑不慎之员全数赔缴"，③ 希望借此来吓阻各省关使用汇兑饷银的方式。上述做法主要针对京饷及各部经费与饭食银，即便如此还是引起各省督抚抵制，不少省份依然通过汇兑的方式起解京协各饷。尤其是，承协和受协省份对协饷汇兑一事并不反感，仍然有不少省关汇兑协饷。④ 光绪中期之后，汇兑协饷更加普遍，大有后来居上之势。

协饷汇兑的出现本是应对协饷解送的安全性问题，却逐渐成为与解送实饷并驾齐驱的解饷方式。时人对于汇兑的接受有一个过程，这一过程同样适用于协饷。不少人认为，解送实银可以增加受协地方的白银数量，而汇兑饷银后，解饷者仅持汇票前往受协地方，抵达后在目的地兑银交割，并未增加本地银数，长此以往会导致受协省份白银供应紧张。⑤ 清廷虽然不赞成汇兑饷银且不时发出禁止令，

---

① 《倒庄续述》，《申报》1883年12月30日，第1版。
② 中国人民银行上海市分行编《上海钱庄史料》，上海人民出版社，1960，第47~48页。
③ 朱寿朋：《东华续录》光绪朝卷58，《续修四库全书》第383册，第619页。
④ 《光绪朝朱批奏折》第57辑，第234页。
⑤ 盛康辑《皇朝经世文编续编》卷31，沈云龙主编《近代中国史料丛刊》第834册，第3299~3301页。

但大多数情况下还是听之任之。

《申报》对汇兑饷银的态度曾有过一个渐进的过程，从中亦可反映出时代与观念的变迁。光绪十年（1884），该报认为汇兑方式的采用，一是因为汇票便于携带，办事方便。解饷委员领取汇票后，携带文书，到达目的地后，兑银交纳即可，"轻装简从，既无累赘之苦，亦免道路之虞，其便利实觉倍蓰"。二是汇兑较为安全。当时，社会上不少地方聚集着游兵散勇，解送实饷时，"委员领解钉鞘之银，多或十万八万，少则二三万，随从之人，无过亲信家丁三数人，舟车趱赶，不免疏虞"。一旦发生不测，不仅解饷委员需要分赔十分之三，经过地方官也需要摊赔十分之三，其余由承协省份藩库承担。改用汇兑以后，对上述三者来说都有好处，省却了协饷失落的风险。尤其是，委员解饷本为督抚调剂职缺的一种途径，尤其是捐纳人员。这些捐纳之员，很多是未经引见验看者，"听鼓经年，资斧乏绝。而大宪以部定新章，凡未经引见验看之员，札委差使与例不合，故不能遽当优差。于是辗转恳托，谋干解银差使"，希望借此有所沾润，在维持生计之外，若有盈余还可办理引见和验看，从而具备札委差使的资格。在汇兑协饷出现之前，委员解饷每万两酌给经费三百两，一路递解，如有所浪费，则盈余有限，如果再遇到疏失则更得不偿失，而汇兑之后即可以安枕无忧，"故谋得此差者，虽不敢曰十分优，亦不得谓为十分苦矣"。① 这样一来，解饷风险转移到商号，官府所费不过解费而已，安全是有保障的。②

可见，在当时情况下，使用汇兑协饷的方式不失为一种好的选择。一是运解实银安全堪虞，汇兑只需携带汇票及甘结，专人递达后即可提出实银。四川总督丁宝桢曾因承协各省饷银增加，又值此多事之秋，因此倾向于汇兑饷银。③ 二是汇兑较解饷方便。解饷委员

---

① 《论号商汇兑之便》，《申报》1885年7月25日，第1版。
② 《论变通解饷之章程》，《申报》1894年1月23日，第1版。
③ 罗文彬编《丁文诚公（宝桢）遗集》，沈云龙主编《近代中国史料丛刊》第74册，第2878页。

携带汇票以及文书，抵达目的地后，前赴票号兑银上纳。三是汇兑省去了成色与平余问题。此外，票号和银号在承协和受协省份人脉广泛，交割饷银分外顺利。

各省关采用汇兑协饷的办法除了前述各种原因外，还有一种情况也需要重视：即各省关凑解协饷时，常常向商号借款垫支，因此不得不接受汇兑之法。"迨军兴筹饷，始有殷商代垫，先以市肆之银充用，而后有款拨还。此端一开，官商渐成通财之势；即军务告竣，筹办一切善后，亦以此法为常。甚至库款常存商号，如遇支放，随时提回者。盖无银而欲令垫发，有银即不能不略存也。"① 同治十二年底，山西巡抚鲍源深因西征粮台催饷甚急，而本省藩库存款拨解一空，不得已在商号借款 21 万余两，给予汇费，经过这种权宜之法来保证协饷供应。光绪四年，两广总督刘坤一息借商号银 10 万两作为协陕饷银。福州将军兼管闽海关税务庆春向阜康号商借款 6 万两，作为闽海关协甘饷银。此外，闽浙总督何璟、浙江巡抚谭锺麟在汇解陕甘协饷时也时常向号商借银。② 左宗棠西征后期也向国内商人借过饷银，其中就包括号商，以至于民间讹传其向山西各银号借贷军饷 4000 万两、每年给予利银 400 万两。③ 上述各省关向银号、票号和钱庄借贷以应付协饷的事例不过东鳞西爪，然亦可见借贷与汇兑协饷之关系。这种关系一旦开始，就很难停止，双方互相依靠，结成利益联盟，欲罢而不能。可见，汇兑协饷主要是官方为规避解饷风险而采取的一种支付协饷的方式。此外，负责汇兑的商家对承协省份和受协省份都有一定的影响力，再加上当时国内商业进步，对协饷汇兑也产生巨大影响。清廷无意也无力禁绝，汇兑遂堂而皇之成为协饷运解的办法之一。

概言之，从制度层面来看，协饷构成和解饷方式的变化是对协饷制度的丰富与发展，也使得协饷制度能够继续发挥转移财赋的功

---

① 《解饷不宜常由号商汇兑论》，《申报》1884 年 4 月 25 日，第 1 版。
② 黄鉴晖等编《山西票号史料》增订本，第 103、104、108、112 页。
③ 《论借贷军饷传说》，《申报》1877 年 6 月 1 日，第 1 版。

能。虽然清廷和各省在具体财源分配方面还存在分歧，但协饷构成本身的变动有利于维护清廷统治，因此清廷和户部对上述变动也睁一只眼闭一只眼。如果将上述变动放入时代发展脉络里观察，就会发现晚清以来国家在经济、财政和商业方面的显著变化。这些变化无疑有利于清政府巩固统治。

第三节　协饷指拨关系的调整

刘锦藻曾说过："咸同之交复有发捻之役，耗至二万余百万，新疆之役耗亦七千余百万，几几竭中原之全力矣。"① 刘锦藻所列数字为约略言之，不过仍可概见太平天国运动以来战争费用的巨大开销。据彭泽益统计，清廷用于镇压太平军、捻军、西北回民起义、西南少数民族起义所耗军饷约为 42229.5959 万两。彭氏指出，这些尚且是有案可稽之数，遗漏之处尚不在少数。②

前有述及，战时云南和贵州饷需开支均在 3000 万两以上。其中前者协饷比例在 50% 左右；后者最低限度也可达 50%，再加上四川和湖南援剿之师所消耗的军饷，协饷比例当可提高到 70%。甘肃新疆地区仅据左宗棠奏报即已有 8603.7484 万两，加上漏报海关协饷 270 万两，总数已经达到 8873.7484 万两。如果再加上左宗棠之前甘肃新疆地区所用经费，总数远远超过 1 亿两。其中，左宗棠主政西北时期，历年协饷在军需收入中皆占据 80% 以上的份额。如果考虑到西北地区的经济状况，西北协饷在军饷中所占比例在 80% 以上是可以确定的。作为财富消耗最大的太平军起义，因涉及省份众多，加以战火肆扰，奏销情况难以精确把握，协饷数额无法确定，然而揆诸当时实际，各路攻剿太平军所耗军饷大多依赖协饷。即以曾国藩

---

① 刘锦藻：《清朝续文献通考》卷74。
② 彭泽益：《十九世纪后半期的中国财政与经济》，第136页。彭泽益估计应该在8.5亿两，其中各地方武装力量的支出约占一半。由于这部分经费由本地自筹，不在协饷内支出且系估计，故不列入统计。

湘军为例，协饷占军需供应的90%。可见，协饷是战争期间军需调动最为活跃的因素。因此，即以彭泽益上述对咸同以及光绪初年战时军饷的统计为准，协饷比例以50%为基准，则战时协饷总量也超过2亿两，足以证明协饷是此间军需供应的主力。战争结束后，户部调整了协饷指拨关系。此举一是理顺和重新确立各省之间的协济关系，二是核实协饷数额。此间协饷制度运转逐渐正常化。此外，清廷加大了对东三省地区的协济力度，还因中法战争增加了西南边疆地区的协饷。户部变革协饷关系是希望调剂各省财用，保证协饷供应。就实际情况而言，解饷情况呈现地区差异。

一 西南地区

西南地区是指云贵及广西三省，皆为传统受协地区，岁入当中协饷所占数额较大。战争期间，清廷为它们指拨了大量协饷，也造成纷繁复杂的协济关系。随着战争的结束，清廷根据实际情况对上述各省协饷进行了调整。

云南在战后奏请将各省月饷全停，但令各省补解欠饷，以为补给勇营饷需之用。这些欠饷省份为广东、四川、江西、浙江、江苏、湖南、湖北、粤海关、太平关等。其后，由于欠饷提解太不理想，户部又为之指拨月饷，并重新指拨常年协饷，接济绿营军需，具体指拨数额应与此前额饷40万两相仿佛。

相似的做法也被清廷用于贵州。光绪五年（1879），户部议准贵州协饷，其中月饷8.64万两，承协省关湖北、山东、福建、江苏、两浙、广东各月协2万两，江西和四川各月协2.8万两，湖南、浙江、九江关和东海关各1万两，按四成报解，作为防勇饷需之用。清廷指拨贵州常年协饷76万余两，用于绿营军需，加上提解欠饷，每年协饷总额为180万两。① 光绪九年（1883），户部调整贵州协饷，

---

① 岑春蓂刻《岑襄勤公（毓英）遗集》，沈云龙主编《近代中国史料丛刊续编》第373册，第1622页。

四川每年协济50万两，上述其余省份共协济银60万两，共计110万两。①

云贵两省协饷解送似乎并未有起色。以贵州为例，黎培敬任巡抚时即一再具折催饷。岑毓英接任黔抚后对贵州协饷解送情况十分不满。岑毓英称，贵州每年户部指拨月饷8.64万两，加上提解各省欠饷，协饷共计达180万两，然而光绪五年各省仅报解57.55万两。②此后，贵州协饷基本上保持着上述解送数额。及至光绪九年，岑毓英在奏报黔省饷需情形时，称贵州每年需实银130万两。本省钱粮和厘金各项岁入20万两，四川每年协济32万两并代收盐厘盐税银18万两，共计50万两，此外尚须60万两。岑氏因此要求各省协黔之饷无论如何须解足60万两。③

贵州协饷调整后解送效果仍不明显，清廷因此重新指拨黔省饷需的协济关系，在保持四川协济及代收饷银不变的情况下，湖南、浙江、九江关月各协4000两，江西月协1万两，山东7000两，江苏、福建、湖北和两浙各4000两，广东3000两，东海关2000两，刚好60万两，连同四川所解数额共计110万两。此番调整，已将各承协省份月解额饷大为削减，然而各省解饷依然故我，拖欠严重。据巡抚潘霨奏称，截至光绪十三年（1887），湖南欠解12.2万两，湖北15.8万两，江西42万两，江苏21.95万两，浙江18.8万两，福建18.8万两，广东8万两，山东12.2万两，东海关9.4万两，导致"本年绿营季饷毫厘未发"。④在四年时间内，浙江和福建分文未解，各省欠饷数额达159.15万两，欠解率为36%，每年实解70.2125万两，较之前解饷有所增加，与咸丰以前常年协饷相若，其

---

① 《光绪朝朱批奏折》第57辑，第310~312页。
② 岑春蓂刻《岑襄勤公（毓英）遗集》，沈云龙主编《近代中国史料丛刊续编》第373册，第1623页。
③ 岑春蓂刻《岑襄勤公（毓英）遗集》，沈云龙主编《近代中国史料丛刊续编》第374册，第2070页。
④ 《清德宗实录》卷249，光绪十三年十一月丁巳。

中四川起解最为积极，每年解足额饷50万两。

光绪十七年（1891），贵州巡抚崧蕃称，承协各省仅有四川、广东、江苏和九江关等处能源源报解，其余山东、湖北、湖南等省每年解不及半，江西、浙江、福建、东海关则报解寥寥，协饷已积欠至三百数十余万两。①四年时间里，各省欠解黔饷的数目又增加了一倍，实际解数额饷则与光绪九年至十三年间保持稳定。②对比此间解饷情况，解饷省份与欠解省份高度重合，个中原因，地缘因素十分重要，距离愈远，解饷积极性愈低。

云南协饷也未能全部解足。随着法国对越南的侵略，与越南交接的广西和云南首当其冲。云贵总督刘长佑招募勇营，保护云南边界，每月开支2.485万两，故而奏请四川每年承协20万两。③十年三月，岑毓英奏称防务紧急，要求清廷拨解100万两饷银，作为添募勇营之饷需。④在战争形势不明朗的情况下，清廷答应了岑毓英的要求，令相关省份将京饷和东北边防经费移解云南。其中江西18万两，广东8万两，浙江14万两，粤海关10万两，太平关10万两，并在东北边防经费项下指拨江苏4万两，九江关3万两，安徽6万两，两淮7万两，湖北、四川、闽海关、湖南、江海关、江汉关各3万两，镇江关2万两，共计100万两。⑤此次户部所指各款皆属于有著之款，尤其是京饷乃维正之供，应该非常可靠。东北边防经费虽然较之京饷稳定性稍差，然而终究非在各省额外加饷，因此解送情况当可好于新指协饷。

此间，因法国扩大侵越战争，云南边防费用大增。户部一方面令各省起解积欠云南常年协饷以及月饷，还令四川在每年拨解滇饷28.5

---

① 《清德宗实录》卷303，光绪十七年十一月庚午。
② 《光绪朝朱批奏折》第61辑，第274页。
③ 军机处原档编印《清光绪朝中法交涉史料》，沈云龙主编《近代中国史料丛刊》第149册，第163页。
④ 张振鹍主编《中国近代史资料丛刊续编·中法战争》第2册，中华书局，1996，第7页。
⑤ 《清德宗实录》卷180，光绪十年三月十八日。

万两外,每月协饷3万两;湖南2万两,作为接济云南军需之用。然而截至十年六月底,云南仅收到各省新旧协饷15万两,短少甚多。岑氏抱怨"各省旧饷减成仍无实济,近省专拨的饷又复不能按月解济"。① 岑毓英不得不就云南协饷再次具折奏催。据岑毓英称,云南常年兵饷向由各省协济30余万两,后因添设防勇,每月增拨协饷4万两。光绪八年(1882)因增募边防练勇,由四川每年拨银20万两,并拨给抵捐银8.5万两。十年(1884),因中法越南事起,云南兵勇出关防御,客观上导致协饷不敷使用,户部又令各省月协16万两,此举在于支持云南军务,然而实际上各省虽然有承协之名,而滇省无受协之实,各省欠解云南协饷已达600余万两之多。② 就各省欠饷情况来看,西南地区协饷解送情况并不如西北协饷解送之积极与足额是确切无疑的,这也与两地战争期间协饷解送情况相当吻合,所反映的问题实质要超越制度之外才能理解。甲午战争发生后,云南协饷供应更加紧迫,臬司岑毓宝称,"(滇省)饷需一切全赖邻省接济,近日倭人肇衅北路,军需浩繁,各省应协滇饷俱有不能兼顾之势,当此时事多艰,强邻密迩,边军枵腹荷戈频呼"。③

为了拓展本省财源,云贵总督王文韶奏请将蒙自关四成关税截留。王文韶称,云南兵饷平时全赖各省协济,滇省军务之后,添募练勇以及办理防务各项,皆需各省协拨,然而已经解不足数,依靠厘金作为挹注之方。蒙自关开埠后,厘金减征,导致各营欠饷累累。有鉴于此,户部不得不同意王文韶的要求,提出六成关税归云南提用,其余四成解部。光绪十九年(1893),王文韶又以协饷不足为由,奏请将此四成关税截留本省支用,被清廷拒绝。④

---

① 岑春蓂刻《岑襄勤公(毓英)遗集》,沈云龙主编《近代中国史料丛刊续编》第376册,第2807页。
② 岑春蓂刻《岑襄勤公(毓英)遗集》,沈云龙主编《近代中国史料丛刊续编》第376册,第2822页。
③ 《宫中档光绪朝奏折》第8辑,台北故宫博物院,1975,第723页。
④ 《光绪朝朱批奏折》第59辑,第859页。

如前所述，广西一直以来主要依靠广东等省协济。① 法国入侵越南后，广西于光绪八年开始积极筹划边防，户部遂令四川每年协济20万两。② 其后，清廷鉴于法国侵略越南的形势日趋严重，谕令两广和云南办理边防。为了解决防军饷需问题，户部将湖北京饷15万两改拨广西，并指拨江西和湖北各拨银5万两解往广西。③

广西布政使张梦元称，广西办理防务以来，清廷指拨湖北、广东、江西和四川协饷以及专饷65万两，然而各省仅解送47.5万两，而防营每月即需饷银10万余两，因此奏请清廷饬催各承协省份按月解齐协饷，赴广西南宁收放局交纳。④ 不仅如此，桂抚潘鼎新还奏请加拨协饷，清廷令其在前此指拨云南饷银100万两内提银30万两。⑤

随着边疆防守形势的恶化，广西军需消耗大增，迫切需要清廷加拨实饷。户部遂在广西关税和厂税项下按月筹银1万两，由广东、湖南、江西各月拨银1万两，共增给月饷4万两，连同原拨月饷4万两，再从本省厘税项下月支2.39万两，共成10多万两饷银，作为广西边防37营的月饷。⑥ 在加拨广西协饷同时，户部令四川、湖北、湖南、浙江、江苏、河南、江西和广东自十月起，每月共拨协饷20万两解滇。⑦

十一年五月，《中法条约》签订后，清廷谕令广西固守边防，并将广西边防裁并为20营，分防边界地区。各营所需饷银除了在广西厘金下拨出30万两外，每月仍不敷饷银3.5万两。桂抚李秉衡奏请清廷按照西征协饷和东北边防经费考成办法每年指拨42万两，用于

---

① 沈云龙主编《谕折汇存》第50册，第557页。
② 张振鹍主编《中国近代史资料丛刊续编·中法战争》第1册，第123页。
③ 赵藩编《岑襄勤公（毓英）年谱》，沈云龙主编《近代中国史料丛刊》第139册，第211页。
④ 张振鹍主编《中国近代史资料丛刊续编·中法战争》第2册，第23页。
⑤ 中国第一历史档案馆编《清代军机处电报档汇编》第1册，中国人民大学出版社，2005，第40页。
⑥ 张振鹍主编《中国近代史资料丛刊续编·中法战争》第2册，第407页。
⑦ 岑春煊刻《岑襄勤公（毓英）遗集》，沈云龙主编《近代中国史料丛刊续编》第375册，第2493页。

此项开销。① 清廷接到奏报之后，令广东、湖南和江西三省每月协济1万两。据统计，广西在中法战争中花费了545.165万两之多。② 此后，广西边饷也成为各省协济的新增款项。其解送情况，据广西巡抚黄槐森于光绪二十五年（1899）奏称，广东尚能陆续解齐；湖南在光绪十九年以前每年可解到四五万两，光绪二十年（1894）后每年仅解1万两；湖北省初期每年协济六七万两，之后历年解到寥寥。广西边饷自指拨以来，湖南欠解协饷达100余万两，湖北亦达90余万两。③ 也就是说，在上述15年时间内，三省共应解饷540万两，欠解200万两左右，协饷完成率约为63%。

总的来说，黔滇桂三省协饷解送情况如下：贵州从光绪九年起，每年约计可以得到实饷70余万两，为额拨之六成左右，基本上与咸丰以前常年协饷持平；云南解饷情况变动较大，还未见资料对此进行统计，因此难以断定。广西解饷情况与贵州相若，也在六成左右，特别是在光绪二十五年（1899）之前解饷效果还算不错。这样看来，黔桂二省在甲午之前大致保持了较为平稳的协饷解送，虽然解不足数，但能够达到六成左右。

二　甘肃、新疆地区

甘肃新疆地区军饷需求浩大。西北军务结束后，在户部的要求下，督抚将领对兵勇数目进行了大幅削减，饷需开支逐渐下降。光绪十一年（1885），户部重新调整甘肃新疆的协饷规模和关系，建立"甘肃新饷"来取代该地区原有的协饷关系和数目。④ 户部决定，每年为甘肃新疆指拨实饷480万两，由陕西、山西、河东道、河南、

---

① 李秉衡：《李忠节公（鉴堂）奏议》，沈云龙主编《近代中国史料丛刊》，第295册，第217页。
② 张联桂：《张中丞（丹叔）奏议》，沈云龙主编《近代中国史料丛刊》，第398册，第141页。
③ 沈云龙主编《谕折汇存》第14册，第141～143页。
④ 此项协饷分给甘肃新疆巡抚220万两，伊犁和塔尔巴哈台共145万两，宁夏、凉州、庄浪及西宁办事大臣20万两，甘肃95万两。此外，各城还有专饷，不在此数内。

安徽、江苏、两淮、湖北、湖南、江西和四川承协,各省所协数额每年有所变动。十一年,指拨陕西省20万两,山西84万两,河东道52万两,河南61万两,安徽20万两,江苏10万两,两淮20万两,湖北33万两,湖南16万两,江西85万两,四川79万两。① 从协饷指拨规模来看,西北地区的饷需供应数量巨大,在协饷制度中占据特别重要的地位。西北地区的承协省份与云贵两省承协省份多有重合,这也是云贵协饷未能全额解送的原因之一。

表4－3　云贵甘新地区承协省份对比

受协省份	承协省份
云南	四川 江西 江苏 湖南 湖北 浙江 福建 广东 东海关 粤海关 太平关 镇江关
贵州	四川 江西 江苏 湖南 湖北 浙江 福建 广东 东海关 山东 九江关 两浙
甘肃 新疆	四川 江西 江苏 湖南 湖北 山西 陕西 河南 安徽 两淮 河东道

从云贵甘新协饷指拨关系即可看出,重复指拨严重:四川、江西、江苏、湖南、湖北五省承协三家,广东、浙江、福建、东海关等省关承协两家。前有述及,承协关系的确定,既涉及承协省关与受协省份的距离,也要顾及承协者的承受能力,还要考虑相关省份的解送情况,因此重复指拨实为不得已之举。

西北地区界连俄国,清廷为防止俄国窥伺新疆,特别注意塞防。为了保证西北地区军需供应,清廷将甘肃新饷放在与京饷同样重要的地位,按照京饷办法进行考成。自从甘肃新饷确定以后,各省解送情况甚佳,即使偶有积欠,其后也会陆续补解。光绪十一年共解协饷429.6469万两,十二年起解446.8万两,② 十三年、十五年、③ 十七年、十八年、④ 十九年⑤等根据奏报,全部解清。光绪十四年、

---

① 《清代(未刊)上谕奏疏公牍电文汇编》第45册,第20873～20877页。
② 《清德宗实录》卷251,光绪十四年正月壬申。
③ 《光绪朝朱批奏折》第58辑,第175、743页。
④ 《申报》1893年1月10日,第12版;1894年2月26日,第12版。
⑤ 《光绪朝朱批奏折》第60辑,第169页。

十六年情况不详，据各省册报来看，也应该全数解清。光绪二十年后，各省在解送甘肃新饷时依然十分积极。①甘肃新疆巡抚陶模多次因各省依限解清各年协饷而折具奏报，援案为各省督抚司道请奖。②

甘肃新饷之所以起解较为理想，一是户部对甘肃新饷尤为重视，制订了严格的考成办法。二是各省考虑到甘肃新疆地处偏远，物产素绌，一旦协饷不济即有可能导致不测，进而危害大局，因此力顾其难，极力协济。三是光绪中期以来，全国大局较为稳定，各省经济逐渐复苏，也为各省起解甘肃新饷创造了条件。"西北协饷自同光军兴以来，中原鼎盛，以左侯之威信，部臣疆臣交相维持，仅乃克济。"③甘肃新饷拨定之后，《光绪朝朱批奏折》中几乎每年都可以看到陕甘总督给承协省份相关人员请奖的奏报，这种情况一直延续到庚子年。如前所述，在清廷特别提高甘肃新饷考成水平的情况下，各省积极起解，特别是甲午之前，各省协饷至少在户部规定的八成以上，不少年份全部解清。

三 东三省④

东三省本有驻防八旗，作为捍御"龙兴之地"的经制军队。清

---

① 陶葆廉辑、陆洪涛校《陶勤肃公（模）奏议》卷4，沈云龙主编《近代中国史料丛刊》第441册，第4页。
② 沈云龙主编《谕折汇存》第2册，第1221页。
③ 钟广生：《湖滨补读庐丛刻》，沈云龙主编《近代中国史料丛刊》第26册，第237页。
④ 东三省称呼应是清代才开始出现，包括盛京（奉天）、黑龙江和吉林三处，清代肇建以后，以东北为龙兴之地，为保护龙脉，将其封禁，严禁拓殖，置将军、副都统等对其进行统治。清初称东北为辽东，后来置盛京将军，又陆续增设吉林将军和黑龙江将军。雍正十年九月时，已有"东三省"之称呼："塔尔岱著授为黑龙江将军，统领军营、东三省兵丁。"（《清世宗实录》卷123，雍正十年九月乙酉）考虑到从口头到书面之间的过渡时间，"东三省"一词可能出现的时间更早。这可能与东北设立将军有关，虽然将军设城办事，治理结构简单，但是因为行省制度的影响，时人可能将其等同，遂有"东三省"之称。及至乾隆年间，"东三省"之称已经十分普遍。光绪三十三年奉天、吉林和黑龙江正式建立行省，完成了从将军治理结构到行省制度的转换。

前期政府禁止大规模开发，"其时重军籍而略民治，恃协饷而无财政"。① 东三省早期每年由清廷拨给饷银 100 余万两，其后调整为每年 70 万两。② 此次调整后，户部制定了严格的考成办法，将东三省协饷的考核标准提升到京饷的水平，在相关省份盐课、关税和地丁项下指拨。这是东三省早期协饷数额，随着国内外形势的变化，东三省地位日渐重要，因此清政府对东三省的财政支持力度也水涨船高。

受西北战事和俄国侵占伊犁的影响，清廷开始注意边疆防御力量的建设。光绪六年正月，王大臣会议边疆防务。经过讨论之后，决定饬令各省将前此欠解东三省官兵俸饷等项限期解清，同时指拨东北边防经费 200 万两，从六年起，按批解部，五月前批解一半，年内全数解清，并且参照京饷考成。③ 东北边防经费具体指拨数额见表 4-4。

表 4-4 东北边防经费指拨情况

单位：两

省关	来源及银数
山东	地丁银 12 万，粮道库银 5 万
山西	地丁银 10 万
安徽	地丁银 10 万，厘金银 8 万
浙江	地丁银 8 万，厘金银 8 万
河南	地丁银 5 万
江西	地丁银 5 万，厘金银 8 万
四川	津贴银 5 万，盐厘银 12 万
粤海关	六成洋税银 12 万
江海关	六成洋税银 12 万
江汉关	六成洋税银 12 万

---

① 徐世昌：《东三省政略》，《东北史志》第 3 部第 1 册，全国图书馆文献缩微复制中心，2004，第 201 页。
② 《盛京将军增祺、盛京户部侍郎良弼奏为东三省额领杂支各款为数甚巨请饬拨庚子年的饷并严催历年欠饷事》，清代军机处光绪朝录副，档案号：03-6651-026，中国第一历史档案馆藏。
③ 《清德宗实录》卷 108，光绪六年正月癸巳。

续表

省关	来源及银数
闽海关	六成洋税银 8 万
津海关	六成洋税银 8 万
九江关	六成洋税银 5 万
浙海关	六成洋税银 5 万
两淮	盐厘银 10 万
江苏	厘金银 8 万
广东	厘金银 8 万
湖北	厘金银 8 万
湖南	厘金银 8 万
合计	200 万

注：光绪八年，户部将河南地丁银 5 万两、浙海关六成洋税 5 万两、津海关六成洋税 8 万两免予拨解，并减拨安徽厘金 3 万两，改拨四川津贴银 3 万两、盐厘银 3 万两，闽海关六成洋税 2 万两，九江关六成洋税 3 万两，两淮盐厘银 2 万两，福建厘金银 8 万两。

资料来源：薛福成《薛福成日记》，第 300 页。又见但湘良《湖南厘务会纂》卷 3。

上述东北边防经费指拨地丁和厘金等银，多为有著之款。不过东北边防的解送受到时事影响较大。中法开衅后，户部曾在此项经费下拨款移济云南。为此，御史朱一新建议东三省利用自身条件，就地筹饷，以免受制于人。① 御史恩隆也主张东三省自立，在吉林和黑龙江两省办理屯田以及荒价来筹集军饷。②

户部于光绪二十五年因东北边防经费不足，加拨 50 万两，其中 10 万两在各通商口岸的倾镕折耗银内提拨，其余 40 万两在各省原拨边防经费的基础上加拨 20%。③ 光绪三十二年（1906），吉林将军达桂因办理烟酒木税入款每年可增收 50 万两，连同其他收入，足敷供支，奏请停止协济本省官兵俸饷。④ 因此，东三省官兵俸饷剩下奉天

---

① 朱一新：《拙盫丛稿》，沈云龙主编《近代中国史料丛刊》第 272 册，第 1263 页。
② 中国史学会主编《洋务运动》（3），第 533~534 页。
③ 《抚部院准度支部咨本部会奏预拨加拨宣统二年东北边防经费银两缘由分行遵照文》，《广西官报》，《清末官报汇编》第 22 册，第 10775~10776 页。
④ 吉林清理财政局编《吉林行省财政各种说明书》第 4 册，北京图书馆出版社，2007，第 505 页。

和黑龙江以及打牲乌拉三地。光绪三十四年（1908），度支部对各省欠解东三省官兵俸饷进行了统计，具体数目见表4-5。

表4-5 光绪元年至三十四年东三省官兵俸饷欠额

单位：两

受协省份	承协省关	数额
奉天	山东	1572300
	临清关	20000
	江苏	265000
	两淮	230000
吉林	山东	414100
	临清关	100000
	江苏	107000
	河南	50000
黑龙江	山东	656600
	临清关	5000
	江苏	178000
	安徽	109000
	直隶	157100
	福建	140000
	河南	80000
打牲乌拉	山东	52500
	江苏	141000
	长芦	6400
合计		4284000

资料来源：徐世昌撰《东三省政略》，《东北史志》第3部第10册，第4812~4813页。

上述428.4万两欠饷，是在34年内欠下的，每年为12.6万两，较之每年拨饷70万两来说，欠解率为18%。东三省在光绪初年开发还不充分，因此对协饷较为倚重，后期则由于各种开发措施不断应用，依赖性有所下降。

宣统二年（1910），奕劻对光绪六年至宣统元年各省欠解情况进行了统核。东北边防经费额拨200万两，自光绪六年开始，二十五年加拨50万两，二十七年此项加拨被挪用于庚子赔款，仍照200万两指拨，截至宣统元年欠解数额已经达到622.3229万两。[①] 奕劻统计还不完整，还应包括津海关项下被直隶总督挪用的2万两，以及粤海关和江海关欠解倾镕折耗银数万两，共计欠解628.12万余两。[②] 从光绪六年到宣统元年的30年间，共应解银6000万两，欠解率为10%左右，应该说解送踊跃。其中，欠饷主要是在光绪后期，尤其是在庚子事变后产生的，这也证明庚子赔款和清末新政是影响清季协饷制度的最主要因素（后将详述）。如是观之，此间东北官兵俸饷和东北边防经费的解送情况约为八九成，虽未能全部解清，起解效果还算理想。

以上地区是受协主体，其中甘肃新饷起解最为有效，次之则为东北协饷和广西协饷，云贵两地解饷比例未见提高，解饷数额稍有增加，总体情况相对较差。除了这几个地区的协饷外，其他地区的协饷还有直隶固本兵饷、淮军协饷，以及一些零散的协济关系。淮军协饷每年由李鸿章指拨并奏销，每年所收协饷数目不一，在一二百万两之间，[③] 承协省份为浙江、四川、湖北、浙江、江汉关、江海关。[④] 为方便起见，零散的协济关系将在分析光绪中期协饷关系部分论述。

四 承协省份的反应

上述户部对受协省份协饷关系和数额的调整，是伴随着统治秩序的逐步恢复而渐次推行的。承协省份对这些调整的态度及其应对，直接影响着调整举措的成效。

[①] 奕劻等：《各省关欠解本年并历年东北边防经费银两折》，《清代兵事典籍档册汇览》第74册，第143~151页。
[②] 奕劻等：《各省关欠解本年并历年东北边防经费银两折》，《清代兵事典籍档册汇览》第74册，第155页。
[③] 国家图书馆编《近代统计资料丛刊》第14册，第416页。
[④] 《李鸿章全集·奏议十》，第139页。

第四章 收束与通融：同光时期协饷制度的调适 275

光绪元年，湖广总督李瀚章奏报湖北财用时，婉转曲折，最能代表承协省份心声，兹录如下："理财之道不外开源节流。筹饷之方尤宜量入为出。湖北本非财赋之区，军兴以来，被兵最久，闾阎元气早伤，一切饷需初则全赖邻省协济，后经历任督抚臣设法筹画，整顿税厘，以本省之款济本省之需尚多不足，近年臣等竭力撙节，裁减营勇始能稍稍自立，乃奉拨京协各饷，日有加增，而盐课、厘金亦复减色，通盘核算出入之数悬殊，拨款无从挹注……查藩库每年连动拨盐课并计实在收数不过一百零数万两，年例额支旗绿各营兵饷并廉俸杂款约银八十万两，又拨解京饷三十万两，丰年完解足额，已形竭蹷，如遇灾歉蠲缓，更不敷支放。粮库除漕折例不准动，轻赍奉文提解外，本省所可拨用者，惟随漕等项。去年采购米石，试办海运，不敷之款奏明即在随漕款内支用，所剩甚微。关税惟洋税较多，余均无几，近年洋税除四成例不准动，招商局税银全行解部，并于六成内支解例款外，所余不过七八十万两。而奉拨京饷、淮饷、西饷及解还部库垫发景廉等军饷，共计银一百一十余万两，仅汉关所入尚不敷三四十万两，更无余款可筹。盐课向以川厘为大宗，自川淮划界后，课收日减，现虽试办官运，设法疏销，而较之从前已少收十之三四，除解京饷及满营月饷外，仅余五六十万两。淮纲应分楚厘本属无多，湘岸鄂厘复分半以协南省，更属有限。厘金自同治七年裁撤分卡四百余处，收数本已大减，近年入口洋货多在汉关请领运单，例免完厘，以致更减于前，除解京饷暨长江水师并东河各经费外，充饷之数日少一日。至捐输一款行之多年，已成弩末。近年零星收捐，仅银四五万两。总计各项所入，堪动拨者，共计不过银一百八九十万两，而每岁出款如本省营饷、军火，找发欠饷及制造修船遣勇各经费约计尚需银一百十余万两，又每年奉拨固本京饷、甘肃、宁夏、新疆、淮军、云南、贵州、湖南各路协饷共银二百十余万两。出入相衡，不敷已巨。此外随时添拨之款，如万年吉地及两江江防、山东河工各经费，并云南铜本，自数万至十余万两不等，加以本省各属堤工，有关民赋保障者，亦不能不酌量奏拨。无定之用项，尤难预计。此则鄂省库款入不敷出之实在情形也。"① 之所以详细征引这份奏折，是因为其措辞非常具有代表性，叙述内容与方式同样具有代表性。其实，不论是承协省份还是受协省份请求减免或增加拨饷时，都将本省出款和入款分列和对比，突出本省财用的艰难情况，以博取户部的同情。

具体分析李瀚章奏折内容，我们可以看出湖北的财源较广，囊括了各种主要财源：地丁钱粮、盐课、漕折、洋税、厘金、捐输；出款方面主要为本省军饷、京饷和协饷，其中协饷为200余万两，尤为李瀚章所担忧，并对此颇有怨言。这种情况很普遍，翻检承协省份奏报，声称入不敷出的省份俯拾皆是。江西巡抚松寿在奏陈本省收入不敷供应京协各饷时，措辞几乎与李瀚章所奏如出一辙。② 实际上，光绪以后，各省兵勇数目增加，其他洋务事宜纷纷举办，财用支出相应增长，致使各省经费收支压力加大。

以甘肃新饷为例，光绪十一年六月，户部对甘肃新饷的解送情况进行了核查，结果不太理想。按照原定章程，各省应在五月前解足六成协饷，其余四成在十一月前全部解清。然而，除了山西、陕西和江苏三省依限解足六成外，其余各省皆未能解足限额。户部认为，甘肃新疆地区地方辽远，即使各省依限赶解，再辗转运输，已有缓不济急之势。倘若各省再迁延解饷，饷需支放无法周转，难保不再滋生事端。特别是，十一年甘肃新饷系第一次指拨，因此户部对其考成分外严格，以儆后来。户部对解送迟滞各省按照吏部军营需用粮饷章程考成："违限一月以上罚俸一年，二月以上降一级留任，三月以上降一级调用，四月以上降二级调用，五月以上降三级调用，半年以上革职，俱公罪。"户部因而奏请由"吏部将未行解足六成之江西、四川、河南、安徽、湖南、湖北各藩司，两淮盐运司，

---

① 《清两湖总督两广总督奏议》，全国图书馆文献缩微复制中心，2006，第53~57页。
② 沈云龙主编《谕折汇存》第14册，第195~203页。

山西河东道，均照军营需用粮饷未解迟延违限一月以上章程议处，并令各该省将欠解六成银两赶紧照数批解"。① 由是观之，户部有意恩威并施，如果按照各省拖延的实际日期来处置，责罚更重。户部其后又拨定了十二年甘肃新饷：山西84万两，河东道52万两，河南61万两，陕西20万两，湖北33万两，湖南16万两，江苏10万两，两淮20万两，安徽20万两，江西36万两，四川128万两。②

四川总督丁宝桢对协济甘肃新饷数额提出异议，认为四川十一年甘肃新饷额拨79万两，而十二年竟加至128万两，所增过多。丁宝桢指出，四川协济甘肃新饷是因鲍超一军裁撤之后移济甘肃新疆地区的，而其军一年额饷为80余万两，指拨数本已大大超过四川承受范围，如今顿增近50万两实在无力承担。户部不以为然，认为四川光绪八、九两年实收银均在550万两上下，因此要求四川按数按时解济。③ 在这种情况下，四川不得不加强财政搜刮。历任总督在征收田赋、厘金和盐课外，对按粮津贴和捐输尤为措意，每年皆按照例行公事，奏请继续征收这两项附加税，作为筹集协饷的挹注之方。④ 对此，李鸿章曾指出："川中自军兴以来，地丁钱粮之外，既有津贴，复加捐输，皆系按亩摊征，两项并计每岁加收银约一百五十万两左右，京协各饷均取给于此，久已视同正款，关系綦重。"⑤

重庆开埠后，四川总督刘秉璋奏请将关税留归本省，作为协济京协各饷之用。刘秉璋称，川省筹解京协各项，除按粮津贴和按粮捐输外，专恃税厘作为应手之方。重庆开埠后商人执海关税票即可免税，导致厘金减收数十万两之多，而京协各项及各项杂款有增无减，尤其是甘肃新饷指拨过巨，以致无力以应之，因此要求将重庆

---

① 《户部奏稿》第9册，全国图书馆文献缩微复制中心，第4206页。
② 《清德宗实录》卷216，光绪十一年九月庚申。
③ 《户部陕西司丙戌年奏稿》（一），《清代民国财政预算档案史料汇编》第1册，第323页。
④ 每年皆有续办奏报。详见沈云龙主编《谕折汇存》第1册，第405页，以及《光绪朝朱批奏折》第57辑，第905页；第58辑，第161、408页，等等。
⑤ 《李鸿章全集·信函七》，第189页。

海关税收留支，以免贻误京协各饷。① 刘秉璋进一步指出，四川每年承协协饷在250余万两，全靠津贴、税厘以资供拨，"查上年夔关被宜、汉两关子口税划抵后，每年少收税银将及十万，因之夔局免收厘金亦将及十万，奉拨京饷及东北边防之夔税银十万两，几至不敷。本省例用之款无项供支，设法腾挪，捉襟见肘。是川省未开海关以前，每年已少收银二十万上下，今重庆既开洋关，税厘自必奇绌，若照章收归南北两洋暨户部备用，川省每年必少此二三十万入款，匪特协饷难筹足额，即京饷奉拨之夔税，势必短解无疑"。② 在刘秉璋一再坚持之下，清廷不得不准如所奏。③

和四川一样，江西巡抚德馨对于该省承协甘肃新饷数额也深感压力。德馨指出，光绪十一年甘肃新饷指拨江西85万两，起解过34.9万两，还剩50.1万两，而户部又指拨十二年甘肃新饷36万两，江西断然无此财力。因此，他打算年内先解三成，其余归入旧欠。户部自然不能同意。户部称，江西光绪十年以前应解西征、伊犁和塔尔巴哈台等处军饷每年共116万两。光绪十一年改为甘肃新饷后仅指拨85万两，较之从前已经减拨31万两，十二年减拨至36万两，并且云南与王德榜月饷均已停解，预计减少出款58万两，如此计算则江西两年之内拨款减少近90万两。户部上述计算，笔笔皆有来历，将德馨一番说辞全部推翻。户部进一步指出："该省未完钱粮每年多至四十余万，州县征存未解积至二百余万，岂能诿之于天。如谓奉拨之款为数太巨，其实不然。查道光年间，该省额支兵饷二十一万余两，今兵勇饷项费至五十余万两，较定额不止加倍，益之以局用，又费数万金，该抚自谓罗掘已空，实由该省未能量入为出，并非臣部令其如此靡费也。"户部更以甘肃新饷关系关内外安危，不容丝毫短欠，且其他各省皆已解清，因此令江西迅速将下余各款起

---

① 朱孔彰编《刘尚书（秉璋）奏议》，沈云龙主编《近代中国史料丛刊》第214册，第595~597页。
② 《光绪朝朱批奏折》第71辑，第581页。
③ 《清德宗实录》卷298，光绪十七年六月辛丑。

解完结。① 由于户部历数甘省前后协饷数目，在在皆有实据，且江西本省消耗多为清廷严令裁减之处，导致户部态度极其强硬而果决。

户部上述强硬姿态并未能震慑所有承协省份，四川和河东道依然未能全数解完。户部对此采取断然措施，按照章程以贻误军饷例参劾四川和河东道。② 山西巡抚刚毅对河东道欠饷进行辩解，称河东盐课每年收入仅40余万两，与户部所拨协饷52万两相比差距甚大。户部认为，刚毅所称每年实征盐课不过40余万是指当年盐课收入，尚未算入正杂课银20余万两，此外尚有盐厘等项可资挹注，对刚毅所奏进行反驳。③

湖南作为承协省份，在协济甘肃新饷外，承协滇、黔、桂三省协饷，其中云南月协2万两，贵州月协4000两，广西月协1万两。十三年四月，巡抚卞宝第奏称湖南无力兼顾上述各省协饷。据称，湖南一年岁入约银250万两，钱50余万串；岁出则约银260余万两，钱50余万串，收支相抵，尚不敷10万余两，因此要求减拨协饷。④

闽浙总督杨昌濬也抱怨福建指拨京协各项过多，并要求截留洋药厘金作为应急之方。据称，福建岁入每年一百四五十万两，而奉拨京协各饷及本省应给兵饷、勇粮等项共需银三百四五十万两，出入相衡，不敷甚巨，因此要求将洋药厘金一项划拨给福建使用。⑤

由是观之，各承协省份与户部对相关省份财政收入的研判存在较大分歧。在户部看来，各项开源措施的推行增加了各省收入，而随着军务结束各省开支又可节省，出入相权，财力供应压力应该减

---

① 《户部陕西司丙戌年奏稿》（一），《清代民国财政预算档案史料汇编》第1册，第347页。
② 《户部陕西司丙戌年奏稿》（二），《清代民国财政预算档案史料汇编》第2册，第907页。
③ 《户部陕西司丙戌年奏稿》（二），《清代民国财政预算档案史料汇编》第2册，第1001页。
④ 《光绪朝朱批奏折》第57辑，第606~607页。
⑤ 《光绪朝朱批奏折》第57辑，第734页。

少才对。而各承协省份则认为财力虽有增加，然而拨款增加更多，因此难以应付。这种互相矛盾的认知除了各自立场而外，户部未能对咸丰以来新增财源进行制约规范也是重要原因，以至于各持一端，意见纷呈。因此，受协省份纷纷催饷，声称积欠累累。承协省份则抱怨协饷过多无力承担。承协省份解送协饷时不免有所侧重，受协省份因而此盈彼绌。那么，当时的协济关系到底如何？我们可以通过《光绪会计表》来进行分析。①

刘岳云编制《光绪会计表》的出发点是"比以诸行省出入之数，纵横列之。嗟乎，今天下非小弱也，诸行省之入，岁恒八千万，不可谓少，而新增之财倍于常赋，养兵勇之费居其大半，天下之民如何，国家之用如何，宁不长而顾而远虑乎"。可见，刘氏编订此表意在明晰岁出入，从而对于人民命运和国家前途有所警示并有所建议。甲午战后，刘岳云因"度支弥繁，慨然中止"了《光绪会计表》。

《光绪会计表》中所列数据是刘岳云根据光绪七年至二十年各省历年年终奏案统计的，刘氏声明数字并无"增损"，统计数字方面，各省出入"据各司红格本，或详或略，体例不能画一，今悉仍之，取其大致可稽而已"。刘岳云特别指出，各省统计数字"或合七八年计之，或合三五年计之，或仅列一二年，因各省奏销或到或未到，不能画一"。此外，各省所列数字，"最多、最少数与总数不能符合，缘散数指一款之年多年少，总数通各款之年多年少计之故也"。② 刘岳云综合户部奏报和各省奏销折件，进行了细心的排比，其中蕴含了许多重要信息，下面仅就与本书相关数字作一统计（详见表4-6，4-7）与分析。

---

① 刘岳云：《光绪会计表》，《近代统计资料丛刊》。《光绪会计表》是户部主事刘岳云对光绪七年至二十年之间清政府及各省收支款项进行统计的珍贵史料。由于作者为户部职官，容易接触到户部上行下达的统计数字及各省上报数字，因此作为史料来说，其数字具有较高的可信度。

② 刘岳云：《光绪会计表》，《近代统计资料丛刊》第14册，第286~288页。

表4-6 《光绪会计表》中承协省份协饷情况统计

单位：两

省份	名目	数额（闰/无闰）	解送情况
直隶	黑龙江俸饷	40000	解清
	新疆月饷	30000	解清
	吉林俸饷	不详	54671~67000
江苏	固本练饷	65000/60000	解清
	边防经费	300000	不详
	奉天俸饷	120000	不详
	吉林俸饷	120000	不详
	直隶协饷	不详	270000
	直隶淮军协饷	1300000/1200000	不详
	大连湾兵饷	不详	220000~250000
	甘肃新饷	400000	不详
	湖北军饷	不详	246135
	湖南军饷	不详	110657
	贵州兵饷	1020000/980000	不详
	台湾协饷	90000	不详
	张曜协饷	40000	不详
	安徽协饷	150000	解清
安徽	边防经费	150000	解清
	东三省俸饷	40000	解清
	甘肃新饷	200000	解清
	金陵南字营月饷	72000	解清
江西	边防经费	130000	解清
	固本练饷	65000/60000	解清
	黑龙江俸饷	15000	解清
	甘肃新饷	360000	解清
	金陵南字营月饷	78000/72000	解清
	长江水师饷银	160000	解清
	福建兵饷	50000	历年未解
	滇饷	24000	不详
	黔饷	地丁银 586000	历年未解
		九江关 48000	解清

续表

省份	名目	数额(闰/无闰)	解送情况
山东	边防经费	100000	解清
	固本练饷	60000	解清
	东三省俸饷	不详	40000~68000
	贵州月饷	不详	21000~57000
	塔城专饷	47000	不详
	金顺兵饷	60000	不详
	西宁月饷	62800	不详
	淮军协饷	10000	不详
	津防月饷	50000	不详
山西	边防经费	100000	解清
	固本练饷	65000/60000	解清
	乌科二城经费	76666	解清
	归德镇兵饷	14000	不详
	金顺兵饷	260000/240000	不详
	科布多饷银	50000	至十年底欠解22000
	乌里雅苏台饷银	84000	至十年底欠解1013000
	归化防兵防饷	10000	解清
	甘肃新饷	840000	解清
河南	固本练饷	65000/60000	30000
	甘肃新饷	610000	解清
陕西	甘肃新饷	200000	解清
	固原俸饷	136101	解清
	协甘塘饷	658	解清
福建	边防经费	180000	不详
	固本练饷	65000/60000	不详
	黑龙江俸饷	30000	解清
	甘肃新饷	200000	解清
	奉天捕盗经费	20000	解清
	贵州军饷	48000	不详
	台湾防饷	440000	解清
浙江	边防经费	160000	解清
	贵州协饷	169000	未解
	淮军月饷	65000/60000	未解

续表

省份	名目	数额（闰/无闰）	解送情况
湖北	边防经费	465000	不详
	固本练饷	65000/60000	不详
	淮军月饷	650000/600000	不详
	广西月饷	130000/120000	不详
	甘肃新饷	330000	不详
	黑龙江俸饷	不详	0～31900
	贵州协饷	48000	12000～30000
湖南	固本练饷	65000/60000	解清
	边防经费	80000	解清
	长江水师饷银	122800	解清
	云南兵饷	50000	10000～20000
	甘肃新饷	160000	解清
	贵州协饷	不详	36000～48000
四川	边防经费	270000	解清
	固本练饷	65000/60000	解清
	甘肃新饷	不详	980000～1180000
	滇饷	不详	216000～360000
	贵州协饷	160000	解清
	官运局协济云南练饷	285000	解清
	西安塘饷	840	解清
广东	边防经费	80000	解清
	固本练饷	120000	解清
	贵州协饷	36000	不详
	云南协饷	130000	不详
	广西协饷	120000	不详
	奉天饷银	16460	解清
	近畿防饷	60149	解清

资料来源：刘岳云《光绪会计表》，《近代统计资料丛刊》第14册，第325～576页。

协饷关系遍布全国所有省份。其中，纯粹的承协省份为安徽、江西、山东、山西、河南、浙江、湖南、湖北、四川和广东，纯粹的受协省份是黑龙江、吉林、甘肃、新疆、台湾、广西、云南和贵州。既是承协者又为受协方的省份是直隶、江苏、陕西和福建。各省受协和承协总体情况见表4-7。

表4-7 各省承协受协情况统计

单位：两

省别	受协	承协
直隶	5585000～5858500	124672～137000
江苏	1058673～1133401	4382329～4535560
安徽	无	462000
江西	无	1451000
山东	无	460800～514800
黑龙江	244000～258000	无
吉林	56800～88100	无
奉天	无	无
山西	无	1298000
河南	无	670000
陕西	3529	336759
甘肃	2208278～2885883	无
新疆	1969215～2199324	无
福建	50000	978000
台湾	440000	无
浙江	无	454000
湖北	无	1833000
湖南	无	520800
四川	无	2315648
广东	无	562609
广西	245559～303018	无
云南	226500～516569	无
贵州	1506490	无

注：表中数字区间表示承协或受协实数的最大值与最小值，其中新疆部分不包括伊犁和塔尔巴哈台。为统计方便，将小数点之后数字略去。

资料来源：刘岳云《光绪会计表》，《近代统计资料丛刊》第14册，第325～576页。

需要说明的是，刘岳云在统计上述内容时，所使用的数据并不是完整和连续的，因此其中的统计数字还不很全面。不过，由于其统计时限较长，依然能够为我们揭示此间协饷制度运作的若干实际情形以及动态发展情况。由上表可知，承协和受协并不是泾渭分明的，一些省份往往兼具受协与承协两种身份。这也是咸同以后协饷制度出现的新情况。

上述数字虽然并非同一时期，但是依然可以通过其估算当时协饷解送的基本状态。从受协角度来看，即使以最低数额相加，也至少有1309.1505万两，最多有1524.1814万两，即以当时的岁入8000万两来计算，最低占16.3%，最高占19.1%。从承协角度来看，最少为1584.9617万两，最多为1606.9176万两，以当时的岁入8000万两来计算，所占比例分别为19.8%和20.1%。上述不同统计角度所产生的数据差异是由于所取数据的年份和统计口径不同所导致的。就实际情况而言，不同年份协饷数额有波动也是很正常的。由于上述统计时限是清廷统治较为稳定时期，协饷解送较为稳定，波动不大，因此可以为我们提供一个光绪中期协饷制度的总体印象。

从协饷规模来看，前有述及，咸丰之前每年协饷数额在700万两左右，全国财政收入在3500~4000万两之间，协饷所占比重为17.5%~20%之间。战争结束后，调整后的协饷包括：贵州110万两，甘肃新疆480万两，广西100万两，[①] 东北官兵俸饷和边防经费270万两，淮军协饷150万两，直隶固本兵饷60万两，云南具体数额不清楚，那么每年至少指拨协饷1170万两，加上各项零星协饷，数额还要上升。如果以这期间每年岁入8000万两来衡量，即以最低比率16%来计算协饷规模，每年协饷数额也有1280万两。也就是说，此间协饷规模保持在每年1200~1500万两。由此看来，协饷与财政扩张保持着正向关系，协饷规模较战前700万两增加了70%~114%。

至于实际解饷，前有述及，此间甘肃新饷起解比例至少可达

[①]《光绪朝朱批奏折》第63辑，第478页。

80%，大多数情况下为 100%；贵州为 60%；广西也为 60%；① 东北为 80% 以上；淮军协饷至少有 60%；固本军饷基本上年清年款，云南解饷情况不清。由于甘肃新饷、东北官兵俸饷和边防经费、淮军协饷为最大宗，黔滇桂和固本兵饷规模相对较小，如果以 80% 为协饷实解率，以每年 1170 万两为协饷规模，则每年实解为 936 万两。也就是说，咸同光绪初年，协饷规模与实解饷数均较咸丰以前为多，协饷制度并未走下坡路，而是保持着较为良好的运作状态。

总而言之，太平军起义结束后，清廷开始对战时制度进行长时间的调整，协饷制度亦在其中。为减轻财用压力，清廷、户部、兵部和督抚纷纷探讨调适绿营和勇营的办法，清廷、兵部、户部和部分督抚主张以绿营为主，还有一部分督抚则认为应该以勇营为主。这种分歧导致裁兵（勇）节饷的效果受到限制。从诸上述对光绪中期兵勇饷需支出的统计来看，裁兵（勇）节饷的效果很不理想，每年兵勇消耗饷额几乎平分秋色，不啻兵外养兵，饷外加饷。

此间，协饷制度在调整中渐趋稳定。其中甘肃新饷、东北协饷等供应通过前此统计可知，起解效果最佳。云南和贵州协饷情况较为复杂，前者每年可以获得 70 万两左右的协饷，后者尚不清楚。需要指出的是，户部虽然为该二省指拨了很多协济关系，但实际上仅有四川力筹兼顾，占据实到协饷的绝大部分，这也在云贵督抚奏折中一再表明。② 此外，广西、淮军以及固本兵饷运作状况尚令人满意。通盘评估此间协饷制度的运作，可以用"差强人意"来概括：虽然部分地区解送数额未达到预期，但实际解饷规模呈现大幅增加态势，协饷制度依然是经济欠发达和军饷支出较大地区军需来源的主要途径之一。同光时期，各承协省份督抚虽然对承协饷银多有畏难情绪，但总体看来各省仍然能够顾全大局，极力起解协饷，只有

---

① 《光绪朝朱批奏折》第 63 辑，第 478 页。
② 林葆恒编《闽县林侍郎（绍年）奏稿》，沈云龙主编《近代中国史料丛刊》第 301 册，第 217 页。

在本省饷需无法周转之时才向清廷请求减拨，或者有选择地解送饷银。换言之，同光时期，督抚权限仍未对清廷统治权威构成挑战，更未形成督抚专政的局面。

　　庚子以前，协饷制度逐渐恢复常态，并保留了战争中对制度本身所做的某些调整，其方向是为了更好地发挥协饷制度酌盈剂虚的初衷，并根据实际情况进行调整，随着国内局势相对安定，协饷制度为持续维护国家安定继续发挥着重要作用。必须指出的是，这种调整虽然旨在保证协饷制度的良性运作，但是随着甲午战争，尤其是庚子事变的发生，协饷制度受到了不少冲击。清季十年，协饷解送已走入下降通道。

第五章
困厄与衰落：清季协饷制度的走向

清季十年，清政府推行新政，引起社会各方面的巨大变革。在此之前，清政府经历了两次重大挫折，一次是甲午战争，一次是庚子事变。这两次挫折给清王朝统治带来了极大影响，前者引发了维新运动，后者则触动了近代全方位的新政革命。就经济财政方面而言，甲午战争和庚子事变所产生的巨额赔款对清政府经济财政体系造成了致命的冲击。摊派赔款和举借外债的负担都需要落实到人民身上，而直省财用经过清政府多次摊派已经危机重重。不仅如此，随着新政决策的出台，练兵和新政事务层见叠出，这些事务的举行都需要巨额经费的支持，致使清廷和直省财政收支均感万分竭蹶。[①]协饷制度作为省与省之间财赋转输的工具，因直省财力困厄而难以如常运作。这对军需供应和王朝统治秩序的维护是极其不利的。光宣之际，清政府打算改革财政制度，借此重新掌控各省财源，划分国家税与地方税，进而调整协饷制度。因此，探讨清季协饷制度运作情况，有助于厘清其衰落的原因、过程和走向，展现晚近政治经济变化之中财政制度转型的动因与历程。

---

① 何汉威：《清季中央与各省财政关系的反思》，《中央研究院历史语言研究所集刊》第72本第3分，第664页。

第一节 赔款与协饷

清政府在甲午中日战争中的落败对晚近历史发展的影响是巨大而深远的。即以赔款而言,清政府需要赔付2亿多两白银,约为当时清廷岁入的三倍。①《马关条约》签订伊始,总理衙门认为如果举借外债来偿还赔款,按50年来计算,每年须还本付息1500万两,与当时全国洋关关税的全部收入相当,严重影响京协各饷和善后用款。重要的是,借款本息并计,50年需支付7亿多两白银,极大地损害了中国利权。总理衙门希望李鸿章向日本提出通融之法:清政府在6个月内先支付5000万两赔款,其余款额匀摊在15年里偿还,"在彼分年收取,并不短少,而在我受益不少"。②

日本志在迅速获得饷银,因此坚决要求清廷按条约行事。清政府在这种情况下遂向俄法英德四国借款,先后订立俄法、英德以及续英德三笔借款来支付对日赔款。上述借款加上甲午战争期间所借之汇丰银款、汇丰镑款、克萨借款等项外债,从光绪二十五年起,清政府每年需要支付本息2000多万两,③ 占当时清政府岁入的四分之一。因为这些借款,户部加大了财政搜刮力度,通过裁减制兵、整顿钱粮、厘剔厘金积弊、盐斤加价、收烟酒捐、提拨关税等办法来应对。④

---

① 详见戚其章《甲午战争赔款问题考实》,《历史研究》1998年第3期。据统计,清政府总共支付日本政府折合库平银2.597亿两。
② 戚其章主编《中国近代史资料丛刊续编·中日战争》第3册,中华书局,1991,第89~90页。
③ 席裕福、沈师徐辑《皇朝政典类纂》,沈云龙主编《近代中国史料丛刊续编》第888册,第2387页。
④ 翁万戈供稿、谢俊美整理《翁同龢〈随手记〉》(下),《近代史资料》第98号,第170页。

表5-1 甲午战争借款各省摊款

单位：两

	汇丰银款	汇丰镑款	克萨借款	俄法借款	英德借款	续英德借款	合计
河南	35000	50000	无	205000	267500	无	557500
浙江	200000	215000	无	560000	685000	823000	2483000
广东	635000	1600000	50000	1090000	1465000	160000	5000000
四川	440000	无	50000	450000	650000	70000	1660000
云南	27000	无	40000	50000	无	无	117000
甘肃	5000	35000	10000	无	无	无	50000
江苏	无	100000	260000	1007500	1458750	2132500	4958500
安徽	无	120000	50000	335000	502500	无	1007500
江西	无	263000	无	350000	500000	164000	1277000
福建	无	200000	100000	375000	525000	60000	1260000
广西	无	40000	无	87500	100000	120000	347500
直隶	无	无	3000	365000	515000	100000	983000
山东	无	无	30000	197500	285000	无	512500
湖南	无	无	100000	125000	175000	无	400000
湖北	无	无	100000	620000	835000	840000	2395000
山西	无	无	33000	180000	242000	无	445000
奉天	无	无	无	125000	18750	无	931250
陕西	无	无	无	125000	150000	20000	295000
贵州	无	无	无	无	无	60000	60000
新疆	无	无	无	无	无	60000	60000

资料来源：中国人民银行总行参事室编《中国清代外债史资料》，中国金融出版社，1991，第151、152、158、193~194、205、220页。

表5-2 各海关摊派甲午战争摊款

单位：两

	汇丰银款	汇丰镑款	瑞汇借款	克萨借款	俄法英德借款	总计
粤海关	1098861	8075000	无	无	16453971	26027832
江海关	无	290000	2250000	660000	17300000	20500000
镇江关	无	45000	220000	无	3547000	3812000
芜湖关	无	90000	556000	无	7072500	7718500
闽海关	无	950000	无	无	6120000	7070000
苏州关	无	无	431260	无	无	431260

续表

	汇丰银款	汇丰镑款	瑞汇借款	克萨借款	俄法英德借款	总计
金陵关	无	无	180000	无	无	180000
九江关	无	无	530000	无	2072996	2602996
梧州关	无	无	320000	无	无	320000
江汉关	无	无	无	280000	7504000	7784000
蒙自关	无	无	无	1872	616000	617872
宜昌关	无	无	无	无	3752000	3752000
重庆关	无	无	无	无	1560000	1560000
杭州关	无	无	无	无	705000	705000
东海关	无	无	无	无	1486375	1486375
津海关	无	无	无	无	5161000	5161000
牛庄关	无	无	无	无	907375	907375

资料来源：汤象龙《中国近代财政经济史论文选》，西南财经大学出版社，1987，第155~163页。

从甲午战争借款的摊派来看，其范围包括了所有行省以及各个通商口岸。自此以后，清廷筹集各种款项时，不仅加强了对财力充裕省份的搜刮，即便是受协省份也必不可避免地成为清廷搜剔的对象，开启了受协省份承担赔款的先例。此举不仅对富裕省份造成巨大财政压力，更是令不敷省份苦不堪言。可以说，甲午战争是协饷供应急转直下的源头标，从此协饷供应每况愈下，不复光绪中前期之时的景况。有研究者认为，清政府财政之一蹶不振始于此时。[①] 作为财赋调拨机制的协饷制度也因此走向衰落。

赔款对协饷的影响，户部自然了然于胸。户部在严令各省关按照派定赔款按期按时赴江海关道交纳的同时，也提醒它们不可因此影响原拨京协各款，如京饷、甘肃新饷、东北边防经费、筹备饷需、加放俸饷、加复俸饷等项款目的解送。[②] 这种两者兼顾的要求，本身就说明借款与京协各饷存在冲突的可能性。由于当时清廷财政收入

---

① 汤象龙：《中国近代财政经济史论文选》，第81页。
② 王彦威、王亮编《清季外交史料》光绪朝卷122，大通书局，1983，第2132页。

弹性较小，因而此盈彼绌是必不可避免的。实际上，广东就曾在厘务局协饷中提出饷银抵充赔款。① 湖南巡抚陈宝箴则直接奏请在该省协济云南、贵州和广西三省饷银内筹解赔款。② 四川总督岑春煊也要求在该省协滇月饷内截留 11 万两凑解赔款，获得清廷允准。③

可见，赔款对协饷的挤占已成事实。续英德借款一项，清廷以七处厘金作为抵押，共计 500 万两，其中苏州货厘 80 万两，松沪货厘 120 万两，九江货厘 20 万两，浙东货厘 100 万两，宜昌盐厘并万户沱加价 100 万两，鄂岸盐厘 50 万两，皖岸盐厘 30 万两。这些款项原本为各省协饷的大宗来源。为保障借款，清廷将上述七处厘金改由税务司代征，杜绝各省染指的可能性。清廷在提拨此笔巨款后，又明令各省力顾大局，承协省份"勉筹协济"，受协省份"力为其难"。④ 可见，清廷早已意识到提拨厘金会影响协饷运作，然而财源有限，只好移缓救急，牺牲协饷来成全赔款。

更为重要的是，噩耗并未结束，庚子赔款接踵而至。如果说甲午战争赔款使得清政府财政收支体系摇摇欲坠的话，那么庚子赔款则令这个体系走向崩溃边缘。庚子赔款总额为 4.5 亿两，分 39 年还清，年息 4 厘，本息共计应付 98223.815 万两，⑤ 从 1902 年 1 月 1 日起开始执行。户部谆谆告诫各省："和议既成，赔款已定，无论如何窘急，必需竭力支持。"所谓竭力支持就是损己利人，"于出款力求裁减，入款再求增加"。增加入款的方式包括盐斤加价 4 文，土药及茶糖烟酒加征三成，地丁收钱酌提盈余与剔除中饱、按粮捐输等。第一笔赔款，清政府需要支付 2200 万两，经过统核之后，尚有 1800 余万两没有着落。清廷遂摊派至各省，其中江苏 250 万两，四川 220

---

① 《中国清代外债史资料》，第 151 页。
② 汪叔子、张求会编《陈宝箴集》（上），中华书局，2003 年，第 471 页。
③ 沈云龙主编《谕折汇存》第 11 册，第 8546 页。又见《云南全省财政说明书》，"岁入部协款"第 2 门，广东省社会科学院图书馆藏。
④ 刘锦藻：《清朝续文献通考》卷 50。
⑤ 王铁崖辑《中外旧约章汇编》第 1 册，第 1015~1016 页。

万两,广东200万两,浙江140万两,江西140万两,湖北120万两,安徽100万两,山东90万两,河南90万两,山西90万两,福建80万两,直隶80万两,湖南70万两,陕西60万两,新疆40万两,甘肃30万两,广西30万两,云南30万两,贵州20万两,共1880万两。① 此次摊派与甲午赔款不同的是,各省派定之后,就需要按时按批报解,解足39年。这对财政收入大省而言都是一个巨大而长期的负担,对经费严重依赖协济的边疆省份来说更是财用梦魇。我们可以通过1906年和1908年两年各省岁入与庚子赔款摊派之间的比例,来了解一下庚子赔款与各省财政负担之间的关系。

通过表5-3中的统计数字来看,1906年庚子赔款摊款在各省岁入中所占比例很高,即便撇开调整后的直隶、湖北、四川和甘肃几省收入,各省摊派赔款比例仍然达到14%~45%之巨,且多集中在30%~40%,在在可见摊派赔款对各省岁出入所造成的重要影响。1908年各省摊派赔款比率虽然较1906年下降许多,但这是建立在广泛搜刮民脂民膏的基础上的,对经济和财政基础的危害更甚于前。其中,新疆、云南、贵州、广西和甘肃为完全受协省份,但也被摊派了大量赔款。这也可以看出,清政府为应对赔款,已经搜刮殆遍。②

各省督抚在庚子赔款摊定后,联名致电军机处,要求减少摊派赔款数额。督抚们认为,国家穷困,各种筹款办法早已竭泽而渔,如果再加大搜刮力度,"民力既不能堪,赔款仍必贻误"。更为重要的是,庚子事变后,各省教案赔款多至二三百万,少者亦有十数万两,早已疲于应付。督抚们称,各省无论如何极力搜罗也无法筹足上述摊派数额,而持续供支则更是没有把握,即使加捐、加厘之议能够落实,抵补之数仍属有限。不仅如此,各省摊派赔款后势必挤占兴学、练兵、农工商务,以及一切养民、治民、卫民等要政的经费,到时候恐怕会民心尽失,内乱不已,因此要求清政府将摊派赔

---

① 朱寿朋:《光绪朝东华录》第4册,中华书局,1958,第4726页。
② 详见王树槐《庚子赔款》,中研院近代史研究所,1975。

表 5-3　1906 年、1908 年各省岁入与庚子赔款摊派比较

单位：两

	1906 年岁入	1908 年岁入	摊款	摊款/1906 年岁入	摊款/1908 年岁入
直隶	5747000	21568597	1300000	22%	6%
江苏	23269000	47654604	3300000	14%	7%
安徽	3349000	6006729	1500000	45%	25%
山东	5452000	11311699	1500000	27%	13%
山西	4155000	5871806	1500000	36%	26%
河南	4268000	6885117	1400000	33%	20%
陕西	2301000	3963702	600000	26%	15%
甘肃	564000	3121780	300000	53%	10%
福建	4798000	6721105	1300000	29%	19%
江西	5155000	7569863	2200000	40%	29%
浙江	6985000	11079254	2100000	30%	19%
湖南	3343000	6442260	1300000	39%	20%
湖北	2479000	16545200	2100000	85%	13%
四川	4822000	15320659	2900000	60%	19%
广东	10868000	25275696	2700000	25%	11%
广西	1618000	4890643	300000	19%	6%
云南	1851000	6011502	300000	16%	5%
贵州	500000	1533270	200000	40%	13%
新疆	2600000	3172300	400000	15%	9%

注：蒋士立所列 1906 年数字并未给出出处，其中明显不准确的有直隶、湖北、四川和甘肃。这是因为，一是直隶、湖北和四川三省清末为财政收入大省，1908 年都达到 1500 万两以上，不可能在短短两年内财政收入增加 4~8 倍之巨。二是前引薛福成 1889 年对各省财政的叙述，可见湖北、四川与广东等省财政收入相近，为江苏之半，也可以佐证蒋士立统计数字出现巨大遗漏或印刷所致的脱字。三是 1903 年清政府岁入为 10942 万两，在清季清廷收支飙升的环境下，不可能 1906 年仅有 91524000 两的收入。根据当时情况推断，直隶、湖北和四川应该都漏报或漏印 1000 万两，因此调整后 1906 年直隶、湖北和四川岁入应该分别为 15747000 两、12479000 两和 14822000 两，这样才能解释 1908 年各省岁入情况变动的连续性以及赔款所占岁入比例的相对适应性。至于甘肃省，蒋氏仅取其本省岁入数，漏列每年一百万两的协饷，因此上述四省岁入与摊派赔款的比例重新计算为：直隶，8%；湖北，17%；四川，20%；甘肃，19%。1908 年统计数字系由各省清理财政后所呈册报而整理的。刘锦藻：《清朝续文献通考》卷 68。

资料来源：蒋士立编《国债辑要》，1915 年日进舍印刷本，第 62~66 页。

款减免三成。① 由于赔款关系中外和局，清廷当然不会考虑督抚们的说辞，坚决要求各省按照派定数目按时足额解送。不过，为纾缓各省财政压力，清廷允许各省将加放俸饷、加复俸饷、旗兵加饷、漕折等京饷项目移作赔款之用。此外，清政府还令各省在藩库、运库和道库收款内筹措经费，涉及地丁、厘金、盐斤加价、常税和捐输等项。②

督抚们联衔奏请减少摊派赔款的要求失败后，受协省份在落实赔款时不得不从协饷着眼。甘肃和新疆两省分别承担赔款30万两和40万两。甘肃决定在安徽和闽海关所协甘肃新饷项下分别划出20万两和10万两，由皖省直接解赴江海关交纳；新疆则在两淮、江苏和江西所协甘肃新饷项下代解。贵州摊派赔款也拟由浙江、山东以及东海关每年协饷项下划拨。③

不过，就在受协省份以协饷抵解赔款的同时，承协省份也对协饷动起了脑筋，尤其是数额较大的甘肃新饷成为各省减解、截留的主要对象。四川总督奎俊称，四川十余年来协济甘肃新饷达1500余万两，因此要求减少甘肃新饷指拨数额，移济洋款。④

由于清廷西狩，山西供支增加，晋抚锡良奏请将该省二十六年（1900）京协各饷全部免解，同时还奏请将二十七年协饷停解。⑤ 此次奏请被清廷允准。二十七年（1901）五月，山西巡抚岑春煊奏称，本年所拨甘肃新饷84万两依然无法起解，因此再次奏请停解。⑥ 清廷接到奏报之后，准许山西截留甘肃新饷30万两，其余54万两必须解完，并要求山西筹计开源之策，不可仅以截留协饷为请。⑦

---

① 苑书义等主编《张之洞全集》第3册，第2232~2234页。
② 汤象龙：《中国近代财政经济史论文选》，第84页。
③ 中国第一历史档案馆编《庚子事变清宫档案汇编》第12册，中国人民大学出版社，2003，第532页。
④ 《光绪朝朱批奏折》第83辑，第289页。
⑤ 锡良：《锡清弼制军奏稿》，沈云龙主编《近代中国史料丛刊续编》第101册，第47、61页。
⑥ 岑春煊：《岑春煊片》，《申报》1901年6月28日，第12版。
⑦ 《庚子事变清宫档案汇编》第11册，第21页。

与山西情况相似的陕西也于二十六年底提出缓解甘肃新饷。① 时任陕抚的岑春煊希望将协甘新饷展缓至二十七年年底再行拨解,其间延欠的协饷准予免解并免予处分,实际上就是要求将协甘新饷暂停一年。岑春煊赴晋后,升允继任,再次奏请展缓甘肃新饷,将此20万两作为本省灾赈之用。②

由于上述省份纷纷提出停解要求,导致甘肃新饷因此受到很大的冲击:"庚子后,饷源支绌,各省关解不足额。"③ 据护理陕甘总督甘肃布政使李廷萧统计,各省二十六年甘肃新饷欠解甚巨,仅有陕西、河东道、湖南、安徽等处解清,其余各省报解六成,闽海关丝毫未解。④ 这也是甘肃新饷从拨定之后出现缺额最大的一年,足见庚子事变对于甘肃新饷解送的重要影响。虽然户部重申甘肃新饷必须按时按数起解,⑤ 但是此后甘肃新饷还是受到了极大的影响。与各省纷纷挤占协饷不同的是,为了避免引起中外交涉,各省起解赔款十分准时和积极。⑥

需要指出的是,新疆巡抚饶应祺误认为摊派赔款仅为期一年,因此认解了40万两,由此给新疆财政带来了持续的沉重负担,加上各省起解甘肃新饷的大幅下降,新疆军需供应出现了严重不足。即以伊犁为例,"伊犁僻处西陲,向无出产自然之利,是以历年饷需全赖各省关协济,近三四年欠解甚多"。伊犁将军马亮因此奏请采买山西茶叶运销伊犁。他打算在山西协济甘肃新饷中提银20万两,在张家口设局买茶,然后运销伊犁,所获利益作为兵饷。⑦ 二十九年

---

① 《陕西巡抚岑春煊奏为陕库本年实因款竭请缓解协甘新饷并免处分事》,清代军机处光绪朝录副奏折档案,档案号:03-6579-065,中国第一历史档案馆藏。
② 沈云龙主编《谕折汇存》第32册,第1607页。
③ 甘肃省清理财政局编《甘肃全省财政说明书》次编下,出版时间出版地不详,第64~65页,广东省社会科学院图书馆藏。
④ 《光绪朝朱批奏折》第62辑,第249页。
⑤ 中国第一历史档案馆编《光绪宣统两朝上谕档》,广西师范大学出版社,1998,第446页。
⑥ 《庚子事变清宫档案汇编》第11册,第56页。
⑦ 茅海建主编《清代兵事典籍档册汇览》第77册,第56~63页。

(1903),为了弥补协饷改拨赔款造成的收入减少问题,新疆巡抚潘效苏将驻守该省的内地勇营遣撤,改练土著,兴办屯政与牧政,以减轻养兵负担。① 对于此次裁汰,继任新疆巡抚联魁曾经提及,据称此次裁撤后,新疆仅存兵勇14000余人,岁需饷乾等银降至110余万两,所节饷银颇巨。② 可见,在协饷解送大幅下降的情况下,新疆不得不想方设法来应付财政窘境。

在这种情况下,户部重新拨定甘肃新饷,决定自三十年(1904)起甘肃新饷由480万两减为440万两(详见表5-4)。适值云南办理滇铜,因此户部决定在江西、山西、陕西、湖北、江苏、安徽、四川等省减拨甘肃新饷项下拨银22万两,作为滇省常年铜本。③

表5-4 光绪三十年甘肃新饷调整

单位:万两

	原拨	新定
湖 南	16	15
江 苏	20	13
安 徽	20	19
两 淮	20	19
闽海关	20	19
陕 西	20	19
湖 北	33	30
江 西	36	33
河东道	52	48
河 南	61	56
山 西	84	78
四 川	98	91
合 计	480	440

注:《甘肃全省财政说明书》遗漏陕西协饷数额,《皖政辑要》误将江苏减拨数7万两认作1万两,因此导致其计算甘肃新饷减拨数为34万两。

资料来源:《甘肃全省财政说明书》次编下,第64~65页;冯煦主修、陈师礼总纂《皖政辑要》,黄山书社,2005,405页。

---

① 朱寿朋:《光绪朝东华录》第5册,第5223页。
② 联魁:《改编防练各营旗折》,《申报》1908年3月18日,第12版。
③ 《云南矿务大臣唐奏京铜关系甚重恳饬部款拨有著铜本》,《四川官报》,《清末官报汇编》第48册,第24161页。

清廷降低各省承协甘饷数额的目的在于减轻各省负担,提高他们的解饷积极性,以保障甘肃新疆的饷需供应。然而,上述减饷幅度有限,很多省份仅减少一两万两,最多也不过7万两,对于缓解各省财政压力作用有限。尤其是,清政府又在减解的40万两协饷中提拨22万两移济云南,更使得减饷有名无实。各省欠饷在庚子以后不断增加,据新疆巡抚潘效苏称,甘饷新饷自光绪十一年拨定后,"历系年清年款,庚子以后,积欠甚巨"。据统计,自十一年至光绪二十八年,山西欠解甘肃新饷70.28万两,湖北37万两,两淮14.0595万两,四川46万两,闽海关60万两,河南120.7万两,共计欠解353.03万余两。① 在总共18年时间内,平均每年欠解约19.6128万两,以每年480万两甘肃新饷计之,欠解率仅为4%。不过,如果从庚子年(光绪二十六年)计算,那么3年时间里,平均每年欠解100多万两,欠解率则达25%。

宣统二年(1910)十一月,陕甘总督长庚称,本年甘肃新饷除了陕西、江苏照章报解外,其余各省皆解不足额。② 如此看来,甘肃新饷的解送更加恶化,这对主要依赖外援的甘肃新疆地区来说是无法承受的。宣统三年(1911)八月,度支部开单催解各省关所欠甘肃新饷。

从表5-5可以发现:一是自从庚子事变之后,各省欠解协饷陡增。二是欠解省关从集中到分散,可见财政困难的范围逐渐扩大。三是积欠饷额巨大。光绪十一年(1885)至二十九年(1903),甘肃新饷每年额拨480万两,三十年(1904)后每年额拨440万两。那么从光绪二十五年(1899)至宣统三年(1911)共计13年,协饷总额应为5920万两,欠解1111.6463万两,占总额的18.8%,而且这种欠解比率越来越高,例如光绪三十二年为13.5%,三十三年为20%,三十四年为20.5%,宣统元年为28.3%,二年为36.6%,三年则为44.6%。由此可见各省财力逐步恶化的趋势,否则欠解幅度

---

① 《光绪朝朱批奏折》第63辑,第559~561页。
② 《清代军机处电报档汇编》第3册,第474页。

表5-5　各省关光绪二十五年至宣统三年欠饷情况

单位：两

时间	省关	数额	时间	省关	数额
二十五年	两淮	13881	三十四年	江西	50000
	闽海关	20000		闽海关	90000
二十六年	湖北	40000		河南	200000
	河南	277000		四川	182000
	四川	260000		山西	330000
	两淮	50000		闽海关	90000
二十七年	山西	621520		河南	200000
	湖北	130000		四川	182000
	闽海关	170000		湖北	100000
二十八年	两淮	10000	宣统元年	山西	450000
	两淮	30595		湖北	158563
	河南	250000		河南	200000
	四川	160000		闽海关	90000
	湖北	130000		河东道	80000
二十九年	河南	250000		江西	84476
	闽海关	100000		四川	182000
	湖北	85000	二年	山西	650000
	两淮	20595		闽海关	70000
三十年	四川	140000		湖南	75000
	湖北	60000		河东道	80000
	河南	250000		江西	164476
	四川	182000		湖北	190000
	闽海关	90000		河南	200000
三十一年	河南	200000		四川	182000
	湖北	110000	三年	河东道	400000
	四川	182000		河南	500000
	闽海关	90000		陕西	133000
三十二年	湖北	120000		安徽	115000
	河南	200000		两淮	88357
	闽海关	90000		四川	560000
	四川	182000		闽海关	165000
三十三年	湖北	200000	合计		11116463
	山西	160000			

资料来源：《度支部咨行两江等省省督抚补解历欠甘肃新饷并依限筹解本年协饷缘由文》，《两广官报》，《清末官报汇编》第44册，第21967页。

也不会如此快速上升。甘肃新饷解送越来越不理想已成事实，而甘肃除了认解赔款 30 万两外，又被分摊练兵经费 10 万两，这种"旧欠未解，新欠又增，年积一年"的情况，对甘肃来说不啻雪上加霜。①

上述情况也被承协省份的奏折所证实。河南巡抚张人骏称："奉拨甘饷，庚子以前未曾丝毫蒂欠，自新摊赔款每岁骤添出款百数十万两，财力已苦，因之积欠甚巨。"②继任河南巡抚林绍年也称，豫省承协甘饷每年 61 万两，向来筹解足额，然而"庚子以后赔款骤增，新政迭举"，遂致"收不敷支，协饷日形短绌"，即便之后减拨 5 万两，仍然无法解足，仅能起解六成。③受协省份和承协省份立场各异而感受相同，也可见庚子赔款对协饷运作的巨大负面影响。

在外援减少、内源有限的情况下，陕甘总督升允决定采取杀鸡儆猴之策，参劾山西藩司丁宝铨"玩视协饷"，与当年左宗棠参劾山西藩司林寿图如出一辙。升允不忘援引左宗棠参劾林寿图之案例，认为丁宝铨"贻误边防，其罪实加林寿图一等"。④按诸当时各省财政情形，赔款、练兵和新政诸政并举，确实令各省无力应付，受协省份则更加困难，面临出款大增、入款剧减的双重困境。

与甘肃新饷相比，云南和贵州两省协饷解送情况更差。滇抚丁振铎因办理边防，打算推广团练来保卫边境。清廷认为此举会增加滇省开支，因此要求丁振铎就饷练兵，保境安民，不得添募勇营，增加饷需。⑤云南协饷方面，署两广总督德寿以滇饷无从筹办为由，奏请以该省所造军械作价抵作协饷。⑥湖南巡抚俞廉三也表示无力筹

---

① 《光绪朝朱批奏折》第 64 辑，第 305 页。
② 《光绪朝朱批奏折》第 64 辑，第 886 页。
③ 林绍年：《协解甘饷为难情形片》，《政治官报》第 32 号，1907 年 11 月 26 日。
④ 《光绪朝朱批奏折》第 64 辑，第 362~363 页。
⑤ 《清德宗实录》卷 471，光绪二十六年闰八月丙辰。
⑥ 《清德宗实录》卷 476，光绪二十六年十二月壬子。

解云南协饷。俞廉三称，湖南本省用款、甘肃新饷、外债以及赔款等项期限紧迫，不可稍有耽延，因此所拨滇饷万难拨解。[①] 有鉴于此，云贵总督魏光焘不禁哀叹："滇本受协之省，迩年仅恃蜀饷一线。"[②]然而，岑春煊担任四川总督后，也以赔款压力过大为由，奏请将该省所协云南饷项缓解二成，得到清廷允准。[③] 如此一来，云南协饷供应几乎陷入困顿之中。雪上加霜的是，云南也被摊派了30万两的赔款。

贵州经济基础薄弱，筹款方法有限，这使得贵州财政对协饷的依赖性更大。与前此少数民族起义时依靠川湘助剿不同，清季贵州在支出大增的情况下，获得外来援助的机会越来越少。二十七年，黔抚邓华熙称，本年贵州协饷，除四川陆续解送外，只收到广东协饷2万两，九江关2.4万两，江西和福建协饷在贵州应解户部土药厘金项下抵拨，本年仅抵拨15.1474万两，其余指拨各省全未报解，导致各营军饷积欠严重。[④]

中法战争后，户部因广西办理边防，设立20营营兵，每年饷需40余万两，由令湖北、湖南和广东三省各月协1万两，不足部分由广西筹集。各省协饷截至二十九年底，湖南欠解177.9万两，湖北欠解151.2万余两，广东欠解28.4万余两，共计欠解357.5万两。在前后20年里，即使不算闰月，应该解送720万两，欠解率达49.7%。细化到各省，湖南欠解率为74%，湖北为63%，广东为12%。对此，湖南巡抚俞廉三的解释与前此停解云南协饷说法如出一辙："方今财源愈涸，用款日繁，除节年解支京防各饷暨零星用度外，后增英德俄法四国洋款、镑价共约三十万两，甘饷十八万两，

---

① 《抚院俞奏湘协滇饷万难拨解片》，《湖南官报》，《清末官报汇编》第33册，第16489页。
② 《庚子事变清宫档案汇编》第11册，第46页。
③ 沈云龙主编《谕折汇存》第50册，第411~412页。
④ 邓华熙：《奏为黔省饷项匮乏无款可筹恳天恩敕部咨催各省应协黔饷赶紧拨解以济急需折》，《申报》1901年5月9日，第12版。又见邓又同辑《邓和简公奏议》卷4，1994年自印本。

近又新派偿款每年银七十万两，皆须如期起解。"① 令人感兴趣的不是湖南财政支绌情形，而是俞廉三奏折中一再强调的其他支出，就是协饷之中也有轻重之分：西南云贵桂三省协饷位置远不如外债与赔款等项，也不及甘肃新饷重要。甘肃新饷报解尚且大大减色，三省协饷解送可想而知。

在这种情况下，桂抚李经羲表示无力报解外债与赔款。据统计，户部指拨各省协济广西每年共约100万两，除直隶免解外，山东、福建款项无着，广东与浙江欠解较多，每年仅收到协饷60余万两。光绪二十二年，广西摊还赔款本息每年共计18.75万两，二十七年又加派赔款每年30万两，旧债新款已近50万两，实在力有未逮。李经羲指出，如果粤西无额外军需，则此60万两仍可设法敷衍，但是广西游勇众多，变乱频仍，三十年五月柳州降卒叛乱，骤增军饷30余万两，以致赔款自八月后无力起解，因此要求将赔款展缓至三十一年四月再行起解。②

广西财政困难还反映在郑孝胥请辞边务大臣一职上。郑孝胥于二十九年被派往广西办理边防事务，三十一年称病请辞。两广总督岑春煊指出其中窾要：广西平时每年入不敷出达40万两，省内除办理军务外，又有外债、赔款，前此曾奏请以协饷抵还洋款，本省所获协饷因之剧减。至于边防经费虽由户部拨定，但各省无暇顾及，三十年新派之协饷，各省又积欠30万两，"可知郑京卿迭次求去，固因病，亦实因协饷愆期，势难筹措"。岑春煊认为广西为边疆要地，值此境内不靖之时，应该将湖北、湖南和广东所协月饷自六月份后抵拨洋款，并令各省补解欠饷。如此一来，广西既可免予筹措洋款，又可以借助各省解送之欠饷应付本省军务。③

三十年十一月，清廷发布上谕，接受铁良建议，办理土膏统捐

---

① 《湖南巡抚俞廉三奏为湖南财力支绌无力筹拨协桂饷银事》，清代军机处光绪朝录副奏折档案，档案号：03-6656-102，中国第一历史档案馆藏。
② 《光绪朝朱批奏折》第63辑，第478页。
③ 《两广督抚奏称边防协饷电》，《申报》1905年7月24日，第3版。

以筹集练兵经费。铁良计划将湖南、湖北、广东、广西、江苏、安徽、江西、福建八省订立统一章程试办统捐,"统捐收数除按各省定额拨给外,溢收之数另储候解,专作练兵经费"。① 此举明显是中央控制直省财政,与各省争利之举,因此被视为清政府中央集权的举措之一。土药税厘作为晚清各省新增财源,向来被直省用作弥补财政收支差距的应手之策。清廷一旦统一征收捐厘,各省虽可获得"定额"拨款,但剥夺了各省运筹本省土药税厘的权力,因此引起相关省份反弹。两广总督岑春煊、广东巡抚张鸣岐以及广西巡抚李经羲纷纷反对。李经羲态度特别坚决,他以广西境内不靖、出款陡增为由,奏请将广西土药划归本省自办。② 可见,土药税厘对广西财用具有重要意义,而财政状况较广西为差的滇黔二省对该项财源的依赖性更大。土药统税的推行无疑令上述各省失去了一项极其重要的权操诸己的利源。之后,清政府施行鸦片禁政更加恶化了上述经济欠发达地区的财源。

东三省协饷。据光绪三十三年东三省总督徐世昌称,各省协饷早已成无著之款。③ 他指出:黑龙江经济状况在东三省中最为糟糕,每年收入不过八九十万两,而官兵俸饷、驿站和学堂等项开支每年需要190余万两,加上各项不时之需,每年短少一百三四十万两,无款挪垫,因此要求度支部自宣统二年起,除了原拨俸饷26万两之外,加拨60万两,其中30万两用来补助官员经费,20万两改拨巡防兵饷,10万两专供沿边卡伦之用。④ 关于奉天的财政状况,据锡良称,该省也入不敷出,仅能勉强支持。⑤ 由此可见,清末财政支出

---

① 《清德宗实录》卷537,光绪三十年十一月甲申。
② 《桂抚李奏陈广西土捐不便归宜昌统收电稿》,《日日新报》,《时事采新汇选》第13册,第6538页。
③ 徐世昌:《退耕堂政书》,沈云龙主编《近代中国史料丛刊》第225册,第1765~1772页。
④ 徐世昌:《退耕堂政书》,沈云龙主编《近代中国史料丛刊》第225册,第1186~1187页。
⑤ 锡良:《锡清弼制军奏稿》,沈云龙主编《近代中国史料丛刊续编》第101册,第913页。

扩张速度过快，导致各省财政普遍紧张，受协省份感受更深。前此论及东北官兵俸饷和东北边防经费在庚子之后大量积欠即是明证，截至光绪三十四年，东北官兵俸饷已经欠解 428.4 万两。东北边防经费自光绪二十六年以后共应解银 2050 万两，欠解 587.8 万两，欠解率为 29%，占总欠解额 622.3239 万两的 94%，可见庚子后东北边防经费所受影响之大。具体比例见表 5-6。

表 5-6　1900~1909 年东北边防经费欠额与积欠总额对比

单位：两，%

	1900~1909 年欠额	积欠总额	比例
浙　江	1124000	1814000	62
福　建	602000	1330000	45
四　川	324000	530000	61
夔州关	24000	64000	38
江　苏	428000	438000	98
江　西	322000	322000	100
山　西	410000	410000	100
湖　北	296000	296000	100
湖　南	50000	50000	100
广　东	104000	104000	100
闽海关	530000	530000	100
合　计	4224000	5878000	72

资料来源：奕劻等撰《各省关欠解本年并历年东北边防经费银两折》，《清代兵事典籍档册汇览》第 74 册，第 143~151 页。

可见，各省所欠解的东北边防经费主要是在庚子事变后形成的。尽管清季东三省财用增加迅猛，然而收入的增长速度仍远远低于支出的增长速度，三省对协济的渴望有增无减。这也是督抚奏陈各省财政情况时的普遍情形，应该说各省财政支绌已经成了当时财政的一大难题。对此，清廷坦言："近年以来，民力已极凋敝，加以各省摊派赔款，益复不支。"①

---

① 《清德宗实录》卷 536，光绪三十年十月丙寅。

要言之，自甲午战后，清政府每年财政支出增加2000多万两，及至庚子赔款后，又增加2000多万两。这期间，清廷在筹集甲午赔款时，大量削减支出，并加大征税和加赋力度，在一定程度上抵消了对日赔款所带来的财政压力，但接踵而来的庚子赔款数额更多。天地生财止有此数，清廷罗掘乏术，不得不一再加赋，而收效已经大不如前。甲午、庚子两次巨额赔款直接冲击了清朝财政体系。在这种情况下，各省为不影响赔款偿付，不可避免地挤占协饷。各承协省份解饷已经严重迟滞，而受协省份反而要应付赔款摊派，协饷运作面临双重挤压。通过上述分析，我们不难看出，协饷制度的衰落始自甲午战争赔款，而加速其走向衰落的则是庚子赔款。然而，赔款仅仅是制约协饷制度运作的一个方面，随着各项新政密集推出，清廷编练新军、举办新政，更加加速了协饷制度的没落。

第二节　练兵与协饷

清季军事改革可以追溯到同光时期关于兵勇问题的讨论，但当时还未深入，仅对如何调适绿营和勇营两种兵制进行探索，清廷的主导思想仍是以经制军队为主体，以勇营来维护地方治安，而对引进西方军事制度并不热心。甲午中日战争爆发时，东三省边防营与练军已经操练多年。遗憾的是，它们在战争进程中未能承担起战守重任，而是依赖北洋陆海军以及外省奉调的客兵抗击日军。[①] 多年来，东北练兵经费竟成虚掷。令人心痛的是，北洋陆海军以及外省援兵也大都望风而靡，不战自溃，使得自光绪初年以来的军事改良毫无成效可言。绿营士气未见改观，勇营却紧步绿营后尘，国家军队一无可恃，较之咸同时期的情形犹且不如。面对此情此景，清政府不得不改弦更张，推行军事改革，模仿和移植西方军事制度。与军事改革紧密相连的就是饷需统筹，清季军事改革是在财政匮乏的

---

① 参见姚锡光《东方兵事纪略》，沈云龙主编《近代中国史料丛刊》第44册。

情况下进行的，各省在赔款和外债之外，又背上了练兵负担，协饷供应更难以为继。

一 议更兵制

甲午战争时期，兵部侍郎徐树铭鉴于清军纷纷败溃的情况，建议对全国士兵和将领进行甄别，裁汰老弱，核实虚冒，以挽回军政之颓势。① 然而，这种因陋就简的改造思想与数十年前的思维相比并未见进展，其效果可以逆料。德国人汉纳根建议清廷每年筹款3000万两，编练西式军队10万人。清廷因所需费用过多，遂作罢论。不过，汉纳根彻底变革军制的建议却影响了此后清廷军政改革的思路。尽管清廷并未打算全面推行西式军制，但仍令胡燏棻先练十营"定武军"，共5000人，是为清末编练新军的嚆矢。② 署两江总督张之洞也仿照西方军事训练方法，编练自强军2000余人。③

胡燏棻在编练定武军的同时，深刻反思绿营、练军和勇营的弊端，力主裁汰。胡燏棻称，各省"坐养此数十万无用之兵，耗此数千万有用之饷"，一旦有事，难保各省不纷纷募勇，于是"兵外加兵，饷外加饷"，势成必然。因此，他建议，"酌地方之繁简，裁其老弱，按年先裁二成，五年裁竣，国家岁可省千余万金，即以此款责成直省按照西法挑选老兵子弟，择其年力精壮、粗识之无者，另行创练新军"。④

由于"中日议和，创剧痛深"，各方纷纷奏请练兵以自强。⑤ 盛宣怀建议练兵十镇，以海疆和边疆为重点，共练成30万人，仿照西方各国定制，招募常备兵，三年后退役为预备兵，再三年为后备兵，

---

① 戚其章主编《中国近代史资料丛刊续编·中日战争》第3册，第580页。
② 《清末新军编练沿革》，《中华民国史资料丛稿》第2辑，中华书局，1978，第1页。
③ 苑书义等主编《张之洞全集》第2册，第1052~1053页。
④ 刘锦藻：《清朝续文献通考》卷203。
⑤ 《书李平江所议筹饷十策》，《申报》1896年10月29日，第1版。

再三年为民兵。在此基础之上，以新军逐步代替兵勇。①

清廷对各方谏言采择有限，仅令各省裁汰兵勇，节省饷项。随后，户部确定各省裁减比率：绿营裁七留三，勇营裁三留七。除了兵勇裁减比例不同外，户部裁减兵勇的做法仍与光绪初年裁兵（勇）节饷如出一辙。除山东巡抚李秉衡较为积极外，其余各省仍以布防不足为由，或宣称无法裁减，或裁减若干人以敷衍了事。户部对此深感不满，称各省兵勇尚有 80 余万人，每年需饷 3000 余万两，而此时国家经费奇绌，理应大加汰除，节省度支。户部明确要求直隶、江苏和浙江三省大力裁汰兵勇，其中，直隶每年需以节饷百万两为度；淮军各营除聂士成一军外，其余严行裁汰，所省之饷移作筹还洋款之用；江苏兵勇由两江总督刘坤一认真裁汰；而浙江所招募的海防勇丁需要全部汰除。②

其后，户部和兵部与直省之间商定了各省裁撤兵勇的细目："迩年各省绿营、练勇、防营各兵士耗饷日重，积弊日深。枢廷及户兵各部臣洞悉情由，迭次奏奉谕旨，严加裁汰。今已议定。绿营兵：江苏、江西、安徽、山西四省各裁三成。广东、广西两省除同治年间已裁三成、五成外，又裁汰二成。甘肃一省除河州、西宁暂缓议裁外，其余裁汰三成。陕西从同河南一省，分二年裁汰三成。山东一省分五年裁汰五成。四川一省除光绪十年已裁一成外，上年又续裁一成，自本年始，分六年裁汰三成。福建一省裁汰一成或二成不等。浙江一省裁汰一成至五成不等。直隶、河南二省所裁练军不与焉。至防军，则江西统裁二成。浙江新旧防营共裁七成。直隶旧有淮军宏字等十一营各裁汰一成，并裁汰何军门永盛所部炮队一哨。湖南裁汰挺字右营一营。云南裁汰新募之志字营左营一营。湖南裁汰豫字等三营并嵩武军三营。四川裁汰旧勇一千六百余名及新建一营。福建、湖北各裁三千余名。安徽裁汰一千八百余名及清淮军五

---

① 朱寿朋：《光绪朝东华录》第 4 册，第 3878 页。
② 《清德宗实录》卷 402，光绪二十三年三月癸巳。

百二十名。吉林裁汰弁勇长夫共一千四百余名。黑龙江裁汰镇边军二千五百余名。江苏、广东各裁新旧防勇一万余名。刻下已咨明各省饬将所裁及留存各兵勇花名清册汇造送部。"① 不过，这种只注意裁减兵勇以节省饷需的做法并未从根本上破除既有军队的积弊。户部在汇报此次裁兵节饷效果时称，各省共计裁省银230余万两。② 其所关心的关键仍是节饷，而非军队之改良。

清廷在遭受庚子事变的重创之后，再次目睹了绿营无用，防军和勇营重蹈绿营覆辙的一幕，以及小范围编练新式军队的弊端。二十七年七月，清廷发布上谕，要求各省将军督抚认真裁汰制兵和防勇，精选若干营，分为常备、续备和巡警等军，一律操练新式枪炮，认真训练。③ 这是盛宣怀奏请编练新军以来，清廷第一次明确了以新型军事制度取代制营和防勇的取径。④

为了统筹全国新军编练进程，光绪二十九年十一月，清廷于京师设立练兵处，并令各省成立督练公所，落实上述军制改革和军队训练等举措。在练兵经费方面，通政司陈钟信主张就饷练兵或就各省财力练兵："就各省地势定守卫之额，就各省财力定常备兵之额，而取常备三分之一充宿卫，饷由本省按时供给，再推广巡捕、警察兵，以助地方之政。"⑤ 清政府希望户部在筹集练兵经费时，严杜中饱，除弊节流，尽量避免加税和开办新税，防止将练兵负担转嫁民间。⑥ 一个月后，练兵处会同户部向直省摊派966万两的中央练兵经费。此外，练兵大臣、兵部侍郎铁良还打算办理湖南、湖北、广东、广西、江苏、安徽、江西、福建八省土膏统捐来接济中央练兵

---

① 《报纪裁兵节饷系之议论》，《申报》1897年11月25日，第1版。
② 《户部呈各省奏报裁兵节饷银两数目清单》，军机处光绪朝录副，档案号：03-5997-808，中国第一历史档案馆馆藏。
③ 朱寿朋：《东华续录》光绪卷168，《续修四库全书》第385册，第269页。
④ 《清末新军编练沿革》，《中华民国史资料丛稿》第2辑，第46页。
⑤ 《裁缺通政使司陈钟信呈练兵事宜十二条清单》，军机处光绪朝录副，档案号：03-6000-039，中国第一历史档案馆馆藏。
⑥ 《户部议覆练兵筹款折》，《东方杂志》第1年第1期，第157~167页。

经费。铁良计划以各省光绪二十九年土膏税捐收数为定额，在办理统捐后，各省由土膏统捐总局按照各该省二十九年土药税厘收数分别拨给，溢收之款则作为中央练兵经费。① 之后，各省先后对分派经费进行回奏并上报了认解数额。各省派解练兵经费与认解数额情况见表5-7。

表5-7 各省摊派练兵经费

单位：万两

省份	原派	认解	省份	原派	认解
江苏	85	161	河南	40	20
湖北	50	103	山东	55	19.2
浙江	50	91.44	山西	50	10.06
直隶	110	110	安徽	35	10
湖南	40	40	江西	50	20
甘肃	10	10	陕西	30	15
四川	80	30	福建	40	2
广东	85	15	云南	20	12
贵州	6	1	新疆	0	0

资料来源：《练兵处会同户部奏各省应解常年经费拟令按月分限匀摊报解折》，《四川官报》，《清末官报汇编》第50册，第24925页。

各省在覆奏时，直隶、湖南和甘肃三省接受户部的分摊数额，江苏、浙江和湖北三省则增加了认解数额，其余各省皆未能认解足额。其中，奉天、吉林和广西三省所派练兵经费120万两准予缓解，其余各省共计认解639.7万两。由于认解数额与练兵处原派数额有较大落差，练兵处与户部联衔奏称，除溢额认解之苏浙鄂三省外，各省皆须认足摊派数额。不过，考虑到云南和贵州两省财力艰窘，练兵处和户部破例同意以该二省认解数额为准。此后，清廷发布上谕，令各省筹款："各就本省财力，实心筹措。外销之款，核

---

① 《练兵大臣兵部侍郎铁奏请试办八省土膏统捐并派员经理情形折》，《东方杂志》第2年第1期，第141~144页。

实腾挪；中饱之数，从严厘剔；并归并局所，裁汰冗员，清提陋规，力除靡费，以资挹注。每年匀出的款若干，以为练兵之用。"①由是观之，清廷在责令各省筹款时，对外销款项、中饱、陋规和冗费等尤为措意。这是因为，上述支款或不在奏销之列，或隐匿过深，清廷无法得其实情，故而特意通过谕旨的形式点出，有很深的警诫意味。

各省随后对清廷的上述指令进行了回应。川督锡良称，四川财政紧张，仅京协各饷每年即需 700 万两，加以新政、防军等项支出，用款日增，"以致库藏空虚，常向票商息贷以济窘乏"，本年只能认解 30 万两，此后则按年解足 80 万两。② 署两广总督岑春煊则解释广东之所以仅认解 15 万两，关键在于财力支绌。据称，广东常年度支不敷 300 余万两，加上还需协济广西用兵饷需，"协拨之款既日有加增，一切新政更非财莫举，而地方民力久困，商业日疲，固不忍苛细以累民，抑何敢强勒以生事"。不过，岑春煊也有所让步，打算在两广土膏统捐项下提银 25 万两，连同已认解的 15 万两，共计 40 万两。③ 安徽巡抚诚勋将皖省认解数额调高到 20 万两，然而并未被清廷接受，仍勒令照原拨数额起解。④ 新疆巡抚潘效苏奏称新疆筹款艰难，岁入不过 30 万两，多赖协饷接济，庚子以后协饷顿形减色，又认解赔款 40 万两，度支异常竭蹶，无力兼顾练兵饷需。⑤ 潘效苏此奏得到清廷的认可，免予认解练兵经费。

为了筹集练兵经费，朝野上下对开源颇为注意。以云南为例，滇省摊派练兵经费 20 万两。为了筹集这笔款项，署云贵总督林绍年打算将云南烟酒税 1 万余两提用；同时加征土膏税厘，在原定每千

---

① 中国人民大学清史研究所编《清史编年》第 12 卷，第 348 页。
② 四川于三十年三月认解 30 万两，见表 5-7。
③ 《光绪朝朱批奏折》第 63 辑，第 662 页。
④ 《光绪朝朱批奏折》第 63 辑，第 627 页。
⑤ 《甘肃新疆巡抚潘效苏奏为新疆筹款艰难无力兼顾练兵饷需请银两事》，军机处光绪朝录副奏折，档案号：03-6168-061，中国第一历史档案馆藏。

两抽厘金银15两的基础上,加收6两,每年约可增收六七万两;酌加个旧锡矿税课,每年可增收银四五万两;整顿盐厘每年可增收数千两,统计上述款项,滇省拟每年认解练兵经费12万两。林绍年称,云南每年摊派各款共计四五十万两,已无余力认筹新款,因而要求清廷此后停止再向云南摊派款项。① 尽管云南未能认解足数,但作为受协省份亦属难能可贵。观诸云南筹措练兵经费的办法,不过是就旧有财源酌加赋额,饮鸩止渴而已。

总税务司赫德上奏认为,练兵筹饷应该以"整顿地丁一事为较有把握"。他指出:中国幅员广阔,除新疆、蒙古和东三省不计外,应有8000兆亩土地可以征税,即使以半数计之,仍然有4000兆亩,每亩收税200文,以2000文折银一两,则每年可以收入4亿两,较之原征额3000万两,增加13倍许,若以此笔巨款办中国之事,有盈无绌。② 赫德此议因系概而言之,预计之数很难落到实处。特别是,中国本缺少谨严的会计之学,各省田亩之数陈陈相因,不过就额赋略为增减,加上各地土壤肥瘠不一,税率参差,因此各省督抚对于此种计算方式纷纷表示质疑,赫德所陈计策遂被议驳。③

总之,此次摊派练兵经费,除了少数省份积极认解外,大多数省份认解数额与练兵处预期相差甚远。在清廷看来,各省外销款项、中饱、陋规和冗费等弊端侵蚀了大量的财用,因此需要极力整饬,节省款项作为练兵之用。各省则认为清廷摊派各款既繁且巨,导致直省财用无法应付。即便如此,各省在被摊派中央练兵经费后,还需要筹划本省练兵经费。

二 各省练兵与筹饷

各省编练新军,饷需问题随之而来。河南巡抚陈夔龙因筹集常

---

① 周锺岳等纂《新纂云南通志》卷156。
② 《赫德税司筹饷节略》,《东方杂志》第1年第4期,第91~92页。
③ 《筹饷节略议驳》,《东方杂志》第1年第4期,第65~75页。

备军经费,打算截留协饷。① 署两广总督岑春煊则打算裁撤绿营,腾出饷银作为新军练兵经费。② 更有甚者,不少省份将绿营和勇营进行改造,从中挑选所谓精强者,编为常备和续备等军。③ 云贵即是如此,该二省在本省兵勇内挑留精壮,编为常备军。④ 就当时的情况来看,各省编练常备军的主要做法就是在原有兵制的基础上,仿照西式练兵方式对兵勇进行挑练。这也可以看出,上述做法的主要目的在于减少饷需支出,减轻财政负担,而对提升军营战斗力的考量却并不明显。

三十三年七月,陆军部重新调整各省新军编练计划,准备在全国成立新军36镇。⑤ 陆军部计划,各省士卒从常备军开始,三年后返回原籍为续备军,再三年后退为后备军。清廷考虑各地财力不一,打算灵活变通各省练兵进度:"南北各省,山川之形势不同,饷项之丰啬亦异,不必拘定一镇,或先练一协一标",逐渐扩充。对于各省已练之常备军,清廷认为"多有徒改营名,仍存旧习,军籍等于虚设,饷糈等于虚掷",要求督抚认真核实、勤加训练。⑥ 如此看来,清廷对各省虚应故事的做法显然是十分了解的。

---

① 《河南巡抚陈奏添练常备军请截留协饷以济军食折》,《东方杂志》第1年第9期,第94~95页。
② 《政务处奏遵议署两广总督岑请裁广东绿营官兵腾出饷项改练新军着》,《东方杂志》第1年第10期,第84~85页。
③ 《清史稿》兵志3,转引自拉尔夫·尔·鲍威尔《1895—1912年中国军事力量的兴起》,陈泽宪、陈霞飞译,《中华民国史资料丛稿·译稿》第1辑,中华书局,1978,第95页。
④ 《云贵总督丁等会奏绿营积弊甚深认真厘剔裁减折》《署贵州巡抚曹奏黔省饷薄兵疲酌量变通旧章减额加饷折》,《东方杂志》第1年第10期,第94~95、96~98页。
⑤ 《陆军部奏拟定全国陆军应编镇数按省分配立定年限折》,《四川官报》,《清末官报汇编》第53册,第26319~26320页。具体情况如下:近畿4镇,直隶2镇,山东1镇,江苏2镇,江北1镇,安徽1镇,江西1镇,河南1镇,湖南1镇,湖北2镇,浙江1镇,福建1镇,广东2镇,广西1镇,云南2镇,贵州1镇,四川3镇,山西1镇,陕西1镇,甘肃2镇,新疆1镇,热河1镇,奉天1镇,吉林1镇,黑龙江1镇。
⑥ 《清末新军编练沿革》,《中华民国史资料丛稿》第2辑,第56页。

需要指出的是，此时各省既有赔款负担，又有摊派练兵费用，如今还要筹款编练新军，以及举办其他各项新政事宜，如兴学、工商、路矿、巡警等事。① 也就是说，各省同时需要承担多项任务，而且都是短时间内需要落实和推行的，这对各省财力确实是一大挑战。在这种情况下，各省在编练新军时表现大不相同。

署理广西巡抚张鸣岐认为，庚子以来，国家整饬武备，表面视之，"军界规模崭然一新"，但实际上，"其成效卓著，足与列强军队相颉颃者，殊寥寥不可多"。张鸣岐称，与其倾举国之财力以兴办新军，不如节约饷糈，办理各项新政事宜，等到国家财力改观之后，再推广练兵，较为有益。② 张鸣岐上述话语令人深思。清政府大力推行练兵虽然令军容一变，但练兵毕竟需要大量经费投入，在财政艰窘的情况下，如何妥善利用有限的经费，用于当务之急确实考验智慧。张鸣岐的建议是较为务实和清醒的，但并未被当权者所接纳。不少人认为练兵为立国之本，管理军谘处事务的载涛就是主要鼓吹者："国势之强弱恒视兵力为转移，兵力盛则国势日强，兵力衰则国势日弱，故不练多数之兵必不足以立国，不筹一定之饷亦不足以练兵。"③ 张鸣岐因此不得不予以应付，计划加抽米谷、盐税，约计每年可以增收军饷20万两，用作桂省新军经费。④

广东在编练新军时也感到压力很大，粤督张人骏虽然认为练兵刻不容缓，但就财力而言，陆军部拟定广东五年之内练成两镇"断非广东财力所及"。鉴此，张人骏打算先练混成协一协。所需经费

---

① 近代史研究所图书馆供稿《瞿鸿禨朋僚书牍选》（上），中国社会科学院近代史研究所近代史资料编辑部编《近代史资料》第108号，中国社会科学出版社，2004，第6页。
② 《署理广西巡抚张鸣岐奏为民穷财尽要政百端请慎各省急练新军以固国本事》，军机处光绪朝录副奏折档案，档案号：03-6004-017，中国第一历史档案馆藏。
③ 《管理军谘处事务载涛奏为练兵筹饷筹划国防敬陈管见事》，清代宫中朱批奏折档案，档案号：04-01-01-1108-016，中国第一历史档案馆藏。
④ 宋寿征等辑《度支部税课司奏案辑要》第2册，京华书局刻本，第4~5页，国家图书馆藏。

60 余万两则在绿营裁七留三项下拨出 30 余万两，暂时敷衍。①

安徽筹划新军饷项也是绞尽脑汁。皖省防营月饷因局库各款拮据，放饷时常稽延。支应局在万般无奈之下，一面将原拨作防营薪饷的皖北茶厘全部提充新军饷需，一面在提充中央练兵经费的加抽烟酒税剩余款项内凑集若干经费用于本省新军饷需。巡抚冯煦也只好照准，声称筹定的款后再行停止。②

四川总督赵尔巽要求减免协饷和各项加拨款项以作为练兵之用。据称，四川岁入 1000 余万两，其中每年京协各饷即需 730 余万，留支本省不过 300 余万两。按照陆军部计划，四川练兵 3 镇，每年常饷即需二三百万两。赵尔巽认为，京饷与赔款十分重要，不可轻言减免，"惟协饷一项必以此省有余始能助彼省之不足，今甘肃每年部拨四百余万，滇黔入款亦岁二三百万，实较川省留用之款有盈无绌"，因此要求将甘肃新饷在原减二成的基础上再减二成，滇黔协饷酌减二成，三十四年加拨滇饷银 10 万两予以取消，积欠各省协饷全部免解。③ 他还要求将川省认解练兵经费 80 万两以及北洋军需银 10 万两全部截留，自宣统元年起作为川省练兵之用。④

度支部认为，四川为西南财赋之区，较之他省"犹为完善，历年解拨京协各饷由来已久，体察情形，供亿尚不为难"，不可因举办本省事务而攘夺他省经费，议令四川照常解送协饷。⑤ 观诸四川与度支部的言说，立论基础相似，判断则迥不相同。前者虽不否认本省财政收入不断增加，但反对承协负担过重；后者认为四川财力雄厚，需要兼顾邻省。就川省支出情况而言，度支部似乎避重就轻，仅以岁入总数对比协饷一项，有意忽略四川财政支出的其他各项内容。

---

① 《粤督奏陈新军编练情形》，《盛京时报》1908 年 2 月 27 日。
② 《安省筹画新饷之难》，《申报》1908 年 3 月 2 日，第 2 张第 3 版。
③ 《光绪朝朱批奏折》第 64 辑，第 530~532 页。
④ 《四川总督赵尔巽奏练兵期迫请截留练饷折》，《北洋官报》，《清末官报汇编》第 3 册，第 1310 页。
⑤ 《度支部奏遵议川督奏库储奇绌恳减解各款均难照准折》，《北洋官报》，《清末官报汇编》第 4 册，第 1526 页。

湖广总督陈夔龙则奏请停解广西边防协饷 13 万两。陈夔龙称，湖北编练新军一镇一协以来，"增饷甚巨，亏累日深"。这已经是湖北第三次奏请停解桂饷了。陈夔龙指出，湖北承协此款时正值扩充四省膏捐和鼓铸铜币，财源滚滚，支用裕如，如今膏捐和铜币等均已变迁，湖北收入今非昔比："现在鄂省铜币无利，膏税递减，旧累未偿，新亏更甚，加以镇协新军赴皖会操、助剿，制备装械，供应饷粮，统计所需不下数十万，无米之炊，均由借贷挪移勉强应付，又值市面银根奇窘，周转更形竭蹶，即年内本省应支各款尚不知如何设措。"① 可见，编练新军已经成了各省肩头重担，各省在财源丰裕时还可以源源协济，一旦财源下降则对协饷解送非常不利。特别是，值此编练新军之际，各省用项大增，因此也不愿意舍己芸人。度支部认为，广西边防不可松懈，且正添练新军，待饷甚殷，如果停解此款，影响广西大局，仍咨令湖北照数拨解。②

云南财力本属有限，练兵一事自然进展不大。不过，三十四年四月同盟会在河口发动起义成为云南练兵的一个契机。河口起义令清政府大为震动。清廷派刘春霖为帮办云南防务大臣。刘氏到任后，打算尽快成立新军一镇。锡良对此深表赞同，以云南为西南门户为名，乘机奏请清廷拨给常年练兵专款 200 万两，以便尽快练成一镇新军，巩固边疆。③ 度支部接到奏报后，遂为滇省筹划新军饷需：度支部拨给饷银 50 万两，四川盐务项下 10 万两，广东盐务溢收项下 10 万两，长沙关洋税 5 万两，重庆关税 3 万两，蒙自腾越两关税拨银 2 万两，共计 80 万两。④ 这是清廷首次采用协饷的形式为编练新军指拨饷银，与陆军部前此言之凿凿的自筹经费相违背："所有应需饷项，除由部筹设之镇另行办理外，其余均责成该省将军督抚就地

---

① 《抚部院准鄂督咨广西协饷碍难续筹行司查照文》，《广西官报》，《清末官报汇编》第 18 册，第 8817 页。
② 《度支部议复广西协饷难停》，《申报》1909 年 8 月 13 日，第 1 张第 4 版。
③ 《滇省赶练新军筹款之预备》，《盛京时报》1908 年 8 月 6 日。
④ 《度支部奏拨云南边防饷需》，《申报》1908 年 10 月 26 日，第 1 张第 5 版。

筹款，悉心经画。"① 如是观之，云南能够得到上述80万两练兵费用已属不易。

不过，上述拨款显然不足以练成新军一镇。护理云贵总督沈秉堃又继续奏请户部加拨。沈秉堃称，云南开办新军一镇除本省自筹外，尚短缺120余万两，在常年经费方面，度支部每年筹集70.7万两，本省筹措65万两，还差11万余两。度支部前此已准云南将应解之克萨磅款、新案赔款和京师练兵款截留，作为新军常年经费，然而这些收入均来自土药税厘。清廷实施鸦片禁政后虽以盐斤加价作为抵补，而收数远不如土药厘金之数，每月又短缺15万余两，两者相加常年经费缺少26万余两。②

李经羲简任滇督后，重申沈氏要求，并以拨给练兵经费作为赴任的条件之一。③ 度支部考虑到云南督抚多次奏陈练兵缺饷，且为了鼓励其赴滇任职，因此为之筹拨了176万两经费。其中，开办经费120万两，包括大清银行官息余利银20万两，云南抵补药税四文盐斤加价应解部库一半银8万两，四川抵补药税四文盐斤加价应解部库一半银28万两，提拨土药统税溢收74万两；④ 常年经费指拨26万两：镇江关和芜湖关各6万两，九江关和江汉关各4万两，宜昌关3万两，金陵关、苏州关和长沙关各1万两；拨给云南边防营饷银30万两：四川盐务项下拨银10万两，广东盐务溢收项下拨银10万两，长沙关洋税拨银5万两，重庆关税拨银3万两，蒙自、腾越两关各税拨银1万两，可以保证防营一年饷需。⑤ 度支部所拨上述款项中，练兵开办经费全部由中央经费下支出，常年经费和防营饷需按照协饷指拨办法操作。度支部在历任督抚和云南收支局面的压力

---

① 刘锦藻：《清朝续文献通考》卷220。
② 《护滇督奏请添拨陆军经费》，《申报》1909年4月20日，第2张第2版。
③ 报载："滇督李经羲以请款不能如愿，颇不悦，谓到任后再看情形，如不能办，只得请退。"《电二》，《申报》1909年6月12日，第1张第3版。
④ 上述数字相加为130万两，应是数字误植之故。
⑤ 《度支部筹拨滇省款项详数》，《盛京时报》1909年6月4日。

下，不得不再次利用调剂手段满足云南索饷要求。这在编练新军问题上是较为少见的。

舆论对度支部上述安排持批评态度："四方之罗掘俱空，欲举即费绌，不举则不能，若更加以各省之请拨，如滇督等，其势又不能不为之筹措，计无所出，惟有加税加赋以剥之于各省之小民，或摊请各省协拨，然则库储之支绌，犹得剥诸各省之人民，而各省之人民之匮乏将安所剥之，是各省人民不啻间接以受滇督之剥削也。"《申报》言辞之所以如此激烈，乃事出有因。它认为锡良任滇督时"事事以节俭为本"，李经羲未曾赴任即索要大笔款项，将为前东三省总督徐世昌之第二，办事铺张奢靡。东三省如此尚情有可原，因东三省位置复杂，交涉殷繁，而云南地大物博，矿产丰富，不于此种有源之水求之而极力索饷于户部。《申报》希望李经羲按部就班，节节推进，权宜缓急，次第推行，否则有愧于总督之责任。对于拨款的既定事实，该报希望李经羲善用此款，"毋为前东督徐世昌续"。①

李经羲到任后发现度支部所拨各项经费实际收数并不如意：土药统税50万两从宣统三年开始停解，芜湖关和九江关协饷丝毫未解。李经羲因此要求度支部在财力较为充裕省关指拨有著之款。他在致电度支部时，措辞强烈，称即使官不做、命不要，也要度支部设法拨款。载泽接获电报后，深知边疆款绌，"笑谓彼既能拼官拼命，敢来请款，我又何尝不可拼官拼命筹款，但实在无款可筹，亦徒唤奈何而已"。度支部还是顾念边陲穷蹙，筹拨50万两饷银解往云南。②

媒体报道不免耸人听闻之语，然而对疆臣与部臣之间的言语记述大致可见当时窘迫之情况。由于50万两拨款转瞬即逝，并不如土药收数源源而来，李氏因而致电军机处称，云南禁烟之后，厘金

---

① 《论新滇督奏请拨款以济急需事》，《申报》1909年6月11日，第1张第2版。
② 《滇督电请拨款之惶急》，《申报》1910年9月9日，第1张第3版。

锐减，加以举办宪政，用项增加。"军政一项几占岁出大宗，铁路、巡警、开矿、防营亦需巨款，今岁不敷之八十万实属无可抵筹，拟请再敕部分认五十万，其余三十万则暂借商款。"李经羲希望，此后云南军需饷项援照北洋姜桂题军饷办法，全部由度支部筹拨。摄政王览奏之后，对李氏所奏内容表示同情，令载泽如数照拨。①

贵州按计划需要编练新军一镇，然而截至三十四年底才练成一标，与陆军部要求颇有差距。黔抚庞鸿书因经费不足而一筹莫展。据庞鸿书称，黔省每年出入相权不敷数百万两，而陆军一镇每年需经费113万两，开办经费100余万两，即使竭贵州全部之财力仍然难以办到，何况新政各事也不可缓。按照庞鸿书的说法，贵州岁入钱粮20余万两，土药税厘40万两，后者因清廷厉行鸦片禁政收数渐少，因此协饷成了救命稻草。实际情况则是，协饷仅有四川能够源源供应，其余各省欠饷已经积至1000余万两。度支部虽要求各省先提解五成，然而百无一应。庞鸿书鉴于度支部为云南新军筹拨经费的做法，要求将贵州所认赔款20万两改为本省练兵之用。② 据庞鸿书统计，光绪十年起至宣统元年，江苏省欠解68.27万两，山东169.14万两，湖南100.15万两，湖北108.1万两，广东37.3万两，浙江234.6万两，江西266.06万两，福建91.09万两，九江关42万两，东海关62.3万两，共计欠解1178.11万两。③ 前有述及，除四川外，各省关每年协济黔饷60万两，而上述欠饷均摊到26年时间内，每年欠解45.3119万两，欠解率高达75.5%，十分惊人。假如将四川每年协济的50万两协饷计算在内，欠解率则为41%。可见，如果不是四川每年协济黔饷50万两，则贵州真可谓饷尽援绝。

各边省因财力不敷，屡次向度支部和陆军部请求拨给经费，令陆军部十分不悦。为了阻止各省纷纷援引先例，或借口经费不敷拖

---

① 《国家果忍弃滇乎》，《申报》1910年9月13日，第1张第3版。
② 《黔省练兵经费之竭蹶》，《申报》1909年2月15日，第1张第3版。
③ 《黔抚请催各省协饷》，《申报》1911年2月3日，第1张后幅第2版。

延练兵，陆军部对各边疆省份进行了严厉批评："陆军部对奏略谓：兴练陆军，不第关系宪政，实为强国要图。如南北洋以及沿江各督抚臣均能深体此意，竭力兴办。而边僻各省，非曰开办经费难筹，即诿为常年经费无着。一若臣部经费，既经奏定，各该省应练镇数，即应代筹经费者。岂知部款亦由外省报解而来，倘各省各督抚均不自筹款而尽仰给于部库，其将何以应之。"① 度支部的顾虑虽有几分道理，但各省情况不同，尤其边省出产本少，一直依靠邻省协济，此次练兵期短事迫，经费无出自在情理之中。宣统二年春，陕甘两省因经费无出，编练新军一筹莫展。考虑到练兵期限将至，陆军部担心此二省不能如期练成。陆军部侍郎姚锡光建议陕甘两省新军经费由陆军部筹给，并由该部派遣知兵大员前往督练。② 关键是，陆军部也无余力应付此事，此议遂作罢论。

由于练兵经费犹如黑洞，消耗了巨大财力仍未见确切效果，导致度支部尚书载泽与陆军大臣荫昌的关系剑拔弩张："度支大臣泽公向持节省经费主义，因之与陆军大臣荫昌颇有意见。闻军事上各项费用近来颇不能应手之处，仅即各镇有历两月之久，而度支部应拨之饷项犹未拨发者，虽经陆军部迭次催拨，度支部均以无款应之。即预算案规定之款亦未能照数拨解。端阳节前，陆军部因无款开发部中薪费，特向某官银行借银三万，利息至三分之巨，闻度支部于此项利息有决不承认之说。或谓本年秋操需款一百余万，将来提拨时，不知又当费几许纠葛也。由此可见，泽、荫两大臣意见之深矣。"③

由此可见，各省筹拨新军饷需时，无不移东补西，辗转敷衍，练兵效果因之受到制约。陆军部尚书铁良陛见时指出，"各省练兵镇数及限年编练，实系熟权缓急，酌量财力，以为各省军务之筹画，

---

① 《陆军部严参边省玩视军政》，《盛京时报》1909年6月3日。
② 《陆军部关于边省练军之计划》，《盛京时报》1910年4月14日。
③ 《要闻》，《申报》1910年6月22日，第1张第3版。

而各省督抚竟纷纷奏驳或竟一字未复",因此请旨饬催各省迅速举办。① 所谓"熟权缓急,酌量财力"系指依照各省地理位置和财力来决定练兵多寡,这种判断未必能获得各省认同,尤其是各省因新政繁兴,对练兵的热情要远低于陆军部,因此才会"奏驳或竟一字未复"。事实证明,由于财力有限,各省纷纷请缓练、减练或者指拨练兵的款,致使陆军部练兵计划难以如期完成。及至辛亥革命爆发,全国也才练成14镇、18混成协、4个标和1个禁卫军。②

三 海军经费摊派

各方已为中央练兵经费和本省新军经费伤透了脑筋,清政府却又决定兴复海军。光绪三十三年(1907),据《盛京时报》报道:"政府于去岁改官制时,已议设立海军部。因经费无着,暂归陆军部兼管。嗣后虽屡议专设,卒以库帑支绌,筹款不易,故尔迟迟。近以海牙和平会,因中国无海军,大为列强所讥诮,几不得列于头等,是以海军之设刻不容缓。日前改[政]府决议,必先专设海军部,庶可迅速组织,藉专责成。拟先勘定军港,向外洋定购铁甲船四艘……至开办经费,闻两宫已允由内帑拨银五百万,由各省摊派一千万,不足之款,则由度支部设法筹拨。若常年经费则决计开办印花税,并于火车票内加价,以此两项作为办理海军专款。"③ 后来事情大致如该报所言,只不过常年经费也系摊派,并非由开办印花税和火车票加价来筹措,此外海军部则拖延至宣统元年(1909)才独立门户。

如同中央练兵经费一样,清廷向各省摊派海军经费。据海军大臣载洵称,兴办海军需要开办经费1800万两,常年经费200万两。除了云南、贵州、甘肃和新疆四省因边地贫瘠无力承担外,直隶等

---

① 《请饬各省速练新军》,《盛京时报》1908年4月2日。
② 《清末新军编练沿革》,《中华民国史资料丛稿》第2辑,第7页。
③ 《政府决议专设海军部》,《盛京时报》1907年11月19日。

省需认解海军开办经费1134万两，常年经费168万两。① 其中，直隶认解开办经费120万两，分四年匀拨，常年经费20万两；东三省共认常年经费10万两，不认开办经费；江苏认解开办经费120万两，常年经费20万两；广东认解开办经费120万两，常年经费20万两；湖北认解筹办经费80万两，常年经费10万两；浙江认解开办经费100万两，常年经费15万两；山东认解开办经费80万两，常年经费15万两；福建认解开办经费80万两，常年经费5万两；度支部认解开办经费500万两。②

表 5-8 各省与度支部认筹海军开办经费和常年经费

单位：万两

认筹省份	开办费	常年费	合计	认筹省份	开办费	常年费	合计
直隶	120	20	140	四川	80	10	90
东三省	0	10	10	河南	64	8	72
江苏	120	20	140	山西	60	5	65
广东	120	20	140	广西	50	6	56
湖北	80	10	90	安徽	48	8	56
浙江	100	15	115	陕西	40	2	42
山东	80	15	95	湖南	36	4	40
福建	80	5	85	度支部	500	0	500
江西	56	10	66	总计	1634	168	1802

资料来源：《度支部奏筹拨海军开办及常年经费折》，张侠等编《清末海军史料》，第671~676页。转引自《近代中国海军》，第628~629页。

此次清政府大举兴办海军，额派经费较光绪元年兴办海军时，在海关税收和厘金项下所拨的南北洋海防经费400万两③大幅增加。即便是光绪初年国家形势转趋稳定之时，400万两海防经费也被视为

---

① 《度支部奏拨海军经费》，《申报》1909年10月23日，第1张第4版。
② 《度支部及各省认筹海军经费数目》，《盛京时报》1909年10月24日。
③ 张侠等编《清末海军史料》，海洋出版社，1982，第615~617页。当时南北洋各分200万两。及至海军海门成立后，北洋海军经费每年由200万两下降到90万两。

巨款。当时，李鸿章即已指出，各省财力有限，顾此必致失彼，虽圣旨一再饬催，而各省关解数仍无起色。① 此时，清廷上下财用竭蹶，兴复海军实为国用之漏卮，因此引起时人批判。杨觐东认为，"今日增海军，明日增陆军，竭苍赤之脂膏，罄府库之金钱，以泄诸养兵，无限之尾闾仁人君子所大惨伤也"。杨氏指出，与其将国家有限之财力用于练兵，不如投资于生利行业，开拓财源，方是国家经久之方。②

各省虽然认定海军开办和常年经费，但受制于财力，事后不是奏请缓解就是借口拖欠，所解实饷大大低于预拨数目。据报道，宣统元年各省所摊派的海军经费解送甚少。③ 对此，海军大臣载洵和萨镇冰十分焦急。海军处迫令度支部垫给款项。度支部则因曾经垫解过 1000 万两，拒绝再为各省垫解经费。载洵多次登门索要，度支部尚书载泽"终不允，彼此几至冲突"。④

两江总督张人骏对于兴办海军大不谓然。张人骏认为值此国家财政支绌之际，筹办各项新政已觉力有未逮，而创办海军，徒糜巨款，且毫无效果。"虽此项经费系由各省分摊，然值经济困难之时，无非勉强罗掘，究其仍吸收人民之膏脂，计自海军处设立以来，业已逾年，用款二千万，试问所办何事？务请宸衷独断，饬令缓办。"⑤

其实，清季国势日蹙，列强在"门户开放"政策下已经形成制衡局面，清廷如果利用此中均势集中财力，注意发展民生经济，未尝不可振兴国力。可惜的是，清朝统治者始终以振兴军事为急务，编练新军之外，又大兴海军，将珍贵的金钱用于军事领域而非用来培植经济命脉，似乎不是明智之举。时人对此批评十分透彻："我

---

① 中国史学会主编《洋务运动》（2），第 445 页。
② 杨觐东：《滇事危言二事》，沈云龙主编《近代中国史料丛刊》第 855 册，第 31～32 页。
③ 《海军费解到只数省》，《盛京时报》1910 年 2 月 24 日。
④ 《海军处迫令度支部垫款》，《盛京时报》1910 年 6 月 1 日。
⑤ 《江督奏请缓办海军之卓识》，《盛京时报》1910 年 6 月 22 日。

国度支，久已出入之不能相抵，而自海军处成立以来，又横加此莫大之巨款，宜乎罗掘穷而一切为之掣肘也。夫部中以及各省，前此之所认解者，何莫非挪东以补西也耶？应行要政之由此而稽滞者，殆不知凡几。他国人未始无海军热，特其国人，率有扩张海军之能力，非若我国之仅托空言耳。设我国竟注全力于海军，举所有新事业，一切废置不讲，意者尚足以成军，然必无此办法，则可断言也。顷者海军处需款以订购军舰，修筑港湾，而度支部无以应，因是海军处与度支部乃显著其龃龉之状，海军处且欲藉上命以逼迫之。嗟乎，度支部者管辖全国度支者也，非专以支应海军处为事者也。强其力之所不能，彼主任者，独无词以相对乎哉？闻度支部以前之筹垫，已及一千万，此一千万而出于外人之所借，则其所丧失之权利，又不知几何。用之于海军，则效力如何，殆未能逆睹也……然而庙堂之上，台谏之中，以为不必急于措办者，殆无其人（某侍御曾上疏言不若专注意于陆军），母［每］亦以主任是事者之气焰逼人，逆之则虑有不测之祸耳。"① 在民穷财尽的情况下，缓办海军是时人共识，而主政者一意孤行，导致各省财政愈加支绌，朝不保夕。

如上所述，清季国家财力受到赔款挤压而捉襟见肘。整军经武作为维护王朝统治的主要手段，清廷鉴于国家武备之废弛，推行军政改革，增强军队战斗力原本无可厚非，但这些耗财之政需要量力而行。然而，当政者似乎失去定见，不考虑轻重缓急，结果主持军务者盲目推进练兵和恢复海军，将珍贵的有限的金钱投入到无限的消耗性的军备事务上去。这些举措不仅影响各项兴利措施的施行，而且还严重拖累整个国家的财政体系。

清季赔款和练兵对清政府财政体系造成了巨大冲击。这两项支出都是消耗性的，不仅不能带动经济发展，而且还会对经济发展产生制约作用。由于各省财政开支大幅增加，因此在筹集赔款

---

① 《论兴复海军之近情》，《盛京时报》1910 年 6 月 4 日。

和练兵经费时，必然要向现有支出伸手。协饷本意在于以有余助不足，因此承协省份在经费不足的情况下，多将目光转向协饷，或奏请停解，或要求截留、改拨，甚至自行停解，这对协饷制度来说无疑是致命的。由上述可知，无论是解饷畅旺的甘肃新饷，还是地位重要的东三省协饷，实解数额都大幅下降，更遑论其余各省协饷。

第三节　新政财政窘境与协饷困局

如前所述，清末新政期间，赔款、练兵、兴学、工商、理财等事同时并举，导致全国财政疲于应付。"庚子以后，岁需赔款千数百万，举办新政款千数百万，司农仰屋，疆吏束手"，朝野上下纷纷注意筹饷，以至于"日惟以理财为急务"。① 虽然清政府不断督促各省落实各项新政事务，但各省财力有限，在执行过程中各有取舍：首先是保证赔款，其次则是筹措本省各项经费，再次才是供应协饷。这期间，各省收入虽然迅速增加，但是支出增长更快，承协省份解饷数额剧减。协饷制度处境十分艰难，逐渐式微。清政府为了应付当时各种财政压力，意图"统一财权"，② 清理财政，划分国家税与地方税。上述措施的出台对协饷制度有直接影响。协饷制度如何根据时局来调适因应，以及接受制度安排显得特别重要。不过，由于辛亥革命的爆发中断了清季财政改革的进程，协饷制度还未及调整即已随着清政府的垮台而成为历史。

一　新政背景下的协饷制度

清季国家因行政方式的转变，导致经费剧烈膨胀："国家经费之

---

① 《论各省银捐滋事案》，《东方杂志》第 2 年第 4 期，第 59~63 页。
② 刘增合：《由脱序到整合：清末外省财政机构的变动》，《近代史研究》2008 年第 5 期。

或多或寡，随时运以变迁者也。近世文明愈进步，故经费之范围，亦愈以扩张。此中原因，殆甚复杂，本非一言之所能尽，始略述其梗概可乎？一由于政务之膨涨也。昔日国家，以消极行政（指维持安宁秩序而言）为主，无所谓助长行政也（指增近人民之幸福而言）。至今日则助长行政，尤为国家莫大之职务……职务愈繁，斯经费愈增。"① 上述数语，可以解开清季财政收支快速膨胀的内因。清末财政收入从甲午前后的八九千万两的规模迅速飙升至宣统元年的28100.2513万两，② 十数年间，增长了2亿两，增速惊人。然而，这种增长缺乏经济支撑，多属搜刮所得。时人对此曾有评论："近来筹款之法，搜剔已无不至。"③

按理来说，各省财政收入都有不同程度的增加，受协省份似可免予协济或削减受协数额，又或者承协省份更有余力协济他省，全国财政收支情况应该趋于好转才对。然而，事实证明，新政背景下，无论是承协省份还是受协省份并未因财税增收而使得支用变得裕如。实际的情况是，承协省份纷纷要求减轻协饷负担以纾缓财用压力；受协省份则因力图保证协饷正常供应，甚至要求增加指拨。承协省份和受协省份的要求皆由财政收支矛盾所致。

《广东财政说明书》在论及这个问题时指出："粤省向称饶富，故凡奉部饬协济边省饷项，无不遵照办理，惟自认摊新旧案赔款、洋款及近年举办新政，岁出之费，较之从前几及一倍，竭司局各库，不足以敷支发。平时均系多方挪垫以资周转，而岁入终不敷岁出。财力之穷，久已为大部所洞悉。就目前论之，粤省实已无供给他省之余力。即如江南淞沪货厘及南河协饷两款，从前已因库储支绌停解，多年积欠颇巨。自三十四年迭奉饬拨，虽多方挪垫凑解，而旧

---

① 《论近日国家经费发达之由来》，《盛京时报》1910年6月23日。
② 刘岳云：《光绪会计表》，《近代统计资料丛刊》第14册，第290~298页。刘锦藻：《清朝续文献通考》卷68。
③ 《论陈请加赋之谬》，《中外日报》1904年7月30日。

欠实无力可以清偿。"① 可见，赔款和新政是广东财政入不敷出的主要原因，因此导致承协饷银"积欠颇巨"。

这种情况并非发生于粤东一地，实际上已成为普遍情况。同为财赋之区的浙江、江苏和湖北等省财政也陷入艰难境地。当时浙江藩库项下每年收银 436 万余两，而本省兵饷、京协各饷、外债、赔款以及练兵经费即需要 542.63 万余两，短缺 100 余万两。② 江苏宁藩财政局情况也很拮据："从前支应局筹拨各饷，每年二百余万，全恃各关道局解济。东挪西补，力已不支。嗣支应、筹防筹款二局归并办理，改为财政总局。开支无可节省，而近年学堂、新军、巡警、舰队，暨洋债赔款、协济各饷，常年陡增数百万。随时活支，尚不在内。现在挪掘一空，徒嗟仰屋。调查库储仅存三十余万，而积欠累累，羽檄交驰，无从应付。"③ 湖北在近代财力逐渐上升，成为财政收入大省，位置与江苏、广东和四川相埒，然因编练新军，竟至筹解京饷也力有未逮。④ 为了罗掘财源，湖广总督陈夔龙奏请仿照三十年直隶公债办法，⑤ 以湖北办理新政需款为由，奏请发行公债 240 万两，⑥ 获得清廷同意。

安徽巡抚朱家宝为缓和皖省财政紧张状况，要求截留该省所协所有饷银，包括北洋练兵经费、东三省俸饷、南河协饷以及云南铜本经费等。度支部认为，上述各省经费皆各省不可或缺之款，咨令照数拨解。⑦ 湘抚杨文鼎也要求停解协饷，将甘肃新饷、广西协饷以及云南铜本暂时停解，被度支部议驳。⑧ 其后，杨文鼎再次奏请免解

---

① 《广东财政说明书》，第 446 页。
② 《浙藩财政之奇绌》，《申报》1908 年 5 月 10 日，第 1 张第 4 版。
③ 《宁垣财政局困难情形》，《盛京时报》1908 年 5 月 29 日。
④ 《鄂省财政之困乏》，《盛京时报》1908 年 6 月 13 日。
⑤ 端方编《大清光绪新法令》第六类财政，商务印书馆，1909，第 81 页。
⑥ 《奏湖北财政支绌拟请援案试办公债以资弥补折》，《湖北官报》，《清末官报汇编》第 31 册，第 15434 页。
⑦ 《皖抚请停各项协饷不准》，《申报》1910 年 1 月 13 日，第 1 张第 5 版。
⑧ 《宣统政纪》卷 36，宣统二年五月初九日。

协饷。杨氏称,湖南以前财力富余时,所承协饷银向来年清年款,近年办理练兵、兴办宪政以及摊派赔款,早令敝赋悉索。① 此次奏请依然未被度支部接纳。宣统三年,湖南常德发生水灾时,杨氏第三次奏请停解,还是被度支部否决。②

东三省自光绪三十三年改设行省后,首任总督徐世昌鉴于东北练兵、开埠、设巡警、开学堂等事需款甚多,准备挖掘内部潜力,从整顿圜法、举办实业等方面着手,充实东北财政。徐世昌的具体做法是,以开设银行为先导,进而统一圜法、掌握资本,然后落实移民、筑路和垦务诸事,全面开发东三省。③ 徐世昌还打算向欧美各国举借二三千万至三四千万两外债,作为开办银行的准备金。该消息甫一传出,即受到当地媒体的强烈关注。当地媒体认为,东三省如能善用此款,东北振兴有望,可以"补救国家陆沉"。④ 度支部对徐世昌的借款抱有戒备心理,虽未表反对,但预先声明:"借款将来应由东三省自行筹还,万不能贻累各省,亦不得归部筹画分摊。"⑤ 此事遂搁置不议。

舆论认为凭借东三省的经济条件完全可以自主自立。《盛京时报》认为,东三省幅员辽阔,物产丰富,且值改设行省、开埠通商之际,"生财之道,比较从前当增百倍,而新政未尝加多,即常备军之驻东,仍以北洋与度支部为饷源,而东三省之财政,犹有困难之虑,当局者如坐愁城,日思借外债以弥补其阙,是诚有令人之所不解者矣"。该报希望东三省主政者振刷精神,集思广益,妥善经营,以使东北成为"不必借外赀之输入,受他省之协济"的富裕省份。⑥

然而,媒体的期望毕竟与实际情况相距甚远。三十四年十二月,

---

① 《湘省请免协饷仍不准行》,《申报》1911年1月2日,第1张第5版。
② 《湘省停解协饷之虚望》,《申报》1911年7月29日,第1张后幅第2版。
③ 徐世昌:《退耕堂政书》,沈云龙主编《近代中国史料丛刊》第225册,第473页。
④ 《东三省借款问题》,《盛京时报》1907年11月2日。
⑤ 《东三省借款问题》,《盛京时报》1907年11月10日。
⑥ 《论东三省财政困难》,《盛京时报》1908年2月13日。

黑龙江巡抚周树模奏请拨给常年经费。据称，黑龙江各项开源措施如开运官盐、举办屯垦、清丈地亩等事，收益均在三四年之后，而本年收支不敷已达一百三四十万两，因此要求度支部自宣统元年起，除了原拨协饷 26 万两外，再按年筹拨实银 60 万两，以 30 万两作为官员经费，以 20 万两改拨巡防兵饷，以 10 万两专供沿边卡伦经费。① 黑龙江此次请款，除用于军事方面外，官员经费也占不小比例，可见改建行省后，东三省官缺增多，行政费用随之增加。度支部认为，此时各项新政事业犹恐无款举办，如果以津贴为名请求拨款，不足以昭示天下；至于巡防兵饷和卡伦经费已于光绪三十三年拨给练饷和货捐，皆系有著之款，更无理由重复指拨。度支部称，如果实在不足动放，可以在三省支应处入款中匀给。之后，奉天与吉林均表示无款协济，度支部遂不得不在大连关税中提银 10 万两，敷衍此事。② 由此观之，东三省建省后，并未能成为清廷意想中的各省模范，相反却成为清政府财政支出方面的负担。

宣统元年，徐世昌与吉林巡抚陈昭常奏陈吉林财政困难情形。据称，吉林每年入款二百七八十万两，改建行省费用和新政经费令吉林经费短绌至 360 万两之多，因此奏请度支部指拨的款协济。③ 度支部在核查上述奏言之后认为，其所列岁出各项均未列明细数，且有含糊之处，"非实在预算"。度支部称，自东三省改设行省以来，历次拨济及筹给驻军饷银多达六七百万两，此次奏请如此巨款，部库也无能为力。④

虽然度支部拒绝了吉林的请款要求，却不能阻止请款者前赴后继。锡良在云贵总督任上曾因撙节用度被媒体表彰，及至入主东三

---

① 周树模：《周中丞（少朴）抚江奏稿》，沈云龙主编《近代中国史料丛刊》第 184 册，第 136~138 页。
② 《度支部议复东督等奏江省财政困难情形吁恳按年拨济折》，《北洋官报》，《清末官报汇编》第 5 册，第 1896 页。
③ 《督抚宪奏沥陈吉林财政困难情形请饬部筹议》，《吉林官报》，《清末官报汇编》第 38 册，第 19210~19211 页。
④ 《吉省请拨巨款被驳》，《申报》1909 年 6 月 6 日，第 2 张第 2 版。

省后，态度一变，积极向度支部索要经费，反映出东三省建省后度支压力之大。宣统二年，锡良乘入京陛见之机，与枢臣探讨东三省经济发展问题。他积极联络度支部尚书载泽，希望得到度支部经费支持，遭到载泽的断然拒绝。不仅如此，度支部还以币制改革为由，决定收回各省官钱局纸币发行权。锡良闻言颇为愤怒，称此项权益向为东三省所有，度支部不应干涉，如果一定要收回，则"须代东三省担筹五千万银圆，否则我立刻辞此席，以避贤路"。此后，锡良"以东省财政万分艰窘，度支部既不肯协济，又欲肆其干涉，中央如此掣肘，以后如何办事，故坚不肯回任"。外官陛见时限例有定制，锡良故意逗留京师，不肯回任，就连摄政王载沣出面干预也未见成效。最后，枢臣出面转圜，与度支部商量拨给饷银100万两，并承诺此后东三省所办各事如系万不可缓者，仍由户部承担一半经费。① 不久，媒体揭示了锡良此行的主要任务："一借款修筑锦瑷铁路，二创办东三省银行，三借款兴办实业，四改革东三省盐务。"其中，第一项因俄国和日本抵制而不能实行，第二项已经获得度支部的同意，准许创办东三省银行，发行钞票，以十年为期，期满后再交由度支部直辖。至于第三项，锡良本意借款5000万，后改为2000万，一半充作银行资本，一办作为移民垦务及各种实业之用，也得到度支部之认可。第四项度支部未予准许。②

　　当然，锡良为东三省争取利益的做法毕竟不具有普适性，也不是每个省份督抚都能够做到的。各承协省份在有求于人的同时，还需要挖掘自有利源。贵州在新政之前依靠田赋、厘金和协饷尚可维持运转；新政之后，出款倍增，每年缺银五六十万两。③ 贵州道员陈明远上书黔抚李经羲时称："黔素号瘠区，从前仰给于各省协饷，今则各省自顾不遑，而黔又添出每年摊赔洋款二十万两，加以迭奉明

---

① 《东督请款有著》，《申报》1910年9月12日，第1张第3版。
② 《东督不虚此行》，《申报》1910年9月19日，第1张第3版。
③ 《清末（未刊）上谕奏疏公牍电文汇编》第38册，第17853页。

诏，如建学堂，设巡警、兴商务等事，在在需款，且桂省游匪时扰黔边，尤不能不宽筹饷项，整顿练防。"陈明远所言皆为当时实情，尤其是各项新政需费繁多，对边疆省份的财力造成很大压力。他建议李经羲开掘利源：兴盐利、官办锑矿、官办木材、土药专卖、铸钱。① 上述建议并未得到李经羲的响应，不过不难看出此五项开源之法都是与民争利之举。陈明远之所以出此下策，归根结底还是因为黔省财政窘迫之故。

需要指出的是，清政府推行鸦片禁政后，边疆省份所受影响最为明显。贵州额拨土药税厘从 40 万两下调为 21 万两，降幅几及一半。黔抚庞鸿书要求户部仍按每年 40 万两拨解，并令各省在积欠黔饷 1000 万两内先提拨一半欠饷，解送贵州，以支发该省练兵、新政、赔款以及防饷等项开支。② 云南巡抚沈秉堃称，鸦片禁政导致滇省每年至少减收 60 余万两土药税厘，各项抵补措施每年仅收入 8 万余两，以入抵出，财源损失惨重。不仅如此，该省办理各项新政事务导致支出节节攀升，需要度支部指拨经费协济。③ 甘肃也以"种烟为大宗生产"，因禁种鸦片导致财政收入锐减，急需筹划变通方法以应对困局。④

为缓解各省财政压力，度支部通过开征印花税、加抽烟酒税、盐斤加价、征收亩捐和津贴等方式来弥补财政之不足。此外，度支部还

---

① 《民国贵州通志》（三），《中国地方志集成》，第 207 页。
② 庞鸿书：《财政困竭恳拨税款并饬解协饷折》，《政治官报》第 103 号，1908 年，第 3～5 页。一般认为贵州财政拮据，但是光绪二十六年，据前贵州册亨州同张钧奏称，贵州协饷有名无实，各省解送"不过十之二三，年有积欠之说，致黔省空有协饷之名，而无协饷之实。所赖厘金未撤，可抵协饷之项。伏思黔有四川每年认纳盐厘盐税银三十余万两，又有土药、百货厘金及本省丁粮赋税，年计进款足支文武员弁俸薪养廉恤赏赡军等用，尚觉有余"。《前贵州册亨州同张钧奏为细陈兴利除弊七条事》，清代军机处光绪朝录副奏折档案，档案号：03-7439-004，中国第一历史档案馆藏。
③ 《奏遵查禁烟情形请饬部筹办矿务以资抵补折》，《陕西官报》，《清末官报汇编》第 45 册，第 22481 页。
④ 《甘肃禁烟之困难》，《盛京时报》1909 年 12 月 26 日。

第五章 困厄与衰落：清季协饷制度的走向

提高各省田房税契的税率：买契一律征税9分，典契一律征税6分。① 各省也纷纷根据本省情况，出台开源措施，如四川就奏请加抽肉厘来抵拨土药厘金，在每斤2文基础上加抽2文。② 客观来说，这些措施对于税基较大省份来说，抵补作用尚有可观；对经济落后、税基薄弱，且严重依赖鸦片税收的云、贵、甘肃等省来说，抵补作用有限。

随着新政摊子逐渐铺开，各省皆有不堪重负之势，特别是边疆省份不得不向清廷求助："国家值兹新政繁兴，帑项支绌，原未必有空闲之款可为边省挹注之资，顾以边事紧要不得不先其所急，所以边臣偶有陈请，朝廷罔弗准许，或饬部臣筹拨，或命各省协济，大者数百万，小者数十万。部臣明知库藏如洗，无不东挪西补以应之。"《申报》所称协济数百万、数十万者乃指各项新政经费。据《申报》统计，当时拨款：临时用费方面，奉天已经用去700万两；吉林尚需900余万两；云南已经用去240万两，尚请续拨130万两。此外，筹备边防等费又须续拨300万两，西藏善后各事至少亦须三四百万两。在常年经费方面，云南每年额协兵饷50万两，仍不敷10余万两；吉林常年不敷370余万；加上奉、黑两省和西藏，又需要二三百万两；总共需要七八百万两。③ 这些常年经费还未算入甘肃和新疆部分，否则总数还将大幅增加。④

不过，各省请饷并非如《申报》所言如此简单，所谓"罔弗准许"，通过上面的分析已知并非事实。由上述可知，承协省份纷纷要求停解协饷，而边疆省份纷纷请饷，皆表明各省财政状况不尽如人意。滇督李经羲认为，近年来国家内政外交皆十分棘手，朝野上下无所设措，因此打算与各省督抚联衔向清廷提出酌量各省情形，权宜举办新

---

① 《度支部整顿各省田房税契抵补洋土药税厘折》，《盛京时报》1909年7月30日。
② 《四川酌加肉厘拨抵土药税厘》，《湖北官报》，《清末官报汇编》第31册，第15440页。
③ 《论边省耗财之巨》，《申报》1909年4月24日，第1张第2版。
④ 《陶庐老人自订年谱》，《北京图书馆藏珍本年谱丛刊》第182册，第660~667页。

政的要求："庶免长此敷衍，有名无实。"①换言之，李经羲认为，举办新政应该避虚就实，以各省财力为断，先急后缓，否则部分轻重缓急，平均用力，最后仍不免了无成效。这也可以看出，清末新政受经费的制约，"有名无实"的情况非止一时一地，而是具有普遍性。

宣统二年三月，长沙发生抢米风潮，嗅觉灵敏的媒体闻出了其中的隐忧："以前盖无不视东南各省，为财赋之所自出，上供也，协饷也，偿洋债也，举办各项新政也。盖无一不取资于是。然而东南各省，天固不雨金也，地亦不产宝也，唯竭无数小民之手足之力，以应其无艺之诛求而已。于是昔之拥厚资者，驯变为中资。中资者，驯至不能糊其口。固有之资财，殆已如水之流而不返，而闾里于以［是］骚然。"换言之，这种无止尽的索求导致各省资财"如水之流而不返"，即便号称财赋之区的东南各省也已民穷财尽。② 所谓一叶知秋，就该报的陈述来看，国家财力不支已不言自明，而过度搜剔的结果则是民变的发生。

概言之，清季最后几年，清廷与直省都陷入了财政窘境当中。各受协省纷纷向清廷请求拨款，以应付本省支出剧增的情况；而承协省份也因各项新政事宜的举办，声称财源涸竭，无力分任其难。对此，清廷一边积极搜刮各种旧有赋税，一边开征新税，然而上述举动并未扭转财政收支差距，各项新政事宜难以取得预期效果。有鉴于此，清政府以新政为由，打算通过清理各省财政来掌握全国财政收支实况，建立以国家税和地方税为模式的分税体系，调整国家与各省、各省之间的利益。

二 清理财政与争夺财权

近代以来，清政府赋税结构和收支项目发生了重大变化："从前出入均有定额。入款不过地丁、关税、盐课、税羡数端，出款不过

---

① 《滇督独敢发难耶》，《申报》1910年9月22日，第1张第4版。
② 《论东南各省之隐忧》，《盛京时报》1910年4月28日。

京饷、兵饷、存留、协拨数事,最为简括。乃自军兴以来,出入难依定制。"① 随着清朝财政收入和支出规模逐渐扩大,原有以土地税赋为主体的起运存留制度早已无法囊括新增财源,户部(度支部)几乎是在盲目状态下行使管理财政职责的。这也导致清政府在管理各省新增财源时有所变通,将以往指拨款项的做法改为摊派款项。②不仅如此,户部(度支部)与直省对各省财政收支情况的判断大相径庭,部臣与督抚因立场不同而纠葛横生。③ 户部(度支部)认为,随着财源的开拓,收入递增,各省有能力在保障本省支用的同时,落实度支部下达的各项拨款或摊款。直省则异口同声地宣称入不敷出,这种情形在庚子事变后愈演愈烈。

伴随着清末新政的推行,改革财政制度的呼声很高。不少人希望清朝财政体系能够如同西方财政体系那般统一和明晰。在这种情况下,清廷有意借鉴西方财政制度,通过划分国家税和地方税来减少部、省之间的冲突,解决财源归属不清问题。在此之前,清廷打算清理财政,先摸清各省财政情况,进而形成国家与地方分税的方案。

山西巡抚恩寿于光绪三十二年奏请设立财政处,打算将除例由藩司管理的丁赋税课外的其他各项收入划归财政处管理。同时,他还建议"编定全年度支考,并编列递年预算表",以便各府州县有所依凭。④ 可以说,在引入预算制度方面,恩寿走在了全国的前列。

御史左绍佐认为财政预算为西方宪政的精髓,而我国"取财过

---

① 赵尔巽等:《清史稿》第13册《食货志6》,第3705页。
② 刘广京:《晚清督抚权力问题商榷》,《中国近代现代史论集》第6编,第364页。咸同以前,清廷酌定各省起运存留数目乃基于各省所呈报之"春秋拨"、"冬估"及常年奏销册;咸同以后,各项财源增多,且各省情势也不稳定,上述制度无法落实,清廷通过摊派之法掌控财政,即不论各省实存银两数目,户部根据粗略之估计,确定各省承担京协饷各饷及其他经费数目。
③ 刘增合:《制度嫁接:西式税制与清季国地两税划分》,《中山大学学报(社会科学版)》2008年第3期。
④ 恩寿:《奏陈晋省专设财政处由折》,《宫中档光绪朝奏折》第23辑,第375~376页。另,关于晚清预算的早期探讨,参见陈锋《清代财政政策与货币政策研究》,武汉大学出版社,2008,第500~528页。

侈，取之尽锱铢，用之如泥沙"。① 他认为，这些情况的产生都是因为财政的无计划所致。如果实行财政预算制度，既可厘剔这些弊端，又可使国家财政渐渐变得明朗和有计划，还有利于各项新政事宜的落实和国力的提升。

御史赵炳麟也奏请实行预算决算制度。赵炳麟称，西方各国每年收支情况妇孺皆知，中国则因无财政统计而广受外人讥诮，因此亟须引入西方财政预决算制度。他建议度支部挑选精通会计知识之人制定中国预算决算表，同时派人前往各省调查各项租税及一切行政经费，以作为实施预算之基础。赵氏认为，清理财政后，各种款项自可眉目清楚。② 由是观之，赵炳麟已经大致为度支部拟定了清理财政的规模与范围：从建立财政预决算制度入手，厘清国家财政收支情况。赵炳麟上述建议对此后度支部拟订清理财政计划很有启发。

不过，度支部并未立即接受上述各人改革财政制度的建议。度支部对赵炳麟所陈各节进行覆奏时，态度似乎偏向于守成一面。度支部认为，当时该部所行"春秋拨册、预拨来年兵饷以及例定奏销期限，又凡兴办一事，必令先行立案"，与预决算制度名异实同，且行之有效。度支部所言未必没有道理，在财政收支结构较为简易之时，国家主要以兵饷为急务，因此上述制度运作尚能满足整体统治的需要。然而，世易时移，清政府财政收支体系业已发生了巨大变动，而财政状况却江河日下。度支部也不否认这一点："财政日形窘绌，所有一切新增用款，如各项洋债及今年练兵经费，以及地方举办新政。各省之所筹措者，大半展转腾挪，动辄不敷支应。"即便如此，度支部仍不同意改革财政体制。它以日本为例，认为日本明治维新以来，引入预决算制度后"主计者不过按数填册"，并未收到实效；而中国地域广阔，实行预决算难度太大。不过，度支部也有所

---

① 左绍佐：《奏为预算岁出岁入之数请饬下度支部核实等情事》，军机处光绪朝录副奏折，档案号：03-6667-141，中国第一历史档案馆藏。
② 赵炳麟：《赵柏岩集》，广西人民出版社，2001，第427~428页。

行动，决定先酌量条理财政体系：一是令各省清理积年报销案；二是各项新办事宜分别报部立案；三是各省外销款项需要核实奏明，送部稽核；四是在京各衙门收支款项应知照度支部。① 度支部欲迎还拒的态度，至少有以下几个方面的原因：一是当时中央官制改革尚在落实之中，重组权力，尚无精力来引进西方财政制度；二是财政预决算急需专门人才，当时度支部尚不足以应付该事；三是各省和中央各部财政含混纷繁，如果不事先稍微清理以得其轮廓，难以深入调查。这样一来，实行预算决算制度的建议暂时被搁置起来。

三十三年，出使奥国大臣李经迈也加入到奏请建立预算决算制度的行列。李经迈称，中国传统思想推崇量入为出，与欧洲各国每岁预算的做法是相通的。他认为，此时国家百废待兴，筹款却愈发艰难，整理财政为当务之急，其中又以调查全国财税数额为新政之基础。李经迈指出，如果不认真整顿财政，中国财力将至无法支持。他还提出了清理办法，即令度支部挑选精于"计学"之人，分赴各省，会同藩司、运司以及所在省份主管财政之人，逐款查核，将每年收支情况以及举办新政所需经费，详细考核，造册送部，再由度支部综核决算。② 由于李经迈身处西方，对各国财政的把握更为贴切，就其所陈办法，观诸后来度支部清理财政办法，多有采择。

上述奏请均未能促动度支部下决心推行财政改革。赵炳麟于三十四年五月十七日再次奏请改革财政。这一次，赵炳麟从划分国家税与地方税入手。赵炳麟建议清晰财政收支，一是将租税划分为国

---

① 沈桐生辑《光绪政要》，沈云龙主编《近代中国史料丛刊》第345册，第2369~2370页。从度支部的覆奏以及其后的动作来看，度支部有意清理财政。度支部之所以未顺水推舟地接受，可能与当时清廷财政分割有关。清末新政期间，除了户部（度支部）外，清廷还成立了财政处，且在京各衙门也有独立的筹款权，导致度支部财政权力未能统一，监督财政能力不完整。三十二年九月，清廷重新调整官制，将户部改为度支部，将财政处并入。赵炳麟上奏是在十一月份，官制调整正在进行，直至光绪三十三年正月，军机处才会同度支部厘定度支部职掌和内部架构，并决定设立"财政调查处"。（沈桐生辑《光绪政要》，沈云龙主编《近代中国史料丛刊》第345册，第2385~2386页。）

② 故宫博物院明清档案部编《清末筹备立宪档案史料》，中华书局，1979，第202页。

税和地方税，前者为中央政府之用，后者为地方新政之用；二是改布政使为度支使，每省一人，统司全省财政出入，直接由度支部管辖，受督抚节制。赵炳麟认为，这样一来，国税由度支部支配，地方税则为各省留用。界限分明，各得其所，避免部臣与疆臣之间的冲突。度支使总领一省财政，造报收入各款，部臣握有统核之权，如是则各省财政可一。① 御史秦望澜和谢远涵积极响应赵炳麟。秦望澜奏请由度支部出面，令各省将所有出入款项，通盘筹算，列表进呈。② 谢远涵力主统一财权，认为唯有通过清理财政才能将财权收归中央，以一事权。③ 这样建立财政预决算制度和划分国家税与地方税已经成为层层递进且可操作的计划，问题只是度支部如何落实了。

在一片舆论声中，清廷令会议政务处议覆赵炳麟奏陈。会议政务处称，"中国新政创行，举凡兴学、练兵、工商、实业诸要务，无一可置缓图，徒以财政未能清厘，以两江财赋之区，近日奏章竟有不名一钱之叹，则边远省分更何待言，以故朝廷偶一兴革，外省率以请款为辞，度支部存储无多，不得不酌量指拨，其受拨之省又大都托词以诿谢之，或减成以勉应之，从无有以某种进款抵某种出款之实证，是部中虽有统辖财政之专责，并无转移调剂之实权，若不早为更张，将各省外销及在京各衙门经费通行核实，详细规定，恐凡有设施，无不仰给于部款，而收入各项又复笼统留支，不能分晰造报，则日复一日，该部亦必有难于因应之时"。会议政务处认为划分国家税与地方税为立宪各国通例，"亦为中国办事扼要之图"，要求度支部予以落实。④

从覆奏来看，会议政务处对各省在新政阶段以财力告匮为由纷纷向度支部请款感受很深。更为重要的是，度支部指拨以后，承协省份则又以各种借口或推诿，或减成，落实有限。会议政务处认为，各省收支款项度支部未能得其究竟，导致度支部虽为财赋总汇而无

---

① 赵炳麟：《赵柏岩集》，第465页。
② 《清末筹备立宪档案史料》，第338~339页。
③ 《谢侍御请一财权》，《申报》1909年1月15日，第1张第4版。
④ 《政务处奏覆统一财权》，《申报》1908年8月13日，第1张第5版。

"转移调剂之实权",因此主张划分国家税与地方税,以便各项财源划分能够眉清目楚。需要指出的是,会议政务处对度支部"虽有统辖财政之专责,并无转移调剂之实权"的判断应该是建立在当时各省起解协饷时纷纷借词延宕的基础之上的。光绪三十四年,宪政编查馆在《会奏预备立宪分年筹办事宜折》中正式确认"清理财政"为最重要之事,责令度支部落实。① 宪政编查馆确定了以清理财政为开端的财政预决算,以及国家税和地方税计划,也意味着清廷调整协饷制度的开始。

由于宪政编查馆仅从宏观方面为度支部设定了办事指导思想,因此度支部需要拟定详细实施办法。度支部在奏陈清理财政办法的同时,阐述了度支部的主导思想。一是"统一",即统一财权。度支部批评各省对统一财政反应冷淡,认为各省"以各善其事之心,行专己自封之术,不屑俯就绳尺,而好自守町畦"。二是"分明",即明了全国财政收支细节,此需在财权统一之后方有条件实施。度支部还奏陈了急需整顿的各项事宜,一是收回外债举借;二是收回在京各衙门筹款权;三是稽核各省官银号;四是各省涉及财政之事应随时报部;五是度支部直接考核各省藩司;六是各省奏销需按期造报。② 度支部上述几条纲领,都是收权之举,又以统一财权为重中之重。

随后,会议政务处从整体出发,指出此次清理财政的肯綮与重点,"各直省款项,内销则报部,尽属虚文,外销则部中无从查考",因此希望通过财政清理可以改变财政含混不清的弊病,收财政清明之效,实现财政的统一性、计划性与科学性,也为划分国家税与地方税提供便利。当时"外省积习,皆有外销款项,自筹自用,向不报部,且有时遇有急需,无款可筹,不得不挪用正款",为了鼓励各省和盘托出财政收支事情,会议政务处要求部、省之间互相体谅,

---

① 《度支部清理财政处档案》(上),《清代民国财政预算档案史料汇编》第3册,第1150页。
② 《度支部清理财政处档案》(上),《清代民国财政预算档案史料汇编》第3册,第1063~1070页。

"不绳以苛例，凡事内外相商"，开诚布公，通力合作，厘清财政积弊，改弦更张，步向正途。① 会议政务处此举意在修饰度支部过于明显的集权痕迹。

不过，清理财政还是引起了相关方面的恐慌："自度支部奏准清理财政，内而各部院，外而各行省均极恐慌。闻督抚中有致电某相国，谓窒碍难行者。相国以事关大局，且意在除弊，并无苛求，并均置之不议。在京各部惟邮传部已赶办清册，所有借款及自筹款项，均和盘托出，其他则尚无举动。"② 从此则报道来看，督抚对于度支部借清理财政之机颇有戒心，对度支部清理财政的背后诉求十分狐疑。枢臣出面说明"意在除弊，并无苛求"，旨在消除各省顾虑，而"除弊"一词颇为含混，回旋余地很大。邮传部在各部院中积极表态支持是因为邮传部为国家财用消耗大户，所办各项实业需款甚巨，而将各项收支情况和盘托出，可以自清身家，也有利于进一步请款。

此后，度支部拟定了清理财政办法。中心思想在于"截清旧案，编订新案"。③ 度支部希望各省将出入款项，无论是报部或外销之款，通盘调查，"据实报部，不准丝毫隐饰"。④ 为防止各省阳奉阴违，度支部宣称："财政至今日困难极矣。臣部库储奇绌，用款浩繁，各省请拨之书，既穷于应付，历年报销之案，又苦于稽延。仰屋彷徨，徒深嗟叹，而各疆臣以新政之待兴，外销闲款之悉索，罗掘几无余地，腾挪亦有穷期，长此因循，伊于胡底？臣等愚以为，财政艰窘至此，与其内外相蒙，坐而待困，何如推心置腹，各出至诚。乘此百度维新，将出入各款逐项梳栉，澈底澄清，而财政尚有转圜之一日，在臣部此举不为搜刮之谋，更无吹求之念，既往之弊不加追咎，查出之款仍可存留各省，既无所用。其回护有何所用其讳匿，此则

---

① 《会议政务处奏遵议度支部奏清理财政明定办法折》，《东方杂志》第6年第1期，第36~40页。
② 《清理财政之恐慌》，《盛京时报》1909年1月17日。
③ 《清理财政之核实方法》，《大公报》1909年2月3日。
④ 《度支部奏遵旨妥议清理财政办法折》，《东方杂志》第6年第1期，第40~45。

臣等区区之诚,所期与各省疆臣协力同心,以共图匡济者也。"① 尽管度支部努力掩盖清理财政的目的,但上述言说仍然直指问题关键,一是财政困难至极,各省唯知请饷而对办理报销事宜则不甚措意,意在隐瞒本省财政收支实情;二是各省外销款项甚多,而度支部对实际情形了解极其有限;三是通过清理财政之举来重新梳理国家出入各款,以期总体把握国家财用的真实情况。

度支部拟定了清理财政章程。度支部决定在部内设清理财政处;各省设清理财政局并由部派监理二员充任其事,各省清理财政局以藩司或度支司为总办,运司、关盐粮等道及财政局之候补道充任会办;设正副监理官各一人,由度支部派人充任。② 清理财政清单中,具体罗列了岁出入各款,各省按款稽核。入款类项下,列有受协项;出款项下则有承协项,协饷属于国家行政经费。财政调查以统计光绪三十四年数据为主,同时需要编定各项清理财政报告册并附说明书。度支部财政清理章程的目的在于,改变旧有的"起运、存留,报销、核覆"③ 制度,厘清财政收支实数,统一财政权限。为落实财权统一之计划,度支部要求各省财政统归藩司管理。度支部的理由是,各省局所林立,藩司仅列衔画诺而已,且新政以来,需费繁多,"多一局所即多一分糜费,于事体则为骈拇,于财用则为漏卮",因此除盐粮关各司道外,其余一切局所均次第裁撤,统归藩司或度支使经管。④

清季各省督抚在对待中央政令时,喜欢互相援引,共同进退。正如会议政务处和度支部所担心的那样,督抚们对清理财政态度消极,主要是由于各省收支弊端所引起的。鉴于度支部要求各省奏销

---

① 《度支部清理财政处档案》(上),《清代民国财政预算档案史料汇编》第 3 册,第 1097 页。
② 《度支部清理财政处档案》(上),《清代民国财政预算档案史料汇编》第 3 册,第 1108 页。
③ 《宪政编查馆奏核议清理财政章程酌加增订折》,《东方杂志》第 6 年第 1 期,第 48～49 页。
④ 《度支部清理财政处档案》(下),《清代民国财政预算档案史料汇编》第 3 册,第 1153 页。

积案，两广总督张树声致电各省督抚，称各省财政纷纭，难以按照预算决算表开列奏销，因此主张"或将为难情形联合数省据实入告，请将以前纠葛之款，不定之数，概免计议，就现年实收实支数目据实查开，庶几或易下手"。其实，厘清前此款项实情困难确实存在，然而难保张氏所称"从前纠葛之款"没有故意隐匿的意思，实际上张氏正是担心"外销之款托出，恐将来棘手，不报，又无以昭核实"。随后，浙江巡抚增韫反应积极，希望与各省共同进退。两江总督端方因铁良南巡后，本省财政外销业已照数开报，因此态度摇摆。① 此事，终因直、鲁二省不愿与闻作罢。②

可见，不管是枢臣、度支部，还是各省督抚，都对外销款项十分关注，作为一项规模巨大的财源，度支部拼命想弄清楚其中虚实，而各省则努力掩盖。对此，媒体有一番见解，也许可以看清其中玄机："以一国财政，而有内销外销之分，以一案之销，而有融支融销之弊。其事固寰宇各国所创闻也。然推原其故，则中于部臣之拘牵成立者半，中于部吏之恣意需索者亦半。部臣多一次之例驳，疆臣即多一次消耗，部吏多一番需索……况部臣之于疆臣，地位异则情势扞格，缓急殊则意见相歧，一款之用，一役之兴，往往为疆臣万不得已之举，而据实报销，必干部斥。盖当事之为难，有非局外所能知者。由是外销之名目以起，酌留一省中之若干，以为外销经费。一省如此，他省效之，事不关于中枢，理实等于欺饰。"③ 中央虽然表示清查外销各款仅在于弄清事实，不会攘夺利源，各省不免心有疑虑，担心丧失此项独占之利。更何况，摄政王不小心透露了清廷真正意图："现在预备宪政，应行新政渐多，需款亦渐增，京外库款支绌，全赖外省将外销中饱各款和盘托出，以济要需。"④ 其实，清廷对直省外销款项向来注意，光绪二十四年正月，清廷即以各省

---

① 《各省清理财政问题》，《申报》1909年2月25日，第2张第2版。
② 《电五》，《申报》1909年2月27日，第1张第4版。
③ 《论各省清理财政之困难》，《申报》1909年2月28日，第1张第3版。
④ 《摄政王清理财政之宗旨》，《申报》1909年4月17日，第1张第4版。

厘税外销之款甚多，勒令各省将外销款项裁减，将所收"百货厘、盐厘、茶土药厘及常税、杂税等项银钱数目据实报部"。① 可见，如何处置外销款项始终是中央与直省之芥蒂所在，此次未必不是清廷引蛇出洞之计。

度支部所派财政监理官陆续抵达各省后，开始设立财政清理局，办理各项清理事宜。为了获得各省岁出岁入的详细信息，度支部令各省按款调查，编造详细报告册及表格。具体包括"藩运道局等各库收支存储银粮数目，并全省出入款项总散各数目，及府厅州县库收支存储银粮数目，各官银钱号资本营业情形"。② 度支部在制定岁入各款时，有协款一门，称此款是指"受协省分常年额拨及临时指拨之款而言，如直隶淮饷、甘肃新饷、广西边饷、滇饷、黔饷之类"。③ 在岁出一项内，"协款"包括南北洋防费、直隶淮饷、甘肃新饷、广西边饷、滇黔协饷及其他临时指拨各款。④ 其中，"由常洋关税项下拨充本省之款一并作为协款"。⑤ 由是观之，协款主要以协饷为主，涵盖直隶、广西、甘肃、新疆、云南和贵州等地。需要指出的是，从协饷到协款的转变，可以反映出晚清以来，尤其是洋务运动以来，清政府财政收支的变化和经费用途的拓宽。

度支部在拟定章程时，为了便于稽核，决定将三十三年以前各省出入款项作为旧案，免造细册，仅开单报销即可。这一漏洞被护理粤督胡湘林利用。元年九月，胡湘林将光绪三十三年以前广东积欠京协饷银共233.2612万两开单报销，要求免解。度支部发现胡湘林这一意图后，立刻声明，报销归报销，欠解依然需要陆续补齐，

---

① 沈云龙主编《谕折汇存》第6册，第3901页。
② 《度支部清理财政处档案》（下），《清代民国财政预算档案史料汇编》第3册，第1197页。
③ 《度支部清理财政处档案》（下），《清代民国财政预算档案史料汇编》第3册，第1201页。
④ 《度支部清理财政处档案》（下），《清代民国财政预算档案史料汇编》第3册，第1210页。
⑤ 《宣统三年预算表》，《清代民国财政预算档案史料汇编》第4册，第1193页。

拒绝了胡湘林的要求，也阻绝了其他省份跟进的可能。①

宣统元年十二月，各省岁出入总数在各方期待中出笼。统计光绪三十四年岁入除去受协共收入26321.97万两，岁出除去协款共支出26987.6432万两，以入抵出，短缺665.6732万两。② 由于上述统计过于笼统，因此难以确定其中协款以及协饷实数。从宣统元年的统计数字来看，各省岁入28100.2513万两，除协款共计26321.97万两，则协款总数为1778.2813万两；岁出28925.318万两，除协款共计26987.6432万两，则协款总数为1937.6478万两。③ 协款本身并不会增加财政总量，而岁入和岁出为统计口径，所得协款数额出现100余万两的差额，具体情况难知究竟。粗略估计，元年受协款项以岁入为计算口径，占实际岁入总数6.7%；以岁出为计算口径，占实际岁出总数7.2%。如果除去协济各项经费，协饷比重还要下降几个百分点，估计在5%左右。这一数字与光绪中期协饷在国家财政中所占比例16%~20%相比下降很大。这是因为清季财政支出膨胀迅速，军费在国家整个财政收支当中的占比相对下降。

虽然各省的虚与委蛇使得度支部难以获得全国财政的确切信息，但就清理财政本身而言无疑是建设性的，社会舆论期待借由此次清理财政的机会，建立预决算制度，划分国家税与地方税，使得清廷与直省职责分明，款目清晰，"何省之地方税应令自筹，何省之地方税尚须补助"，一目了然。④《盛京时报》认为，"近日财政虽竭蹶备至，而其源既清，则以后终有充裕之一日"。该报对于新政策的期许很高："制度即已更变，监督之任专，而公私之限清"，从制度层面来说，清理财政是统一财权的先声。⑤

---

① 《胡护督请免解积欠京协各饷不准》，《申报》1909年10月14日，第2张第2版。
② 《度支部清理财政处档案》（下），《清代民国财政预算档案史料汇编》第3册，第1181~1187页。
③ 刘锦藻：《清朝续文献通考》卷68。
④ 《论财政清理后之希望》，《盛京时报》1910年5月20日。
⑤ 《论清理财政之效果》，《盛京时报》1910年8月23日。

表 5-10 宣统三年各地区预算

单位：两

	岁入	岁出	收支情况
奉天	16183311	15521927	+661380
吉林	8488600	9342700	-854100
黑龙江	5400169	5513451	-113252
直隶	25335170	21978682	+3356488
顺天	254714	302489	-47775
江苏苏属	9834751	10917453	-1082702
江苏宁属	25741937	25841626	-99688
江苏江北	1507000	1565000	-58000
安徽	4997800	6753000	-1755100
山东	9349000	9899000	-550200
山西	8188561	8938948	-750386
河南	9741000	10340400	-599400
陕西	4213511	6304287	-2090075
甘肃	3805956	4308879	-502923
新疆	3567385	3473772	+93613
伊犁	904335	1023936	-119600
福建	5061163	6212889	-1151725
浙江	14289452	14500788	-1429864
江西	6926340	9474815	-2548495
湖北	13545147	15785312	-2240160
湖南	7661553	8992703	-1571153
四川	23696100	31442100	-7746020
广东	23201957	20262273	+2939684
广西	4470000	5840000	-1370000
云南	5461700	7465500	-1932900
贵州	1734060	2788290	-1054220
热河	1241132	1485725	-244592
察哈尔	569371	654907	-85536
归化城	47202	43766	+3436
绥远城	12527	11801	+726
库伦	137954	168250	-30296

续表

	岁入	岁出	收支情况
乌里雅苏台	53463	51984	+1479
科布多	58223	55108	+3114
阿尔泰	154278	154278	0
西宁青海	15229	15229	0
川滇边务	573200	572870	+330

注：上述数字统计，局部数据因户部有所增减，故岁入与岁出相减数字可能与收支情况一栏有出入。"+"表示盈余；"－"表示不足。

资料来源：刘锦藻《清朝续文献通考》卷68。

从表5-10来看，入不敷出的省份居多，这大大出乎度支部预料："历来边省因过于瘠苦或以军饷无出，始有协款之举，近则各省耗滥过多，经常日绌，如江南、福建等省竟以有例支不足，贷款洋行，请部设法者。甚至兵饷一切，积欠累累，隐患之伏，已兆于此。揆度其原，莫非前之任事者，博进行之名，昧长久之虑，拟请令各省于预算外，有溢支者，即由该省设法节省，不得令有不敷。"① 媒体也一片哗然："中国之财政今日困难达于极点，何以财政不清理而各省敷衍支持，尚不虞其不足，自经监理官之清理而各省转皇皇然，有不足之忧，腹腴边瘠，几同一辙。"②

上述情况的出现，在度支部看来，是因为各省不愿意诚实奏报，有意增出减入，模糊财力："于岁出则有意加多，于岁入则特从少报。至于田赋、厘金之欺隐，赈捐、杂入之含糊，则更不可究诘。"③ 度支部的质疑反映了清理财政的巨大难度。不过，另一个值得注意的问题是，各省举办新政，因此出款增加也是可能的，至于岁入有意少报，则系度支部推测。这是因为晚清直省及府州县财政体系纷乱，其中肯綮很难一言以蔽之。度支部因此希望财政监理官能够负

---

① 《度支部奏维持预算实行办法折稿》，《清代民国财政预算档案史料汇编》第7册，第3300页。
② 《专电》，《申报》1910年8月16日，第1张第4版。
③ 刘锦藻：《清朝续文献通考》卷72。

起责任，切实核查各省度支实情。

当然，由于清理财政涉及经济利益，因此令问题变得复杂。《时报》指出，度支部本想通过财政清理来掌控全国财政，调拨各省资源，"待清理财政后增拨各边省军饷。"① 这一点在会议政务处奏折之中已经指出，即所谓"转移调剂之实权"。《大公报》对此持怀疑态度，该报认为"财政一端，千经万纬，我国财政尤多，故为曲折，使局外人观之如入五都，如登迷楼，恍兮惚兮，杳兮溟兮，而终莫得其要领"，② 且财政监理官会蹈袭官场习气，"畏首畏尾，敷衍了事"。③ 由此可见，要想通盘掌握直省财力状况并非易事。《盛京时报》与《申报》观点类似，认为中国财政之复杂，远非设数十位财政监理官，造报数十份财政表即可扫除积弊，各位财政监理官处于"客体之地位，欲实行确切之调查，而其权常有所不能伸"，因此清理财政效果有限。④

媒体的论说进一步为我们厘清了清理财政的局面，这可能也是度支部的判断。鉴此，除了要求财政监理官履行职任，度支部还咨令各省修改出入数额，按照该部拟增数目和拟减数目进行确认。这种增进减出的办法，引起各省督抚反对，以至于函电交驰。最后一些督抚象征性地增加些许入款，减少出款。上述督抚与度支部的博弈，大大降低了清理财政的实际效果，各省力图隐匿各款，度支部则任意增进减出，不仅无助于弄清各省财政实际情况，相反还使人如堕五里雾中。当时，宣统三年预算开始统计的岁入如下：全国岁入约为 29000 万两，岁出约为 35000 余万两，收支不敷 5000 余万两。经度支部增进减出后，统计全国岁入 30191.0296 万两，岁出 29844.8365 万两，盈余 346.1931 万两。这种根据经验甚至凭空臆测的做法，看似与清理财政的初衷——建立西方财政预决算制度是

---

① 《论清理财政》，《时报》1909 年 4 月 1 日。
② 《论财政清理之难》，《大公报》1909 年 6 月 28 日。
③ 《论财政监理官责任之难尽》，《大公报》1909 年 6 月 2 日。
④ 《清理财政之先决问题》，《盛京时报》1911 年 3 月 15 日。

相违背的，但如果将其与清廷有意财政集权联系起来也就可以理解了。

各省是否有意隐匿、欺瞒，各方因立场不同而自说自话。不过，在清理财政之后，各省督抚似乎幡然醒悟，对本省承担款项过多提出反对意见，其中尤以江西巡抚冯汝骙为最突出。冯汝骙称："全国财政支配均平，方能固预算决算之基，现以各省岁出岁入相比较，所认解洋款、赔款、协解各款，至多者不及岁入十分之五，少者不及十分之三，其尤少者不及十分之二，今赣省独占岁入十分之八，财力雄富省分除解款外，行政经费优于赣省固无论矣，其与赣省岁入相埒及岁入较少之省，计其行政经费有多至一倍者，有多至十分之五六，十分之三四者。窃维各项新政依限进行，何敢独后？一经比例，则赣省之担负独重。"① 冯汝骙显然是有备而来，为了增强其奏言的说服力，特意将江西和各省所承担的款项进行对比（表5-11）。

表 5-11　直省各项起解款项比较

单位：两，%

	总收入	洋款赔款	起解各款	比例
江西	6900000	2955967	2370988	77.2
江苏	25741937	4444697	7765412	47.4
直隶	25335170	1036559	3378192	17.4
四川	23676100	3885972	5601849	40.1
广东	23201957	4771768	2666516	32.1
奉天	16183211	0	609874	4
浙江	14289452	3451590	2984722	45
湖北	13545147	2567739	2160651	35
江苏苏属	9834751	3424991	3306710	68.4

---

① 《江西巡抚冯汝骙奏为陈明赣省入不敷出实在情形请敕核明支配以期收支适合事》，清代军机处宣统朝录副奏折档案，档案号：03-7515-065，中国第一历史档案馆藏。

续表

	总收入	洋款赔款	起解各款	比例
河南	9741000	1865655	1674562	37.4
山东	9349000	0	5033080	53.9
吉林	8488600	0	647089	8
山西	8188561	1327421	2705836	49.3
湖南	7661553	1430651	1452152	37.6
云南	5461700	0	52817	1
黑龙江	5400169	0	736	0.01
福建	5061163	1611854	1931228	70
安徽	4997800	1805930	1497422	66.1
广西	4470000	610250	244372	19.1
陕西	4213511	996592	819751	43.1
甘肃	3805956	355627	141847	13.1
贵州	1734060	0	240203	13.9

注：冯氏未说明上述数据的年份。
资料来源：《江西巡抚冯汝骙呈江西岁入暨岁支洋款赔款协解各款总数与各省逐一比较清单》，清代军机处宣统朝录副奏折档案，档案号：03-7515-066，中国第一历史档案馆藏。

以冯汝骙巡抚的身份获得上述各省起解及赔款数额应该不难，因此上述统计总体上是可信的。仔细分析上表中所载内容，我们可以看出：一是总体来看，各省摊派各款数额确实较高；二是各内陆省份负担普遍较重。需要指出的是，由于当时起运存留制度已经无法包括所有财源，因此除了田赋之外，清廷对各省财源的控制多采用摊派的方式，例如提拨厘金、加派京饷、筹边军饷、加放俸饷、加复俸饷、东北边防经费、外债和赔款、练兵经费、海军经费等。这可能导致直省对本省起解经费过多产生异议。综观清理财政的效果，不仅未能达成统一财权的目的，而且还使得各省在陈述财政窘状时更有托词。

正如前引《大公报》所言，"我国财政尤多，故为曲折"，一语道出中国财政的问题所在。未清理财政以前，各省督抚对本省财政收入未必条清目楚,况且各省财政收入来自州县,其中饱之弊一直为人所熟知。也就是说,督抚对本省岁入的实际情况也所知甚少,稀里糊涂。新政以来,各省财用虽然拮据,但是挪新掩旧,寅吃卯粮,也可勉强应付。财政清理之后,各省大致掌握了本省收支情况,发现本省收支悬殊,竟纷纷要求清廷拨款:"清出之款迄今尚无成数,而应增之款则反陆续而来。"① 浙江巡抚增韫对此感触颇深:"未经清理以前,病在紊乱,及既清理以后,又病在困乏。部臣纾筹于内,疆臣勉应于外,于各项行政费一再裁减而不敷仍巨。"② 然而,"紊乱"也好,"困乏"也好,都是财政弊端,这些是清理财政所要解决的问题,反过来却限制了清理财政的效果与作用。特别是,各省在清理财政之后,发现本省财用竟然如此"困乏",使得督抚们在转移财赋时更趋于保守,协饷制度运作因之难上加难。

三 未完成的转换

如前所述,协饷制度在清季遭受各种赔款、练兵和新政等因素的挤压,导致协饷运作已经大不如前。清廷虽然打算通过清理财政来摸清直省财力,从而提高财政调剂力度,但事与愿违,反而引起各省自固畛域。也就是说,清廷虽然在竭力寻找解决制约协饷制度发挥作用的原因,但是落实到现实当中却又非常困难。

光绪三十年,《中外日报》对协济一事进行了相当生动的叙述:"中国财政虽无预算表之作,然每当冬季,户部例有次年拨款清单,知会各省,某省某款应作何用,某省某款应由某省协济,未尝不逐款罗列,有条不紊也。然率皆凭空册以为蓝本,而于此款之究若干,出款之是否的实",则无暇顾及。"各省疆吏惟于应解之京款或不敢丝毫短欠,其于协济邻省之款则有置之不解者矣,亦有解而不足数

---

① 《度支部清理财政之为难》,《盛京时报》1909年9月14日。
② 《浙江巡抚增韫奏为条陈财政事宜事》,清代军机处宣统朝录副奏折档案,档案号:03-7515-040,中国第一历史档案馆藏。

第五章　困厄与衰落：清季协饷制度的走向　349

者矣。其在受协之省分，方且视此悬而无薄之数为应得之款，日待之，以为支用之需。而在应协之省分则册上有此款，库中实无此款，乃不得不辗转延宕，付诸无著。而止试观近时各省催款之奏牍、咨文，无不言某省应解之款已积欠至若干，又试观各省筹款之奏牍公文，无不言部臣指拨之款并无著落，则各省之财政匮乏，部臣之呼应不灵，亦概可想见矣。"① 《中外日报》所呈现的情况，再次反映出清季协饷制度的困局，由于协饷位置较诸京饷为差，在度支告匮之际，协饷成为首当其冲的对象。与《中外日报》判断相似的是，《盛京日报》也认为"协饷之有名无实"，不过其立论基础则与《中外日报》相抵触，认为"自财政清厘以后，外间一丝一粟之闲款，计臣皆收之中央，以实其集权计画，各省自顾且不暇，更安有余润以及人"。②

撇开上述判断上的差别，双方对协饷变得有名无实则无异议。实际上，协饷解送受到影响是真，而度支部并未能够掌控直省财政，与之相反，各省纷纷请饷令度支部叫苦不迭："近来各督抚时以该省财政奇绌，办理新政款无所出为词，要求本部拨款协济，殊不知本部直接收入之款只二千余万，除应付内务府用款及军备等费外，所余无几。各省不自量入为出，撙节动用，而辄思仰给本部，作无厌之望，本部又安得如许闲款，以源源接济。自应严定制限，嗣后各省非有特别紧急事件，如军事外交等需款，骤难筹措者，准其咨商本部暂行拨垫，此外经常一切应需各款，概由该省自行设法，不得要求部拨。"③ 那么，清末最后几年，协饷情况到底如何呢？根据清理财政后各省清理财政局编订的财政说明书，大致可以窥见一些端倪。

按照度支部规定，各省需要在宣统二年七月之前完成本省财政

---

① 《论各省拨款为难情形》，《中外日报》1904年11月1日。
② 《中国今日之财政观》，《盛京时报》1911年8月26日。
③ 《度部对于外省请款之缔制》，《申报》1910年9月23日，第1张第4版。

说明书的编纂，但各省并未能一律依限完成。至于各省说明书体例也不统一，不少省份仅统计入款。现就各省财政说明书中有关协饷部分进行胪列并加以分析。需要说明的是，各省财政说明书中，按要求列有岁入和岁出两大门类。承协省份在岁出门项下列出协款，即为协济各省的经费。受协省份则在岁入门项下列明受协款项。各省说明书中的数据主要取材于光绪三十四年和宣统元年的财政收支款项。

广东协款。协饷：广西协饷、云南练兵饷、广西新军经费、西藏练兵饷。协济经费：拨补淞沪厘金、江北提督河工经费、协济邮政经费，新案盐斤加价匀拨行盐省份银两、协助湖北水灾赈款、协助福建水灾赈款、筹拨江北水灾赈款、协助甘肃赈款。其中，协饷都是经常性的，按年解拨；协济经费中，各项赈款为临时性拨款，其余指拨时间不一，数额不定。光绪三十四年，广东实际协款为 81.1272 万两，协饷 57.9835 万两，占协款总额的 71%。宣统元年，广东实际协款为 78.025 万两，协饷 44.577 万两，占协款总额的 57%。[①]

山西协款。协饷：甘饷每年 78 万两，三十四年实解 36.0057 万两；乌科二城经费每年 9.6988 万两，三十四年全部解清。协济经费：滇省义赈 1200 两、顺直义赈 1547 两、粤省灾赈 1.2 万两、鄂省灾赈 2100 两、皖省灾赈 2000 两、闽省灾赈六项 2100 两，皆为临时性支出，共计 2.0947 万两。山西运库协饷：甘肃新饷 48 万两，三十四年解足；云南铜本经费解过 2 万两。[②]

河南协款。协饷：吉林协饷改拨浚浦经费每年 1 万两，甘肃新饷额派 56 万两，三十四年起解 36 万两。协济经费：抵拨鄂岸盐厘 4100 两，抵拨淞沪厘金 4 万两。[③]

[①]《广东财政说明书》，第 446~450 页。
[②]《山西全省财政说明书》，"藩库内外销支之协款""运库内外销支之协款"，广东省社会科学院图书馆藏。
[③]《河南全省财政说明书》，"协款及拨补摊解各款"，广东省社会科学院图书馆藏。

广西受协各款。宣统元年实收 43.6793 万两，其中本年为农历闰年，因此以 13 个月计算，湖北、湖南和广东三省共应协饷 39 万两，实解 37.9326 万两。①

云南受协各款。常年协饷：川省协饷 7 万两，每年均解清；四川官运局协饷 28.5 万两，按年解清；湖北协饷 14.4 万两，起解不及半成；湖南协饷 24 万两，因土药禁绝，早成无著之款。新拨协饷：湖北土药统税拨解及截留本省应解洋款用于新军常年经费银 70.7 万两，按年清解；镇江等八关协滇新军经费 26 万，实解 24 万两。临时指拨协款：新军开办经费，指拨四川 20 万两、湖北 51 万两、广东 26 万两、湖南 23 万两，全部解清；银行余利及各省土药等税协滇开办新军经费 130 万两，全部解清；云南防营协饷 30 万两，全部解清；河口军务协饷 30 万两，全部解清。云南铁路防营营饷，每年截留庚子赔款摊派 20 万两；滇越铁路经费 70 万两，解到 67 万两。铜本经费：自光绪三十年起至宣统元年共应解银 132 万两，实解 87 万两；加拨铜本应解 146 万两，实解 134 万两。② 如此看来，光宣之际，云南协饷解送情况还是相当不错的。重要的是，虽然陆军部一直要求各省自筹经费编练新军，但是云南依然通过协饷制度获得了协饷。其中多为李经羲督滇努力结果。

甘肃新饷解送呈逐年下降趋势，表 5-12 显示各省因财政困难而无法兼顾的情况。

表 5-12　光绪三十四年至宣统二年各省解送甘肃新饷

单位：两

	额拨	光绪三十四年	宣统元年	宣统二年
江苏	130000	130000	130000	130000
安徽	190000	190000	190000	190000
江西	330000	330000	245524	135524

① 《广西全省财政说明书》，"总论"第 7、17 页，广东省社会科学院图书馆藏。
② 《云南全省财政说明书》，"协款"第 1~11 页。

续表

	额拨	光绪三十四年	宣统元年	宣统二年
两淮盐运司	190000	190000	190000	190000
闽海关	190000	100000	100000	110000
湖北	300000	200000	141436	110000
湖南	150000	150000	150000	45000
四川	910000	728000	728000	728000
河南	560000	360000	360000	360000
山西	780000	450000	330000	80000
河东道	480000	480000	400000	360000
合计	4400000	3498000	3154960	2628524

注：因陕西为陕甘总督辖区，因此未将陕西每年协饷 20 万两以及陕西拨补宜昌盐厘银 2 万两改拨甘肃算入。

资料来源：《甘肃全省财政说明书》，次编下第 64～65 页。

表 5-12 当中仅有江苏、安徽和两淮盐运司三处全部解清，其余各省皆有拖欠发生。从趋势上来看，欠解数额不断增加。由此可见，清理财政之后，协饷供应确实未见起色。

《湖南全省财政说明书》称，"甲午赔款骤增数十万，几骎骎有支绌之势。陈前抚（陈宝箴——引者注）提倡矿业，兴办垦务。俞前抚（俞廉三——引者注）继之，始稍稍收效，并先后筹办税契、米捐、土药税捐、盐斤加价、粤引配销等事，一切政令以撙节为主，故虽加以庚子赔款尚不致捉襟见肘。至光绪二十八年司局余积几三百余万两，殆一时之盛也。癸卯、甲辰桂边不靖，筹防、转饷，用款已属不赀，而筹办新政，添练新军，同时并举，丙午以后，水灾频仍，赈抚所施，皆恃公帑，以有限之蓄积，供不尽之取求，沟浍雨集，涸可立待"。这番议论与当时各省观感颇为不同。湖南协款。受协：淮厘协湘，每年数额无定，宣统元年收 4.1563 万两。承协：广西协饷，12 万两，自光绪三十年起每年皆解清；甘肃新饷每年解饷 15 万两；云南铜本 1 万两，解清。①

---

① 《湖南全省财政说明书》，"总说"第 1～2 页、"岁出部协款类"第 21～23 页，广东省社会科学院图书馆藏。

山东协款。承协：东三省官兵俸饷，光绪三十四年解奉天俸饷3万两，黑龙江俸饷2.6万两；临清关协济奉天饷银2万两，解清；北洋淮军海防协饷，三十四年实解15万两；自强军协饷，三十四年实解1.2万两；吉林边务用款，三十四年实解4万两，解清；江北提督养廉每年2556两，解清。①

奉天在清季十年财政增速令人叹为观止。从一个受协省份一跃而成为财政大省，对于这件事件，《奉天全省财政说明书》称主要是通过两种方式实现的，一是增加旧有赋税之税率，二是开辟新财源，使得"奉省财政遂一跃而与各省埒矣"。奉省财政增加得益于本身潜力与搜刮，但也说明新政确实用费很多，且获得协济的可能性越来越小，以至于各受协省份不得不就自身财源来设措。奉天协款。受协：陆军领款，由北洋支发，每月3.718万两，按月解足；各省协款每年26万两，三十四年未解足，实解数不详。承协：北洋防费，在牛庄、秦王岛四成关税项下每结拨3000两；北洋筹备饷需和北洋自强军不敷饷银，拨解无定额。② 不过，这种交互拨款的做法似乎应该加以整顿，否则你来我往，容易造成分歧，奉天承协部分为数不多，完全可以在北洋协济奉天新军经费中扣除。

陕西并非受协省份，然而每年有河南阌乡县协济陕潼仓银2248两。承协甘肃新饷22万两，庚子以后解送不齐。③

江苏宁属协款。受协：南洋常备左军、老湘、新湘、督前后、金陵防营练饷、巡防步队各军应支薪饷等款或由江宁、苏州、江西、安徽四地藩司动拨，或由淮运司、江海关分批协济，交江南财政公

---

① 《山东全省财政说明书》，"岁出部协款"第21~22页，广东省社会科学院图书馆藏。
② 《奉天全省财政说明书》，"总叙"第1页、"岁入经常类"第3~4页、"岁出经常类"第7页，广东省社会科学院图书馆藏。
③ 《陕西全省财政说明书》，"岁入部协各款及田赋类"第1页、"协款"第5页，广东省社会科学院图书馆藏。

所。① 承协部分统计阙如。

江苏苏属协款。受协部分有：拨补厘金、新疆裁兵节饷、贵州裁节薪费、截留奉天饷、浙江丝茧捐款、苏州关协款、江海关协款、镇江关协款和扬州关协款，具体数目未列明。承协部分有：甘肃新饷19万两、奉天饷6万两、淮军月饷每年8万两、黔饷月协6000两、云南铜本协饷1万两、永定河工1万两、南河工需1万两、南洋常备左军薪饷湘平银13.5万两、老新湘营薪饷月协6000两、江宁驻防饷项1万两、督后营饷、清徐添勇防饷，上述各项每年解饷情况变动不居。《江苏苏属财政说明书》建议对协款进行改良："各省协款，其性质与解款、部款相同。部库收支统一，凡一省中协入协出之款，均可相销。如受协之数多于协出之数，即以余数为受协，总额列收部库补助款。如协出之数多于受协之数，即于较数为应协总额，列解部库收入款，均汇总并列一项，毋庸分案分目，以归简一。从前旧案已与现在情形不侔，自应酌量各省财力，另行规定。丙年之款于甲年底由部先定约数，行知受协及应协省分，列入预算，俟各省报告到日，再由大部通筹核定，分别作为各该省解款或补助款，预算定案，即由应协省分照额分批迳解，俾归实际。"② 由于江苏财源众多，咸同以后承协与受协关系复杂，因此对这种棼乱不清的协济关系感受最深。就《江苏苏属财政说明书》所提建议而言，有利于简化财赋运转机制，节省辗转解饷的虚耗与不便。这种调整如果能够落到实处，对协饷制度运转而言也有好处。

江北受协款项：河库，每年额协银8.05万两，光绪三十四年实解5.08万两；收支局，清淮防军饷银额拨15.6万余两，解数不详；粮饷局收数无定，宣统元年实收61.002万两；淮安关留用款项每年

---

① 《江苏宁属财政说明书》，甲篇第3、13页，广东省社会科学院图书馆藏。
② 《江苏苏属财政说明书》，"岁入部"甲篇第3~4页，广东省社会科学院图书馆藏。

约 11.9 万两。①

黑龙江协饷。光绪三十三年后指拨山东、福建、安徽、河南、直隶、五省协解，历年数额不同（表 5-13）。

表 5-13　光绪三十四年至宣统二年各省应协及实解协饷

单位：两

	光绪三十四年		宣统元年		宣统二年	
	应协	实解	应协	实解	应协	实解
直隶	43000	43000	47000	47000	43000	43000
河南	10000	10000	10000	0	10000	10000
江苏	0	0	20000	0	0	0
福建	0	0	10000	0	10000	0
山东	56000	26000	60000	20000	60000	10000
安徽	20100	0	20000	0	20000	0
合计	129100	79000	167000	67000	143000	63000

资料来源：《黑龙江全省财政说明书》，"协饷"第 88~89 页，广东省社会科学院图书馆藏。

江西协款。承协：海军经费改解北洋经费 10 万两，按年解足；甘肃新饷每年额拨 33 万两，除每年代解赔款 13.5524 万两外应解银 19.4476 万两，老湘新湘等营月饷每年解银 7.2 万两、清淮军饷月协 8000 两，此三项解送情况不明。②

浙江协款。受协：拨补厘金，宣统元年实收 30 万两。承协：直隶淮饷额拨 20 万两，实解 18 万两；安徽协饷 1 万两，解清；北洋海防经费 8 万两，解不足数；南河协饷 1.0516 万两，解清；贵州协饷，久未起解。"浙江为东南财赋之区。甲午以前，司道局库不无盈余。故彼时量入为出，未闻有罗掘俱穷之款。自中日和议，有赔款；

---

① 江北清理财政局编《江北清理财政说明书》，北京图书馆出版社，2007，第 824、836~837、849、852 页。
② 《江西全省财政说明书》，"岁出部解款"第 21~22 页，广东省社会科学院图书馆藏。

各国和议,有赔款。岁出骤增,不得不趋于量出为入之一途。近年以来,新政繁兴,在在需款。欲加赋则民不堪命,节用则事不易行。徒令司空仰屋而嗟,计臣束手无策,揆厥原因,坐困于洋款、赔款之岁需巨宗也。"① 这样的描述与广东财政说明书几乎如出一辙。可见,时人对于当时各省协济能力的历时性的认识大致相同,也说明协款起解深受赔款、练兵和新政影响。

通过上述各省财政说明书中所载情况来看,除了协济经费变动不居外,协饷部分依然延续着光绪初年后的协饷模式与协拨关系。但正如本书一直强调的那样,自庚子以后,各省解饷情况越来越不理想。其中,协饷完成率一向极好的甘肃新饷也在清季十年下滑得很厉害,说明协饷制度正走下坡路。当然也有例外,云南协饷最后几年颇有起色,这与李经羲苦心经营和个人作风密切相关。这也再次证明,督抚权势与作风对协饷制度运作影响颇大。贵州和东三省协饷皆呈下降趋势。

透过清理财政,我们可以发现清季十年,协饷制度日趋衰落,变得有名无实。特别是,清季赔款、练兵已经令各省背上沉重的财政负担,加上新政事宜的推行,就连财政收入大省也感到左支右绌。更为重要的是,此间各省推行的兴利措施并不可能立竿见影,各省经济不平衡的状况也未改变。也就是说,转移财政的做法仍为财政不足省份所需要和依赖。如此一来,边省对协饷的需求有增无减,实际上协饷却有减无增。对此,清廷希望通过建立预算、划分国家税与地方税来调适各省财政收支状况,增加边省协饷,其情况已如上述。问题是,新制度的建立需要一个过程,② 在制度转换过程中,边省协饷仍然得不到有效供应,当下的协饷供应危机无法解决。可见,协饷制度处于旧制式微,新制未立的过渡阶段。

---

① 《浙江全省财政说明书》,"岁入部协款"第1页、"岁出部协款"第30~31页,"总叙"第1页,广东省社会科学院图书馆藏。
② 北京图书馆出版社影印室辑《清末民初财政史料辑刊》第1册,北京图书馆出版社,2007,第39~46页。

有鉴于此，宣统三年（1911）七月，云贵总督李经羲试图从运转方式上改革协饷制度，以保障边疆省份获得较为稳定的协济。李经羲奏请"撤销协饷名目"，承协省份将派定协饷数目直接解送户部，受协省份则按时向户部请领。① 李氏奏请改变协饷之名不过是为了提高协饷的重要性：各省因度支部掌握财权，稽核款项，从而不敢过于拖欠，有利于提高各省解饷的积极性。另外，即便各省解送迟滞，由于协饷数额巨大，各省领解有先有后，户部可以为之权宜，从而从最大程度上保障各省需求。更重要的是，当协饷欠解过多，受协省份可以要求户部垫解。可见，将协饷改解户部是一个对于受协省份有百利而无一害的计策。

度支部当然知道其中玄机，以辗转解运、徒增周折为由予以拒绝。这也是仅见的建议"撤销"协饷制度的奏折，而其发端于受协省份则颇可注意。若非协饷解送情况不良，李经羲也不会要求撤销协饷，要求由户部直接拨给。协饷制度的设计，本身就有减少周折、讲求效率的考量，而李氏奏请请饷办法正是协饷制度建立前军需供应的做法。李经羲立意自然与规复古制无涉，而是旨在保证受协省份的利益。重要的是，清政府清理财政的出发点是建立预决算制度，并划分国家税和地方税。在此基础之上，参酌各省收入情形，确立新的财政转移方式。由于国家税与地方税的划分要到预备立宪第六年才实施，而边疆省份各项经费支出不可能引颈而待，李经羲此举不过是转移财政负担，从而保证本省款项的确实可靠。

御史胡思敬认为："新政丛脞，聚有用之财，用之无用之地，取尽锱铢，用如泥沙，必速人民之贫。民既贫矣，无恒产者无恒心。老弱转于沟壑，少壮流为盗贼，必速天下之乱。"② 武昌起义的发生证明了胡思敬的判断是正确的。三年八月，四川保路运动愈演愈烈，

---

① 《宣统政纪》卷59，宣统三年七月廿五日。
② 赵炳麟：《赵柏岩集》，第312页。

湖北受命派兵前往镇压。十月十日，武昌新军起义，随即演成巨大风潮。事件发生后，各省纷纷请停止裁撤绿营。两广总督张鸣岐认为："征诸现在情势，绿营万难裁撤，缘新军尚未完备，所以戢暴安良，恃绿营之力为多。"① 陕甘总督长庚也称裁汰绿营、防营有害无益。② 不仅如此，各省还纷纷添募防营以自保。清政府则调兵遣将，度支部因大兵云集，饷需供应紧张，将部库"除军饷、洋款实力筹措外，其余部库可缓之款，只能分别暂行停放，专顾要需，并电各督抚，凡一切不急之务，均应酌量停办，以备不虞"。③ 安徽巡抚朱家宝因皖省与湖北毗连，奏请由户部拨款50万两作为巩固长江防守之用。④ 直隶总督陈夔龙则向洋商借款200万两办理天津防务。这些措置方式与60年前太平军起义时各省的应对方法几乎如出一辙。然而，时势已大不相同，清政府还未来得及调动各省来重建协济体系，就已经被各省起义所摧毁。

综上所述，甲午战后，尤其是清季十年，清政府财政遭受了空前的压力，既有赔款追索，又有练兵请饷，还有新政繁兴。此三端都是财政支出的大宗，数额甚巨，成为清朝财政的梦魇。更为重要的是，前两种财政支出都是消耗性的，并不能推动国家经济发展，因此支出愈大对于整个国家经济的负面影响就愈大。新政各项事业中，兴利是既定方向之一，且支出也有一定的弹性，从长远来看，其对清朝经济发展和财政收入都有正面影响。然而，各种兴利措施前期投入很大，收益和回报期较长，在财政已经捉襟见肘的情况下，短期内不仅不能缓解度支压力，而且起到恶化财政收支的效应。这对置身于政治动荡环境中的清政府来说，成了催命符。

光宣之际，清廷有意改变既有财政制度，引进西式财政制度，

---

① 《各省请留绿营有词矣》，《申报》1911年10月16日，第1张第5版。
② 《宣统政纪》卷61，宣统三年八月辛酉。
③ 《度部请停不急之务》，《申报》1911年10月26日，第1张后幅第2版。
④ 《宣统政纪》卷62，宣统三年九月甲戌。

加强对各省财力控制，并通过划分国家税与地方税来厘清国家与直省之间的财政纠葛。在此背景下，协饷制度也是财政改革的内容之一。清廷希望在弄清各省财政实况后，根据各省实际情况，在西方财政制度内重新建立财政调拨机制，然而清廷还未来得及实施上述计划就被辛亥革命打乱了改革进程。协饷制度随着清王朝的覆灭而退出历史舞台。

结　语

清代是我国王朝统治经验集大成时期，维护王朝统治的各项制度趋于完备，协饷制度即为其中之一。综观协饷制度发生、发展和衰亡，几乎与清朝统治的兴衰相伴而行。清初，协饷制度在清政府开疆拓土过程中发挥的作用极大。清中前期，协饷制度有力地保障着军需供应的平衡，巩固了王朝统治秩序。近代以来，协饷制度在变局和危机之中被不断调适，仍是军需供应的主要手段，为扭转战局、延续清政府统治提供了保障。庚子以后，各种因素的变化导致协饷制度运作式微，清廷还没来得及完成对其的调整即被革命洪流所冲垮。

协饷制度的建立和运行是以国家财政为基础的。清代中前期，国家税赋项目较为单一。田赋是岁入主体，次之则为盐课、关税和杂税等。[①] 与之相应的财用体制亦较为精简，清廷通过起运存留制度掌控国家岁入大端，盐课、关税等也各有相应的管理机制。由于当时协饷的主要来源是田赋，因此起运存留制度即是协饷运作的主要保障机制。协饷来自起运项下，作为国家收入被转移至军需之地。

咸同以后，为筹集战争经费，国家财源渐增，饷源种类及渠道

---

① 王树敏、王延熙辑《皇清道咸同光奏议》，沈云龙主编《近代中国史料丛刊》第331册，第1319页。

随之扩展，协饷规模也较之前扩大。然而，各项新财源多无对应的新制度进行管理与规范，因此清廷对财源变动的具体情况并不清楚，甚至连督抚多未能洞悉，被局所与地方官牵着鼻子走。清政府几乎是在盲目的情况下来行使管理财用的职能。清末新政期间，清廷清理财政就是试图扭转这一情况，进而统一财权，将西方近代财政制度引入中国。可见，协饷来源和规模的变化，不仅关系到协饷运作本身，它还反映出近代以来我国社会经济的发展与变迁，以及财用体系的转型。

协饷制度保障的对象是军队。清朝以武功定天下，军需开支在整个国用当中居于首要位置。作为国家经制军队的八旗与绿营是维护王朝统治秩序的基石。然而，承平日久，经制军队弊端丛生。太平天国运动爆发以后，经制军队受到严重冲击，日趋衰败，取而代之的是以湘军为代表的勇营。勇营进入国家军队体系后，协饷供应的对象增加。由于战时经费紧张，勇营和经制军队之间存在着竞争关系。勇营凭借着战争中的突出表现，获得了清廷拨饷上的倾斜。其中有清廷主动所为，也有被动因应，而倾斜本身就说明军制变迁带来的权势变动。由此而导致曾国藩、李鸿章、左宗棠等人对协饷制度运作巨大影响。

尽管清廷对勇营的出现一开始抱有戒心，但勇营崛起与督抚将领权力的扩大，对清政府而言基本是正面与积极的：王朝统治秩序得以恢复，出现"中兴"局面。同光时期，清廷调整军队营制、裁兵（勇）节饷等做法都有意以绿营为主，重建其对各省军队的控制权。从结果来看，上述做法收效有限，因此造成兵勇并存，库储并耗的局面。清末新政期间，各省新军的饷需供应则已多由本省筹措，通过协饷制度来进行安排的少之又少。一言以蔽之，协饷服务对象的变化直接反映了清代军制的变迁，而军制变迁则与时局变化密不可分。

咸同以来直省财权和军权扩大的趋势确实不容置疑，一些研究者据此认为出现了"督抚坐大""督抚集权""地方主义"等一系列清廷与直省权势此消彼长的竞争。这种观点认为，由于督抚将领直接招募勇营，加上"就地筹饷"之权，使得督抚将领拥兵自重，独断利源。清廷统治能力受到削弱，协饷制度因此运作失灵，走向衰落甚至瓦解。其实，招募兵勇旨在恢复统治秩序，而"就地筹饷"不过是应付军队剧增的对策而已。各省军事力量的增强有利于推进战争进程，财政收入的增加与税源的扩展则为本地军需供应和清廷调拨财用提供了饷源。督抚们在供应军需时虽然有一定的考虑和自主权，但大都能够移缓救急，为他省解危济困。就此而言，清廷的统治并未因此而真正削弱，所谓"督抚集权"等判断似嫌未能从纷繁表象下准确把握问题实质。不少研究者已对上述观念作过反思，本书也通过大量史实证明清廷仍然具有强大的控制力和凝聚力。由于协饷制度处于咸同时期军需运转的核心位置，不仅与军权和财权直接相关，而且直接与战局、时局变化密切联系，因此通过协饷运转而反映的户部与直省、省际的互动情形，可以对咸同以来督抚权势、军权、财权和政情的真实状况做一大致判断。

　　协饷制度转移财赋，保障军需供应，其目的都是维护王朝统治秩序。正如本书前面所强调的，协饷落实情况关乎王朝统治秩序的稳固与否。边疆地区经济落后，民族关系复杂，因此更加凸显了协饷制度的重要性。咸同时期，从广西开始，贵州、云南、甘肃和新疆相继发生大规模起义，虽然原因各异，但它们都属于受协省份（地区），尤其是黔滇甘新四省（地区）的起义都是在协饷供应下降的情况下发生的。在清廷镇压起义的过程中，协饷供应情况也左右着战争走势。这一点在太平军起义、黔滇军务和西北军务进行过程中已经表露无遗。战争时期如此，承平之时亦如是。同光时期，清政府统治的恢复与巩固，协饷制度所起的作用是不容抹杀的，而清季协饷供应的下降未尝不是清政府分崩离析、迅速垮台的要因之一。不过，我们也应该认识到协饷制度毕竟是一种财富转输机制，在注重王朝统治的整体利益时，牺牲局部利益必不可免，因此会对承协省份的经济产生一定的负面影响，这一点在战时协饷运筹表现得尤为明显。

　　需要指出的是，随着同光时期清政府职能的扩展，从洋务运动开始，协饷制度在调拨经费时，已经不局限于指拨军饷，而是扩展至其他经费支出，从"协饷"走向"协款"。"协款"一词在咸同及以前与"协饷"意义相同，且甚少使用。光绪年间，"协款"使用的次数逐渐增加，开始将协济兵饷和协济经费涵括在内。虽然协济经费多为临时性拨款且数量要远小于协济兵饷，但这种名称改变却反映出近代财政收支体系的变动。这在宣统年间各省财政说明书中也有体现，前文已有分析。不过，值得注意的是，协款的出现表明清代财政支出结构逐渐膨胀，而这种膨胀是导致清季财政运转不灵的主要原因之一，也是促使清季财政改革的重要因素。

　　随着西学东渐，清末新政大量借鉴、引进和移植西方知识与制度来改造本土知识与制度体系，引起了我国知识与制度的根本转变。[①] 协饷制度根源于本土知识资源，其在清末新政期间因经费紧张而饱受挤压与侵夺。清政府有意通过清理财政来统一和集中财权，在此基础之上，形成财政预算，进而划分国家税与地方税。在清理财政过程中，协饷制度继续作为转输财政的手段被运用，清廷还计划通过协饷制度来为边省指拨更多的经费。然而，在新政繁兴的情况下，各省财政收支压力加大，显然再"以公家之财济公家之用"为宗旨来指拨协饷已很难保证解饷效果了，因此需要摸清直省财政虚实，再通过明晰的国家税与地方税来规范国家与直省收入与权限，化解矛盾，维护财政的正常运转。可见，清季国家在无法行使"转输调剂"的财政职权后进行了针对性的改革。透过清季协饷制度的走向，我们可以清楚地了解到协饷制度运作的困境。由于咸同以来财政变动巨大，财政体系纷乱，国家和直省都无法确切把握财政实况，特别是与西方财政体系相比，更是缺乏条理与科学性，因此引

[①] 桑兵：《晚清民国的知识与制度体系转型》，《中山大学学报（社会科学版）》2004年第6期。

进西方财政体系来改造中国财政体系可以去除积弊，确立新的制度规范，成为除旧布新的药方。这期间财政改革的过程和成效，反映出西方知识与制度进入中国的曲折过程。

辛亥革命摧毁了清朝统治，新政改革被迫中断。民国成立以后，承继清季财政改革之余绪，编定了预算案，划定了国家税和地方税。不过，由于政治上各种势力之间的拉锯，政党纷争与军阀争强，各省财政收支已是"省自为政"，协饷制度成为历史。[①] 随着协饷制度退出历史舞台，各边疆省份财政变得异常困难。鉴此，民国政府在国家支出中设置了"中央协款"一项，由中央直接拨给边省，作为补助经费，其数额较之清代已大大削减。[②]

今天，国防开支直接在中央预算经费项下支出，自成系统。然而，我国区域间经济发展不平衡的问题仍然存在。1994 年，国家实施分税制财政改革，建立了转移支付制度。该项制度虽是借鉴西方财政学理论的产物，但其立意却与协饷制度颇为相似。以有余补不足的思想对于统一多民族国家的持续发展与巩固，迄今仍有着不可低估的历史与现实意义。

[①] 云南省志编纂委员会办公室：《续云南通志长编》（中），第 503 页。
[②] 参见贾士毅《民国财政史》，第 1677～1826、170 页。

征引文献

档案

《清代宫中朱批奏折档案》,中国第一历史档案馆藏。
《清代军机处光绪朝录副奏折档案》,中国第一历史档案馆藏。
《清代军机处宣统朝录副奏折档案》,中国第一历史档案馆藏。

报刊

《北洋官报》《大公报》《东方杂志》《广西官报》《湖北官报》《湖南官报》《吉林官报》《两广官报》《清末官报汇编》《日日新报》《陕西官报》《申报》《盛京时报》《时报》《时事采新汇选》《四川官报》《政治官报》《中外日报》

一般文献

包伟民:《宋代地方财政史研究》,上海古籍出版社,2001。
北京图书馆编《岑襄勤公年谱》,《北京图书馆藏珍本年谱丛刊》第170册,北京图书馆出版社,1999年。
北京图书馆编《观斋行年自记》,《北京图书馆藏珍本年谱丛刊》第146册,北京图书馆出版社,1999。
北京图书馆编《侯官王壮愍公年谱》,《北京图书馆藏珍本年谱丛刊》第 156 册，北京图书馆出版社，1999。

北京图书馆编《刘武慎公年谱》，《北京图书馆藏珍本年谱丛刊》第 162 册，北京图书馆出版社，1999。

北京图书馆编《骆文忠公自订年谱》，《北京图书馆藏珍本年谱丛刊》第 147 册，北京图书馆出版社，1999。

北京图书馆编《陶庐老人自订年谱》，《北京图书馆藏珍本年谱丛刊》第 182 册，北京图书馆出版社，1999。

北京图书馆编《王靖毅公年谱》，《北京图书馆藏珍本年谱丛刊》第 149 册，北京图书馆出版社，1999。

北京图书馆编《先河南公年谱》，《北京图书馆藏珍本年谱丛刊》第 146 册，北京图书馆出版社，1999。

北京图书馆编《向忠武公行略》，《北京图书馆藏珍本年谱丛刊》第 150 册，北京图书馆出版社，1999。

北京图书馆编《赵文恪公遗集》，《北京图书馆藏珍本年谱丛刊》第 149 册，北京图书馆出版社，1999。

北京图书馆出版社影印室辑《清末民初财政史料辑刊》，北京图书馆出版社，2007。

毕自严：《度支奏议》，《续修四库全书》第 483~390 册，上海古籍出版社影印，2002。

毕自严：《饷抚疏草》，《四库禁毁书丛刊》史部第 75 册，北京出版社影印，1997。

卞宝第、李瀚章等修，曾国荃、郭嵩焘等纂（光绪）《湖南通志》，《续修四库全书》第 661~668 册，上海古籍出版社影印，2002。

岑春煖刻《岑襄勤公（毓英）遗集》，沈云龙主编《近代中国史料丛刊续编》第 371~376 册，文海出版社，1974。

岑毓英等修（光绪）《云南通志》，光绪二十年刻本。

常明、杨芳灿等纂修《四川通志》，巴蜀书社，1984。

陈邦瞻：《宋史纪事本末》，中华书局，1977。

陈锋：《清代财政政策与货币政策研究》，武汉大学出版社，

2008。

陈锋：《清代军费研究》，武汉大学出版社，1992。

陈锋：《清代盐政与盐税》，中州古籍出版社，1988。

陈傅良：《历代兵制》，《丛书集成新编》第32种，新文丰出版公司，1989。

陈高华：《论元代的军户》，《元史论丛》第1辑，中华书局，1982。

陈其田：《山西票庄考略》，商务印书馆，1937。

陈寅恪：《隋唐制度渊源略论稿》，三联书店，1954。

陈应芳：《敬止集》，《景印文渊阁四库全书》第577册，台湾商务印书馆，1987。

崔之清主编《太平天国战争全史》，南京大学出版社，2002。

《大元圣政国朝典章》，中国广播电视出版社，1998。

戴逸主编、陈桦著《18世纪的中国与世界·经济卷》，辽海出版社，1999。

戴逸主编、成崇德著《18世纪的中国与世界·边疆民族卷》，辽海出版社，1999。

但湘良：《湖南厘务汇纂》，光绪十五年刻本。

邓孔昭：《台湾建省初期的福建协饷》，《台湾研究集刊》1994年第4期。

邓绍辉：《晚清财政与中国近代化》，四川人民出版社，1998。

邓又同辑：《邓和简公奏议》，1994年自印本，中山大学图书馆藏。

丁宝桢：《四川盐法志》，《续修四库全书》第842册，上海古籍出版社，2002。

定宜庄：《清代八旗驻防研究》，辽宁民族出版社，2003。

杜经国：《左宗棠与新疆》，新疆人民出版社，1983。

《度支部清理财政处档案》，《清代民国财政预算档案史料汇编》，全国图书馆文献缩微复制中心，2006。

端方编《大清光绪新法令》，商务印书馆，1909。

范承谟撰、刘可书编《忠贞集》，《景印文渊阁四库全书》第

1314册，台湾商务印书馆，1987。

方国瑜主编《云南史料丛刊》第8卷，云南大学出版社，2001。

方晓华编《学苑采芳——庆祝新疆师范大学建校二十周年论文选》，新疆人民出版社，1998。

奉天省清理财政局编《奉天全省财政说明书》，出版地出版时间不详，广东省社会科学院图书馆藏。

《福建省例》，《台湾文献史料丛刊》第7辑，台湾大通书局，1987。

甘肃省清理财政局编《甘肃全省财政说明书》，出版地出版时间不详，广东省社会科学院图书馆藏。

葛士濬辑《皇朝经世文续编》，沈云龙主编《近代中国史料丛刊》第741册，文海出版社，1969。

《各海关征收洋税银两数目》，《清代民国财政预算档案史料汇编》，全国图书馆文献缩微复制中心，2006。

故宫博物院编《钦定户部则例》，海南出版社，2000。

故宫博物院明清档案部编《清末筹备立宪档案史料》，中华书局，1979。

顾廷龙、戴逸：《李鸿章全集》，安徽教育出版社，2008。

关晓红：《从幕府到职官——清季外官制改革中的幕职分科治事》，《历史研究》2006年第5期。

关晓红：《独断与合议——清末直省会议厅的设置及运作》，《历史研究》2007年第6期。

关晓红：《清季督抚文案与文案处考略》，《近代史研究》2006年第3期。

关晓红：《清末州县考绩制度的演变》，《清史研究》2005年第3期。

关晓红：《晚清督抚衙门房科结构管窥晚清督抚衙门房科结构管窥》，《中山大学学报（社会科学版）》2006年第3期。

关晓红：《晚清学部研究》，广东教育出版社，2000。

关晓红：《晚清议改科举新探》，《史学月刊》2007年第10期。

关晓红：《种瓜得豆——清季外官改制的舆论及方案选择》，《近代史研究》2007年第6期。

广西省清理财政局编《广西全省财政说明书》，出版地出版时间不详，广东省社会科学院图书馆藏。

郭崑焘：《云卧山庄尺牍》，沈云龙主编《近代中国史料丛刊》第113册，文海出版社，1969。

郭嵩焘：《玉池老人自叙》，沈云龙主编《近代中国史料丛刊》第107~108册，文海出版社，1969。

郭太风：《迈向现代化的沉重步履：军政改革·商会变异·思潮激荡》，学林出版社，2004。

郭廷以：《太平天国史事日志》，商务印书馆，1946。

郭廷以等编《郭嵩焘先生年谱》，中研院近代史研究所，1971。

国家图书馆编《近代统计资料丛刊》，燕山出版社，2007。

海军司令部编辑部编著《近代中国海军》，海潮出版社，1994。

韩世琦：《抚吴疏草》，《四库未收书辑刊》第8辑第5册，北京出版社，1997。

何烈：《清咸同时期的财政》，"国立"编译馆，1981。

何汉威：《从清末刚毅、铁良南巡看中央和地方的财政关系》，《中央研究院历史语言研究所集刊》第68本第1分，1997。

何汉威：《清季中央与各省财政关系的反思》，《中央研究院历史语言研究所集刊》第72本第3分，2001。

贺长龄辑《皇朝经世文编》，沈云龙主编《近代中国史料丛刊》第731册，文海出版社，1969。

河南省清理财政局编《河南全省财政说明书》，出版地出版时间不详，广东省社会科学院图书馆藏。

黑龙江省清理财政局编《黑龙江全省财政说明书》，出版地出版时间不详，广东省社会科学院图书馆藏。

湖南省清理财政局编《湖南全省财政说明书》，广东省社会科学院图书馆藏。

《户部山西司奏稿辑要》，光绪年间刻本，国家图书馆藏。

《户部陕西司丙戌年奏稿》，《清代民国财政预算档案史料汇编》，全国图书馆文献缩微复制中心，2006。

《户部奏稿》，全国图书馆文献缩微复制中心，2004。

胡林翼：《胡林翼集》，岳麓书社，1999。

黄家鼎：《西征日记》，李德龙、俞冰主编《历代日记丛钞》第106册，学苑出版社，2006。

黄鉴晖：《山西票号史》，山西经济出版社，2002。

黄琴坞：《癸丑日记》（上），中国社会科学院近代史研究所近代史资料编辑部编《近代史资料》第114号，2007。

黄仁宇：《十六世纪明代中国之财政与税收》，阿风等译，三联书店，2001。

《皇清奏议》，《续修四库全书》第473册，上海古籍出版社，2002。

吉林清理财政局编《吉林行省财政各种说明书》，北京图书馆出版社，2007。

贾士毅：《民国财政史》，商务印书馆，1917。

江世荣编注《曾国藩未刊信稿》，中华书局，1959。

江苏宁属清理财政局编《江苏宁属财政说明书》，出版地出版时间不详，广东省社会科学院图书馆藏。

江苏苏属清理财政局编《江苏苏属财政说明书》，出版地出版时间不详，广东省社会科学院图书馆藏。

江西省清理财政局编《江西全省财政说明书》，出版地出版时间不详，广东省社会科学院图书馆藏。

蒋德学：《论清代贵州的协款》，《贵州社会科学》1987年第8期。

蒋士立编《国债辑要》，日进舍印刷本，1915。

蒋致洁：《左宗棠收复新疆战役军饷问题探讨》，《中国社会经济史研究》1988年第2期。

金容基：《以协饷为中心论咸丰朝四川与中央的财政关系》，硕士学位论文，北京大学，1999。

近代史研究所图书馆供稿《瞿鸿禨朋僚书牍选》（上），中国社会科学院近代史研究所近代史资料编辑部编《近代史资料》第108号，中国社会科学出版社，2004。

军机处原档编印《清光绪朝中法交涉史料》，沈云龙主编《近代中国史料丛刊》第149册，文海出版社，1969。

柯悟迟：《漏网喁鱼集》，中华书局，1959。

孔祥毅、王森主编《山西票号研究》，中国财政经济出版社，2002。

拉尔夫·尔·鲍威尔：《1895~1912年中国军事力量的兴起》，陈泽宪、陈霞飞译，《中华民国史资料丛稿·译稿》第1辑，中华书局，1978。

劳柏林整理《三河之役——致李续宾兄弟函札》，岳麓书社，1988。

李秉衡：《李忠节公（鉴堂）奏议》，沈云龙主编《近代中国史料丛刊》第295册，文海出版社，1969。

李概编《李文恭公（星沅）奏议》，沈云龙主编《近代中国史料丛刊续辑》第312册，文海出版社，1969。

李干：《元代屯田的发展和演变》，《中南民族学院学报》1984年第1期。

李经畲等编《合肥李勤恪公（翰章）政书》，沈云龙主编《近代中国史料丛刊》第146册，文海出版社，1969。

李鹏年、刘子扬、陈锵仪编著《清代六部成语词典》，天津人民出版社，1990。

李权时：《国地财政划分问题》，沈云龙主编《近代中国史料丛刊三编》第905册，文海出版社，1985。

李心传：《建炎以来系年要录》，中华书局，1988。

李星沅:《李文恭公遗集》,《续修四库全书》第 1523～1525 册,上海古籍出版社,2002。

李永福:《山西票号研究》,博士学位论文,华东师范大学,2004。

李云麟:《西陲事略》,《清代边疆史料抄稿本汇编》第 22 册,线装书局,2003。

李治安:《行省制度研究》,南开大学出版社,2000。

李治安:《元代政治制度研究》,人民出版社,2003。

郦纯:《太平天国军事史概述》,中华书局,1982。

厉声:《乾隆年间新疆协饷拨解及相关问题》,《清史研究》1998 年第 2 期。

黎承礼编《黎文肃公(培敬)遗书》,沈云龙主编《近代中国史料丛刊》第 361～364 册,文海出版社,1969。

梁方仲:《梁方仲经济史论文集集遗》,广东人民出版社,1990。

梁方仲:《中国社会经济史论》,中华书局,2008。

林美玲:《晚明辽饷研究》,福建人民出版社,2007。

凌惕安:《咸同贵州军事史》,沈云龙主编《近代中国史料丛刊》第 124 册,文海出版社,1969。

刘长佑:《刘武慎公(长佑)遗书》,沈云龙主编《近代中国史料丛刊》第 245～250 册,文海出版社,1969。

刘广京:《晚清督抚权力问题商榷》,《清华学报》新 10 卷第 2 期,1974。

刘崑:《刘中丞(韫斋)奏稿》,沈云龙主编《近代中国史料丛刊》第 104 册,文海出版社,1969。

刘锦棠:《刘襄勤公(毅斋)奏稿》,沈云龙主编《近代中国史料丛刊》第 232 册,文海出版社,1969。

刘锦藻:《清朝续文献通考》,浙江古籍出版社,1988。

刘蓉:《刘中丞(霞仙)奏疏》,沈云龙主编《近代中国史料丛刊》第 262 册,文海出版社,1969。

刘伟:《晚清督抚政治——中央与地方关系研究》,湖北教育出版社，2003。

刘岳云：《光绪会计表》，《近代统计资料丛刊》第14册，燕山出版社，2007。

刘岳昭：《滇黔奏议》，沈云龙主编《近代中国史料丛刊》第503册，文海出版社，1969。

刘志伟编《梁方仲文集》，中山大学出版社，2004。

龙云、卢汉监修，周锺岳等纂《新纂云南通志》，1948年铅印本。

鲁子健：《清代四川财政史料》，四川省社会科学院出版社，1984。

陆宝千：《刘蓉年谱》，中研院近代史研究所专刊第40种，1979。

罗尔纲：《绿营兵志》，商务印书馆，1945。

罗尔纲：《清季兵为将有的起源》，包遵彭、李定一等编《中国近代史论丛——政治》第2辑第5册，正中书局，1963。

罗尔纲：《湘军新志》，商务印书馆，1938。

罗尔纲、王庆成主编《中国近代史资料丛刊续编·太平天国》，广西师范大学出版社，2004。

罗文彬编《丁文诚公（宝桢）遗集》，沈云龙主编《近代中国史料丛刊》第74册，文海出版社，1969。

罗玉东：《中国厘金史》，商务印书馆，1936。

骆秉章：《骆文忠公奏议》，沈云龙主编《近代中国史料丛刊》第61册，文海出版社，1969。

骆秉章：《骆文忠公奏稿》，光绪十七年刻本，国家图书馆藏。

罗正钧：《左宗棠年谱》，岳麓书社，1983。

马端临：《文献通考》，中华书局，1986。

马陵合：《试析左宗棠西征借款与协饷的关系》，《历史档案》1997年第1期。

马陵合：《左宗棠外债观探析》，《安徽史学》2004年第4期。

马啸：《国内五十年来左宗棠在西北活动研究述评》，《中国边疆史地研究》2008年第2期。

毛承霖编《毛尚书（鸿宾）奏稿》，沈云龙主编《近代中国史料丛刊》第602册，文海出版社，1969。

茅海建：《近代的尺度——两次鸦片战争军事与外交》，上海三联书店，1998。

茅海建：《苦命天子——咸丰皇帝奕詝》，上海人民出版社，1995。

茅海建：《鸦片战争清朝军费考》，《近代史研究》1996年第6期。

茅海建主编《清代兵事典籍档册汇览》，学苑出版社，2005。

《民国贵州通志》，《中国地方志集成》，巴蜀书社影印，1992。

（明）李东阳等撰、（明）申时行等重修《大明会典》，广陵书社，2007。

《明神宗实录》

《明世宗实录》

《明熹宗实录》

宁波市社会科学界联合会、中国第一历史档案馆编著：《浙江鸦片战争史料》（上、下），宁波出版社，1997。

庞百腾：《沈葆桢评传——中国近代化的尝试》，陈俱译，上海古籍出版社，2000。

彭雨新：《清代田赋起运存留制度的演进——读梁方仲先生〈田赋史上起运存留的划分与道路远近的关系〉一文书后》，《中国经济史研究》1992年第4期。

彭雨新：《清末中央与各省财政关系》，《社会科学评论》第9卷第1期，1947。

彭泽益：《十九世纪后半期的中国财政与经济》，人民出版社，1983。

戚其章：《甲午战争赔款问题考实》，《历史研究》1998年第3期。

戚其章主编《中国近代史资料丛刊续编·中日战争》，中华书局，1991。

齐清顺：《清代新疆的协饷供应和财政危机》，《新疆社会科学》

1987年第3期。

齐清顺：《清代新疆的协饷和专饷》，《新疆历史研究》1985年第1期。

齐清顺：《清代新疆饷银的来源、使用和欠额》，《新疆历史研究》1985年第3期。

千家驹、郭彦岗：《中国货币演变史》，上海人民出版社，2005。

钱实甫：《清代职官年表》，中华书局，1980。

乔联宝编：《乔勤恪公（松年）奏议》，沈云龙主编《近代中国史料丛刊》第705册，文海出版社，1969。

《钦定大清会典事例》，中华书局影印，1991。

秦翰才：《左文襄公在西北》，岳麓书社，1984。

《清朝文献通考》，浙江古籍出版社，2000。

《清代（未刊）上谕奏疏公牍电文汇编》，全国图书馆文献缩微复制中心，2005。

《清代档案史料丛编》第11辑，中华书局，1984。

《清德宗实录》

《清高宗实录》

《清两湖总督两广总督奏议》，全国图书馆文献缩微复制中心，2006。

《清末新军编练沿革》，《中华民国史资料丛稿》第2辑，中华书局，1978。

《清穆宗实录》

《清史列传》

《清世宗实录》

《清世祖实录》

《清同治朝政务档案》，全国图书馆文献缩微复制中心，2005。

《清文宗实录》

（清）方略馆：《清代方略全书》，北京图书馆出版社，2006。

（清）冯煦主修、陈师礼总纂《皖政辑要》，黄山书社，2005。

（清）广东清理财政局编订、广东省财政科学研究所整理《广东财政说明书》，广东经济出版社，1997。

（清）户部编《筹饷现行新例》，出版地及出版时间不详，国家图书馆藏刻本。

（清）户部编《筹饷事例条款》，出版地及出版时间不详，国家图书馆藏刻本。

（清）户部编《新增筹饷事例》，出版地及出版时间不详，国家图书馆藏刻本。

（清）江北清理财政局编《江北清理财政说明书》，北京图书馆出版社，2007。

（清）宋寿征等辑《度支部税课司奏案辑要》，京华书局刻本，国家图书馆藏。

瞿同祖：《清代地方政府》，范忠信、晏锋译，法律出版社，2003。

桑兵：《盲人摸象与成竹在胸：分科治学下学术的细碎化与整体性》，《文史哲》2008年第1期。

桑兵：《晚清民国的知识与制度体系转型》，《中山大学学报（社会科学版）》2004年第6期。

山东省清理财政局编《山东全省财政说明书》，出版地及出版时间不详，广东省社会科学院图书馆藏。

山西省清理财政局编《山西全省财政说明书》，出版地及出版时间不详，广东省社会科学院图书馆藏。

陕西省清理财政局编《陕西全省财政说明书》，出版地及出版时间不详，广东省社会科学院图书馆藏。

沈桐生辑《光绪政要》，沈云龙主编《近代中国史料丛刊》第345册，文海出版社，1969。

沈云龙主编《谕折汇存》，文海出版社，1967。

盛康辑《皇朝经世文编续编》，沈云龙主编《近代中国史料丛刊》第831~850册，文海出版社，1969。

史若民：《票商兴衰史》，中国经济出版社，1992。

宋濂等:《元史》,中华书局,1976。

苏州博物馆等编《何桂清等书札》,江苏人民出版社,1981。

隋丽娟:《晚清巨人传·曾国藩》,哈尔滨出版社,1996。

台北"故宫博物院"故宫文献编辑委员会编《宫中档光绪朝奏折》,台北"故宫博物院",1975。

太平天国历史博物馆编《太平天国史料丛编简辑》,中华书局,1961~1963。

谭延闿等编《谭文勤公(锺麟)奏稿》,沈云龙主编《近代中国史料丛刊》第325册,文海出版社,1969。

汤象龙:《中国近代财政经济史论文选》,西南财经大学出版社,1987。

陶葆廉辑、陆洪涛校《陶勤肃公(模)奏议》卷4,沈云龙主编《近代中国史料丛刊》第441册,文海出版社,1969。

托津等奉敕纂《大清会典》(嘉庆朝),《近代中国史料丛刊三编》第631~640册,文海出版社,1985。

托津等奉敕纂《钦定大清会典事例》(嘉庆朝),沈云龙主编《近代中国史料丛刊三编》第641~710册,文海出版社,1985。

王尔敏:《淮军志》,中研院近代史研究所专刊第22种,1967。

汪圣铎:《两宋财政史》,中华书局,1995。

汪叔子、张求会编《陈宝箴集》,中华书局,2003~2005。

王芳等:《沈葆桢与曾国藩关系略论》,《湖南人文科技学院学报》2004年第4期。

王宏志:《左宗棠平西北回乱粮饷之筹划与转运研究》,正中书局,1973。

王茂荫:《王侍郎奏议》,张新旭等点校,黄山书社,1991。

王庆云:《石渠余纪》,北京古籍出版社,1985。

王守基:《盐法议略》,中华书局,1991。

王树槐:《庚子赔款》,中研院近代史研究所,1975。

王树槐:《咸同云南回民事变》,中研院近代史研究所专刊,1980。

王树敏、王延熙辑《皇清道咸同光奏议》，沈云龙主编《近代中国史料丛刊》第331册，文海出版社，1969。

王铁崖：《中外旧约章汇编》，三联书店，1957~1962。

王文韶等修（光绪）《续云南通志稿》，光绪二十六年刻本。

王锡蕃校、谭锺麟刻《马端敏公（新贻）奏议》，沈云龙主编《近代中国史料丛刊》第171册，文海出版社，1969。

王先谦：《东华续录》同治朝，《续修四库全书》第379~382册，上海古籍出版社影印，2002。

王先谦：《东华续录》咸丰朝，《续修四库全书》第376~378册，上海古籍出版社影印，2002。

王雄：《明朝的盐法开中制度》，《中华文史论丛》第71辑，上海古籍出版社，2003。

王延熙等辑《皇朝道咸同光奏议》，沈云龙主编《近代中国史料丛刊》第331册，文海出版社，1969。

王彦威、王亮编《清季外交史料》（光绪朝），台湾大通书局，1983。

魏秀梅：《从量的观察探讨清季督抚的人事嬗递》，《中央研究院近代史研究所集刊》第4期上，1973。

魏源：《圣武记》，《魏源全集》，岳麓书社，2004。

温廷敬编《丁中丞（日昌）政书》，沈云龙主编《近代中国史料丛刊续编》第761~765册，文海出版社，1974。

翁同爵：《皇朝兵制考略》，《续修四库全书》第858册，上海古籍出版社影印，2002。

翁万戈供稿、谢俊美整理《翁同龢〈随手记〉》（下），中国社会科学院近代史研究所近代史资料编辑部编《近代史资料》第98号，中国社会科学出版社，1999。

倭仁等修《钦定户部则例》，同治四年刻本。

吴曍：《左司笔记》，《四库全书存目丛书》史部第276册，齐鲁书社，1996。

吴汝纶编《李文忠公（鸿章）朋僚函稿》（四），沈云龙主编《近代中国史料丛刊》第 32 册，文海出版社，1966。

吴世拱辑《洪承畴章奏文册汇辑》，沈云龙选辑《明清史料汇编》，文海出版社，1968。

吴棠等：《游蜀疏稿》，全国图书馆文献缩微复制中心，2005。

吴廷燮：《论光绪朝之财政》，《文献论丛》故官博物院，1936。

吴养原编《吴文节公（文镕）遗集》，沈云龙主编《近代中国史料丛刊》第 334 册，文海出版社，1968。

吴元炳辑《沈文肃公（葆桢）政书》，沈云龙主编《近代中国史料丛刊》第 54 册，文海出版社，1967。

锡良：《锡清弼制军奏稿》，沈云龙主编《近代中国史料丛刊续编》第 101 册，文海出版社，1974。

席裕福、沈师徐辑《皇朝政典类纂》，沈云龙主编《近代中国史料丛刊续编》第 871~920 册，文海出版社，1974。

夏国祥：《近代中国税制改革思想研究》，上海财经大学出版社，2006。

萧荣爵编《曾忠襄公（国荃）书札》，沈云龙主编《近代中国史料丛刊》第 571 册，文海出版社，1974。

徐溥等撰、李东阳等重修《明会典》，《景印文渊阁四库全书》第 617 册，台湾商务印书馆，1987。

徐世昌：《退耕堂政书》，沈云龙主编《近代中国史料丛刊》第 225 册，文海出版社，1967。

徐世昌：《东三省政略》，《东北史志》第 3 部，全国图书馆文献缩微复制中心，2004。

徐义生编《中国近代外债史统计资料（1853—1927）》，中华书局，1962。

徐宗亮：《归庐谈往录》，沈云龙主编《近代中国史料丛刊》第 749~750 册，文海出版社，1969。

许大龄：《清代捐纳制度》，哈佛燕京学社出版，1950。

许毅等:《清代外债史论》,中国财政经济出版社,1996。

《宣统三年预算表》,《清代民国财政预算档案史料汇编》,全国图书馆文献缩微复制中心。

《宣统政纪》

薛福成:《庸庵文编》,沈云龙主编《近代中国史料丛刊》第943册,文海出版社,1969。

薛福成:《薛福成日记》,蔡少卿整理,吉林文史出版社,2004。

谢兴尧:《论洪大全、赛尚阿、丁守存》,北京太平天国历史研究汇编《太平天国学刊》第1辑,中华书局,1983。

严扬整理《陕西巡抚刘蓉致李云麟函札》,中国社会科学院近代史研究所近代史资料编辑部编《近代史资料》,中国社会科学出版社,2006。

杨坚点校《郭嵩焘诗文集》,岳麓书社,1984。

杨坚点校《郭嵩焘奏稿》,岳麓书社,1983。

杨觐东:《滇事危言二集》,沈云龙主编《近代中国史料丛刊》第855册,文海出版社,1969。

杨岳斌:《杨勇悫公(厚庵)遗集》,沈云龙主编《近代中国史料丛刊》第174册,文海出版社,1967。

姚锡光:《东方兵事纪略》,沈云龙主编《近代中国史料丛刊》第44册,文海出版社,1966。

姚莹:《中复堂遗稿》,沈云龙主编《近代中国史料丛刊》第58册,文海出版社,1966。

叶龙彦:《湘军饷源及其运用》,台北嘉新水泥公司文化基金会,1973。

伊桑阿等纂修《大清会典》康熙朝,沈云龙主编《近代中国史料丛刊三编》第711~730册,文海出版社,1985。

易孔昭、胡孚骏、刘然亮编《平定关陇纪略》,沈云龙主编《近代中国史料丛刊续编》第991~994册,文海出版社,1974。

袁英光、胡逢祥整理《王文韶日记》,中华书局,1989。

苑书义等主编《张之洞全集》，河北人民出版社，1998。

云南省清理财政局编《云南全省财政说明书》，出版地出版时间不详，广东省社会科学院图书馆藏。

云南省志编纂委员会办公室：《续云南通志长编》，云南省志编纂委员会办公室，1985。

允禄等监修《大清会典》（雍正朝），沈云龙主编《近代中国史料丛刊三编》第761~790册，文海出版社，1985。

曾国藩：《曾国藩全集》，岳麓书社，1994。

曾纪泽：《曾纪泽日记》，岳麓书社，1998。

张德泽：《清代国家机关考略》，学院出版社，2001。

张国辉：《晚清钱庄和票号研究》，中华书局，1989。

张扩：《东窗集》，《景印文渊阁四库全书》第1129册，台湾商务印书馆，1987。

张集馨：《道咸宦海见闻录》，中华书局，1981。

张联桂：《张中丞（丹叔）奏议》，沈云龙主编《近代中国史料丛刊》第398册，文海出版社，1967。

张亮基辑《张惠肃公（亮基）奏稿》，沈云龙主编《近代中国史料丛刊三编》第422~423册，文海出版社，1985。

张朋园：《落后地区的资本形成——云贵的协饷与鸦片》，《贵州文史丛刊》1990年第2期。

张廷玉等：《明史》，中华书局，1974。

张伟仁主编《明清档案》，台北联经出版事业公司，1987。

张侠等编《清末海军史料》，海洋出版社，1982。

张振鹍主编《中国近代史资料丛刊续编·中法战争》，中华书局，1996。

张祖佑原辑、林绍年鉴订《张惠肃公（亮基）年谱》，沈云龙主编《近代中国史料丛刊》第631册，文海出版社，1968。

赵炳麟：《赵柏岩集》，广西人民出版社，2001。

赵尔巽等：《清史稿·食货志》，中华书局，1976。

赵藩编《岑襄勤公（毓英）年谱》，沈云龙主编《近代中国史料丛刊》第139册，文海出版社，1966。

浙江省清理财政局编《浙江全省财政说明书》，出版地出版时间不详，广东省社会科学院图书馆藏。

中国第一历史档案馆编《庚子事变清宫档案汇编》，中国人民大学出版社，2003。

中国第一历史档案馆编《光绪朝朱批奏折》，中华书局，1995。

中国第一历史档案馆编《清代军机处电报档汇编》，中国人民大学出版社，2005。

中国第一历史档案馆编《清政府镇压太平天国档案史料》，社会科学文献出版社，1992～1996。

中国第一历史档案馆编《光绪宣统两朝上谕档》，广西师范大学出版社，1998。

中国第一历史档案馆编《嘉庆道光两朝上谕档》，广西师范大学出版社，2000。

中国第一历史档案馆编《咸丰同治两朝上谕档》，广西师范大学出版社，1998。

中国第一历史档案馆编《鸦片战争档案史料》，天津古籍出版社，1992。

中国科学院历史研究所第三所工具书组点校《刘坤一遗集》，中华书局，1959。

中国人民大学清史研究所编《清史编年》，中国人民大学出版社，1985～2000。

中国人民银行总行参事室编《中国清代外债史资料》，中国金融出版社，1991。

中国人民银行山西省分行、山西财经学院编《山西票号史料》，山西经济出版社，2002。

中国人民银行上海市分行编《上海钱庄史料》，上海人民出版社，1960。

中国人民银行总行参事室金融史料组编《中国近代货币史资料·清政府统治时期》，中华书局，1964。

中国社会科学院近代史研究所资料室编《曾国藩未刊往来函稿》，岳麓书社，1986。

中国社会科学院近代史研究所近代史资料编辑组编《近代史资料》总第64号，中国社会科学出版社，1987。

中国社会科学院历史研究所清史室、资料室编《清中期五省白莲教起义资料》，江苏人民出版社，1981。

中国史学会主编《太平天国》，神州国光社，1954。

中国史学会主编《洋务运动》，上海人民出版社，1961。

中华人民共和国财政部编《清代外债史资料（1853—1911）》，中华人民共和国财政部、中国人民银行总行编印，1988。

钟广生：《湖滨补读庐丛刻》，沈云龙主编《近代中国史料丛刊》第26册，文海出版社，1966。

周树模：《周中丞（少朴）抚江奏稿》，沈云龙主编《近代中国史料丛刊》第184册，文海出版社，1966。

周棠编辑《中国财政论纲》，晴天片云室藏版，1911。

周询：《蜀海丛谈》，巴蜀书社，1986。

周育民：《甲午战后清朝财政研究（1894—1899）》，《中国经济史研究》，1989年第4期。

周育民：《晚清财政与社会变迁》，上海人民出版社，2000。

朱东安：《曾国藩集团同清政府的矛盾与对策》，《明清论丛》第5辑，紫禁城出版社，2004。

朱东安：《曾国藩集团与晚清政局》，华文出版社，2003。

朱孔彰编《刘尚书（秉璋）奏议》，沈云龙主编《近代中国史料丛刊》第214册，文海出版社，1967。

朱寿朋：《东华续录》光绪朝，《续修四库全书》第384册，上海古籍出版社，2002。

朱寿朋：《光绪朝东华录》，中华书局，1958。

朱一新:《拙盦丛稿》,沈云龙主编《近代中国史料丛刊》第272册,文海出版社,1967。

左宗棠:《左宗棠全集》,岳麓书社,1986~1987。

Chow, JosephineNailene. *Frontier Studies and Changing Frontier Administration in Late Ch'ing China: the Case of Sinkiang, 1759 - 1911.* University of Washington, Ph. D. dissertation. Seattle, 1976.

后 记

本书是在我的博士论文基础上修改而来的。由于我的不长进，自从 2009 年 6 月博士论文答辩通过后，对清代协饷制度的研究并未见深，好在学界对该论题的关注大增，差可慰藉。

感谢我的博士生导师关晓红教授。入关门以来，学业方面多得老师耳提面命，本书从选题、资料搜集、写作、修改到定稿，都倾注了老师的大量心血。不过，囿于学养和天赋，书中的不足责任完全在我。学业之外，关师还十分关心门人的生活，令人感动。感谢桑兵教授和吴义雄教授。读博期间，耳濡目染桑老师的治学精神，深化了我对历史研究工作的认知。博士论文开题和修改过程中也得到桑老师的提点，拓宽了本书的研究思路和研究方法。吴义雄教授在论文开题和答辩时都提出了不少好的意见和建议，拓展了本书的关注面和研究时段。

感谢负笈广州以来诸位师长的谆谆教诲，特别是我的硕士生导师徐松荣先生，徐师在我硕士论文选题、撰写以及日常学术训练中给予了细致指导，使我得窥学术门径。王杰先生像一位家长，给了每一位来广东省社会科学院历史与孙中山所求学的学子家庭般的温暖。王师将我视为及门弟子，至今仍时常教诲。感谢已经仙逝的我的硕士生导师赵立人先生。在广东省社会科学院和中山大学求学期间，先后选修了陈忠烈、李庆新、李吉奎、曹天忠、赵立彬、何文平等老师的课程，深受教益。

博士论文的资料收集耗时颇多，在大约两年时间里夜以继日网上网下搜集各种相关史料。中山大学图书馆不仅资料丰富且彼时服务堪称完美，四楼特藏室朝八晚十连开14个小时，中间不休息。当时我和同学王鸿志、彭雪芹几乎每天开门即入关门方出，查资料、拍照、敲键盘，看不见时光流淌，看得见寒来暑往。资料收集过程中，还前往广东省社会科学院图书馆、广东省立中山图书馆及其地方文献馆、暨南大学图书馆、华南师范大学图书馆、广州图书馆、中国第一历史档案馆、国家图书馆、北京大学图书馆等查阅资料，在中大历史系资料室也收获颇丰。友人森川裕贯、张龙平、张娟分别从日本和我国武汉、香港、台湾等地为我复印了一些重要资料。大学同窗葛亮、汤城、储著武和高中同学吴文成等人在我赴北京查阅资料期间给予了热情接待，葛亮同学还为我提供食宿便利，在此一并谢过。

在博士论文构思和撰写过程中，不少同门曾提出过许多有益的看法和意见，张凯、王鸿志、彭雪芹、吴昱、周军、於梅舫、杨瑞、陈享冬等同学，张季、徐文勇两位师兄，安东强师弟等在讨论会或平时交流过程中对论文选题、思路和结构都有辩难，对我撰写论文很有启发。拙稿的部分内容曾在一些杂志发表，感谢杨向艳、陈志雄、朱万章诸先生的帮助。此次有幸入选"东方历史学术文库"，既要感谢评审专家的肯定，也要感谢社会科学文献出版社的玉成。

多年来的学习和生活离不开家人的支持。家严家慈都是朴实的农民，为供一双儿女上学而终日操劳，节衣缩食也无所怨。后我入学先我工作的妹妹是一家人的娇宠，她很孝顺懂事，如今已嫁人诞女，三口之家，其乐融融。感谢内子姚瑞婷多年的陪伴，并先后为我诞下两个女儿，让家庭平添许多欢乐。孩子是未来，是希望，陪伴和见证她们的成长是人世间最幸福的事情。

《东方历史学术文库》 书目

1994 年度

《魏忠贤专权研究》，苗棣著

《十八世纪中国的经济发展和政府政策》，高王凌著

《二十世纪三四十年代河南冀东保甲制度研究》，朱德新著

《江户时代日本儒学研究》，王中田著

《新经济政策与苏联农业社会化道路》，沈志华著

《太平洋战争时期的中英关系》，李世安著

1995 年度

《中国古代私学发展诸问题研究》，吴霓著

《官府、幕友与书生——"绍兴师爷"研究》，郭润涛著

《1895~1936 年中国国际收支研究》，陈争平著

《1949~1952 年中国经济分析》，董志凯主编

《苏联文化体制沿革史》，马龙闪著

《利玛窦与中国》，林金水著

《英属印度与中国西南边疆（1774~1911 年）》，吕昭义著

1996 年度

《明清时期山东商品经济的发展》，许檀著

《清代地方政府的司法职能研究》，吴吉远著
《近代诸子学与文化思潮》，罗检秋著
《南通现代化：1895～1938》，常宗虎著
《张东荪文化思想研究》，左玉河著

1997 年度

《〈尚书〉周初八诰研究》，杜勇著
《五、六世纪北方民众佛教信仰——以造像记为中心的考察》，侯旭东著
《世家大族与北朝政治》，陈爽著
《西域和卓家族研究》，刘正寅、魏良弢著
《清代赋税政策研究：1644～1840 年》，何平著
《边界与民族——清代勘分中俄西北边界大臣的察哈台、满、汉五件文书研究》，何星亮著
《中东和谈史（1913～1995 年）》，徐向群、宫少朋主编

1998 年度

《古典书学浅探》，郑晓华著
《辽金农业地理》，韩茂莉著
《元代书院研究》，徐勇著
《明代高利贷资本研究》，刘秋根著
《学人游幕与清代学术》，尚小明著
《晚清保守思想原型——倭仁研究》，李细珠著

1999 年度

《唐代翰林学士》，毛雷著
《唐宋茶叶经济》，孙洪升著
《七七事变前的日本对华政策》，臧运祜著
《改良的命运——俄国地方自治改革史》，邵丽英著

2000 年度

《黄河中下游地区东周墓葬制度研究》，印群著

《中国地名学史考论》，华林甫著

《宋代海外贸易》，黄纯艳著

《元代史学思想研究》，周少川著

《清代前期海防：思想与制度》，王宏斌著

《清代私盐问题研究》，张小也著

《清代中期婚姻冲突透析》，王跃生著

《农民经济的历史变迁——中英乡村社会区域发展比较》，徐浩著

《农民、市场与社会变迁——冀中11村透视并与英国农村之比较》，侯建新著

《儒学近代之境——章太炎儒学思想研究》，张昭君著

《一个半世纪以来的上海犹太人——犹太民族史上的东方一页》，潘光、王健著

《俄国东正教会改革（1861~1917）》，戴桂菊著

《伊朗危机与冷战的起源（1941~1947年）》，李春放著

2001 年度

《〈礼仪·丧服〉考论》，丁鼎著

《南北朝时期淮汉迤北的边境豪族》，韩树峰著

《两宋货币史》，汪圣铎著

《明代充军研究》，吴艳红著

《明代史学的历程》，钱茂伟著

《清代台湾的海防》，许毓良著

《清代科举家族》，张杰著

《清末民初无政府派的文化思想》，曹世铉著

2002 年度

《唐代玄宗肃宗之际的中枢政局》，任士英著

《王学与晚明师道复兴运动》，邓志峰著

《混合与发展——江南地区传统社会经济的现代演变（1900—1950）》，马俊亚著

《敌对与危机的年代——1954~1958年的中美关系》，戴超武著

2003 年度

《西周封国考疑》，任伟著

《〈四库全书总目〉研究》，司马朝军著

《部落联盟与酋邦》，易建平著

《1500~1700年英国商业与商人研究》，赵秀荣著

2004 年度

《后稷传说与祭祀文化》，曹书杰著

《明代南直隶方志研究》，张英聘著

《西方历史叙述学》，陈新著

2005 年度

《汉代城市社会》，张继海著

《唐代武官选任制度》，刘琴丽著

《北宋西北战区粮食补给地理》，程龙著

《明代海外贸易制度》，李庆新著

《明朝嘉靖时期国家祭礼改制》，赵克生著

《明清之际藏传佛教在蒙古地区的传播》，金成修著

2006 年度

《出土文献与文子公案》，张丰乾著

《"大礼议"与明廷人事变局》，胡吉勋著

《清代的死刑监候》，孙家红著

《〈独立评论〉与20世纪30年代的政治思潮》，张太原著

《德国 1920 年〈企业代表会法〉发生史》，孟钟捷著

2007 年度

《中原地区文明化进程的考古学研究》，高江涛著

《秦代政区地理》，后晓荣著

《北京城图史探》，朱竞梅著

《中山陵：一个现代政治符号的诞生》，李恭忠著

《古希腊节制思想》，祝宏俊著

《第一次世界大战后美国对德国的政策（1918～1929）》，王宠波著

2008 年度

《古代城市形态研究方法新探》，成一农著

《政治决策与明代海运》，樊铧著

《〈四库全书〉与十八世纪的中国知识分子》，陈晓华著

《魏晋南北朝考课制度研究》，王东洋著

《初进大城市》，李国芳著

2009 年度

《知识分子的救亡努力——〈今日评论〉与抗战时期中国政策的抉择》，谢慧著

2010 年度

《冷战与"民族国家建构"——韩国政治经济发展中的美国因素（1945～1987）》，梁志著

《清末考察政治大臣出洋研究》，陈丹著

2011 年度

《周道：封建时代的官道》，雷晋豪著

《民族主义政治口号史研究（1921~1928）》，王建伟著

2012 年度

《现代中国的公共舆论——以〈大公报〉"星期论文"和〈申报〉"自由谈"为例》，唐小兵著

《卜子夏考论》，高培华著

2013 年度

《时间的社会文化史——近代中国时间制度与观念变迁研究》，湛晓白著

《占领时期美国对日文化改革与民主输出》，张晓莉著

《宾礼到礼宾：外使觐见与晚清涉外体制的变化》，尤淑君著

2014 年度

《清代人丁研究》，薛理禹著

《走向统一：西南与中央关系研究（1931~1936）》，罗敏著

2015 年度

《信心行传：中国内地会在华差传探析（1865~1926）》，林美玫著

2016 年度

《清代法律的常规化：族群与等级》，胡祥雨著

《历史书写与认同建构：清末民国时期中国历史教科书研究》，刘超著

《刻画战勋：清朝帝国武功的文化建构》，马雅贞著

2017 年度

《近代江南城镇化水平新探——史料、方法与视角》，江伟涛著

《乡路漫漫：20世纪之中国乡村（1901～1949）》，王先明著

2018年度

《朱家骅学术理想及其实践》，黄丽安著

《清代仓储的制度困境与救灾实践》，吴四伍著

《近代日本对华官派留学史（1871～1931）》，谭皓著

《清代卫所归并州县研究》，毛亦可著

图书在版编目（CIP）数据

晚清协饷制度研究/吴昌稳著.--北京：社会科学文献出版社，2018.7
（东方历史学术文库）
ISBN 978-7-5201-2946-6

Ⅰ.①晚… Ⅱ.①吴… Ⅲ.①军事经济-经济制度-经济史-中国-清后期 Ⅳ.①E295.2

中国版本图书馆 CIP 数据核字（2018）第 132670 号

·东方历史学术文库·
晚清协饷制度研究

著　　者／吴昌稳

出 版 人／谢寿光
项目统筹／宋荣欣
责任编辑／李期耀

出　　版／社会科学文献出版社·近代史编辑室（010）59367256
　　　　　　地址：北京市北三环中路甲 29 号院华龙大厦　邮编：100029
　　　　　　网址：www.ssap.com.cn
发　　行／市场营销中心（010）59367081　59367018
印　　装／三河市龙林印务有限公司
规　　格／开　本：787mm×1092mm　1/16
　　　　　　印　张：25.25　字　数：351 千字
版　　次／2018 年 7 月第 1 版　2018 年 7 月第 1 次印刷
书　　号／ISBN 978-7-5201-2946-6
定　　价／118.00 元

本书如有印装质量问题，请与读者服务中心（010-59367028）联系

▲ 版权所有 翻印必究